JN450300

**복 있는 사람**

오직 하나님 말씀에 사로잡혀 밤낮 성경말씀 곱씹는 그대!
에덴에 다시 심긴 나무, 달마다 신선한 과실 맺고 잎사귀 하나 지는 일 없이,
늘 꽃 만발한 나무라네.(시편 1:2-3, 메시지)

나는 저자에게 직접 『메시지』의 저술 동기를 물은 적이 있습니다. 유진은 순전히 '목회적 동기'였다고 대답했습니다. 교인들이 성경 읽기를 너무 어려워하고, 말은 안 하지만 성경 읽기의 당위성을 알면서도 그렇게 못하고 있는 죄책감에서 교인들을 해방시키고 즐겁게 성경을 읽을 수 있도록 도울 길은 없을까를 고민했다고 합니다. 그 결과가 이 책 『메시지』입니다. 나는 지난 수년 동안 영어 성경을 이 『메시지』로 읽어 왔습니다. 얼마나 쉽고 흥미까지 있는지요! 그러면서도 이 책은 성경 원문의 표현을 벗어나지 않는 학문적 엄밀성까지 지키고 있습니다. 나는 성경에 흥미를 느끼며 성경을 독파할 다시없는 우리 시대의 대안으로, 단연 유진 피터슨의 『메시지』를 추천하고 싶습니다.

**이동원 목사** 지구촌교회

성경은 자구(字句)를 따져 가며 세심히 읽어야 하는 진리의 말씀입니다. 그뿐만 아니라, 성경은 하나님께서 우리를 인격적 존재로 대하시며 건네시는 생생한 일상의 말씀이기도 합니다. 그 살아 있는 말씀으로 하나님의 마음을 느끼며 신앙의 내용도 바로 이해하게 될 때, 우리는 더욱 성숙한 믿음으로 나아가게 될 것입니다. 그 길로 나아가는 데 이 책 『메시지』는 크나큰 유익을 줄 것이라 기대합니다.

**박영선 목사** 남포교회

유진 피터슨의 『메시지』 완간을 우리 모두가 오랫동안 기다려 왔습니다. 그의 탁월한 글솜씨와 함께 현대적 감각의 생생한 언어로 성경을 흥미롭게 풀어 우리 곁에 다가온 『메시지』는 성도들 의 영적 삶에 큰 변화를 가져올 기회가 되리라 확신합니다. 어렵게 여기던 성경과의 거리감을 없애고 친밀하게 다가갈 수 있게 함으로 그야말로 '열린 성경'이 되어 더 많은 독자들을 만날 수 있게 되었습니다. 말씀이 거침없이 읽힐 때 어떤 일이 일어날지 참으로 기대와 함께 흥분이 됩니다.

**이규현 목사** 수영로교회

문자로 기록된 성경은 하나님의 말씀이다. 거기에는 하나님의 깊은 뜻이 담겨 있다. 성경에 담겨 있는 깊은 뜻은 어느 시대 어떤 번역자에 의해서도 완전하게 드러낼 수 없다. 시대의 상황에서 최선을 다한 번역일 뿐이다. 유진 피터슨의 『메시지』는 우리 시대에 살고 있는 사람들에게 하나님의 깊은 뜻을 가장 적절하게 잘 드러낸 최선의 번역이라는 찬사를 아끼지 않는다. 이름 그대로 독자들에게 살아 있는 메시지로 들려질 수 있는 번역이다. 어느 때보다 하나님의 말씀에 목말라하는 이때에, 이 『메시지』가 많은 독자들에게 영의 양식이 될 줄 확신하는 바이다.

**임영수 목사** 모새골 공동체

저는 『메시지』 성경을 읽으면서, 성경 읽기를 무척이나 어려워하는 우리 성도들이 떠올랐습니다. 묵상은커녕 성경을 하루 한 장 읽기에도 바쁜 오늘날, 『메시지』는 한국교회에 참 귀한 선물입니다. 저는 성도를 말씀으로 깨워 각자의 삶 속에서 예수님 닮은 모습으로 서도록 도와주는 일이 목회자의 본질적인 사명이라 확신하며 사역해 왔습니다. 그러한 목회자의 마음이 담긴 『메시지』는, 어렵게만 느껴지던 성경을 우리 일상의 언어로 풀어 주어 성도 스스로 삶 속에서 말씀으로 하나님과 관계 맺도록 도와줍니다. 진정한 그리스도인의 영성은 구체적이고 실천적인 '일상의 영성', '삶의 영성'입니다. 『메시지』를 통해 한국교회의 성도들이 말씀의 깊은 세계로 뛰어들어 그 말씀대로 살기 위해 씨름하는, 주님의 참된 제자로 세워지기를 소망합니다.

**이찬수 목사** 분당우리교회

성에 낀 창가, 흐린 불빛 아래 앉아 시린 손을 호호 불며 시를 쓰던 지바고를 생각한다. 그리고 말씀의 지층을 탐사하면서, 곱씹은 말씀 한 자 한 자를 명징한 언어로 옮기느라 골똘했을 한 사람을 생각한다. 『메시지』의 행간에는 각고의 세월 동안 그가 흘렸을 눈물과 탄식, 기쁨과 감동이 배어 있다. 그 행간까지도 읽으려 한 번역자들과 편집자들의 노고도 눈물겹다. 아브라함 요수아 헤셸은 현대인을 가리켜 '메시지를 잃어버린 메신저'라 했다. 그런 현대인들에게 이 한 권의 책은 우리가 잃어버린 혹은 잊고 있는 본래적 삶을 되찾도록 도와줄 것이다. 성경의 세계와 깊이 만날 수 있는 또 하나의 창을 얻은 기분이다.

**김기석 목사** 청파교회

우리 교회는 성경을 읽을 때 두 가지 번역본을 사용하려고 합니다. 하나는 개역개정 성경이고, 하나는『메시지』라는 의역 성경입니다. 특히,『메시지』란 성경을 적극적으로 활용해 주시기를 바랍니다. 이미 성경을 여러 번 읽으셨던 분들은 새로운 번역본으로 읽으면서 성경의 새로운 의미를 깨달을 수 있을 것입니다. 그리고 처음 성경을 읽는 분들은 현대어로 번역된 이 성경을 통해 성경의 의미를 쉽게 파악할 수 있을 것입니다. 말씀을 통해 우리의 심령에 주실 하나님의 은혜의 단비를 사모합니다.

**정현구 목사** 서울영동교회

유진 피터슨의『메시지』는 묵상성경이다. 유진 피터슨은 문학적 상상력과 신학적 치밀성이 통합된 아주 놀라운 성경 해석가요 설교자다. 그의 풍요로운 문학적 상상력이 신학적 경직을 훌쩍 건너뛰어, 그의 모든 글들을 풍요롭고 자유롭고 아름답게 해준다. 딱딱한 성경의 이야기(narrative)를 흥미롭고 풍요로운 시적 언어로 다시 풀어내어 신선한 통찰력이 넘치는 새로운 이야기로 전하는 '스토리텔링 바이블'이 바로『메시지』이다.

**이문식 목사** 광교산울교회

저는『메시지』의 출판을 정말 오랫동안 기다려 왔습니다. 1996년도 안식년에 저는 리젠트 칼리지에 머물면서 저자도 만나고 그의 저서들도 접하게 되었습니다. 그때『메시지』를 소개받고 읽으며 얼마나 좋아했는지 모릅니다. 그리고 그때부터 저는 한국어판의 간행을 기다려 왔습니다. 벌써 15년이나 되었네요. 이 책의 출간을 진심으로 기뻐하며 추천합니다. 여러분 모두 성경처럼 옆에 두고 읽어 보십시오. 은혜가 되고 영감이 떠오를 것입니다.

**정주채 목사** 향상교회

성경은 하나님에 대하여 어디서도 얻을 수 없는 살아 있는 정보를 가득 담고 있는 세상에서 가장 소중한 책이지만, 성경 원어가 모국어가 아닌 모든 사람에게 늘 쉽지 않은 책이기도 하다. 유진 피터슨은 문화와 시간의 벽을 뛰어넘어 그 소중한 의미를 밝혀 주는 번역과 의역 작업을 통해 우리를 성경 말씀에 더 가까이 나아가게 만든다. 한국인에 의한 한국판『메시지』가 나올 때까지, 이 책은 우리 모두에게 축복의 보고가 될 것이다.

**김형국 목사** 나들목교회

『메시지』는 변함없는 진리의 말씀을, 지금 이 시대의 평범하고 일상적인 단어들에 담아 생동감 있게 전해 줍니다. 성경의 원문에 충실한 바른 번역이 살아 있는 언어로 더욱 빛을 발하는『메시지』는, 성경을 처음 읽는 사람이든 오랫동안 상고해 온 사람이든, 누구에게나 깊이 파고드는 생명력 있는 진리의 귀한 통로가 될 것입니다. 이 시대의 젊은이와 미래를 이끌어 갈 다음 세대에게 생명을 살리는 도구로 크게 쓰일 것입니다.

**오정현 목사** 사랑의교회

유진 피터슨의『메시지』는 이미 영어권 독자에게는 '뉴욕타임스'처럼 매일 읽을 수 있는 책으로 자리 잡았다. 그러나『메시지』는 단순히 사건에 대한 기사를 읽고 아는 것에 그치지 않고 '거룩한 독서', '영적 독서' 렉티오 디비나(lectio divina) 전통이 해온 것처럼 읽고, 묵상하고, 기도하고, 일상의 구체적 삶에서 말씀을 삶으로 살아 내도록 배려한다. 따라서 오늘도 여전히 살아 계셔서 말씀하시는 하나님이 성경을 통해서 말씀하시고 계신 것을『메시지』를 통해서 체험하게 될 것이고 읽는 이들이 성경을 더욱더 사랑하게 될 것이라 믿고 진심으로 추천한다.

**강영안** 미국 칼빈신학대학원 철학신학 교수, 서강대학교 철학과 명예교수

"만약 이사야나 요한이 우리 시대 사람이었다면 어떤 식으로 말했을까?" 성경을 정말 '하나님의 말씀'으로 읽는 이들이라면 해보게 되는 이 물음이『메시지』의 번역 원칙이자, 이러한 '성경 옆의 성경'이 우리에게 필요한 이유입니다.『메시지』는 우리 시대에 하나님의 말씀을 알아듣고 살아 내고자 하는 이들이 지하철에서, 카페에서, 사무실에서, 빈 강의실에서, 주방식탁에서, 공원 벤치에서, 계산대 뒤에서 탐독하는 '책 중의 책'입니다. 우리로 일상 속으로 뚫고 들어오는 하나님의 메시지를 만나게 해주는 성경입니다.

**이종태** 서울여자대학교 교목실장

나는『메시지』출간으로, 한반도에 사는 남과 북의 사람들이 성경이 읽고 이해할 수 있는 책이라는 것을 알게 되리라고 확신한다. 유진 피터슨은 보통 사람들의 일상 언어로 성경을 번역했지만 학문적인 엄밀성도 갖춰, 젊은 사람이나 나이 든 사람, 성경을 공부해 온 사람이나 성경을 한 번도 읽은 적 없는 사람 모두에게, 하나님의 말씀이 "살아 있는" 말씀이 되게 했다. 하나님께서『메시지』를 사용하셔서, 이 땅 한반도가 그분의 살아 있는 말씀으로 가득 채워지기를 기도한다.

**오대원** 예수전도단 설립자

기독교는 창조주 하나님께서 친히 속내를 드러내신 계시의 종교다. 성경은 영원한 하나님의 진리를 제한된 사람의 언어로 담아낸 책으로, 평범한 사람이 이해하도록 배려하신 하나님의 커뮤니케이션이다. 그러나 역사상 수많은 번역이 난삽하거나 고전적 표현을 고집함으로써 성경의 메시지로부터 일반인을 격리시키는 오류를 범하곤 했다. 개역성경도 긴 시간이 흐르면서 현대인이 쉽게 읽기 어려운 책이 되고 말았다. 유진 피터슨의『메시지』가 우리말로 번역된 것을 보니 오랜 가뭄에 단비같이 반가운 소식이다. 이 탁월한 '성경 옆의 성경'을 통해, 하나님의 말씀이 독자의 삶에 친숙하고 풍성하게 되살아나는 축복이 있기를 바란다.

**정민영** 전 국제 위클리프 성경번역선교회 부대표

『메시지』 성경의 출간은 오랫동안 기다려 왔던 일입니다. 왜냐하면 성경을 오늘날의 언어로 이해할 수 있는 탁월한 성경이기 때문입니다.『메시지』를 통해 많은 사람들이 성경의 진수를 오늘의 생각과 언어 그리고 정서로 이해할 수 있었으면 좋겠습니다. 성경을 손에 잡히는 언어로 이해하고 묵상하기에 가장 훌륭한 도구가 될 것입니다.

**한철호** 미션파트너스 상임대표

말씀에 목마른 사람들이 있습니다. 말씀 없이는 단 한 순간도 살아갈 수 없는 사람들입니다. 저는 컴패션 현지에서 가난 속에서 몸부림치며 하나님 말씀 붙들고 일어나는 수많은 어린이와 부모들을 만납니다. 그들과 만나면, 말씀의 능력 앞에 엎드릴 수밖에 없습니다. 그 말씀에 가장 좋은 친구가 되는『메시지』를 통해 말씀의 살아 있음을 더욱 깊이 경험하게 되기를 바랍니다.

**서정인** 국제어린이양육기구 한국컴패션 대표

『메시지』는 평소에 늘 곁에 두고 읽고 싶은 성경입니다. 마침내 본문 전체가 번역되다니, 얼마나 기쁜지요! 유진 피터슨은 많은 책에서 일상의 영성을 강조하는데, 우리의 구체적인 삶 가운데 함께하시는 하나님을 깨닫고 만나는 데 『메시지』가 많은 도움을 주리라 믿습니다. 『메시지』를 읽고 잠잠히 묵상하는 가운데, 수천 년 전 살았던 성경 속 인물들이 지금 우리 곁에서 이야기하는 듯한 놀라운 경험을 하게 될 것입니다.

**문애란** G&M 글로벌문화재단 대표

『메시지』는 이 시대의 언어로 성경 속 그 시절을 물 흐르듯 자연스럽게 만나게 합니다. 『메시지』를 통해 더 많은 이들이 우리를 향한 하나님의 계획하심과 일하심을 생생하게 느끼기를, 나아가 예수님을 알지 못하는 이들 역시 지금 이 순간에도 살아 역사하시는 하나님을 뜨겁게 맞이하기를 소망합니다.

**김경란** 전 KBS 아나운서

『메시지』 성경의 뛰어난 가독성은, 하나님의 말씀인 성경이 이렇게 빨리 읽히고 이렇게 쉽게 이해되어도 괜찮나, 하는 생각이 들어 문득 독서를 멈출 정도이다. 그렇지만 성경이 왜 잘 안 읽히고 이해되기 어려운 책이어야 한단 말인가. 일상의 언어와 시대의 문장에 담겨 우리를 찾아온 새로운 버전의 이 성경은 하나님의 말씀이 얼마나 친근하고 가까운지를 새삼 상기시킨다. 말씀이 그분의 임재의 현장임을 믿는다. 『메시지』 성경의 생생하고 과감한 현대적 표현을 통해 우리는 어제와 마찬가지로 오늘도 동일하게 활동하시는 성령의 역동적인 운행을 경험하며 놀란다.

**이승우** 소설가, 조선대학교 문예창작학과 교수

『메시지』가 다른 쉬운 번역 성경과 차별되는 독특함은, 번역과 의역을 넘나드는 그 문학성 때문이다. 『메시지』는 딱딱한 성경의 이야기성(narrative)을 멋지게 되살려 낸, 이 시대를 사는 그리스도인들에게 참 반가운 선물이다. 『메시지』는 피터슨의 학문적인 토대 위에서 30여 년간의 목회 사역과 그의 문학적 소양이 빚어낸 역작이다. 하지만 역설적으로 『메시지』는 유진 피터슨의 책이 아니다. 그는 창작자가 아니라 동역사이기 때문이다. 하나님이 말씀하시고, 피터슨 목사는 알아듣기 쉬운 언어로 그 말씀을 전하는 또 한 명의 도구일 뿐이다. 이 지혜로운 동네 목사님이 준비해 주신 말씀이 우리 안에서 살아 내지도록 하는 것만이 그 은혜에 보답하는 길이리라.

**고(故) 안수현** 『그 청년 바보의사』 저자

제가 이스라엘에서 10년간 사역하면서 누린 최고의 복은, 이스라엘의 역사·지리·문화에 대한 폭넓은 이해를 통해 성경을 역사 드라마처럼 익사이팅하게 읽을 수 있게 되었다는 점입니다. 유진 피터슨의 『메시지』 또한 성경 속 이야기를 눈앞에서 움직이듯이 생생히 전달해 주어 성경을 더욱 친근하고 입체적으로 이해하도록 돕습니다. 이 책을 통해, 풍성하고 벗어날 수 없는 성경의 매력에 푹 빠져 보시기 바랍니다.

**류모세** 『열린다 성경』 저자

『메시지』는 마치 다리와도 같다. 성경과 사람들 사이에 다리를 놓아 우리로 하여금 바로 일상에서 말씀하시는 것 같은 생생한 어조로 진리를 듣게 해준다.

**하덕규** CCM 아티스트

유진 피터슨은 일상과 사람과 영성을 따로 보지 않았습니다. 『메시지』에는 뭇 백성을 향한 애끓는 사랑과 그분을 향한 한결같은 장인 정신이 살아 있습니다. 예수가 사람이 되어 오신 사랑과 연민을 그는『메시지』를 통해 실천했습니다.

**홍순관** CCM 아티스트

『메시지』의 출간을 독자의 한 사람으로 기다리고 있었습니다. 따뜻하고 친절한 저자의 배려가 글 한 구절 한 구절에 담겨져 있는 듯합니다. 덕분에 쉽게 펼쳐 보지 못했던 성경의 구석구석을『메시지』와 함께 여행할 수 있어 읽는 내내 가슴 설레고, 인생이라는 여행길에 걸음걸음 흥겨움을 줍니다. 고맙습니다. 좋은 책을 만나게 해주셔서…….

**조수아** CCM 아티스트

하나님은 인간의 언어를 사용하여 우리의 수준으로 말씀하셨다. 신약성경이 코이네(평범한) 그리스어로 쓰여진 것도 바로 그 맥락일 것이다. 『메시지』는 누구나 이해할 수 있는 일상의 언어로 우리에게 말씀하신 그 놀라운 성육신의 은혜를 고스란히 담아내고 있다.

**조준모** CCM 아티스트, 한동대학교 국제어문학부 교수

일상을 사는 일과 말씀을 읽고 그 말씀을 일상 속에 해석하고 또한 비추어 내는 일은 늘 어려운 숙제 같습니다. 여기 이 책이 그 여정 가운데 도움이 되지 않을까 싶습니다.

**한웅재** CCM 아티스트

『메시지』는 유진 피터슨의 35년간의 목회 경험과 신학 교수로서의 전문성이 집약된 '읽는 성경'이다. 학자적 엄밀성뿐 아니라 공역 성경이 줄 수 없는 친근함과 정겨움이 넘쳐나는 이 책은, 기독교인과 일반인 모두에게 성경을 더욱 가까이하는 계기를 제공한다.

**「국민일보」**

**『메시지』 시가서 감수자**

『메시지』는 목회자의 마음으로 번역된 성경이다. 독자에게 하나님의 마음을 전달하려는 간절한 목자의 마음이 문체와 어조 속에 잘 반영되어 있다. 유진 피터슨은 자신이 목회하는 교회의 회중의 눈높이에 맞춰, 현대인의 접근을 어렵게 만드는 성경의 구절들을 일상의 언어로 탁월하게 번역해 냈다.
**김회권 교수** 숭실대학교 구약학

광야길을 가며 구약성경을 읽고 있던 에티오피아 재무장관에게 예루살렘 교회의 전도자 빌립이 다가와 물었습니다. "읽는 것이 이해가 되십니까?" 그러자 에티오피아 내시는 "도와주는 사람이 없는데 어찌 이해가 되겠습니까?"라고 대답했습니다. 이 에피소드는 유진 피터슨의 『메시지』의 역할이 무엇인지 잘 설명해 줍니다. 우리가 부르는 찬송가의 한 구절처럼, 『메시지』는 하나님의 말씀을 알아듣기 쉽고 이해하기 쉽게 들려주는 탁월한 통역자입니다. 또한 천상의 언어를 우리가 사는 이 땅의 언어로 번역한 성육신적 성경입니다. 어느 것도 이보다 더 좋을 수 없을 것입니다.
**류호준 교수** 백석대학교 구약학

구약의 시가서는 까다로운 운문으로 되어 있어 통독의 효과가 가장 의문시되는 책들 중 하나다. 통독보다는 시간을 두고 천천히 읽는 정독이나 묵상이 필요한 부분이 바로 시가서다. 그러나 『메시지』 성경은 히브리어 운문을 이해하기 쉬운 현대적 번역으로 옮겨, 통독을 통해서도 욥기, 시편, 잠언, 전도서, 아가에 나타난 메시지를 쉽게 파악할 수 있게 해준다. 또한 시가서가 성경 문학의 백미(白眉)라는 점을 고려하면, 이 책은 최고의 인문학 교양서의 역할도 할 수 있을 것이다.
**김구원 교수** 개신대학원대학교 구약학

오랫동안 기다리던 『메시지』 시가서가 드디어 출간되었다. 일상에서 만나는 하나님, 하나님께서 섭리하시는 일상의 삶이 『메시지』 성경에 어떻게 녹아 있을지 몹시 궁금했는데, 역시 기대를 저버리지 않는다. 저자의 40년 목회자로서의 삶과 묵상의 결과물로서, 오늘날 일상의 언어로 친근하게 표현되었을 뿐 아니라 한국적 맥락에서 능수능란하게 번역되어 있어, 구약의 지혜자와 시인들의 빛나는 지혜와 진솔한 고백, 그 절절한 외침들을 가슴 깊이 와 닿게 만든다. 성경을 통독하고자 하는 이들은 시 읽기에 대한 부담감을 떨쳐 버리고 편하게 넘기면서 읽을 수 있을 것이고, 한 구절 한 구절 음미하며 묵상하고자 하는 이들에게는 구약 성도들의 깊은 신앙의 맛을 느끼게 하는 동시에 쉽게 삶으로 옮겨 가도록 도와줄 것이다. 또한 시가서 본문으로 설교하는 사역자들은 원문과 다른 번역본들과 더불어 이 책을 참조하며 읽을 때 해석과 적용의 고리를 선명하게 이어 나갈 수 있을 것이다. 많은 성도들이 이 책을 통해 일상에서 더 깊이 하나님을 만나고 일상의 삶을 더 지혜롭고 행복하게 영위할 수 있게 되기를 바란다.

**김성수 교수** 고려신학대학원 구약학

성경 읽기의 궁극적 목표는 순종이다. 순종은 하나님의 뜻에 대한 깨달음을 전제한다. 그리고 우리는 이 깨달음을 위해 성경을 읽는다. 그렇지만 우리는 종종 내게 칼날을 겨누는 깨달음보다는 그런 불편함이 없는 읽기 자체에만 몰두하려 한다. 그런 우리에게는 우리의 무릎을 꿇게 하는 성령의 감화가 필요하겠지만, 깨달음의 장애를 제거하려는 노력도 필요할 것이다. 유진 피터슨의 『메시지』는 깨달음을 위한 읽기를 돕는 참 좋은 도구다. 물론 한 사람의 경험으로 비춘 사적인 읽기이지만, 그래서 오히려 더 구체적이고 더 살갑다. 『메시지』를 읽으며 우리는 '나도 이처럼 실감나게 말씀을 읽고 싶다'는 열망을 갖게 된다. 세상의 온갖 잡음으로 난청의 지병에 시달리는 우리를 돕는 좋은 보청기가 될 수 있을 것이다.

**권연경 교수** 숭실대학교 신약학

『메시지』는 내가 아는 성경의 최근 번역본 중에 가장 역동적인 성경이다. 『메시지』는 아이들도 이해할 수 있는 성경이다. 성경을 많이 읽어 온 사람은 이 『메시지』를 통해 예수님의 말씀을 전혀 새로운 눈으로 보게 될 것이다.
**빌리 그레이엄**

『메시지』는 하나님 말씀을 교인들에게 전하려고 했던 피터슨의 목회 경험에서 나온 책이다. 『메시지』를 통해 가장 큰 유익을 얻을 사람은, 성경을 읽어도 이해가 되지 않아 성경을 덮어 버린 사람이다. 또한 깊이 생각하며 진리를 추구하지만 아직 말씀을 받아들일 준비가 되어 있지 않은 사람이다. 놀랍게도 『메시지』는, 일상적인 언어로 저들에게 강렬하게 다가가서 살아 있는 말씀이 된다.
**달라스 윌라드** 『하나님의 모략』 저자

『메시지』는 성경 본래의 목소리를 생생한 언어로 전해 주는 성경이다. 강력하게 추천한다.
**리처드 포스터** 『영적 훈련과 성장』 저자

학자적 엄밀성과 생생한 표현이 잘 어우러진 유진 피터슨의 『메시지』는, 다양한 성경 번역본 가운데 단연 돋보이고 뛰어난 성경이다. 성경 원문의 논리적 흐름과 활력적인 정서, 함축된 의미들이 탁월하게 되살아난다.
**제임스 I. 패커** 『하나님을 아는 지식』 저자

『메시지』는 오늘날 살아 있는 일상의 언어로 말하는 성경이다. 유진 피터슨의 탁월한 언어 감각은 『메시지』만의 고유한 특징이다.
**고든 피** 『성경을 어떻게 읽을 것인가』 저자

우리는 전 교인과 함께 『메시지』를 읽었고, 지금도 계속해서 읽고 있다.
**릭 워렌** 『목적이 이끄는 삶』 저자

나는 『메시지』에서 단어를 읽을 뿐 아니라, 단어 뒤에서 말하는 소리까지도 듣게 된다. 『메시지』는 우리 눈에 읽히고 귀로도 들려서, 성경 속으로 들어가는 문을 활짝 열어 준다.
**마이클 카드** CCM 아티스트

피터슨 목사님, 안녕하세요? 저는 그룹 U2의 싱어인 보노입니다. 성경 본문을 이렇게 멋지게 번역하신 그 수고에 대해서 저와 저희 밴드가 감사의 마음을 전하고 싶습니다. 정말이지 너무 훌륭합니다. 그동안 많은 훌륭한 번역들이 있었지만 제 자신의 언어 그대로 이야기해 주는 이런 성경은 처음이었어요. 10년이라는 시간, 참 긴 시간이죠. 이젠 좀 쉬셔야죠? 안녕히.
**보노** 록그룹 U2 리드싱어

『메시지』는 한 번 손에 들면 놓을 수 없는 책이다. 다음에 어떤 내용이 있을지 궁금해서 계속해서 읽게 되고, 읽다 보면 끊임없이 놀라게 된다. 『메시지』의 신선한 관점과 형식은 예수님에 관한 사실들을 단번에 읽어 내는 경험을 가져다줄 것이다.
**에이미 그랜트** CCM 아티스트

성경의 이야기를 새롭고 신선하게 보는 눈을 열어 준 이 책을 처음 만난 것이 아주 오래전 일인 것 같다. 이제 『메시지』를 읽고 싶어 하는 저 수많은 사람들의 명단에 내 이름이 올라 있다. 『메시지』는 내게 너무도 소중한 친구이다.
**맥스 루케이도** 『예수님처럼』 저자

유진 피터슨 덕분에 이 시대 모든 이들이 성경을 흥미롭고 강력하고 감미롭고 날카롭고 설득력 있고 통렬하고 인간적이고 현대적이고 따뜻하고 극적으로 읽을 수 있게 되었다.
**월터 왱어린** 『오직 나와 내 집은』 저자

나는 『메시지』의 한 구절을 읽고, 다시 읽고 생각한다. '아, 이것이 그런 뜻이었구나!' 피터슨은 우리에게 평생의 선물을 주었다.
**레베카 피펏** 『빛으로 소금으로』 저자

놀랍다! 나는 항상 『메시지』를 가지고 다닌다. 『메시지』는 어디를 가든 꺼내 보고 싶은 보화다.
**조니 에릭슨 타다** 『하나님의 눈물』 저자

『메시지』는 나를 사로잡아 놀랍도록 살아 있게 한다. 『메시지』는 경이와 흥분, 인간의 진정한 언어와 감정으로 가득 차 있다.
**프레드릭 뷰크너** 『하나님을 향한 여정』 저자

『메시지』를 주신 하나님께 감사드린다. 유진 피터슨은 『메시지』를 통해 교회가 성경을 새롭게 읽을 수 있게 해주었다.
**『크리스채너티 투데이』**

## 『메시지』 구약 원서 감수자

로버트 L. 허버드 Jr. | 노스 파크 신학교 구약학 교수
리처드 E. 에버벡 | 트리니티 복음주의 신학교 구약학 교수
피터 E. 엔즈 | 이스턴 대학교 구약학 교수
듀안 A. 개럿 | 남침례 신학교 구약학 교수
프레스콧 H. 윌리엄스 Jr. | 전 오스틴 장로교 신학교 구약학 교수
브라이언 E. 베이어 | 컬럼비아 인터내셔널 대학교 인문대 교수
레이머 E. 쿠퍼 | 크리스웰 칼리지 구약학 교수
도널드 R. 글렌 | 댈러스 신학교 구약학 명예교수
폴 R. 하우스 | 비슨 신학교 구약학 교수
V. 필립스 롱 | 리젠트 칼리지 구약학 교수
트렘퍼 롱맨 3세 | 웨스트몬트 칼리지 구약학 교수
존 N. 오스월트 | 애즈베리 신학교 구약학 교수
리처드 L. 프랫 Jr. | 리폼드 신학교 구약학 교수
존 H. 월튼 | 휘튼 칼리지 구약학 교수
마빈 R. 윌슨 | 고든 칼리지 구약학 교수

## 『메시지』 시가서 한국어판 작업에 도움을 준 이들

**번역**

김순현 | 여수 갈릴리교회 담임목사, 번역가(『메시지』『안식』『디트리히 본회퍼』 등 다수)

홍종락 | 전문 번역가(『메시지』『올 댓 바이블』『피고석의 하나님』『영광의 무게』 등 다수)

이종태 | 서울여자대학교 교목실장, 번역가(『메시지』『순전한 기독교』『다윗: 현실에 뿌리박은 영성』 등 다수)

**책임 감수**

김회권 | 숭실대학교 기독교학과 교수, 『청년설교 시리즈』『하나님 나라 신학 강해 시리즈』 저자

**신학 감수**

권연경 | 숭실대학교 신약학 교수

김구원 | 개신대학원대학교 구약학 교수

김성수 | 고려신학대학원 구약학 교수

류호준 | 백석대학교 구약학 교수

**영문 감수**

이종태 | 서울여자대학교 교목실장, 번역가(『메시지』『순전한 기독교』『다윗: 현실에 뿌리박은 영성』 등 다수)

**편집 및 독자 감수**

『메시지』 한국어판이 약 10년에 걸쳐 완간되기까지, 복 있는 사람 출판사에서 오랫동안 수고해 온 멤버들과 개교회 목회자, 선교단체 간사, 신학생들 그리고 무명의 독자들의 날카롭고도 애정어린 편집 및 감수의 손길이 『메시지』 곳곳에 배어 있다.

# 메시지 묵상성경 | 시가서

2015년 1월 16일 시가서 초판 1쇄 발행
2023년 10월 27일 메시지 묵상성경 1쇄 인쇄
2023년 11월 10일 메시지 묵상성경 1쇄 발행

지은이 유진 피터슨
옮긴이 김순현 홍종락 이종태 | 양혜원(묵상본문)
감수자 김회권
펴낸이 박종현

(주) 복 있는 사람
주소 서울특별시 마포구 연남동 246-21(성미산로23길 26-6)
전화 02-723-7183(편집), 7734(영업·마케팅), 팩스 02-723-7184
이메일 hismessage@naver.com
등록 1998년 1월 19일 제1-2280호

ISBN 979-11-92675-19-0 04230
979-11-92675-16-9 04230 (세트)

*THE MESSAGE Devotional Bible: The Old Testament Wisdom Books*
by Eugene H. Peterson

This partial edition includes the section "The Old Testament Wisdom Books"
from the title *THE MESSAGE Devotional Bible*

Originally published in English in the USA under the title:
*The Message Devotional Bible Notes* by Eugene H. Peterson

Copyright © 2018 by Eugene H. Peterson
Korean edition © 2023 by The Blessed People Publishing Inc. with permission of NavPress represented by Tyndale House Publishers. License arranged through rMaeng2, Seoul, Republic of Korea.
All rights reserved.

*The Message Devotional Bible featuring notes & reflections from Eugene H. Peterson* is an edition of *THE MESSAGE: The Bible in Contemporary Language.*
*THE MESSAGE: The Bible in Contemporary Language* copyright © 1993, 2002, 2018 by Eugene H. Peterson.
All rights reserved.
*THE MESSAGE: The Bible in Contemporary Language* Numbered Edition copyright © 2005.
Licensed with permission of NavPress. Represented by Tyndale House Publishers, Inc., Carol Stream, Illinois 60188, USA.
License arranged through rMaeng2, Seoul, Republic of Korea.

*THE MESSAGE* and *THE MESSAGE* logo are trademarks of NavPress. Used by permission.
All rights reserved.

이 한국어판의 저작권은 알맹2와 Tyndale House Publishers, Inc.를 통하여 NavPress와 독점 계약한 (주) 복 있는 사람에 있습니다. 신저작권법에 의하여 한국 내에서 보호받는 저작물이므로 무단 전재와 무단 복제를 금합니다.
*THE MESSAGE*와 *THE MESSAGE* 로고는 NavPress의 고유 상표이므로 사용 시 허가가 필요합니다.

『메시지』는 유진 피터슨 THE MESSAGE 공식 한국어판입니다.
『메시지』 한국어판은 서평이나 비상업적인 목적인 경우 50절까지 인용할 수 있으나, 그 이상 인용하거나 상업적인 목적인 경우 반드시 저작권자인 (주) 복 있는 사람의 서면 허가를 받아야 합니다.

# 메시지 묵상성경 | 시가서

# THE MESSAGE Devotional Bible
## The Old Testament Wisdom Books

Eugene H. Peterson

THEMESSAGE

# 메시지 묵상성경 | 시가서

유진 피터슨

복 있는 사람

# 차례

**일러두기**

- 유진 피터슨의 『메시지』 영어 원문을 번역하면서, 한국 교회의 실정과 환경을 고려하여 『메시지』 한글 번역본의 극히 일부분을 의역하거나 문장과 용어를 바꾸었다.
- 유진 피터슨은 『메시지』 영어 원문에서, 유일무이한 하나님의 인격적 이름을 주(LORD) 대신에 대문자 GOD로 번역했다. 따라서 『메시지』 한국어판은 많은 논의와 신학 감수를 거쳐, 원저자의 의도를 반영해 '주'(LORD) 대신에 강조체 '**하나님**'(GOD)으로 표기했다.
- 지명, 인명은 대한성서공회에서 발행한 「개역개정」「새번역」 성경의 원칙을 따랐다.

## 한국의 독자에게

한국의 많은 친구들이 하나님의 말씀, 이 귀한 성경 말씀을 오늘의 언어로 된 새로운 번역으로 읽게 된다니 기쁘기 그지없습니다.

하나님의 말씀—하나님은 말씀하시고, 언어를 사용하십니다—은 세상과 우리 안에서 벌어지는 모든 일, 글자 그대로 모든 일의 기초입니다. 성경의 첫 페이지에는 "하나님께서 말씀하셨다"가 아홉 번이나 나옵니다. 하나님이 말씀하시면, 일이 생겨납니다. 우리가 존재하게 됩니다. 성경은 하나님이 말씀하실 때 생겨나거나 존재하게 되는 일들의 이야기입니다. 그 이야기는 우리가 자녀와 부모 간에, 친구와 이웃들과 이야기할 때 사용하는 언어와 똑같은 언어로 말하고 기록되었습니다. 그러므로 하나님의 백성이, 하나님이 누구시며 그분이 무슨 일을 하시는지를 계시해 주는 말씀을 읽는 데 계속해서 열심을 내는 것은 놀랄 일이 아닙니다. 참으로 놀라운 사실은, 하나님의 백성인 우리가 모든 것을 포괄하는 그 거대한 창조와 구원의 이야기에 등장하고, 그 이야기에 참여하고 있으며, 그 이야기를 살아 낸다는 것입니다.

여러분이 이 책을 펴서 읽는 동안, 기독교 신앙과 모든 삶의 핵심에 자리한 그 거대한 대화 속으로 들어가기를, 하나님이 말씀하시고 여러분이 응답하는 대화 속으로 들어가기를 간절히 바랍니다.

유진 피터슨

## 『메시지 묵상성경』 소개

우리가 함께 나누는 대화는 신성합니다. 주일 예배를 마치고 주차장에서 나누는 대화는 예배당 강단에서의 설교만큼이나 그리스도인의 성품 형성에 중요합니다. 매일 밤 마치 의례처럼 아이를 재우는 과정에서 나누는 사소한 이야기들은 가장 엄숙한 성찬의 전례만큼이나 신성합니다.

하지만 우리 선조들이 중요하게 여겼던 이 대화라고 하는 것을 오늘날에는 기독교 담론의 하나로 잘 받아들이지 않고 있습니다. 우리가 삶의 모든 부분을 건드리고 복음의 모든 영역을 접하기 위해서는 설교와 교육만큼이나 대화도—비록 같은 권위를 가지지는 못한다 하더라도—같은 비중으로 신경을 써야 합니다.

제가 여러분과 하고 싶은 대화는 형식적이기보다는 가볍고 일상적인—함께 등산을 하며 간간이 숨을 돌리기 위해 멈추기도 하면서 나누는—대화입니다. 우리는 함께 여러 곳을 다닐 터인데, 어떤 곳은 경치가 말할 수 없이 아름다울 것이고, 어떤 곳은 밋밋하고 평범할 것이며, 어떤 곳은 확실히 알 수 없어 불안할 것입니다. 함께 다니면서 저는 이곳저곳 성경의 풍경에 나오는 것들을 설명하거나, 특별한 단어에 주목하게 하거나, 관련된 역사적 배경을 설명하거나, 잠시 멈추어서 여러분과 이야기를 나누고 기도를 인도할 것입니다.

이 책에 대한 소개는 이 정도로 하겠습니다. 여러분의 인생이라고 하는 신비롭고도 험난한 여행에 함께하게 되어 기쁘고, 목사로서 여러분과 함께 성경 속을 탐험하는 특권을 누리게 되어 기쁩니다. 이 길에 저는 여러분의 안내자이자 동료 여행자로 함께하게 될 것입니다.

길을 떠나는 여러분과 저에게 하나님의 은총이 함께하기를 빕니다.

유진 피터슨

## 『메시지 묵상성경』 사용법

『메시지 묵상성경』은 성경을 좀 더 생각하면서 읽는 가운데, 성경의 지혜가 여러분의 영혼에 보다 온전히 스며들도록 돕기 위한 책입니다. 독자들의 성경 읽기에 도움이 되도록 몇몇 특별한 장치들을 마련해 두었습니다.

**머리말** | 성경의 각 책(혹은 책들) 시작부에 주제를 설명하는 머리말을 실었습니다. 이 머리말은 시기나 지리적 위치와 같은 학문적인 내용보다는, 성경을 관통하는 하나님의 위대한 비전이 어떻게 특정한 장소의 특정한 사람들을 향해서, 그리고 그들에 대해 쓴 특정한 말씀을 통해서 드러나는지에 초점을 맞추고 있습니다. 앞으로 읽을 성경 본문을 개관하는 차원에서 읽어 보기 바랍니다.

**묵상글** | 때로 성경으로 들어가는 가장 좋은 길은 잠시 하나님과 함께 앉아 있는 것입니다. 머리말 이후 각 책 서두에 그 책에서 중요한 본문에 대한 짧은 글을 실었습니다. 잠시 생각해 보는 시간을 가지며 그 본문의 주요 사상을 살피고, 그와 관련하여 기도할 수 있도록 준비하며, 성경으로 보다 깊이 들어가는 데 많은 도움이 될 것입니다(깊이 숙고하며 더 읽을 만한 성경의 다른 본문을 표기해 두었습니다).

**통찰** | 본문의 내용이 무엇인지, 혹은 그 본문을 읽으면서 여러분 안에서 일어나는 반응이 무엇인지를 이해하는 데 도움이 되도록 성경 곳곳에 짧은 글을 실었습니다. 이 글들의 출처는 이 책 뒤편에 있는 '참고 자료'에서 확인할 수 있습니다.

**질문** ⏸ | 책 곳곳에 성경 읽기를 잠시 멈추고 본문에서 일어나는 일과 여러분의 삶에서 일어나는 일이 어떻게 서로 교차하는지 생각해 보게 하는 질문들을 실었습니다. 이 '멈춤' 질문들은 해당 본문에 대해 좀 더 차분하게 생각해 보게 하거나, 여러분 자신의 과거를 되돌아보게 하는 한편, 기도를 드리며 여러분이 읽은 것에 기초해서 믿음으로 행동하도록 요청할 수도 있습니다.

**특별 묵상** | 성경 이면에 작게 그러나 꾸준하게 흐르는 하나의 흐름은 **성육신**에 대한 것입니다. 우리 하나님은 다른 신들과는 다릅니다. 우리 하나님은 우리와 **함께하십니다.** 이 진실은 예수님을 통해서 가장 완전하게 그리고 심오하게 입증되었습니다. 우리 하나님은 "그 말씀이 살과 피가 되어 우리가 사는 곳에 오신" 분이십니다(요 1:14). 이 책에서 하나님의 성육신이 함의하는 바를 다루는 본문에는 특별 묵상을 덧붙였습니다(시 22편). 하나님의 성육신은 하나님의 이야기 전체를 조명하는 동시에 우리에게 격려와 도전이 되도록 이야기를 구성해 줍니다.

이 책을 포함한 어떤 편집의 성경이든, 그것의 가장 의미 있고 중요한 특징은 성경 그 자체입니다. 이 책을 열 때 우리는 뜻하지 않은 곳에서 우리를 놀라게 하고, **성경**의 실재 안으로 우리를 끌어들이며, **하나님**의 조건에 따라 하나님께 동참하도록 이끄는 내용들을 각 페이지마다 발견하게 됩니다. 성경은 하나님이 누구이신가 하는 것만이 아니라 우리가 누구인가도 말해 줍니다. 우리는 하나님의 뜻이 하늘에서와 같이 땅에서도 이루어지도록 하기 위해서 이 책에 우리의 삶을 복종시킵니다.

# 『메시지』를 읽는 독자에게

『메시지』에 독특한 점이 있다면, 현직 목사가 그 본문을 다듬었기 때문일 것이다. 나는 성경의 메시지를 내가 섬기는 사람들의 삶 속에 들여놓는 것을 내게 주어진 일차적 책임으로 받아들이고 성인 인생의 대부분을 살아왔다. 강단과 교단, 가정 성경공부와 산상수련회에서 그 일을 했고, 병원과 양로원에서 대화하면서, 주방에서 커피를 마시고 바닷가를 거닐면서 그 일을 했다. 『메시지』는 40년간의 목회 사역이라는 토양에서 자라난 열매다.

인간의 삶을 만들고 변화시키는 하나님의 말씀은, 내가 『메시지』 작업을 하는 동안 정말로 사람들의 삶을 만들고 변화시켰다. 우리 교회와 공동체라는 토양에 심겨진 말씀의 씨앗은, 싹을 틔우고 자라서 열매를 맺었다. 현재의 『메시지』를 작업할 무렵에는, 내가 수확기의 과수원을 누비며 무성한 가지에서 잘 영근 사과며 복숭아며 자두를 따고 있다는 기분이 들곤 했다. 놀랍게도 성경에는, 내가 목회하는 성도며 죄인인 사람들이 살아 낼 수 없는 말씀, 이 나라와 문화 속에서 진리로 확증되지 않는 말씀이 단 한 페이지도 없었다.

내가 처음부터 목사였던 것은 아니다. 원래 나는 교사의 길에 들어서서, 몇 년간 신학교에서 성경 원어인 히브리어와 그리스어를 가르쳤다. 남은 평생을 교수와 학자로 가르치고 집필하고 연구하며 살겠거니 생각했었다. 그러다 갑자기 직업을 바꾸어 교회 목회를 맡게 되었다.

뛰어들고 보니, 교회는 전혀 다른 세계였다. 제일 먼저 눈에 띈 차이는, 아무도 성경에 별로 관심이 없어 보인다는 점이었다. 얼마 전까지만 해도, 사람들은 내게 돈을 내면서까지 성경을 가르쳐 달라고 했는데 말이다. 내가 새로 섬기게 된 사람들 중 다수는, 사실 성경에 대해 아무것도 몰랐다. 성경을 읽은 적도 없었고, 배우려는 마음조차 없었다. 성경을 몇 년씩 읽어 온 사람들도 많았지만, 그들에게 성경은 너무 익숙해서 무미건조하고 진부한 말로 전락해 있었다. 그들은 지루함을 느낀 나머지 성경을 제쳐 둔 상태였다. 그 양쪽 사이에 있는 사람은 많지 않았다. 내가 가장 중요하게 여긴 일은, 성경 말씀을 그 사람들의 머리와 가슴 속에 들여놓아서, 성경의 메시지가 그들의 삶이 되게 하는 것이었다. 그러나 거기에 관심을 갖는 사람은 거의 없었다. 신문과 잡지, 영화와 소설이 그들 입맛에 더 맞았다.

결국 나는, 바로 그 사람들에게 성경의 메시지를 듣게—정말로 듣게—해주는 일을 내 평생의 본분으로 삼게 되었다. 그것이야말로 확실히 나를 위해 예비된 일이었다.

나는 성경의 세계와 오늘의 세계라는 두 언어 세계에 살고 있었다. 나는 언제나 그 두 세계가 같은 세계인 줄 알았다. 그러나 사람들은 그렇게 보지 않았다. 나는 어쩔 수 없이 "번역가"(당시에는 그런 표현을 쓰지 않았지만)가 되었다. 날마다 그 두 세계의 접경에 서서, 하나님이 우리를 창조하시고 구원하시고 치유하시고 복 주시고 심판하시고 다스리실 때 쓰시는 성경의 언어를, 우리가 잡담하고 이야기하고 길을 알려 주고 사업하고 노래 부르고 자녀에게 말할 때 쓰는 오늘의 언어로 옮긴 것이다.

그렇게 하는 동안, 성경의 원어—강력하고 생생한 히브리어와 그리스어—는 끊임없이 내 설교의 물밑에서 작용했다. 성경의 원어는 단어와 문장을 힘 있고 예리하게 해주고, 내가 섬기는 사람들의 상상력을 넓혀 주었다. 그래서 오늘의 언어 속에서 성경의 언어를 듣고, 성경의 언어 속에서 오늘의 언어를 들을 수 있게 해주었다.

나는 30년간 한 교회에서 그 일을 했다. 그러던 어느 날(1990년 4월 30일이었다), 한 편집자가 내게 편지를 보내 왔다. 그동안 내가 목사로서 해온 일의 연장선에서 새로운 성경 번역본을 집필해 달라는 청탁의 편지였다. 나는 수락했다. 그 후 10년은 수확기였다. 그 열매가 바로 『메시지』다.

『메시지』는 읽는 성경이다. 기존의 탁월한 주석성경을 대체하기 위한 것이 아니다. 내 취지는 간단하다. (일찍이 우리 교회와 공동체에서도 그랬듯이) 성경이 충분히 읽을 수 있는 책이라는 사실을 모르는 사람들에게 성경을 읽게 해주고, 성경에 관심을 잃은 지 오래된 사람들에게 성경을 다시 읽게 해주는 것이다. 그렇다고 굳이 내용을 쉽게 하지는 않았다. 성경에는 이해하기 어려운 부분도 많이 있다. 그래서 『메시지』를 읽다 보면, 더 깊은 연구에 도움이 될 주석성경을 구하는 일이 조만간 중요하게 여겨질 것이다. 그때까지는, 일상을 살기 위해 읽으라. 읽으면서 이렇게 기도하라. "하나님, 말씀하신 대로 내게 이루어지기를 원합니다."

유진 피터슨

# 『메시지』 머리말

읽는 것이 먼저다. 일단 성경을 읽는 것이 중요하다. 읽다 보면, 어느새 우리는 새로운 말의 세계에 들어가 대화를 나누게 된다. 하나님께서 시작과 끝을 쥐고 계신 그 대화에 우리도 참여하고 있음을 곧 알게 된다. 이것은 우리가 예상치 못한 일이다. 하지만 어느 시대를 막론하고 성경을 읽는 사람들은, 성경이 우리에 관해서 기록된 책일 뿐 아니라 우리를 향해 기록된 책이라는 사실을 알고 있었다. 성경 속에서 우리는 대화의 참여자가 된다. 그 대화를 통해, 하나님은 말씀으로 우리를 만드시고 복 주시고 가르치시고 인도하시고 용서하시고 구원하신다.

우리는 이런 일에 익숙하지 못하다. 반면에, 설명이나 지시나 감동이나 즐거움을 주는 책을 읽는 데는 익숙하다. 하지만 성경은 다르다. 성경은 계시의 세계다. 하나님은 바로 우리 같은 사람들—하나님 형상대로 지음받은 남녀들—에게, 그분이 일하시는 방식과 우리가 살고 있는 세계의 실상을 계시해 주신다. 동시에 하나님은 우리를 이끌어 그분의 일하시는 삶에 동참하도록 초청하고 명령하신다. 우리 시대의 가장 중요한 일은 하나님께서 (하늘에서와 같이) 이 땅에 사랑과 정의의 위대한 통치를 세우시는 것이다. 우리가 그 일의 주체임을, 우리는 서서히 (혹은 갑자기) 깨닫는다. '계시'란 우리 스스로는 알아내지 못할 일, 짐작하지도 못할 내용을 읽고 있다는 뜻이다. 성경의 독특성은 바로 계시에 있다.

『메시지』 성경도, 일단 읽고 귀 기울여 듣는 것이 중요하다. 공부할 시간은 나중에 얼마든지 있을 것이다. 우선은 그냥 읽는 것이 중요하다. 서두르지 말고 생각하면서 읽어야 한다. 성경의 이야기와 노래, 기도와 대화, 설교와 환상이 우리를 보다 큰 세계로 초청하는 방식을 느낄 수 있어야 한다. 하나님께서는 그 큰 세계에 계시면서 우리 눈에 보이는 모든 것에 개입하신다. 이 땅에 산다는 것—그냥 왔다 가는 것이 아니라 정말로 산다는 것—의 의미를 일깨워 주신다. 읽다 보면, 우리는 "알아듣기" 시작한다. 읽으면 읽을수록, 더욱 그렇다. 우리는 하나님과 대화를 나누고 있다. 우리에게 가장 중요한 사안들에 관해서 어느새 듣고 대답하고 있다. 우리는 누구인가, 어디서 와서 어디로 가는가, 무엇이 우리를 움직이는가, 우리가 사는 세계와 공동체의 원리는 무엇인가, 무엇보다도 우리 가운데 계시면서 우리 힘으로 할 수 없는 일들을 대신 해주시는 하나님의 신기한 사랑에 관해 대화하게 된다.

성경을 읽으면서 우리는, 이 세상에 더 큰 의미가 있음을 알게 된다. 인간이라는 존재에도, 보이는 세계에도, 보이지 않는 세계에도 더 큰 의미가 있다. 모든 것에 더 큰 의미가 있다! 그리고 그 의미는 하나님과 관계가 있다.

많은 사람들에게 성경은 새로운 책, 전혀 다른 종류의 책이다. 성경은 우리가 읽는 책이지만, 우리를 읽는 책이기도 하다. 우리는 뭔가 얻어 낼 수 있는 책을 찾아 읽는 데 익숙하다. 이를테면, 유용한 정보나 기운을 북돋아 주는 감동적인 이야기, 온갖 일의 방법론, 비오는 날 시간을 때울 오락물, 더 행복한 삶으로 이끌어 줄 지혜 같은 것을 찾는다. 성경 읽기에도 그런 유익이 있을 수 있고, 실제로 있기도 하다. 하지만 하나님께서 우리에게 성경을 주신 본래 목적은, 단순히 우리를 초청하시기 위해서다. 하나님의 세계와 하나님의 말씀을 내 집처럼 느끼도록, 하나님이 말씀하시는 방식과 우리가 삶으로 그분께 응답하는 방식에 익숙해지도록 하려는 것이다.

성경을 읽다 보면, 몇 가지 놀라운 일이 있다. 가장 놀랄 만한 일은, 성경은 일단 펼쳐서 읽어 보면 참으로 다가가기 쉬운 책이라는 점이다. 성경은 사실 누구나 읽고 이해할 수 있는 책이다. 두어 세대마다 새로운 번역본이 나오는 이유는, 성경의 언어를 우리가 현재 쓰는 일상어, 성경이 맨 처음 기록된 바로 그 언어로 유지하기 위해서다. 똑똑하지 않은 사람, 교육을 많이 받지 못한 사람도 성경을 이해할 수 있다. 성경은 우리가 시장과 놀이터와 저녁식탁에서 흔히 듣는 단어와 문장들로 기록되었기 때문이다. 성경이 워낙 유명하고 높여지다 보니, 반드시 전문가들이 설명하고 해석해 주어야 한다고 생각하는 사람들이 많다. 물론 설명이 필요한 부분도 있다. 하지만 성경에 기록된 말을 처음 들은 사람들은 평범한 노동자 계층이었다. 성경을 영어로 옮긴 초기의 최고 번역가 중 한 사람인 윌리엄 틴데일이 한 말이 있다. 그는 "쟁기로 밭을 가는 소년"이 읽을 수 있도록 성경을 번역하고 있다고 말했다.

교육을 많이 받은 아프리카인 어거스틴은 나중에 역사상 가장 영향력 있는 성경 교사가 되었지만, 성경을 처음 읽었을 때는 큰 반감을 가졌다. 문학적으로 세련되고 깔끔한 책을 극찬했던 그가 보기에, 성경은 평범하고 시시한 사람들의 투박하고 촌스러운 이야기로 가득했던 것이다. 그가 읽은 라틴어역 성경에는 속어와 은어가 수두룩했다. 많은 등장인물이 "속되고" 예수는 평범해 보여서, 그는 성경을 한 번 보고는 경멸하며 내던졌다. 그러나 하나님은 세련된 지성인의 몸을 입고 오지 않으셨고, 그분의 고상한 세계를 터득하도록 우리에게 수준 높은 지식인 문화를 가르치지도 않으셨다. 어거스틴은 세월이 흐른 뒤에야 그것을 깨달았다. 하나님이 우리를 구원하기 위해 유대인 종의 모습으로 인간의 삶에 들어오셨다는 것을 알게 되면서부터, 그는 감사하고 믿는 마음으로 성경을 읽기 시작했다.

성경을 읽어도 세상이 "더 나아지지" 않는다며 놀라는 사람들도 있다. 성경의 세계는 결코 여행사의 안내 책자에 나오는 그런 이상적인 세계가 아니다. 하나님께서 이 세계 속에서 일하시고 사랑하시고 구원하시지만, 그렇다고 해서 고난과 불의와 악이 말끔히 사라지지는 않는다. 그렇게 간단한 문제가 아니다. 하나님은 죄로 물든 우리의 본성과 역사 속에서 끈기 있고 깊이 있게 일하시지만, 종종 은밀하게 일하신다. 이 세계는 깔끔하고 단정한 곳이 못되며, 우리가 모든 일을 통제할 수 있다는 보장도 없다. 이런 현실에 익숙해져야 한다. 어디에나 신비가 있다. 성경이 우리에게 제시하는 세계는, 우리의 직업을 계획하여 미래를 보장받을 수 있는 세계, 인과법칙에 따라 움직이는 예측 가능한 세계가 아니다. 모든 일이 우리의 미숙한 바람대로 이루어지는 꿈의 세계도 아니다. 고통과 가난과 학대가 있다. 그 앞에서 우리는 분개하여 "어떻게 이러실 수 있습니까!" 하고 부르짖는다. 대다수 사람들의 경우, 우리의 꿈의 세계가 성경이 제시하는 실제 세계로 바뀌기까지, 길고 긴 세월이 걸린다. 그 실제 세계는 은혜와 자비, 희생과 사랑, 자유와 기쁨의 세계다. 하나님께 구원받은 세계다.

놀라운 사실이 하나 더 있다. 성경은 우리의 기분을 맞추려고 하지 않는다는 것이다. 성경은 더 쉬운 삶을 약속하는 어떤 것도 우리에게 팔려고 하지 않는다. 성경은 우리가 흔히 생각하는 형통이나 쾌락이나 짜릿한 모험의 비결을 내놓지 않는다. 성경을 읽으면서 뚜렷이 부각되는 실체는, 하나님께서 구원을 위해 사랑으로 행하시는 일이다. 우리와, 우리가 하는 모든 일이 그 하나님의 일에 포함되어 있다. 이것은 죄와 문화 속에서 위축되고 너저분해진 우리가 상상하던 것과는 사뭇 다르다. 성경을 읽는 것은, 여러 우상을 소개하는 우편주문용 카탈로그에서 우상 하나를 골라서 우리의 환상을 채우는 것이 아니다. 성경은 하나님께서 말씀으로 만물과 우리를 창조하시는 것에서 시작한다. 그리고 하나님께서 우리 각 사람과의 복잡한 관계 속으로 들어오셔서, 우리를 도우시고 복 주시고 가르치시고 훈련하시고 책망하시고 징계하시고 사랑하시고 구원하시는 이야기를 들려준다. 이것은 현실 도피가 아니라, 오히려 더 큰 현실 속으로 뛰어드는 것이다. 희생이 따르지만, 시종 훨씬 더 나은 삶으로 말이다.

하나님은 이 가운데 어느 것도 우리에게 강요하지 않으신다. 하나님의 말씀은 인격적인 부름이기 때문에, 초청하고 명령하고 도전하고 책망하고 심판하고 위로하고 지도하지만, 절대로 강요하지는 않는다. 결코 억지로 시키지 않는다. 대화에 참여해서 응답할 자유와 여지가 우리에게 주어져 있다. 무엇보다도 성경은 하나님의 일과 언어에 동참하도록 우리를 초청하는 책이다.

읽으면서 우리는, 말씀을 읽는 일과 말씀대로 사는 삶이 연관되어 있음을 알게 된다. 성경의 모든 말씀은 삶으로 살아 낼 수 있다. 많은 사람들이 발견하듯이, 성경을 읽으면서 가장 중요한 질문은 '이것이 무슨 의미인가'가 아니라 '어떻게 이대로 살 수 있는가'이다. 그래서 우리는 성경을 비인격적으로 읽지 않고 인격적으로 읽는다. 우리의 참 자아로 살기 위해서 읽는다. 그저 생활수준을 높이는 데 유용한 정보를 얻기 위해 읽는 것이 아니다. 성경 읽기는 하나님의 음성을 듣고 순종하기 위한 방편이지, 종교 자료를 수집해서 우리 스스로 신이 되기 위한 수단이 아니다.

지금부터 당신은 성경의 이야기를 듣게 될 것이다. 그 이야기들은 당신을 자신에게 몰입된 상태에서 이끌어 내어, 세상의 구원을 이루고 계신 하나님의 드넓은 자유 속으로 데려갈 것이다. 거기서 만나게 될 단어와 문장들이, 당신을 비수처럼 찔러 아름다움과 희망에 눈뜨게 할 것이다. 그것이 당신을 참된 삶과 연결해 줄 것이다.

그 메시지에 꼭 응답하기 바란다.

## 감수의 글

모세오경(율법서)과 예언서가 하나님께서 **이스라엘에게 선포하신 말씀들의** 집성물이라면, 욥기에서부터 아가까지 구약의 시가서는 **하나님을 향해 인간이 쏟아낸 말들**과 하나님의 역사주관 섭리에 대한 **인간의 비판적, 관조적 성찰**의 집성물이다(내용상 욥기, 잠언, 전도서를 묶어 '지혜서'로 구분하기도 한다). 시가서에서는 하나님께서 들어주시고 받아 주신 인간의 모든 말도 하나님의 말씀으로 간주된다. 여기서는 하나님께서 친히 환희에 찬 인간의 찬양과 감사를 받으시며 쓰라린 기도, 불평과 의심, 그리고 항변도 묵묵히 경청해 주신다. 시가서의 하나님은 경청하시는 하나님, 연약하고 부서진 인간 옆에 와 함께하시는 성육신의 하나님이시다.

**욥기**는 다섯 명의 등장인물과 하나님이 대화자로 등장하는 희곡작품이다. 욥기는 동방의 우스 땅에 살던 의인 욥이 하루아침에 열 명의 자녀와 재산을 다 잃고 난 후 수치스러운 병에 걸려 친구와 이웃들로부터 버림받는 비극에서 시작되어, 마지막에 가서 하나님의 위로를 맛보며 하나님과 화해하는 반전 환희극(歡戱劇)으로 끝나는 작품이다. 또한 욥기는 까닭 없는 고난을 연속적으로 겪으며 하나님께 정의가 어디 있느냐고 대드는 욥의 항변에, 창조의 신비와 창조주로서의 권능에 의지해 하나님께서 응답하시는 이야기다. 자신이 당한 참혹한 고난의 원인을 찾지 못해 하나님을 직접 대면해 따지겠다는 욥은 탄식과 자기연민, 항변과 자기변호 사이를 오가며 하나님과의 대면을 간청한다. 마침내 폭풍과 흑암 속에서 나타나신 하나님은 욥에게 감히 상상할 수 없는 질문들을 퍼부으신다. 창조의 신비에 속한 엄청난 질문공세를 받고서야 욥은 자신이 지적으로 해명할 수 없는 질문을 하나님께 제기한 사실을 깨닫고 회개한다. 욥 자신의 고난이 창조의 신비에 속한 고난임을 알고, 하나님께서 자신에게 허락하신 신비로운 "고난"을 받아들이고 하나님께 승복하는 것이다.

전체적으로 욥기는 "하나님은 왜 의인에게 고통을 주실까" 하는 질문에 대한 명쾌한 해답이라기보다는, 억울하고 애매하게 느껴지는 고난도 하나님의 절대주권적 섭리와 통치에 대한 믿음 안에서 견뎌 내야 함을 강조하는 책이다. 욥기는 하나님의 정의를 믿고 수용하는 것이 참다운 하나님 경외임을 강조하며, 억울한 고통을 겪는 사람들로 하여금 그 고난도 하나님의 주권 안에서 일어난 일임을 받아들일 수 있도록 돕는다. 폭풍 속에서 나타나신 하나님은 고난의 원인을 명쾌하게 알려 주시지는 않을지라도, 고난 중에서 불평하고 항변하는 욥을 받아 주시고 그를 정죄하는 친구들의 비난과 모략으로부터 건져 주심으로써 욥을 위로하신다. 온 세상 사람들에 의해 하나님께 버림받았다고 욕을 듣던 욥에게 나타나 해명해 주신 것 자체가 욥의 고난에 대한 하나님의 응답인 것이다. 이런 점에서 욥기는 신명기 28-29장, 잠언, 그리고 일부 예언서 신학의 뼈대가 되는 원칙, 곧 하나님께서는 죄에는 벌, 선행(복종)에는 상급(축복)을 주신다는 전통적이고 인습적인 교리에 대한 회의를 제기한다.

**시편**은 하나님의 왕적 다스림에 대한 갈망과 그 다스림의 결과에 대한 허다한 시적 고백과 선언들로 가득 차 있다. 시편이 사용된 맥락은 예배(공예배와 일상생활 예배), 교육과 제의(축제, 절기)였다. 예배에 시편 찬양을 도입한 사람은 이스라엘의 국민가수 다윗이었다. 다윗은 "이스라엘의 노래하는 자"(삼상 16:18, "유명한 수금 연주자"; 삼하 23:2, 이스라엘의 "국민가수")라고 불린다. 대부분 구두로 의사소통이 이루어졌던 그 옛날에(주전 1000년 전후), 노래만큼 좋은 신앙교육의 도구는 없었을 것이다(신 31:22, "모세가 그날 이 노래를 써서 이스라엘 자손들에게 가르쳤더라"). 다윗은 이스라엘에게 시편(찬양) 장르를 도입함으로써 야웨 신앙을 대중화시키는 데 이바지하였다. 많은 시편의 실제적인 저자인 동시에 비파와 수금의 전문 연주자로서, 야웨 신앙을 일반 백성들의 삶의 현장 속에 접목시키는 데 결정적 역할을 했던 것이다.

시편도 욥기나 전도서처럼 하나님을 향한 대듦의 언어(confronta-tional language) 및 불평의 언어를 믿음의 반경 안에서 포용한다. 특히 109편이나 137편은 원시적 보복감정을 숨김없이 드러내는 것을 용인한다. 그것은 복수를 가르치지는 않지만 복수심에 시달리는 인간의 연약한 감정 토로를 묵묵히 듣고 계시는 하나님을 보여준다. 그래서 시편에는 교리신학에서는 상상할 수 없는 경계를 자유롭게 넘나드는 '야성미' 넘치는 하나님이 심심찮게 발견된다. 시편의 하나님은 약자의 억울한 고난에 일방적으로 편드시는 하나님이다. 따라서 시편에는 인간의 가장 비참한 감정까지도 배려하시는 놀라운 신적 자비가 자주 발견된다. 인간의 역사에 대한 하나님의 쉼 없는 권념과 간섭의지가 시편의 찬양곡들을 통하여 폐부에 전달되는 것이다.

시편은 이스라엘의 찬송 중에 보좌 위로 착석하시는 왕이신 여호와에 대한 믿음에 기반한다(시 22:3). 하나님의 백성들이 온몸과 영혼으로 하나님을 찬양할 때, 하나님은 비로소 백성들의 마음의 보좌 위에 착석하신다는 것이다. 이런 점에서 시편은 모세오경과 예언서의 연장선상에 있으며 이 둘을 통합하고 있다. 모세오경이 하나님의 다스림의 대강령을 천명하고 예언서가 심판과 회복을 통한 하나님 나라의 회복을 선포한다면, 시편은 찬양과 기도를 통해 하나님의 말씀이 개인과 공동체 속에 구현되도록 한다. 하나님의 말씀을 감미로운 선율과 내재율에 실어 성도들의 영혼 지성소에 실어 나르는 것이다. 시편은 곡조 없이 읽히거나 낭송되는 "시"들의 묶음이 아니라, 노랫말과 곡조가 결합된 음악곡집이다. 따라서 대부분의 개별 시편들은 실제 찬송할 때 어떤 곡조나 분위기로 불러야 할지를 지시하고 있다. 시편 56편에는 "인도자를 따라 요낫 엘렘 르호김에 맞춘 노래"라는 표제가 붙어 있다. 직역하면 "슬픈 비둘기소리 곡조" 정도로 번역된다. 시편 5편은 관악기에 맞춘 노래요, 4, 55, 61, 67편은 현악기에 맞춰서 부르도록 작곡된 찬양곡이다.

시편 찬양은 하나님의 성품에 대한 객관적 찬미와 하나님의 선하심에 대한 공적 선포다. 찬양은 음악을 통한 한 편의 설교와 같은 역할을 하기 때문에 하나님께서는 성도들이 드리는 찬양 속에서 회중에게 하시고 싶은 말씀을 하신다. "이스라엘의 찬송 중에 계시는 하나님"(시 22:3)이라는 표현은 회중이 찬양할 때 하나님께서 보좌 위에 앉아 회중을 다스리기 시작하신다는 말이다. 결국 시편 찬양은 하나님의 보좌 착석을 알리는 신호다. 시편을 읽고 기도하고 찬양하는 성도의 삶은 곧장 하나님의 자애로운 통치권으로 편입된다.

**잠언**은 하나님의 토라(Torah, 율법)를 미시적 인간관계와 일상생활 속에서 실천하는 것을 돕는 책이다. 구약성경 전체가 교육 목적으로 기록되었지만(시 1, 19, 119편, 딤후 3:15-17) 모세오경과 잠언이 특별히 구약의 교육적 기능을 대표한다. 구약성경이 주창하는 교육 내용, 주체, 목적은 다음과 같다. 첫째, 유일무이한 하나님의 사랑을 충분히 경험하고 맛보는 가운데, 그분을 전심으로 사랑하는 법을 가르친다. 둘째, 구약 교육의 중심과제는 유일하신 하나님을 예배하고 그것을 사회 및 가정생활 가운데 구현하며 국제적 맥락에서 실현하는 인격자, 가정, 교회, 국가를 창조하는 데 있다. 셋째, 구약에서 새로운 세대의 교육 책임은 부모에게 위탁되어 있다. 잠언에서는 부모가 토라 전승자이자 교육자다. 넷째, 구약 교육의 목표는 하나님을 사랑하고 부모와 아름답고 감미로운 순종관계를 이루며 이웃에게는 유용하고 유익한 존재가 되도록 가르치는 품성교육이다. 그래서 잠언은 품성계도 및 연단교육(character formation)에 초점을 맞추고 있다.

전체적으로 잠언은 바르게 생각하는 것, 분수 안에서 생각하고 행동하는 것, 부모의 자녀양육을 위한 지혜, 유혹에 약하며 회초리로 다스려야 할 만큼 다루기 힘든 반역성을 가진 청소년 세대 훈계, 근면한 노동의 보람, 어리석고 우매한 사귐의 파탄적 결과, 불확실한 인생살이에서 북극성과 같은 하나님의 인도를 받는 방법, 자신의 능력과 판단에 대한 과도한 신뢰가 가져올 낭패, 교만의 사탄적 성격, 신분사회에서 인정받고 성공하는 처신에 관한 지혜 등에 관하여 자세히 반복적으로 가르쳐 준다. 심지어 잠언은 22장 이하에서 이집트의 궁중 예절교육 교본과 거의 흡사한 서른 가지 훈계도 포함하고 있다. 이처럼 잠언은 창조주 하나님의 보편적 세상통치를 경험적으로 관찰한 이방인들의 윤리, 도덕적 교훈마저 하나님 경외를 가르치는 교본에 기꺼이 수용하는 개방성을 보여준다.

**전도서**는 지혜적 잠언의 수집물이면서, 동시에 젊은이를 포함한 독자들에게 하나님의 자애로운 통치가 현실에서 보이지 않을지라도 하나님을 경외하고 건전한 노동으로 살아가는 안분지족(安分知足)을 가르쳐 준다. 이 책은 불신앙과 신앙, 권태와 보람, 일확천금을 노리는 모험주의와 건전한 안분지족의 경건의 경계선에서 방황하고 의심하고 불평하는 사람들을 흔들리지 않는 야웨 경외 신앙으로 초청하는 철학적, 신학적 묵상록이다. 바벨론 포로생활의 고달픔에 대한 신학적 절규로 읽힐 수 있는 욥기와 시편(137편) 등과 같이, 전도서도 야웨의 전통적인 공평과 정의로운 통치에 대한 방법론적 의심을 여기저기서 표출하고 있다. 저자가 솔로몬 왕이라는 말은 전도서에 나타나 있지 않지만, 다윗의 아들 예루살렘 왕으로서 잠언을 짓고 모으는 일에 열심을 낸 왕은 솔로몬 왕으로 알려져 있으므로 전통적으로 솔로몬의 저작이라고 믿어 왔다. 전도서의 주인공 화자는 솔로몬적인 극단 경험(극단적 지혜와 지식 추구, 극단적 쾌락과 성욕 추구, 극단적 부와 명예 추구)을 통해서 인생의 환희와 보람을 느끼지 못하며, 모든 것은 불확실하고 견고하지 못하다는 것을 경험한다. 세상은 불공평한 것처럼 보이고, 지혜 있는 자나 어리석은 자가 돌연히 쇄도하는 불행에 함께 쓰러지며, 재판정과 법정은 악한 강자의 손아래 놀아나는 것처럼 보인다. 이런 점에서 욥기와 더불어 전도서는 구약성경에서 불확실하고 위험한 세계에 대한 대표적인 현실비판적 신앙교본이다. 욥기와 더불어 이 전도서도 전통적 야웨 신앙에 대한 비판적 성찰의 기록으로, 회의하고 좌절하는 성도들을 위로하고, 야웨 하나님이 다스리시는 세계에 대한 믿음과 하나님에 대한 믿음을 지탱하고 지지해 주는 위로의 책이다. 겉보기에 전도서는 삶의 불확정성과 허무함에 대하여 고백하는 것 같지만 그 본질에서는 세상의 부조리와 불공평, 불확정성과 허무함에도 불구하고 젊은 날에 하나님을 경외하고 하루하루를 즐기며 사는 평범한 삶이 얼마나 좋은지를 가르친다.

**아가**(雅歌)라는 말은 "이 세상에서 가장 아름다운 노래", "노래 중의 노래"를 가리킨다. 아가는 솔로몬의 연애시로, 시면서 신부 이스라엘에 대한 신랑 야웨 하나님의 멈출 수 없는 사랑에 대한 신비주의적 묵상시다(베르나르 드 클레르보). 아가의 주제는 연애 같은 신앙생활과 영성생활이다. 아가의 장르는 극시(오페라)에 가깝다. 등장인물은 솔로몬 왕과 그가 남방 순시 때 우연히 만나 꿈 같은 사랑을 주고받았던 시골 처녀 술람미, 그리고 이들의 이루어질 수 없을 것 같은 사랑의 순전성을 시험하기 위해 퉁명스럽게 끼어드는 예루살렘 여인들이다. 모두 여덟 장으로 구성되어 있는 아가는, 현재 한글성경이나 영어성경에서는 각 구절들이 누구의 대사인지가 분명치 않아 아가를 충분히 음미하는 데 어려움을 준다. 그런데 히브리어 성경은 인칭과 성수(number and gender)가 명시되어 있기에 각 구절이 누구의 말인지를 판단할 수 있다. 중세의 페트라르카나 셰익스피어의 소네트를 무색하게 할 정도로 아름답고 감동적인 사랑의 절창이 아가의 각 장을 지배한다. 처음부터 끝까지 아가는 남자 연인과 여자 연인 사이에 흐르는 성애적 감정을 가장 진솔하고 역동적인 이미지와 비유로 묘사하고 있다. 대담하고도 생동감 넘치는 육체적 아름다움에 대한 묘사들, 성적 접촉이나 애무에 대한 암시적 묘사들은 성애적 상상력을 고조시킨다. 이처럼 아가는 명백한 사랑 노래다.

그런데 한 차원 더 깊이 읽어 보면, 아가는 하나님의 사랑에 대한 깊은 묵상시로 읽힌다. 하나님의 마음속으로 들어가고픈 무한정 열망을 가진 영성가들의 사랑 노래다. 나지안주스의 그레고리나 베르나르 드 클레르보 등이 아가를 통해 하나님과의 깊은 교제를 추구했다는 사실은 아가의 영성신학적 가치를 예증한다. 아가가 말하는 영성은 하나님과의 감미로운 교제 속에서 자발적으로 일어나는 하나님에 대한 순종 의지와 능력이다. 영성은 연애적 친밀성과 배타적 소속감을 추구하기 때문에 연애적 감정몰입과 의지적 투신을 요구한다. 아가가 말하는 연애는 영성적 몰입과 연합이며, 아가가 말하는 영성도 연애적 흥분과 친밀감, 배타적 친밀감을 느끼고자 하는 강력한 사모 감정으로 추동된다. 진정한 연애경험과 하나님과의 영적 결합을 최고의 희열이자 목적으로 삼는 영성 추구는 둘 다 하나님의 성령에 의하여 심화되고 견고해진다. 하나님의 영이 우리의 의지와 지성과 감정을 사로잡아 하나님과의 깊은 연합 상태로 이끌고 들어간다. 이런 점에서 아가는 영성이 무엇인가를 묵상하는 데 깊은 통찰을 던지는 책임이 분명하다.

이처럼 아가는 남녀 간의 절절한 연애를 노래하는 시인 동시에, 하나님과 이스라엘, 그리스도와 그의 신부되신 교회(신자) 사이에 있어야 할 깊고 순결한 사랑을 노래하고 있다. 바로 이런 이유 때문에 아가는 유월절 절기에 이스라엘 백성들이 하나님의 사랑을 기억하고 회고할 때 불렀다. 이스라엘에게 신앙은 하나님의 압도적인 사랑의 육박이며, 저항할 수 없는 접근이요 초청이었다. 그리스도인에게 신앙생활은 연애와 같은 면이 있다. 거리를 초월하고 상황을 초월하고 신분을 초월하여 서로에게 강력하게 소속되는 감성 몰입과 의지적 투신이 연애이듯이, 하나님께서는 거리를 초월하시고 신분을 뛰어넘으면서까지 시골뜨기 소녀같이 얼굴이 탄 죄인된 우리 인간을 사랑하신다.

지혜문서로 분류되는 욥기, 잠언, 전도서에서는 하나님과 이스라엘의 특별한 구원사와 언약관계가 부각되지 않는다. 반면에 하나님의 창조질서 운행과 역사를 주관하시는 섭리가 일상의 언어로 표현되어 있다. 모세오경과 예언서는 하나님과 선민 이스라엘의 특별언약과 특별구원사가 주도하지만, 이 책들에는 창조질서와 역사주관 섭리를 통해 자신을 온 세상 만민에게 알려 주시는 하나님의 보편적인 다스리심이 두드러진다. 세상 만민은 비록 시내산에서 계시된 특별계시나 언약을 통해 하나님을 알지는 못했으나, 천지를 창조하신 질서와 역사의 도도한 흐름을 통해 하나님을 더듬어 발견하도록 부름받았다(시 19편, 행 17:22-32). 욥기, 잠언, 전도서는 배타적 선민주의 너머에 활동하시는 보편적 창조주 하나님의 창조운행과 역사주관 섭리를 자세하게 가르쳐 준다.

한국교회가 이러한 지혜의 책들을 읽어야 하는 이유는 그것의 보편성과 포용성 때문이다. 모세오경을 배타주의적으로 읽고 해석해 일반계시와 선민 밖의 하나님의 통치를 인정하는 데 인색한 한국교회로 하여금 세계의 다른 문명에 나타난 고등종교와 고상한 인생철학과 교훈의 가치를 인식하도록 도와주기 때문이다. 욥기, 잠언, 전도서는 창조주 하나님의 보편적 창조질서 운행과 역사주관 섭리를 인식한 만민들의 종교와 철학에 나타난 불완전하고 파편적인 하나님 인식과 이해를 긍정적으로 평가하도록 도와준다. 또한 선민 이스라엘의 특별구원사 밖에서 진행된 하나님의 자애로운 창조주적 다스림을 식별하도록 도와준다. 이 세 책은 선민이 아닌 만민의 자리에서 하나님을 경험하고 하나님께 묻고 하나님께 도전적인 질문을 제기하는 것을 용납하고 있다. 따라서 이 책들을 깊이 읽고 연구한 그리스도인은 타종교나 세상의 철학과 도덕에 대한 정당한 존중감을 갖게 될 것이며, 기독교의 절대성을 확신하지만 동시에 다른 고등종교와 고상한 철학의 가치를 인정해 주는 기독교 신앙의 보편적 포용성도 증거할 수 있을 것이다.

반면에 시편과 아가는 모세오경과 예언서처럼 하나님과 이스라엘의 구원사, 특별언약관계의 역사 배경을 염두에 두고 읽어야 한다. 시편과 아가는 하나님께 올려지는 모든 기도, 찬양, 불평과 의심이 하나님의 말씀으로 읽힐 수 있음을 가르쳐 준다. 시편은 하나님이 선포하신 말씀뿐만 아니라 하나님이 들어주시고 경청해 주신 말씀도 하나님의 말씀임을 깨닫게 해준다. 따라서 시편은 하나님에 대한 이웃의 의심과 불평, 항변과 대듦도 귀하게 볼 수 있는 눈을 길러 준다. 유월절에 낭독되는 아가는 하나님과 이스라엘의 언약적 사랑을 염두에 두고 쓰여진 사랑 노래다. 아가의 미시적 배경은 남녀 간의 사랑이며 거시적 배경은 하나님과 이스라엘(그리스도와 교회)의 사랑이다. 아가는 인간의 사랑에는 육체를 통한 사랑 표현이 얼마나 중요한지를 묘사하며, 그 육체적 하나됨은 영적 하나됨의 열매라는 것을 강조한다. 육체 자체가 성적 쾌락을 위한 하나의 상품이 되어 가는 세상에 던지는 가장 큰 도전은 육체적, 감정적 성애는 고도의 언약적 책임감이 동반되는 관계 안에서만 향유될 수 있다는 진리다. 연애의 근원은 하나님의 인간 사랑, 하나님의 추적하시는 사랑에 대한 인간의 응답적 사랑임을 아가는 잘 가르쳐 준다. 한국교회는 시편의 하나님이 보여주시는 경청, 수용, 현존의 하나님을 배우는 동시에, 아가가 가르쳐 주는 인간 사랑과 하나님 사랑의 일체성을 배울 필요가 있다. 특별히 율법서의 영성이 지배하는 한국교회에서는 시가서를 내면화시킨 성도, 듣고 수용하며 이웃의 고통과 환난 현장에 함께하는 상담적 영성을 실천하는 성도가 절실히 요청된다.

### 왜 『메시지』 시가서를 읽어야 하는가?

'시가서'는 『메시지』 성경의 백미(白眉)다. 『메시지』의 특징과 장점이 무엇보다 잘 드러나 있을 뿐 아니라, 독자에게 하나님의 마음을 원음 그대로 전달하려는 목자의 마음과 감수성이 그 문체와 어조 속에 잘 반영되어 있다. 다음의 세 가지 이유로 『메시지』 시가서를 추천한다.

첫째, 『메시지』 시가서는 각 책의 특징에 적합한 한글문체로 번역되었으며, 구약성경의 히브리어 원문이 갖는 논리적, 서사적 역동성이 잘 부각되어 있다. 욥기의 경우 그 줄거리가 확연히 부각되도록, 특히 욥기의 대화와 논쟁의 서사가 박진감 있게 읽히도록 번역되어 묘한 긴장감을 불러일으킨다. 욥과 세 친구들이 내세우는 각각의 논점이 무엇인지 훨씬 더 선명하게 부각된다. 한글 번역문체도 욥의 심정과 빈정대는 친구들의 내면 풍경을 잘 포 착했고, 마지막에 등장하는 하나님의 폭풍 같은 질문세례도 욥이 왜 하나님의 압도적 질문공세에 승복하게 되었는지를 실감나게 보여준다.

시편의 탄원, 불평, 간구, 찬양은 지금 바로 독자들의 기도언어로 읊조려지기에 손색이 없다. 이런 번역은 단지 원어나 구문에 대한 이해만으로는 불가능하고 시편 말씀을 하나님의 마음으로 읽으면서도 동시에 부조리한 이 땅의 현실에서 살아가는 연약한 인간의 자리에서 읽을 때에만 가능한 일이다. 목회자의 마음은 중보자의 마음이다. 시편에 가장 자주 등장하는 곤경에 처한 개인의 토로를 들어 보면, 누군가가 우리의 마음에 들어와 있지 않으면 도저히 포착할 수 없는 가슴 절절한 기도, 찬양, 간청이 우리를 기도 모드로 재주형해 준다.

잠언은 잠언이라는 책 성격에 맞게 바늘로 찌르는 듯한 지혜 교사의 음성을 잘 부각시킨 문체로 번역되어 있다. 그중에서도 잠언의 편집과 운율에 맞춘 번역이 압권이다. 기존 한글성경의 운율에 못지않게 번역되어 잠언의 숱한 대구와 대조, 유비와 직유가 명료하게 부각된다. 그뿐만 아니라 『메시지』 잠언은 암송하기에도 적합하게 번역되어 있다.

전도서의 성찰적 비판 담론도 현대 독자들에게 성경의 원음을 생생하게 재생시켜 준다. 전도서는 하나님의 창조질서와 세상질서에 대한 쓰라린 냉소를 터뜨리는 젊은이의 마음에 들려준 지혜자의 충고다. 지혜자의 말씀 하나하나가 젊은 추구자의 가슴에 와 닿는다.

아가의 사랑 고백과 성애적 감정 묘사는 종교적 외피에 감춰진 구약성경의 원음을 풍성하게 재생시켜 준다. 특히 아가의 경우, 쉴 새 없이 오고가는 대사의 화자가 누구인지를 밝혀

줌으로써 아가가 하나의 드라마적 구조를 가진 채 전개되고 있다는 점을 선명히 부각시켜 준다.

둘째, 구약성경의 하나님은 인간에게 말씀하시는 하나님일 뿐만 아니라, 인간의 말을 듣고 수용하며 이해하시는 하나님임을『메시지』시가서는 잘 드러내 준다. 번안에 가까운 현대적 비유와 지명, 어휘들이 나타날 때마다 우리는 하나님이 21세기 도시문명의 변방에서 아둥바둥하며 하나님을 믿어 보겠다고 애쓰는 우리 성도들의 현장에서 멀지 않은 곳에 계신다는 인상을 받는다.『메시지』시가서의 하나님은 억만 광년 먼 우주에 계시지 않고 이미 지구에 들어와 지구적 관점을 갖고 당신의 자녀들의 누추한 일상을 소리 없이 응시하고 계시며 흔적을 내지 않고 도와주시는 경청의 하나님이시다.

셋째, 많은 성경구절을 애독하고 암송하는 성도들의 경우, 평소 자신들이 알고 있던 구절과 다소 색다르게 번역된『메시지』성경을 보면서 그 구절의 원래 뜻이 무엇인지를 찾아보고 묵상할 수 있을 것이다. 따라서 현대적 번안 수준의 파격적인 번역은 그것을 가능하게 할 만큼 원문 성경구절의 의미범위가 상당히 넓고 포괄적임을 깨닫게 해주며, 성경을 더 자세히 읽고 공부해 보도록 격려한다. 예를 들면, 시편에서 원문의 도치구문이 산문으로 평이하게 번역된 경우가 대표적인데, 이 경우『메시지』성경은 독자들로 하여금 원문의 뜻이 무엇인지를 찾아보도록 돕는다.

결론적으로『메시지』성경은 성경통독을 원하는 모든 독자에게 매우 유용한 길라잡이가 된다. 가장 최신판 한국어 문체의 옷을 입고 나타나신 하나님, 한국인의 폐부와 심장에 웅성거리는 의심과 불평, 항변과 문제제기를 곁에서 경청하시는 하나님을『메시지』시가서에서 만날 수 있다.

김회권 숭실대학교 기독교학과 교수

# THE MESSAGE

시가서

성경 안에는 인간 경험을 있는 그대로 다루는 독특한 계열의 책들이 있다. 이 책들은 인간답게 살기 위해 반드시 기억해야 할 것들을 다루고 있는데, 성경에 수록된 이러한 증언 및 작품에는 공통적으로 "지혜"라는 명칭이 따라붙는다.

여기서 말하는 "지혜"란, 별난 사상이나 교리나 조언이 아니라 일종의 마음가짐, 분명한 자세를 가리킨다. 지혜는 범위가 넓어서, 가지각색 동료 여행자들과 달갑지 않은 여행자들을 하나로 묶어 낸다. 이 신앙 여행자들이 공통의 기반에 발을 들여놓을 수 있는 이유는 지혜의 단호한 주장 때문이다. 우리가 하나님을 진지하게 섬기고 그분께 믿음으로 응답하려면, 인간 경험의 어떤 것도 빠뜨리거나 무시해서는 안된다는 것이다.

성경에서 포괄적인 줄거리와 주요 사건을 결정하는 쪽은 하나님과 그분의 길이고, 참여자로 초대받아 예우받는 쪽은 인간이다. 우리 가운데 마지막 한 사람, 우리의 일상생활과 연관된 마지막 세부사항까지 그러한 초대와 예우를 받는다. 구원 드라마에는 관람석이 없다. 무능한 선수들을 위한 "벤치"는 따로 존재하지 않는다.

사람들이 종교나 하나님께 관심을 기울이면서 자신의 직장과 가정, 공동체와 동료들에게는 무관심한 경우가 있는데, 우리 주위에서 흔히 있는 일이다. 이들은 하나님을 얻는 만큼 인간을 잃는다. 그러나 이것은 하나님께서 의도하시는 바가 아니다. 지혜는 이러한 경향을 거슬러, "영적"인 느낌이나 인상과 상관없이 모든 형식을 동원하여 인간 경험의 소중한 본질을 증언한다.

욥기, 시편, 잠언, 전도서, 아가는 성경의 지혜에 대한 중요한 증언이라고 할 수 있다. 물론 성경 전체에 지혜의 영향력이 스며들어 있기 때문에 지혜가 이 책들에 국한된다고 말할 수는 없다. 그러나 하나님께서 임재하시고 일하시는 무대인 인간 경험을 전면에 내세워 중점적으로 다룬 책은 이 몇 권뿐이다.

시편을 중앙에 놓고 그것을 중심으로 나머지 넷을 교차시킬 때 이 다섯 증언의 포괄성이 뚜렷해진다. 이를테면 시편 좌우에 욥기와 잠언을, 위아래에 전도서와 아가를 배열하는 것이다.

시편은 중심에 놓인 자석과 같아서, 인간 경험의 모든 조각과 차원을 하나님 앞으로 끌어당긴다. 불평("나는 스러져 소멸해 가고")과 감사("하나님께 박수갈채를!"), 의심("사랑 많기로 유명하신 주님, 그 사랑 지금 어디에 있습니까?")과 분노("오 하나님, 저들에게 응분의 벌을 내리소서"), 고통의 절규("하루가 멀다 하고 누군가 나를 두들겨 팹니다")와 기쁨의 표출("하나님을 목청껏 찬양하여라!"), 조용한 묵상("주께서 주신 지혜를 작은 조각까지 곱씹고")과 떠들썩한 예배("하나님께 환호성을 올려라!") 등 가리지 않고 주제로 삼는다. 인간에게 흔히 나타나는 것이면 무엇이나 주제로 다룬다. 인간이 경험하는 것이면 무엇이나, 심지어 감정과 생각까지도 기도에 담고, 인간다운 본질을 유지하고 되찾을 수 있는 것이면 무엇이나 다 기도에 담는다. 그런 다음 우리네 인간성 전체에 관여하시는 하나님의 온전한 관심을 상하좌우의 두 축이 상세히 설명한다.

욥기와 잠언이 마주 보는 축은, 극도의 고난이라는 위기 경험과 우리가 직장과 가정, 돈과 섹스, 언어 사용과 감정 표현으로 이루어진 일상을 열심히 살아가며 겪는 흔한 경험을 대비하여 보여준다.

> "어찌하여 하나님은 비참한 사람들에게 빛을 주시고
> 쓰디쓴 인생을 사는 이들을 살려 두시는가?
> 이들은 죽기를 무엇보다 바라건만 죽지 못하고
> 죽음보다 나은 것을 상상하지 못하며
> 죽어서 묻힐 날을
> 인생에서 가장 행복한 순간으로 손꼽아 기다리지 않는가?
> 부질없는 인생, 삶의 의미를 찾을 길을
> 하나님이 모두 막으셨으니, 살아서 무엇하겠는가?"(욥 3:20-23)

> 이것은……솔로몬의 지혜로운 말이다.
> 어떻게 해야 바르게 잘살 수 있는지 가르치고
> 인생의 의미가 무엇이며 어디로 흘러가는지 알리려고 기록한 말이다.
> 이것은 옳고 정의롭고 공평한 것이 무엇인지 알리고
> 세상의 이치를 모르는 이들을 가르치고
> 젊은이들이 현실을 파악하게 해줄
> 삶의 지침서다.
> 경험 많은 이들도 얻을 것이 있고
> 노련한 이들도 한두 가지 배울 것이 있을 것이다.
> 깊이 음미할 만한 새로운 지혜와
> 현인들의 슬기가 이 안에 있다(잠 1:1-6).

신앙생활은 특별한 경험과 평범한 경험 모두와 관계가 있다. 둘 중 하나를 배제할 수도 없고, 어느 하나에 우선순위를 둘 수도 없다. 고통을 당하며 화를 내고 항변하는 욥을 보면서, 우리는 우리에게 닥칠 수 있는 최악의 상황이 하나님의 영역 안에 있음을 깨닫게 된다. 또한 우리의 관찰력과 통찰력을 예리하게 해주는 간결한 잠언들을 통해 우리 주위에서 벌어지는 일을 제대로 보면서, 평범하고 단조로운 일상 역시 하나님의 영역임을 깨닫는다.

아가와 전도서가 마주 보는 축은 황홀한 사랑 경험과 따분한 사랑 경험을 맞세운다.

> 입 맞춰 주세요. 당신의 입술로 내 입술 덮어 주세요!
> 그래요, 당신의 사랑은 포도주보다 달콤하고
> 당신이 바른 향유보다 더 향기로워요.……

> 나를 데려가 주세요!……
> 우리 축하하고 노래하며
> 멋진 사랑의 음악을 연주해요.
> 그래요! 당신의 사랑은 최상품 포도주보다
> 달콤하니까요(아 1:2-4).

> 모든 것이 따분하다. 극도로 따분하다.
> 아무도 그 의미를 찾지 못한다.

눈에도 따분하고
귀에도 따분하다.
이미 있던 것이 다시 있을 것이고
이미 벌어진 일이 다시 벌어질 것이다.
(전 1 : 8-9)

신앙생활은 우리가 꿈꾸던 그 이상의 것을 발견하는 기쁨과 관계가 있고, '이 모든 것의 목적이 무엇이지?' 하고 물으며 끊임없이 한 발 한 발 내딛는 일과도 관계가 있다. 이 역시 둘 중 하나를 배제하거나 어느 하나에 우선순위를 둘 수 없다. 우리는 아가의 가사로 노래하고 기도하는 가운데, 하나님께서 인간이 경험할 수 있는 모든 복을 우리에게 내려 주신다는 것을 깨닫게 된다. 또한 전도서의 냉소적인 구절들을 곱씹으면서 인간 경험 고유의 한계들을 깨닫고 인간 경험을 있는 그대로 평가하여 그것과 하나님을 구분하게 된다.

이 시가서의 기자들은 우리가 인간 경험 전체를 정직하게 마주하고 주의를 기울이게 한다. 하나님께서 우리 각 사람 안에 거룩한 구원의 삶을 이루기 위해 활용하시는 것은 다름 아닌 우리의 경험이기 때문이다.

욥이 고난을 당했다. 그의 이름은 고난과 동의어로 쓰인다. 그가 물었다. "왜 그러십니까? 어째서 접니까?" 그 질문은 하나님을 향한 것이었다. 그의 질문은 끈질기고 열정적이며 호소력 있었다. 그는 침묵을 답변으로 여기지 않았고, 상투적인 말들을 답으로 받아들이지도 않았다. 하나님을 순순히 놓아 드리지 않았다.

그는 자신의 고난을 묵묵히 감내하거나 경건하게 감수하지 않았다. 다른 의견을 구하러 의사나 철학자를 찾아가지도 않았다. 그는 다만 하나님 앞에 버티고 서서 자신의 고난에 대해 강력하게 항의하고 또 항의했다.

> "내가 오직 원하는 것은 한 가지 기도 응답뿐,
> 내 마지막 간구를 들어주시는 것.
> 하나님이 나를 밟아 주셨으면. 벌레처럼 짓이겨
> 영원히 끝장내 주셨으면.
> 그러면 궁지에 몰린 나머지 한계선을 넘어
> 거룩하신 하나님을 모독하는 일은 없을 것이고
> 그나마 그것으로 만족할 수 있을 텐데.
> 내게 무슨 힘이 있어 희망을 붙들겠는가?
> 무슨 미래가 있어 계속 살아가겠는가?
> 내 심장은 강철로 만들어진 줄 아나?
> 내가 무쇠인간인가?
> 내가 자력으로 지금 상황을 이겨 나갈 수 있을 것 같은가?
> 아닐세. 난 더 이상 버틸 힘이 없네!"
> (욥 6:8-13)

욥이 우리에게 중요한 이유는 그가 고난을 당했을 뿐 아니라, 매우 중요한 영역인 가족과 건강과 물질적인 부분에서 우리와 똑같이 고난을 받았기 때문이다. 그리고 그는 자신의 고난에 대해 집요하게 질문을 던졌고 담대하게 항의했다. 그는 자신의 질문을 가지고 "최고책임자"에게 나아갔다.

우리를 괴롭게 하는 것은 고난 자체가 아니다. "억울한" 고난이다.

다들 어릴 때 부모의 말을 듣지 않아 벌을 받은 적이 있을 것이다. 그 처벌이 우리의 잘못에 합당할 때 우리는 정당하다고 여기고 '잘못을 저지르면 벌을 받는구나' 하고 생각하게 된다.

그러나 우리는 나이가 들어 감에 따라, 우리가 저지르는 잘못의 크기와 우리가 겪는 고통의 강도가 정비례하지 않는다는 것을 깨닫고 놀라게 된다. 더 놀라운 사실은, 오히려 그와 정반대인 경우가 많다는 것이다. 옳은 일을 하고서 매를 맞기도 하고, 있는 힘껏 최선을 다하고 나서 보상을 기대하며 손을 내밀었다가 느닷없이 뒤통수를 얻어맞고 비틀거리며 쫓겨나기도 한다.

이것이 바로 우리를 당혹스럽게 하고, 더 나아가 분노하게 만드는 고난이다. 이런 고난이 욥에게 찾아와 그를 당혹스럽게 하고 분노하게 했다. 욥은 매사에 올바르게 처신했는데 어느 순간 갑자기 모든 것이 잘못되었다. 욥은 이 고난에 대해 목소리를 높여 하나님께 항의했다.

욥의 항변은 조리 있고 정곡을 찌르며 정직하다. 따라서 고난을 당해 본 사람이라면 누구나 욥의 목소리에서 자신의 고통을 들을 수 있다. 욥은 소심한 사람들이 차마 입 밖에 내지 못하는 내용들을 담대하게 말한다. 사람들의 내면에 혼란스럽게 뒤엉켜 있는 흐느낌을 시로 표현해 낸다. 많은 사람들이 속으로만 웅얼거리는 불평을 그는 하나님께 토해 낸다. 그는 좌절에 빠진 희생자이기를 거부한다.

> "나는 아네, 하나님이 살아 계심을. 그분은 나를 되살려 주시는 분.
> 그분이 마침내 땅에 우뚝 서실 것이네.
> 나 비록 하나님께 호된 벌을 받았지만 그분을 뵐 것이네!
> 내 두 눈으로 직접 하나님을 뵐 것이야.
> 오, 어서 빨리 그날이 왔으면!"(욥 19:25-27)

욥이 하지 않는 행동도 주목해서 보아야 한다. 그래야 그가 의도하지 않은 것을 그에게서 찾는 일이 없을 것이다. 그의 아내는 하나님을 저주하고 죽으라고 했다. 하나님을 부인함으로써 고난의 문제 자체를 없애 버리라고 제안한 셈이다. 하지만 욥은 그렇게 하지 않았다. 그렇다고 해서 그가 고난을 해명하는 것도 아니다. 고난을 피할 수 있는 비결을 알려 주지도 않는다. 고난은 신비다. 욥은 그 신비를 존중하게 된다.

> "그분은 내가 어디에 있으며 내가 무엇을 하는지 아신다네.
> 그분이 아무리 철저히 나를 시험하셔도,
> 나는 영예롭게 그 시험에 합격할 걸세.
> 나는 가까이에서 그분을 따랐고 그분의 발자취를 좇았네.
> 한 번도 그분의 길에서 벗어나지 않았네.
> 나는 그분의 말씀을 모두 지켰고
> 그분의 조언을 따랐으며 그것을 소중히 간직했네.
>
> 그러나 그분은 절대 주권자시니 누가 그분께 따질 수 있겠는가?
> 원하는 일을 원하실 때 행하시는 분이 아닌가.
> 그분은 나에 대해 정하신 일을 빠짐없이 이루실 것이고
> 그 외에도 하고자 하시는 모든 일을 이루실 것이네.
> 그러니 그분 뵙기가 두려울 수밖에 없지 않겠는가?
> 생각만 해도 두려워지는구나"(욥 23:10-15).

고난에 직면하여 의문을 제기하다 고난을 존중하기에 이르는 과정에서 욥은 자신이 더 큰 신비, 곧 하나님의 신비 안에 놓여 있음을 깨닫는다. 어쩌면 고난의 가장 큰 신비는, 고난에 처한 사람이 넘치는 경이감과 사랑과 찬양을 안고 하나님 앞에 나아가 그분을 예배하게 된다는 사실일 것이다. 고난이 매번 그런 결

과를 낳지는 않지만, 그런 일은 생각보다 훨씬 많다. 욥의 경우는 분명히 그렇다. 그가 빈정대는 아내에게 한 말에도 심오한 역설과 받아들이기 어려운 우울한 진리가 담겨 있다. "우리가 하나님께 좋은 날도 받았는데, 나쁜 날도 받는 게 당연하지 않소?"(욥 2:10)

그러나 욥기에는 욥만 등장하는 것이 아니다. 욥의 친구들이 있다. 아파서 병원에 입원하거나, 친구가 죽어 상심하거나, 일자리를 잃거나, 사귀던 사람과 헤어지거나, 우울증에 빠지거나, 당황하여 어찌 줄 모르거나, 종류를 막론하고 곤경에 처하는 순간, 사람들이 다가와 우리의 문제가 무엇이고 어떻게 해야 나아질 수 있는지 설명하기 시작한다. 주검에 독수리가 모이듯 고난당하는 사람들 주위에는 해결사들이 모여든다. 처음에는 우리에게 신경 써 주는 그들이 그저 고맙고 어쩌면 그렇게 멋진 말들을 척척 내놓는지 놀라울 따름이다. 그들은 정말 아는 게 많다! 그들은 어떻게 그런 '생활의 전문가'가 되었을까?

그런 사람들은 대개 하나님의 말씀을 자주 인용하지만 어딘가 어설프다. 그럴듯한 영적 진단과 처방을 잔뜩 내놓는데, 그것을 듣고 난 다음에는 "다 나를 걱정해서 하는 말인 것 같은데, 왜 저들의 말을 듣고 나면 기분이 나빠지는 거지?" 하는 의문이 든다.

욥기는 고난의 위엄과 하나님이 우리의 고통 가운데 함께하심을 알리는 증언인 동시에, 해명이나 "답변" 정도로 축소된 종교에 맞서 성경이 제시하는 주된 반론이다. 친구라는 사람들이 욥에게 내놓은 많은 답변이 형식적으로는 옳다. 그러나 바로 그 "형식적인" 측면 때문에 그들의 답변은 쓸모가 없어졌다. 그것은 인격적 관계가 없는 답변, 교감 없는 지성이다. 욥의 친구들은 표본병에 라벨을 붙이듯 황폐해진 욥의 인생에 답변을 붙였다. 욥은 하나님이 살아 역사하시는 현실과 동떨어진 그들의 세속화된 지혜에 몹시 화를 낸다.

"자네들 말은 이제 물릴 만큼 들었네.
그것도 위로라고 하는 건가?
그 장황한 연설은 끝도 없는가?
무슨 문제가 있기에 그렇게 계속 지껄이는가?
자네들이 내 처지라면
나도 자네들처럼 말할 수 있겠지.
끔찍한 장광설을 그러모아
지겹도록 들려줄 수 있을 걸세.
하지만 난 절대로 그렇게 하지 않을 거야.
격려하고 위로하고
안심시키는 말을 할 걸세. 복장 터지게 하는 말이 아니라!"(욥 16:1-5)

어느 시대에나 "건강, 부, 지혜"를 보장하는 생활방식을 가르쳐 주겠다고 장담하는 사람들이 있다. 그들은 지적이고 도덕적인 삶이 고난을 막아 준다고 선전한다. 그들의 관점에서 보면, 꼭 필요한 지적·도덕적 답변들을 제공해 줄 수 있는 그들을 곁에 둔 우리는 운이 좋은 사람들이다.

우리 앞에 나타나 이렇게 생각하고 저렇게 행동하기만 하면 만사가 잘될 것이라고 말하는 친절한 사람들의 진부한 말을 믿고 엉뚱한 길로 내달렸던 경험이 다들 한 번씩은 있을 것이다. 이런 우리를 대신해서 욥은 번민에 찬 답변을 내놓는다. 그는 하나님에 대해 속속들이 알고 있다는 투의 조언과 모든 상황을 그럴듯하게 설명해 내는 가르침을 거부한다. 욥의 정직한 항변은 장황한 종교적 잡설과 긍정적 사고를 주창하는 자들의 판에 박힌 말을 반박할 최고의 답변이며, 이 사실은 지금도 유효하다.

욥은 정직하고 무죄한 사람이었지만 엄청난 고난을 당했다. 그리고 당대의 종교적 상식으로 무장한 엘리바스, 빌닷, 소발, 엘리후가 일장연설을 쏟아 내며 그를 포위했다. 욥과 친구들의 모습은 현저한 대조를 이룬다. 친구들은 상담가 역할을 자처하며 책에서 배운 교훈들을 현학적으로 논리정연하게 제시한다. 처음에 욥은 고통에 겨워 분통을 터뜨리며 큰소리로 항변하지만, 마침내 하나님이 나타나셔서 폭풍 가운데 말씀하시자 그 "회오리바람" 같은 신성 앞에서 경외감에 사로잡혀 믿음을 되찾고 입을 다문다. 진정한 믿음은 영적인 상투 문구로 축소되거나 성공담의 소재로 끝나지 않는다. 진정한 믿음은 고통의 불길과 폭풍 속에서 다듬어진다.

욥기는 일체의 답변을 거부하는 것이 아니다. 성경적 신앙에는 충분한 답변이 있다. 욥기가 거부하는 것은 세속화된 답변이다. 우리를 치기도 하고 고치기도 하시는 살아 계신 하나님, 참된 해답의 원천이신 그분의 말씀으로부터 분리되어 세속화된 답변이다. 하나님의 생각과 마음에서 끊어진 상태로는 그분에 대한 진리를 보유할 수 없는 까닭이다.

우리에게는 연민의 마음이 있어서 사람들이 고난받는 것을 보고 싶어 하지 않는다. 그래서 본능적으로 고통을 막거나 덜어 주려 한다. 이것은 분명 좋은 충동이다. 그러나 고난당하는 자들에게 진심으로 다가가고자 한다면, 욥의 친구들처럼 되지 않도록 주의해야 한다. 나에게 잘못된 부분을 바로잡거나 문제를 없애거나 상황을 "더 좋게" 만들 능력이 있다는 주제넘은 생각을 가지고 "도움"을 베풀어서는 안된다. 고난당하는 친구들을 보면 어떻게 하면 부부관계가 나아지고, 아이들의 행실이 좋아지고, 마음과 정서가 건강해지는지 가르쳐 주고 싶어질 수도 있다. 그러나 다른 사람의 고난을 해결하려 달려들기 전에 몇 가지 명심할 것이 있다.

첫째, 우리가 제아무리 통찰력을 가졌다 해도, 친구들이 겪고 있는 문제의 본질을 온전하게 이해할 수는 없다. 둘째, 친구들이 우리의 조언을 원하지 않을 수도 있다. 셋째, 얄궂은 일이지만 사람이 하나님을 따르기로 헌신한다고 해도 고난이 줄어들지 않는다는 사실이다. 오히려 더 많은 고난을 받는다. 이들은 고난을 통해서 그 전에는 생각조차 못했을 놀라운 방법으로 삶이 변하고 깊어지며 아름답고 거룩한 사람이 된다.

그러므로 고난을 미연에 방지하겠다는 별 성과도 없는 일에 집중하지 말고, 할 수 있는 대로 고난 속으로 들어가 그 고난과 함께해야 한다. 고난의 신비 속으로 들어가 하나님을 찾아야 한다. 다시 말해, 고난받는 사람들이 안됐다는 생각을 버리고 그들을 존중하고 그들에게서 배우며, 그들이 허락하는 선에서 함께 항변하고 기도해야 한다. 동정은 근시안적이고 주제넘은 일이 될 수 있다. 고통을 나누는 일은 사람을 존중하는 일이면서 동시에 변화시키는 일이다. 욥의 고난과 기도와 예배를 바라보면, 우리가 따라가야 할 용기와 고결함의 길을 그가 열었음을 알게 된다.

⁂

그러나 나 혼자만 고난받는 것 같고 하나님이 원하시는 것이 무엇인지 몰라 욥이 앞서 간 길을 뒤따르는 일이 막막하게 느껴질 때가 있다. 그런 캄캄한 순간에는 폭풍 가운데 욥에게 나타나신 하나님이 지금 우리에게도 말씀하고 계신다는 사실을 기억해야 한다. 그 하나님께서 환상으로 우리 앞에 나타나지 않으실지라도, 그분은 욥에게 설명하신 수많은 방법들을 통해 우리에게 자신을 알려 주신다. 그것은 거시세계에서 미시세계까지, 경이로운 은하계에서 우리가 당연시하는 아주 작은 것들까지 포괄한다. 그분은 우리 앞에 펼쳐진 측량할 수 없는 우주의 창조자이시며 우리 안에 있는 소우주의 창조자도 되신다.

> **하나님**께서 사나운 폭풍의 눈에서 욥에게 대답하셨다.……
>
> "내가 이 땅을 창조할 때 너는 어디 있었느냐? 네가 아는 것이 그렇게 많다니, 어디 말해 보아라!……
>
> 너는 아침에게 '기상' 명령을 내리고
> 새벽에게 '작업 개시'를 지시한 적이 있느냐?
> 그리하여 땅을 이불처럼 거머쥐고
> 바퀴벌레를 털어 내듯 악한 자들을 털어 버린 적이 있느냐?……
>
> 너는 구름의 주의를 끌어
> 소나기를 내리게 할 수 있느냐?
> 번개를 뜻대로 부리고
> 명령을 바로 수행했는지 보고하게 할 수 있느냐?"(욥 38:1, 4, 12-13, 34-35)

그래서 우리는 희망을 품는다. 그 희망은 캄캄한 고난에서 피어나는 것도, 책에 담긴 듣기 좋은 답변들이 제시하는 것도 아니다. 우리의 고난을 살피시고 우리의 고통을 함께 나누시는 하나님께로부터 오는 희망이다.

기도하고 묵상하며 욥기를 읽노라면, 인생이 생각대로 풀리지 않을 때 떠오르는 질문들을 만나게 된다. 처음에는 욥기의 대답들이 모두 진부하게만 들린다. 그러다 똑같은 질문들을 조금 다르게 다시 묻게 되고 똑같은 대답들이 조금 다르게 들린다. 이런 과정을 되풀이하면서 우리가 욥의 입을 통해 올바른 질문을 던지게 되면, 비로소 우리 고난의 가치가 드러나고 하나님의 음성과 신비에 한 발짝 더 가까워지게 된다. 우리를 보고 우리의 말을 들으면서도 우리를 이해하지 못하는 사람들의 응급처치식 조언을 욥과 함께 거부할 때, 우리는 폭풍 가운데서만 찾아오는 하나님의 계시에 마음을 열고 자신을 맡길 수 있게 된다. 하나님의 신비는 우리의 어둠과 고투를 무색하게 만든다. 그 신비를 깨달을 때, 비로소 우리는 고난이 하나님의 다스리심에 대해 따져 묻는 자리가 아니라 우리의 삶을 성찰하는 자리임을 알게 된다. 그러고 나면 입장이 뒤바뀐다. 살아계신 하나님이 우리에게 다가오신다. 하나님이 우리에게 말씀하신다. 그래서 우리는 우리의 고난과 인간으로서의 나약함을 통해 욥의 경험과 고백을 자신의 것으로 삼게 된다.

# 꿰뚫고 들어오는 하나님의 은혜

## 욥기 42장에 대한 묵상글

쉽게 읽히는 책도 아니며 종종 오해도 받는 욥기는 의심, 고통, 반항, 무관심, 진부한 경건의 말들을 뚫고 인간의 마음에 다가가는 하나님의 은혜에 대한 이야기다. 이 이야기는 종교적인 교훈에 익숙한 한 사람이 갑자기 하나님과 직면하고, 그 직면을 통해 온전하게 되는 이야기다.

욥의 이야기는 인생이란 문제를 놓고 벌이는 논쟁이다. 욥은 자신의 고통이 하나님 때문이라고 여겼고, 그의 친구들은 욥 때문이라고 말했다. 누가 옳은가?

친구들이 옳은 것은 분명 아니었다. 그들은 죄, 하나님의 목적, 하나님의 위엄에 대한 일반적인 진실을 말했을 뿐, 그 모든 말은 욥과 상관이 없었다. 배심원을 자처한 동료들로부터 욥은 아무런 위안을 얻을 수 없었다.

하지만 욥이 옳은 것도 아니었다. 자신은 무죄하다는 선언도 아무런 위안이 되지 못했다. 그는 정말 법적으로 자신을 변호하고 싶었던 것일까? 그가 원한 것은 자신을 구해 줄 판사의 무죄 선고가 아니었다. 그는 자신을 안아 줄 하나님의 팔을 원했다.

욥은 주변 세상과 하나님이 지으신 자연과 종교적 전통에서 하나님에 대한 증거를 확인했지만, 그것으로 만족하지 않았다. 또한 한 권의 책과 상담가, 한 편의 설교와 연설에는 그가 찾고 있는 게 없다는 것을 욥의 인생은 보여준다. 간략히 말해, 욥이 찾는 것은 답이 아니라 하나님이었다.

답이 필요할 때도 있지만, 상황이 어려워지고 문제가 생길 때, 의심이 정신을 갉아먹고 불안이 압박해 올 때, 그때는 하나님이 계셔야 한다. 하나님께는 여러 겹의 자기방어와 합리화, 불신앙, 반항, 불순종, 산만함을 뚫고 우리에게 다가올 능력이 있다. 그분은 우리의 고통, 의심, 무지를 꿰뚫고 들어오셔서, "전에는 내가 주님에 대한 소문만 들었으나 이제는 내 눈과 내 귀로 직접 보고 들었습니다!"(욥 42:5)라고 말하게 하신다.

욥은 자신의 질문에 대해 아무런 답도 얻지 못했다. 자신의 고통에 대해 아무런 설명도 듣지 못했다. 그는 친구들이 자랑처럼 늘어놓는 지혜를 무시했다. 비록 자신이 원하는 것을 얻지 못했지만, 욥은 자신에게 필요한 것, 곧 하나님을 얻었다. 욥은 자신을 드러내시는 하나님께 개인적으로 응답하며 살기 시작했다. 간접적 종교가 아니라 직접적 체험이었다.

이 이야기에 나오는 모든 사람이 결론적으로 하나님의 은혜에 참여했다. 고통 속에서 혼란스러워하는 사람에게 하나님을 설명할 수 있다고 생각했던 무감각한 친구들(7-9절)도, 그들의 말을 곧이곧대로 듣지 않고 하나님과 친밀해지기를 고집하며 고통당했던 용감한 사람 욥

(10-17절)도 모두 하나님의 은혜에 참여할 수 있었다.

**묵상 질문**

당신이나 당신이 사랑하는 누군가가 지금 이해하기 힘든 고통을 겪고 있는가? 만일 당신이 그렇다면 하나님에 대한 질문을 잠시 멈추어 보라. 하나님은 당신에게 어떤 질문을 던지고 싶어 하실 것이라 생각하는가?

당신이 사랑하는 사람이 고통을 겪고 있다면, 그 사람의 고통에 온전히 함께하도록 노력하라. 사랑하는 사람과 함께 잿더미 가운데 앉아서 울며 밤을 새우라. 당신이 함께 눈물을 흘리거나 조용히 있어 주는 것으로 도움을 받을 수 있는 사람으로 누가 떠오르는가?

욥기 1장과 2장을 읽으면, 이 이야기에서 원수의 역할을 볼 수 있기 때문에 욥의 고통이 이해가 된다. 그러나 욥은 그 부분을 읽을 수 없었고, 따라서 자신의 고통을 이해할 수 없었다. 당신의 고통에서 원수가 하는 역할은 무엇이라고 생각하는가? 당신이 사랑하는 사람의 경우는 어떠한가?

**기도**

주님,
도저히 이해할 수 없는 고통에 대해서도,
주님이 제 인생의 모든 상황을 주관하심을 볼 수 있게 도와주십시오.
고통이 설레가 되어서,
제가 주께 더 가까이 나아가고
주님이 제게 더 가까이 다가오시는,
은혜의 방편임을 알아보게 해주십시오.
진지한 질문을 던질 수 있는 정직함을 주십시오.
제게 필요한 것은 답보다는
주님의 품이라는 사실을 깨닫는 겸손도 주십시오.
오 하나님, 저를 안아 주십시오.
저를 잿더미에서 일으켜 주님의 사랑스러운 팔에 품어 주십시오.
저를 꼭 안아 주시고, 눈물을 닦아 주시며, 온전하게 해주십시오.

**더 읽을 본문**

베드로전서 2:21-25 | 예수님이 부당한 고통을 다루신 방식
베드로전서 5:8-11 | 인간의 고통에서 원수가 하는 역할

# 욥기

### 사탄이 욥을 시험하다

1 1-3 우스 땅에 욥이라는 사람이 살았다.
그는 더없이 정직하고 약속을 잘 지키
는 사람이었으며, 하나님께 온전히 헌신하고
악을 지극히 미워했다. 그에게는 아들 일곱,
딸 셋이 있었다. 그는 엄청난 부자여서 양이 칠
천 마리, 낙타가 삼천 마리, 겨릿소가 오백 쌍,
암나귀가 오백 마리나 되었고, 종들도 어마어
마하게 많아 동방에서 가장 영향력이 컸다!
4-5 그의 아들들은 돌아가면서 제 집에서 잔치
를 벌였고, 그때마다 누이들도 초대해 함께
즐거운 시간을 보냈다. 잔치가 끝난 다음 날
이면 욥은 으레 일찍 일어나 제 자식들 하나하
나를 위해 번제를 드렸다. "어쩌면 저 아이들
중 하나가 마음속으로 하나님을 거역하는 죄
를 지었을지도 모른다"고 생각했기 때문이다.
그렇게 욥은 자식들이 혹시라도 죄를 지었을
까 하여, 희생 제물을 바치곤 했다.

### 첫 번째 시험, 자녀와 재산을 잃다

6-7 어느 날 천사들이 **하나님**께 보고하러 왔을
때, 고발자 사탄도 함께 왔다. **하나님**께서 사
탄을 지목하여 말씀하셨다. "너는 무슨 일을
하다 왔느냐?"
사탄이 **하나님**께 대답했다. "여기저기 다니며
지상의 사정을 둘러보았습니다."
8 **하나님**께서 사탄에게 말씀하셨다. "내 친구
욥을 눈여겨보았느냐? 그처럼 정직하고 약
속을 잘 지키며, 하나님에게 온전히 헌신하고
악을 미워하는 사람이 없다."
9-10 사탄이 항변했다. "욥이 온전히 선한 마음
으로 그러는 줄 아십니까? 이제껏 그처럼 형
편이 좋은 사람이 없었습니다! 주님께서 그를
애지중지하시고 그의 가족과 재산도 보호하
시고 그가 하는 모든 일에 복을 주시니, 잘못
될 수가 없지요!
11 하지만 주께서 손을 뻗어 그의 소유를 모두
빼앗으시면 어떤 일이 벌어지겠습니까? 그는
틀림없이 주님을 똑바로 쳐다보며 저주할 것
입니다."
12 **하나님**께서 대답하셨다. "좋다. 어디, 그가
가진 모든 것을 네 뜻대로 해보아라. 다만 그
의 몸은 건드리지 마라." 이에 사탄이 **하나님**
앞에서 물러났다.

**더 치열하게 살아 내는 신앙**(1:6-22)

믿음의 사람들에게 욥은 극한의 고통 속에서도 하나님을 저버리지 않은 사람으로 명성이 높다. 이러한 그의 태도는, 인간이란 문제를 일으키고 하나님은 답을 주신다는 도식으로 하나님과 인간 사이를 축소시키는 것에 대한 거부이기도 했다. 욥은 하나님도 인간인 자신도, 단순한 문제와 답의 관계는 아니라고 생각했다.

우리는 너무 자주 고통의 경험을 핑계로 반항한다. 욥은 어떻게 하면 고통을 겪으면서도 더 치열하게 신앙을 살아 낼 수 있는지를 우리에게 보여준다.

13-15 얼마 후, 욥의 자녀들이 맏형의 집에 모여 잔치를 벌이고 있었는데, 심부름꾼 하나가 욥에게 와서 말했다. "주인님, 소가 밭을 갈고 나귀들이 근처에서 풀을 뜯고 있는데, 스바 사람들이 쳐들어와 가축들을 빼앗고 일꾼들을 죽였습니다. 저 혼자만 살아남아서 주인어른께 소식을 전합니다."

16 그가 말을 채 마치기도 전에, 다른 심부름꾼이 와서 말했다. "여러 차례 번개가 치더니 양 떼와 목동들을 바싹 태워 버렸습니다. 저 혼자만 살아남아서 주인어른께 소식을 전합니다."

17 그가 말을 채 마치기도 전에, 또 다른 심부름꾼이 와서 말했다. "갈대아 사람들이 세 방향에서 몰려와 낙타들을 빼앗고 낙타 몰이꾼들을 죽였습니다. 저 혼자만 살아남아서 주인어른께 소식을 전합니다."

18-19 그가 말을 채 마치기도 전에, 또 다른 심부름꾼이 와서 말했다. "주인어른의 자제분들이 큰아드님 댁에서 잔치를 벌이고 있는데, 사막에서 폭풍이 불어닥쳐 그 집을 내리쳤습니다. 집이 무너져 내려 자제분들이 모두 죽었습니다. 저 혼자만 살아남아서 주인어른께 소식을 전합니다."

20 욥은 벌떡 일어나 옷을 찢고 머리털을 깎은 후에, 바닥에 엎드려 경배하며 말했다.

21 내가 어머니의 태에서 벌거벗고 나왔으니
벌거벗은 채 땅의 태로 돌아갈 것입니다.
주신 분도 **하나님**이시고 가져가신 분도 **하나님**이시니
하나님의 이름을 찬양할 뿐입니다.

22 이 모든 일을 겪으면서도 욥은 죄를 짓지 않았다. 단 한 번도 하나님을 원망하지 않았다.

**두 번째 시험, 건강을 빼앗기다**

2 1-3 어느 날 천사들이 **하나님**께 보고하러 왔을 때, 사탄도 **하나님** 앞에 나타났다. **하나님**께서 사탄을 지목하여 말씀하셨다. "너는 무슨 일을 하다 왔느냐?" 사탄이 **하나님**께 대답했다. "여기저기 다니며 지상의 사정을 둘러보았습니다." **하나님**께서 사탄에게 말씀하셨다. "내 친구 욥을 눈여겨보았느냐? 그처럼 정직하고 약속을 잘 지키며, 하나님에게 온전히 헌신하고 악을 미워하는 사람이 없다. 그는 자신의 믿음을 굳게 붙들었다! 네가 나를 부추겨 그를 무너뜨리고자 했지만 부질없는 짓이었다."

4-5 사탄이 대답했다. "자기 목숨을 구하기 위해서라면 무슨 일이든 하는 게 사람입니다. 주께서 손을 뻗어 그의 건강을 빼앗으시면 어떻게 되겠습니까? 그는 틀림없이 주님을 똑

바로 쳐다보며 저주할 것입니다."
6 **하나님**께서 말씀하셨다. "좋다. 네 마음대
로 해보아라. 하지만 그를 죽이지는 마라."
7-8 사탄이 **하나님**을 떠나가 욥의 몸에 악성 종
기가 돋게 했다. 욥은 머리부터 발끝까지 종
기와 부스럼으로 뒤덮였다. 상처로 인해 미칠
듯 가려웠고 고름이 줄줄 흘러내렸다. 그는
질그릇 조각으로 자기 몸을 벅벅 긁고 재가 깔
린 쓰레기 더미에 가서 앉았다.
9 그의 아내가 말했다. "아직도 그 잘난 고결
함을 지키겠다는 거예요? 차라리 하나님을
저주하고 죽어 버려요!"
10 욥이 아내에게 말했다. "당신은 생각 없는
바보처럼 말하는구려. 우리가 하나님께 좋은
날도 받았는데, 나쁜 날도 받는 게 당연하지
않소?"
이 모든 일을 겪으면서도 욥은 죄를 짓지 않았
다. 하나님을 거역하는 말을 한 마디도 하지
않았다.

### 욥의 세 친구

11-13 욥의 세 친구가 욥이 당한 온갖 어려움에
대한 소식을 들었다. 데만 사람 엘리바스, 수
아 사람 빌닷, 나아마 사람 소발은 각자의 지
역에서 출발했다. 그들은 욥 곁을 지키면서
그를 위로할 요량으로 중간에 만나 함께 욥
을 찾아갔다. 욥의 모습을 처음 보았을 때 그
들은 자신들의 눈을 믿을 수가 없었다. 친구
의 몰골을 도저히 알아볼 수 없었기 때문이다!
그들은 탄식하며 목 놓아 울고 겉옷을 찢고 슬
픔의 표시로 머리에 재를 뿌렸다. 그러고는
친구 옆에 주저앉았다. 그들은 욥의 곁에 앉
아 칠 일 밤낮을 한 마디도 하지 않았다. 그의
고난이 얼마나 극심한지, 그의 심정이 얼마나
처참할지 알 수 있었기 때문이다.

### 욥이 자신의 운명을 저주하다

3 1-2 그러다 욥이 침묵을 깨뜨렸다. 그
는 목소리를 높여 자신의 운명을 저주
했다.

3-10 "내가 태어난 날아, 사라져라.
내가 잉태된 그 밤아, 없어져 버려라!
우주공간의 블랙홀처럼 되어 버려라.
위에 계신 하나님이 그날을 잊어 주셨으면!
그날을 책에서 지워 버리셨으면!
내가 태어난 그날이 짙은 어둠 속에 묻히고 안
개에 싸였으면!
밤이 그날을 삼겨 버렸다면!
내가 잉태된 밤 따위는 귀신이나 가져가라!
그날을 달력에서 찢어 버려라.
연감에서 삭제해 버려라.
오, 그날 밤이 아예 없어져
어떤 기쁨의 소리도 들리지 않았다면!
저주에 능한 자들이 그날을 저주하여
바다 괴물 리워야단을 풀어 버렸다면.

**친구가 되는 가장 좋은 방법**(2:11-13)

친구가 고통받을 때 우리는 누구나 도움을 주고 싶어 하지만, 친구의 잘못을 분석하는 것은 친구가 되는 좋은 방법이 아니다. 아마도 가장 좋은 방법은 그저 같이 있어 주는 것, 우리의 존재와 침묵과 눈물로 슬픔에 빠진 그들과 함께 있어 주는 것이다. 엘리바스는 정말 좋은 친구였다. 그가 말을 꺼내기 전까지는 말이다(욥 4-5장을 보라).

새벽별들이 검은 숯으로 변하고
아무리 기다려도 빛이 비추지 않고
동틀 녘의 첫 햇살도 보지 못했다면!
그러면 그날 내가 어머니의 태에서 나오지도,
이 고통 많은 세상에서 살지도 않았으련만.

11-19 어찌하여 나는 죽어서 나오지 않았으며
첫 숨이 마지막 숨이 되지 않았던가?
어찌하여 나를 안아 주는 두 팔이 있었으며
내게 젖을 물린 가슴이 있었던가?
그렇지 않았다면 지금쯤 나는 편안히 쉬고 있을 텐데.
아무 고통도 못 느끼고 영원히 잠들었을 텐데.
폐허가 된 왕실 묘지에 묻힌
왕과 정치가들과 함께 있을 텐데.
금과 은으로 장식한 번쩍이는 무덤에 묻힌
제후들과 함께 있을 텐데.
어찌하여 나는 죽은 채 태어나
빛을 보지 못한 모든 아기들과 함께 묻히지 못했던가?
그곳에서는 악인들이 더 이상 누군가를 괴롭히지 못하고
녹초가 된 사람들이 오랫동안 기다리던 휴식을 취하며
죄수들이 간수들의 고함소리에 잠깰 일 없이
편안하게 자고 있건만.
그곳에서는 큰 자와 작은 자의 구별이 없고
노예도 자유를 얻건만.

20-23 어찌하여 하나님은 비참한 사람들에게 빛을 주시고
쓰디쓴 인생을 사는 이들을 살려 두시는가?
이들은 죽기를 무엇보다 바라건만 죽지 못하고
죽음보다 나은 것을 상상하지 못하며
죽어서 묻힐 날을
인생에서 가장 행복한 순간으로 손꼽아 기다리지 않는가?
부질없는 인생, 삶의 의미를 찾을 길을
하나님이 모두 막으셨으니, 살아서 무엇하겠는가?

24-26 저녁식사로 빵 대신 신음만 삼키다
식탁을 물리고 고통을 토해 낸다.
내가 가장 두려워하던 일이 현실이 되었고
가장 무서워하던 일이 벌어졌다.
쉼이 산산조각 나고, 평안이 깨졌다.
내게 더 이상 안식은 없다. 죽음이 내 삶을 덮쳤구나."

**어둠을 더듬으며 나아가다**(3:1-26)

욥은 저주로 침묵을 깼다. 이번 장이 성경에 있다는 사실은 신앙이 정직하다는 증거다. 인간이 경험할 수 있는 최악의 상황에서 욥이 보여준 정직함 덕분에, 우리도 그처럼 정직하게 울분을 토할 수 있게 되었다.

당신이 가장 힘들었던 때는 언제인가? 그때 당신은 인생은 저주이며 차라리 태어나지 않았으면 나았을 것이라는 생각이 들었는가? 어둠의 계곡 같은 상황을 지날 때 주변의 그림자에 잠식당하는 느낌이 드는 것은 자연스러운 일이다. 그럴 때 우리는 최선을 다해 어둠을 더듬으며 나아간다. 가는 중에 말로든 행동으로든 실수도 할 것이다. 욥이 그러했고, 우리도 그러할 것이다. 그러나 하나님과 우리의 대화는 저주로 끝나지 않는다. 그것은 시작일 뿐이다.

### 엘리바스의 첫 번째 충고

4 1-6 그러자 데만 사람 엘리바스가 큰소
리로 말했다.

"내가 자네에게 한마디 해도 되겠나?
잠자코 있기가 어려운 상황이라 그러네.
자네가 많이 하던 일일세. 자네는 적절한 말로
상황을 명확히 보게 해주고, 포기하려는 이들
을 격려해 주었지.
자네의 말은 비틀거리던 이들을 일으켜 세우고
주저앉기 직전의 사람들에게 새로운 희망을
심어 주었지.
하지만 이제 자네가 곤경에 처했고 괴로워하
고 있어!
큰일을 당한 충격으로 비틀거리고 있군.
하지만 지금은 자네가 경건한 삶에서 자신감
을 얻어야 할 때가 아닌가.
모범적인 삶에서 희망을 찾아야 할 때가 아
닌가!

7-11 잘 생각해 보게! 정말 죄 없는 사람이 쓰레
기 더미에 앉는
신세가 된 적이 있던가?
진정 올곧은 사람들이 끝내 실패한 적이 있
던가?
내가 본 바로는, 악을 갈고 재난을 뿌리는 사
람들이
악과 재난을 거두어들이더군.
그들은 하나님의 입김 한 번이면 산산조각
나고
그분이 한바탕 노하시면 남아나지 못한다네.
백수의 왕 사자가 우렁차게 포효해도
이가 빠지면 쓸모가 없지.
이가 없어 먹이를 못 잡으니 새끼들은
뿔뿔이 흩어져 혼자 힘으로 살아가야 하지.

12-16 한마디 말이 나에게 은밀히 들려왔네.
속삭임에 불과했지만 나는 분명히 들었어.
깊이 잠들었던 어느 날 밤,
무서운 꿈속에서 들었다네.
두려움이 나를 정면으로 쳐다보았는데, 공포
그 자체였네.
무서워 죽을 지경이었어. 나는 머리부터 발끝
까지 벌벌 떨었지.
한 영이 내 앞을 스르륵 지나가는데
내 머리털이 주뼛 곤두서더군.
거기 나타난 것이 무엇이었는지는 알아보지
못했네.
흐릿한 형체였는데, 그때 이런 희미한 소리가
들렸어.

17-21 '어찌 죽을 존재가 하나님보다 의로울 수
있겠느냐?
어찌 인간이 그 창조주보다 깨끗할 수 있겠느
냐?
아니, 하나님은 그분의 종들도 신뢰하지 않
으시고
그분의 천사들도 칭찬하지 않으시는데,
하물며 진흙으로 이루어져 나방처럼 쉬 부스
러질
몸뚱이를 가진 우리야 오죽하겠느냐?
우리 몸은 오늘 있다가도 내일이면 사라져
누구도 눈여겨보지 않으니, 흔적도 없이 사
라진다.
천막 말뚝을 뽑아낼 때 천막이 그대로 무너
지듯,
우리도 죽을 때가 되면 살아온 세월이 무색할
만큼

미련한 존재로 스러진다.'"

5 1-7 "욥, 응답할 사람이 있겠거든 도움
을 청해 보게!
거룩한 천사 중에 의지할 자가 있는가?
어리석은 자는 욱하는 성질 때문에 결국 목숨
을 잃고
미련한 자는 시기와 분노 때문에 죽는다네.
내가 직접 보았지. 어리석은 자들이 잘되는가
싶더니
그들의 집이 순식간에 저주를 받더군.
그 자녀들이 바깥에 내쫓겨 학대와 착취를 받
아도
도와주는 사람이 전혀 없었네.
거리의 굶주린 자들이 그들의 수확물을 약탈
하고
남김없이, 모조리 가져갔어.
그들이 가진 것은 모두 탐내더군.
일이 잘 안 풀린다고 운명을 탓하지 말게.
불행은 까닭 없이 찾아오는 것이 아니니까.
인간인 탓도 있어! 인간이 불행을 타고 태어
나는 것은
불티가 위로 치솟는 것처럼 자명한 일이네.

8-16 내가 자네라면 하나님께 곧장 나아가
그분의 자비에 매달리겠네.
하나님은 뜻밖의 큰일들을 행하시는 것으로
유명한 분이 아닌가.
놀라운 일들을 끝없이 행하시는 분이지.
드넓은 땅에 비를 내리시고
밭에 물을 대어 촉촉이 적시는 분이네.
그분이 몰락한 자들을 일으켜 세우시고
슬픔에 빠진 이들의 든든한 발판이 되어 주신
다네.
남을 해치려는 이들의 흉계를 저지하여
그들의 음모가 하나도 성사되지 못하게 하신
다네.
그분은 다 아는 체하는 자들의 모의를 잡아내어
그 복잡한 음모가 쓰레기와 함께 모두 쓸려 나
가게 하시네.
그들은 순식간에 방향을 잃고 어둠 속에 처박혀
한 걸음도 앞으로 내딛지 못하네.
그러나 억눌린 자들은 하나님이
살인음모와 압제에서 구해 내시지.
이렇게 하나님이 불의를 묶고 그 입을 막으시니
가난한 이들에게 여전히 희망이 있는 것 아닌가.

17-19 하나님이 개입하여 자네를 바로잡아 주
시니 얼마나 큰 복인가!
전능하신 하나님의 징계를 부디 업신여기지
말게!
하나님은 상처를 입히기도 하시지만 상처를
싸매기도 하시네.
자네를 아프게 한 손으로 치료하신다네.
재난이 줄지어 닥쳐도 그분이 자네를 건져 주
시니
어떤 재앙이 와도 자네는 아무 해를 입지 않을
걸세.

20-26 기근이 닥치면 하나님이 굶주림을 면케
하시고
전쟁이 일어나면 칼에 상하지 않게 지키실 것
이네.
사악한 험담에서 보호받을 것이며
어떤 재난도 겁 없이 헤쳐 나갈 걸세.
재앙과 기근 따위는 가볍게 떨치고
들짐승 사이에서도 두려움 없이 다닐 걸세.

**교만**(4:1-5:27)

엘리바스는 욥이 고통받는 원인이 죄 때문이라고 보았다. 그의 논리는 다음과 같았다. '죄는 고통을 낳는데, 욥은 고통받고 있다. 따라서 욥은 죄를 지은 것이다.' 엘리바스는 권위적으로 구는 것에 비례해 교만했고 그만큼 겸손하지도 공감하지도 못했다.

자네는 바위와 산들과도 사이좋게 지내고
들짐승들이 자네의 좋은 친구가 될 것이네.
자네의 거처가 안전한 곳이 될 것이고
재산은 축나지 않을 걸세.
자녀들이 장성하는 모습과
집안이 과수원의 풀처럼 쑥쑥 번창하는 모습을 보게 될 것이네.
수확 철에 황금빛으로 영근 곡식단처럼
자네는 오랜 세월을 알차게 보내고 무덤에 이를 걸세.

27 여보게, 이것은 틀림없는 사실이네. 내 명예를 걸고 하는 말이야!
이 말을 명심하면 잘못될 일이 없을 걸세."

#### 욥의 대답

## 6

1-7 욥이 대답했다.

"내 고통의 무게를 달아 볼 수 있다면,
내 원통한 심정을 모두 저울 위에 올려놓을 수 있다면,
바다의 모래를 다 합친 것보다 더 무거울 텐데!
내가 우리에 갇힌 고양이처럼 절규하는 것이 이상한가?
전능하신 하나님의 화살들이 내 안에 박혔네.
독화살들이 박혀 온몸에 독이 퍼졌어!
하나님이 이 모든 일을 내 탓으로 돌리셨네.
먹을 풀이 없으면 나귀와 소가 울기 마련이니
이런 상황에서 내가 입 다물고 있기를 바라지 말게.
하나님이 내 접시에 담아 주신 것이 보이는가?
그것들 앞에서 어느 누가 제정신일 수 있겠는가!
내 안의 모든 것이 진저리를 치니
속이 다 메슥거리네.

8-13 내가 오직 원하는 것은 한 가지 기도 응답뿐,
내 마지막 간구를 들어주시는 것.
하나님이 나를 밟아 주셨으면. 벌레처럼 짓이겨
영원히 끝장내 주셨으면.
그러면 궁지에 몰린 나머지 한계선을 넘어
거룩하신 하나님을 모독하는 일은 없을 것이고
그나마 그것으로 만족할 수 있을 텐데.
내게 무슨 힘이 있어 희망을 붙들겠는가?
무슨 미래가 있어 계속 살아가겠는가?
내 심장은 강철로 만들어진 줄 아나?
내가 무쇠인간인가?
내가 자력으로 지금 상황을 이겨 나갈 수 있을 것 같은가?
아닐세. 난 더 이상 버틸 힘이 없네!

---

Ⅱ 여기서 욥이 묘사하는 것처럼 느낀 적이 있는가? 하나님에 대해 욥처럼 말하는 것을 어떻게 생각하는가? 그 이유는 무엇인가?

---

14-23 절박한 처지의 사람이 전능하신 하나님에 대한 기대를 접을 때
그의 친구들만은 곁에 있어 줘야 하는 것 아닌가?

**설교 예화로 축소되다**(6:14-27)

욥은 엘리바스에게 화가 났다. 그는 위로를 받기보다 정죄를 받는다는 느낌이 들었다. 자기 인생이 경건한 설교자의 설교 예화로 축소된 것 같은 기분이었다. 하나님은 인간의 고통에 대해 논쟁을 벌이지 말고 그 고통을 덜어 주라고 우리를 부르셨다. 고통의 인과 관계를 가지고 설교문을 작성하는 것이 아니라, 추운 사람에게 담요를, 배고픈 사람에게 먹을 것을, 목마른 사람에 시원한 물 한잔을 주라고 하셨다. 아픈 사람을 돌보고 갇힌 사람을 찾아가라고 부르셨다. 고통받는 세상에 필요한 것은 연민이지 정죄가 아니다.

그런데 형제처럼 여긴 내 친구들이 사막의 협곡처럼 변덕스럽군.
어떤 때는 눈과 얼음이 녹은 물을 산에서
콸콸 흘려보내다가도
한여름이 되면 햇볕에 바싹 마른 골짜기로 변하는, 딱 그 짝이야.
여행자들이 마실 물을 기대하고 힘들게 왔다가
결국 바싹 마른 협곡에 이르러 갈증으로 죽는다네.
데마의 대상들이 물을,
스바의 관광객들이 시원한 음료를 고대하며
부푼 가슴을 안고 당도했건만, 그들을 기다리는 것은 실망뿐!
그곳에 도착한 그들의 얼굴이 낙심으로 흐려지네!
그런데 내 친구라는 자네들이 바로 그 꼴이야.
전혀 다를 게 없어!
내 몰골을 한번 보더니 겁을 먹고 움츠러드는군.
내가 자네들에게 무슨 부탁을 한 것도 아니지 않은가?
돈 한 푼 달라고 하기를 했나,
날 위해 위험을 무릅써 달라고 했나.
그런데 왜 이리 말을 돌리고 발뺌하기에 급급하나?

24-27 사실대로 말해 보게. 그럼 나는 입을 다물 테니.
내가 무엇을 잘못했다는 것인지 알려 주게.
정직한 말은 누구에게도 해가 되지 않는 법인데,
경건한 체 이리 허세를 부리는 이유가 무엇인가?
자네들은 내가 잘못 살았다고 말하지만
고뇌에 찬 내 말을 헛소리로 여기는구먼.
자네들 눈에는 사람이 사람으로 안 보이는가?
친구가 수지타산을 따져야 할 품목에 불과한가?

28-30 나를 똑바로 보게!
내가 자네 면전에서 거짓말을 할 것 같은가?
잘 생각해 보게. 엉뚱한 소리 말고!
곰곰이 생각해 보게. 내가 정말 믿지 못할 위인인가?
내 말에 틀린 부분이 있는가?
내가 선악을 분간하지 못할 사람인가?"

7 1-6 "인생은 고역일세. 그렇지 않은가?
종신 중노동형이지.
나는 휴식시간을 간절히 바라는 농장 일꾼이요
삯 받을 날만 기다리는 떠돌이 품꾼 신세일세.
내게 할당된 것은 정처 없이 굽이굽이 흘러가

는 인생,
목적 없는 시간들, 그리고 고통의 밤이네!
잠자리에 들면서 '일어나려면 얼마나 남았지?'부터 생각한다네.
밤이 깊도록 이리저리 뒤척이다 보면 아주 지긋지긋해!
내 몸은 구더기와 상처딱지로 온통 뒤덮였네.
내 살은 비늘처럼 딱딱해지다가 터져서 고름이 줄줄 흐른다네.
나의 나날은 뜨개바늘의 움직임보다 빠르게 지나가지만
도중에 실이 떨어져 중단되는, 미완성 인생이야!"

### 욥의 기도

7-10 "하나님, 내 생명이 한낱 입김에 불과한 것을 잊지 말아 주십시오!
내 눈은 더 이상 좋은 일을 보지 못할 것입니다.
주님의 눈이 더 이상 내게 미치지 않습니다.
이제는 주께서 살피셔도 내 모습이 보이지 않을 것입니다.
증발한 구름은 영원히 사라지고
무덤에 들어간 자는 되돌아오지 못합니다.
다시 와서 가족을 찾아갈 수 없고
차 한잔 하러 친구를 방문할 수도 없습니다.

11-16 그래서 나는 잠잠히 있지 않고
내 사정을 모조리 다 이야기하렵니다.
드높은 하늘에 쏟아내는 나의 항의는 거칠지만 정직합니다.
바다를 가라앉히고 폭풍을 잠재우시듯
내 입에 재갈을 물리시렵니까?
'잠 좀 자고 나면 기분이 나아지겠지.
한결 기운이 날 거야' 하고 말하면,
주께서 오셔서 악몽으로 겁을 주시고
환영을 보내어 기겁을 하게 만드십니다.
이런 생활을 계속해서 견디느니
차라리 이불보 덮어쓰고 숨 막혀 죽는 편이 낫겠습니다.
더 이상 살기 싫습니다! 어느 누가 이렇게 살고 싶겠습니까?
나를 좀 내버려 두십시오! 내 인생은 아무것도 아닙니다.
한낱 연기에 불과합니다.

17-21 대체 사람이 무엇이기에 주께서 그에게 신경을 쓰시고
그에게 마음을 두십니까?
매일 아침 그를 들여다보고
그가 어떻게 하고 있는지 살피십니까?
나를 좀 내버려 두십시오, 네?
침이라도 마음 놓고 뱉게 해주실 수 없습니까?
내가 죄를 지었다 한들, 그것이 주께 무슨 해가 되겠습니까?
주님은 모든 인간을 책임지는 분이십니다.
나를 괴롭히시는 것보다 더 나은 일들이 있지 않겠습니까?
내가 무엇이라고 일을 크게 만드십니까?
그냥 내 죄를 용서하시고
새로 시작할 기회를 주시면 어떻겠습니까?
이대로 가면 나는 곧 죽을 것입니다.
주께서 샅샅이 찾으셔도, 나는 이미 없는 몸과 같습니다."

### 빌닷의 첫 번째 충고

# 8

1-7 이번에는 수아 사람 빌닷이 말했다.
"어떻게 그런 말을 계속할 수 있는가?

터무니없는 말만 시끄럽게 늘어놓고 있군.
하나님이 실수하시겠는가?
전능하신 하나님이 일을 그르치신 적이 있는가?
자네 자식들이 하나님께 죄를 지은 것이 분명
하네.
그렇지 않다면 하나님이 왜 그들을 벌하셨겠나?
자네가 해야 할 일을 말해 주겠네. 더 이상 미
루지 말게나.
전능하신 하나님 앞에 무릎을 꿇게.
자네 말마따나 자네가 결백하고 정직하다면
아직 늦지 않았네. 하나님이 달려오실 걸세.
모든 것을 바로잡으시고 자네의 재산을 회복
시켜 주실 걸세.
지금 자네의 모습은 보잘것없지만,
나중에는 전보다 훨씬 나아질 걸세.

8-19 우리 선조들에게 물어보게나.
그분들이 그 윗대 선조들에게 배운 내용을 살
펴보게나.
우리는 갓 태어난 사람들과 같아서 배울 것이
많고
배울 날은 그리 길지 않네.
그러니 선조들에게 배우고 뭐가 뭔지 듣고
그분들이 경험을 통해 터득한 것을 전수받으
면 좋지 않겠나?
흙이 없는데 소나무가 크게 자라고
물이 없는데 달콤한 토마토가 주렁주렁 열리
겠는가?
잘리거나 꺾이지 않고 활짝 핀 꽃은 근사해
보이지만
흙이나 물이 없으면 풀보다 빨리 마른다네.
하나님을 잊은 모든 사람에게 그런 일이 벌
어지고
그들의 모든 희망은 물거품이 되고 말지.
그들은 가느다란 실 하나에 목숨을 거는 꼴
이요
거미줄에 운명을 거는 꼴이네.
살짝 건드리기만 해도 실은 끊어지고
한 번 콕 찌르기만 해도 거미줄은 망가지고
만다네.
그들은 햇빛을 받고 불쑥불쑥 솟아나 정원을
덮치는 잡초와 같네.
사방으로 뻗어 나가 꽃보다 더 크게 자라고
돌 사이에도 뿌리를 내리지.
하지만 정원사가 놈들을 뿌리째 뽑아내도
정원은 조금도 아쉬워하지 않네.
하나님을 경외하지 않는 자들은 빨리 사라질
수록 좋네.
그래야 그 자리에 좋은 초목이 자랄 수 있으
니 말이야.

**처방전보다 기도가 더 도움이 된다**(8:1-22)

욥의 두 번째 친구가 이어서 말하며 엘리바스의 논증을 지지했다. 그러나 욥에게 필요한 것은 논증이 아니라 공감이었다. 우리 주변에서 고통 중에 하나님의 침묵을 겪는 사람들도 마찬가지다. 빌닷의 논증은 욥의 고통을 덜어 주지 못했다. 오히려 가중시킬 뿐이었다. 그의 말은 환자에 대한 배려 없이 냉랭하게 진단을 내리고 처방전을 끄적이는 의사와도 같았다. 그는 인간의 비참을 보지 못하고 하나님의 위엄만 챙겼다. 욥이 전신에 종기가 난 채 잿더미에 앉아 슬퍼하는 것을 보고도, 그는 욥을 위해 기도할 생각부터 하지 않았다. 오히려 욥 앞에서 하나님을 대변하는 데 급급했다. 이 경우, 그리고 누군가가 고통을 당하는 모든 경우에는 처방전보다 기도가 더 도움이 된다.

20-22 하나님이 착한 사람을 내치실 리 없고
나쁜 사람을 도우실 리도 없네.
하나님이 자네에게 웃음을 돌려주실 걸세.
자네가 기뻐 외치는 소리로 지붕이 들썩거
릴 거야.
자네 원수들은 완전히 망신을 당하고
그들이 세운 허울 좋은 집은 무너지고 말
걸세."

### 욥의 대답

# 9

1-13 욥이 대답했다.

"그래서 새로운 게 뭔가? 나도 그 정도는
아네.
그러나 한낱 인간이 어찌 하나님보다 옳을
수 있겠는가?
우리가 하나님을 상대로 소송을 벌이려 한들
승산이 얼마나 되겠는가? 천에 하나도 안될
걸세.
하나님의 지혜는 너무나 깊고 하나님의 능
력은 어마어마하니
누가 그분과 겨뤄서 무사할 수 있겠는가?
그분은 산들을 눈 깜짝할 사이 옮기시고
내키면 산을 뒤엎기도 하신다네.
땅을 강하게 뒤흔들어
그 기초까지 진동하게 하시지.
해에게 '비치지 마라' 하시면 그대로 되고
별들을 덮어 가리신다네.
홀로 하늘을 펼치시고
바다 물결 위를 성큼성큼 걸으시네.
북두칠성과 오리온자리,
묘성과 남방 별자리들을 만드셨네.
그분은 우리가 이해하지 못할 큰일들을 행
하시고
그분의 기적은 이루 다 헤아릴 수 없어.
하나님이 내 앞으로 바로 지나가신다 해도 나
는 그분을 볼 수 없네.
은밀하지만 분명히 일하시는데도 나는 눈치채
지 못한다네.
하나님이 자네들 소유를 몽땅 털어 가신다 한들
누가 그분을 막을 수 있겠나?
누가 '지금 뭐하시는 겁니까?' 하고 항의할 수
있겠나?
하나님은 진노를 돌이키지 않으시니
용이 낳은 괴물들도 그분 앞에서는 꼼짝 못하네.

14-20 그러니 내가 어떻게 그분과 논쟁을 벌이며
그분의 마음을 움직일 변론을 내놓을 수 있겠
는가?
내가 결백하다 해도 입증할 수 없으니
고작해야 재판관의 자비를 빌 수 있을 뿐이야.
내가 하나님을 부를 때 그분이 친히 대답하시면
그때 비로소 나는 그분이 내 말을 들으셨다고
믿겠네.
하지만 현재로서는, 하나님이 나를 여기저기
치시고
까닭 없이 마구 때려 멍들게 하신다네.
그분은 내게 숨 돌릴 틈도 주지 않으시고
괴로움에 괴로움만 더하시지.
힘으로 결판을 보려 하면 그분이 강하시니 승
부는 뻔하네!
재판에서 정의를 가려 보려고 한들, 누가 감히
그분을 소환하겠는가?
내가 결백하다 해도, 내 입에서 나오는 모든 말
이 날 유죄로 보이게 만들 거네.
내가 흠이 없다 해도, 무죄를 항변할수록 더 나
쁜 놈으로 보일 거야.

21-24 나를 믿어 주게. 난 결백하네.
뭐가 어떻게 돼 가는 건지 모르겠네.
도무지 살고 싶지가 않아!
어떻게 살든 결과가 마찬가지라면, 하나님이 착한 사람과 나쁜 사람을
한꺼번에 멸하신다는 결론을 내릴 수밖에 없지 않은가.
재앙이 닥쳐 사람들이 갑자기 죽어 나가도
하나님은 무죄한 자들의 절망을 팔짱 끼고 지켜만 보신다네.
하나님은 악한 자들에게 세상을 맡기시고
옳고 그름을 분간하지 못하는 재판관들을 세우시네.
이것이 하나님 책임이 아니라면, 누구 책임이란 말인가?

25-31 시간이 얼마 안 남았고 남은 생애가 쏜살같이 달려가니
그 속도가 너무나 빨라 좋은 일을 볼 겨를이 없습니다.
그 지나가는 것이 돛을 올려 바람을 받으며 달리는 배 같고
먹잇감을 향해 내리닫는 독수리 같습니다.
'이 모든 것을 다 잊고
밝은 면만 보면서 억지웃음이라도 지어야지'
하고 말해 보지만
주께서 나를 봐주지 않으실 것이 분명하니,
이 고통은 창자 속 왕모래처럼 나를 계속 괴롭힐 것입니다.
유죄 판결이 이미 내려졌으니
항의하고 항소한들 무슨 소용이 있겠습니까?
온몸을 북북 문지르고
때가 잘 빠지는 비누로 아무리 깨끗이 씻어도
부질없을 것입니다. 주께서 나를 돼지우리에 밀어 넣으셔서,
누구도 견디지 못할 악취를 풍기게 하실 테니까요.

32-35 하나님과 나는 대등하지 않으니 그분을 상대로 소송을 벌일 수 없구나.
동등한 존재로 같이 법정에 들어갈 수가 없구나.
하나님과 나 사이에 개입하여 내가 살 기회를 열어 주고
내 멱살을 틀어쥔 하나님의 손을 풀어
이 두려움에서 벗어나 다시 숨을 쉴 수 있게 해줄
중재자가 있다면 얼마나 좋을까!
그러면 목소리 높여 내 사정을 거침없이 말하련만.
지금 상황에서는 그렇게 할 도리가 없구나."

# 10

1 "더 이상 견딜 수가 없구나. 살고 싶지 않아!

**재판관의 자비에 맡기다**(9:25-35)

욥은 법정의 이미지를 사용했지만, 그의 변호는 자기 자신을 위한 게 아니라 하나님을 위한 것이었다. 하나님은 인간과는 전적으로 다른 존재이기 때문에 그분의 방식을 이해하는 것은 불가능하다고 욥은 추론했다. "하나님과 나는 대등하지 않으니 그분을 상대로 소송을 벌일 수 없구나"(욥 9:32). 그래서 욥은 재판관의 자비에 패배한 자신을 맡겼다. 영적인 차원에서 본다면, 법정에서 유일하게 안전할 수 있는 방법은 재판관의 자비에 기대는 것이다.

내 사정을 모두 이야기하겠다.
내 인생의 온갖 괴로움을 남김없이 털어놓겠다."

### 욥의 기도

2-7 욥은 이렇게 기도했다.

"드리고 싶은 말씀이 있습니다.
하나님, 내게 유죄 판결을 내리지 마십시오.
그것이 여의치 않다면 죄목이라도 알려 주십시오.
손수 지으신 이 몸은 시련과 박대로 대하시고
악한 자들의 음모에는 복을 주시다니,
이것을 어찌 주께서 말씀하시는 '선한' 일이라 할 수 있겠습니까?
주께서는 우리 인간들처럼 세상을 보지 않으십니다.
겉모습에 속는 분이 아니시지 않습니까?
주께서는 우리와 달리 마감시한에 쫓겨 일하지 않으십니다.
영원 가운데 거하시니 일을 제대로 처리하실 충분한 여유가 있으십니다.
그런데 이 무슨 일입니까? 내 허물을 파헤치시고
수치가 될 만한 것을 찾기 위해 이리도 혈안이 되셨습니까?
주께서는 내가 무죄임을 잘 아십니다.
나를 도울 자가 없다는 것도 아십니다.

8-12 주께서는 나를 질그릇처럼 손수 빚으셨는데
이제는 산산조각 내려 하십니까?
주께서 진흙으로 나를 얼마나 아름답게 빚으셨는지 잊으셨습니까?
그런데 이제 나를 진흙덩이로 돌리시렵니까?
주께서 정자와 난자를 섞으시자
경이로운 잉태가 이루어졌고,
살갗과 뼈, 근육과 두뇌를 갖춘
나란 존재가 기적같이 생겨났습니다!
주께서는 내게 생명과 믿기지 않는 큰 사랑을 주셨습니다.
내가 숨 쉬는 것까지도 눈여겨보시고 지켜 주셨습니다.

---

II 절망적인 상황에서 하나님이 "생명과 믿기지 않는 큰 사랑을 주셨다"는 것과 "숨 쉬는 것까지도 눈여겨보시고 지켜 주셨다"(욥 10:12)는 사실을 기억하는 것은 어떻게 도움이 되는가?

---

13-17 그러나 주께서는 한 가지 사실을 알려 주지 않으셨습니다.
그것이 다가 아니라는 것,
내가 한 걸음이라도 잘못 디디면 주께서 기다렸다는 듯이 달려들어
조금도 봐주지 않으시리라는 것을 말입니다.
내가 정말 죄가 있다면 나는 끝장입니다.
그러나 죄가 없다 해도 달라질 것은 없습니다. 끝장이긴 마찬가지입니다.
뱃속이 비통함으로 가득합니다.
나는 고통의 늪에 빠졌고 고통이 턱까지 차올랐습니다.
이런 상황에서도 어떻게든 잘해 보려고, 용감하게 견디려 애써 보지만
주님은 내가 도무지 감당할 수 없는 분,
먹이를 노리는 사자처럼 조금도 사정을 봐주지 않으십니다.
주께서 내게 불리한 증인들을 새롭게 내세우십니다.
나를 향한 노여움을 키우시고
내게 슬픔과 고통을 더하십니다!

18-22 이러실 거면 왜 나를 세상에 내놓으셨습
니까?
아무도 나를 보지 못했다면 좋았을 것을!
사산아로 태어나 숨 한 번 못 쉬고
그대로 땅에 묻혔다면 좋았을 것을.
이제 내가 죽을 때도 되지 않았습니까?
죽어서 묻히기 전에,
관에 들어가 땅속에 봉인되고
죽은 자들의 땅으로 영원히 추방되어
칠흑 같은 어둠 속에서 아무것도 볼 수 없게 되기 전에,
노를 멈추시고 내가 미소라도 한번 짓도록 내버려 두실 수 없습니까?"

### 소발의 첫 번째 충고

## 11

1-6 이제 나아마 사람 소발 차례가 되었다.

"말은 청산유수로군! 더 이상 듣고만 있을 수 없군.
헛소리만 늘어놓는데 내버려 둬서야 되겠나?
이보게 욥, 자네가 계속 이렇게 나오는데
우리가 잠자코 있을 거라고 생각하나?
푸념과 조롱을 계속하도록 내버려 둘 줄 알았나?
자네는 '내 생각은 건전하고
내 행동은 흠이 없다'고 주장하는군.
하나님이 자네를 따끔하게 꾸짖으시고
자네에게 진상을 알려 주시면 좋겠네!
자네에게 지혜의 내막을 보여주시면 좋겠어.
참된 지혜는 겉모습만 보아서는 알 수 없는 법이니까.
그러나 이것 하나만은 확실하네.
자네는 아직 받아야 할 벌의 절반도 못 받았다는 사실이야.

7-12 자네가 하나님의 신비를 설명할 수 있겠나?
전능하신 하나님을 도표로 나타낼 수 있겠나?
하나님은 자네가 상상도 못할 만큼 높으시고
자네가 도무지 헤아릴 수 없을 만큼 깊으시네.
지평선보다 멀리 뻗어 계시고
끝없는 대양보다 훨씬 광대하시네.
그분이 불쑥 찾아오셔서 자네를 잡아 가두시고
법정으로 끌고 가신다면 자네가 별수 있겠나?
그분은 부질없는 허세를 꿰뚫어 보시고
멀리서도 악을 찾아내시지.

**다른 사람의 고통은 거룩한 땅이다**(11:1-12)

이번에는 소발이 욥에게 맞서 이야기할 차례다. 그는 경건한 도덕주의자를 자처했다. 그의 세계는 흑과 백이었다. 그는 모든 사람을 악인 아니면 의인으로 나누어 보았다. 회색 지대, 불확실성, 모호성 같은 것이 그에게는 없었다. 소발은 욥을 참지 못했다. 그는 욥을 모욕하고 비난했다. 욥의 이야기를 제대로 듣거나 그의 곤경에 민감하지 못했다. 그 대신 그는 사태를 정리해 주고 열심히 욥의 인생을 개혁하려 했다.

누군가 고통 가운데 있다는 것은 하나님이 일하신다는 표시이며, 천사라도 거기에 관여하려고 해서는 안된다. 우리도 마찬가지다. 그러나 만약 관여해야 할 일이 생긴다면, 먼저 발에서 신을 벗고 우리가 들어서는 곳이 거룩한 땅임을 인정해야 한다. 그리고 언제나 "귀를 앞세우고, 혀가 뒤따르게 하라"(약 1:19)는 야고보의 조언을 따라야 한다.

아무도 그분의 눈을 가릴 수 없네!
머리가 빈 사람이 깨닫는 시간이면
노새가 말을 배울 수 있을 걸세.

13-20 그래도 자네가 하나님을 갈망하고
그분께 손을 내민다면,
자네 손에 묻은 죄를 떨어내고
집안에 악을 간직하지 않는다면,
부끄럼 없이 세상을 마주하면서
죄책감과 두려움 없이 당당하게 살아갈 수 있을 걸세.
자네는 괴롭던 일을 다 잊어버리고
오래되어 빛바랜 사진처럼 여기게 될 걸세.
자네의 세상은 햇빛으로 씻김을 받고
모든 그늘은 여명에 흩어질 걸세.
자네는 희망에 부풀어 긴장을 풀고 자신감을 되찾을 거야.
편안히 앉아 주위를 둘러보며 여유로운 마음을 갖게 될 걸세.
아무 염려 없이 마음을 터놓고 사는 자네에게
많은 이들이 찾아와 복을 빌어 달라고 구할 거야.
그러나 악인들은 이런 일을 보지 못할 거네.
그들은 기대할 만한 것이 아무것도 없이
막다른 골목으로 달려가고 있네."

## 욥의 대답

# 12

1-3 욥이 대답했다.

"자네들은 모든 전문가의 대변인인 모양이군.
자네들이 죽으면 우리에게 살아갈 방도를 일러 줄 자가 없겠어.
하지만 나에게도 머리가 있다는 걸 잊지 말게.
난 자네들의 장단에 놀아날 생각 없네.
전문가가 아니라도 그 정도는 안다네.

4-6 친구들에게 내가 조롱을 당하는구나.
'하나님과 대화하던 사람이 저 꼴이군!'
무자비하게 조롱을 당하는구나.
'저 자 좀 봐. 잘못한 게 전혀 없대!'
잘사는 사람들이 남 탓하며 손가락질하기는 쉽고
배부른 사람들이 어렵게 사는 이들을 비웃기는 쉽지.
사기꾼들이 경비가 철저한 집에서 안전하게 지내고
하나님을 모독하는 거만한 자들이 오히려 호사스럽게 산다네.
자신을 보호해 줄 신을 돈 주고 산 자들.

7-12 가서 짐승들의 생각을 물어보게나. 그것들이 가르쳐 줄 걸세.
새들에게 물어보게나. 진실을 알려 줄 걸세.
땅에 귀를 갖다 대 보게. 그리고 기본을 배우게.
귀를 기울여 보게. 바다의 물고기도 제 이야기를 들려줄 걸세.
**하나님**이 주권자이시라는 것과
모든 사람과 살아 숨 쉬는 모든 생물이
그분의 손안에 있다는 것을,
그 모든 것들이 알고 동의하고 있지 않은가?
이것은 누구나 아는 상식이네.
누구나 맛을 느낄 수 있는 것처럼 말일세.
노인들만 지혜를 독점한다고 생각하나?
나이가 지긋해야만 인생을 알게 될 거라 믿는가?

13-25 참 지혜와 진정한 능력은 하나님의 것,
그분께 어떻게 살아야 하는지

무엇을 위해 살아야 하는지 배울 수 있네.
그분이 헐어 버리시면 다시는 세울 수 없고
그분이 잡아 가두시면 결코 풀려날 수 없네.
그분이 비를 막으시면 가뭄이 들고
비를 풀어 놓으시면 홍수가 진다네.
힘과 성공은 하나님의 것,
속는 자와 속이는 자 모두 그분의 통치 아래 있네.
그분은 그들이 내세우는 자격을 박탈하시고
재판관들이 어리석은 바보임을 드러내시네.
왕들의 왕복을 벗기시고
그 허리에 누더기를 두르게 하신다네.
제사장들의 예복을 벗기시고
고관들을 자리에서 물러나게 하시네.
신뢰받는 현인들이 입을 다물게 하시고
장로들의 분별력과 지혜를 거두어 가시지.
유명인사들에게 멸시를 쏟으시고
힘 있고 강한 자들의 무장을 해제하신다네.
어두운 동굴에 스포트라이트를 비추시고
칠흑 같은 어둠을 정오의 태양 아래로 끌어내시네.
나라들을 흥하게도 하시고 망하게도 하시며
세우기도 하시고 버리기도 하신다네.
세계 지도자들의 지각을 빼앗으시고
아무도 없는 곳으로 그들을 내몰아,
어둠 속에서 막막한 심정으로 더듬거리게 하시네.
술 취한 사람처럼 휘청대며 비틀거리게 하시네."

13
1-5 "그래, 그 모든 것을 내 눈으로 보았고
내 귀로 들어서 알고 있다네.
자네들이 아는 것은 나도 다 아는 것이니
내가 자네들보다 못할 것이 없네.
나는 전능하신 하나님께 내 사정을 아뢰겠네.
지긋지긋한 자네들 말고, 하나님께 직접 호소할 참이네.
자네들은 거짓말로 내 인생을 더럽히는군.
하나같이 돌팔이 의사들이야!
자네들이 입을 다물었으면 좋겠네.
자네들의 지혜를 보여줄 방법은 그것뿐일세.

6-12 이제 내 변론을 들어 보게.
내 입장을 한번 생각해 보게나.
'하나님을 섬긴답시고' 계속 거짓말을 늘어놓을 셈인가?
'하나님을 궁지에서 빼 드린답시고' 없는 이야기를 지어낼 건가?
어째서 자네들은 늘 그분의 편을 드는가?
그분께 변호사가 필요한가?
자네들이 피고석에 앉는다면 어떻게 되겠나?
배심원단은 자네들의 거짓말에 넘어갈지 모르지만
하나님도 속아 주실까?
자네들의 증언에서 잘못된 부분을 집어내시고
당장 꾸짖으실 것이네.
그분의 위엄이 두렵지도 않나?
그분 앞에서 시답잖은 거짓말을 하는 것이 무섭지도 않은가?
자네들의 그럴듯한 이야기들은 고루한 교훈이요
티끌을 모은 것일 뿐 아무짝에도 쓸모없네.

13-19 그러니 입 좀 다물고 내가 하는 말을 들어 보게.
무슨 벌이 내려지든 내가 감당하겠네.
내가 이렇게 위험을 무릅쓰고

목숨을 걸어 가며 모험을 하는 이유가 무엇이겠나?
그분이 나를 죽이신다 해도 희망을 놓을 수 없어서라네.
나는 끝까지 결백을 주장할 걸세.
기다려 주게. 이것이 최선의 길, 구원의 길이 될 걸세!
일말의 죄책감이라도 있다면 내가 이럴 수 있을 것 같은가?
목숨을 걸고 하나님 앞에 나설 것 같은가?
내 말에 주의를 기울이고
두 귀로 잘 들어 보게.
이제 내 변론을 마쳤으니
나는 무죄로 풀려날 것을 확신하네.
나의 혐의를 입증할 사람이 있을까?
난 할 말을 다 했네. 내 변론은 여기까지네."

### 욥의 기도

20-27 "하나님, 나에게 두 가지 청이 있으니 제발 들어주십시오.
그러면 주께서 나를 귀히 여기심을 알겠습니다.
우선, 고통을 거두어 주십시오.
그 두려움이 내가 감당치 못할 만큼 큽니다.
그리고 하나님께서 내게 직접 말씀해 주십시오. 그러면 내가 응답하겠습니다.
아니면 내가 먼저 아뢰게 해주시고 주께서 응답해 주십시오.
나의 죄목이 몇 가지나 됩니까?
목록을 보여주십시오. 얼마나 심각합니까?
주께서는 왜 숨어 계십니까? 왜 아무 말씀이 없으십니까?
어찌하여 나를 원수 취급 하십니까?
어찌하여 나를 낡은 깡통처럼 걷어차십니까?
어찌하여 죽은 말에 채찍질을 하십니까?
주께서는 내가 저지른 사소한 잘못들의 목록을 길게 작성하시고
내가 어린 시절 지은 죄까지 책임을 물으십니다.
두 다리를 묶어 꼼짝 못하게 하십니다.
일거수일투족을 감시하고
위험인물로 낙인을 찍으십니다.

28 부패한 물건처럼 인간도 빠르게 썩어 갑니다.
좀먹은 셔츠처럼, 곰팡이 핀 블라우스처럼."

## 14

1-17 "우리는 모두 같은 배를 타고 표류하는 신세,

**하나님과 얼굴을 대면하다**(13:20-27)

그를 기소하는 친구들 앞에서 변론을 마친 욥은(욥 12:1-13:19) 재판관에게 따져 묻기 시작했다(13:20-14:22). "지긋지긋한 자네들 말고, 하나님께 직접 호소할 참이네"(13:3).

고통 중에 욥은 불현듯 그의 포기할 수 없는 엄청난 존엄성을 깨달았고, 그것은 바로 하나님 앞에서 자기 생명의 가치와 같았다. 그 깨달음 속에서 그는 두 가지를 물었다. 욥은 자신이 하나님께 의미가 있는지 알고 싶었고, 하나님이 자신을 직접 대면해 주시기를 원했다. 그는 하나님에 대한 정보가 아니라 하나님과의 친밀함을 원했다.

아마도 고통받는 사람이라면 누구나 설명이 아니라 하나님과의 만남을 원할 것이다. 욥은 그러한 만남이 간절해서 겸손해졌고, 그 겸손 때문에 이어지는 장에서 죽을 수밖에 없는 자신의 유한성에 대해 생각하게 되었다.

사는 날은 너무 짧고, 괴로움은 너무 많습니다.
사막의 들꽃처럼 피었다 지니
구름의 그림자처럼 무상합니다.
어찌하여 이렇듯 보잘것없는 존재에게 시간을 들이시며
나를 법정으로 끌고 가는 수고를 하십니까?
애초부터 별 볼 일 없던 우리에게
어찌하여 특별한 것을 기대하십니까?
인간의 수명은 정해져 있습니다.
우리가 얼마나 오래 살지 주께서 이미 정해 놓으셨고
주께서 정하신 경계는 누구도 넘을 수 없습니다.
그러니 우리를 너그럽게 대해 주십시오. 좀 봐주십시오!
막일하는 노동자들도 쉬는 날이 있지 않습니까.
한 그루 나무에도 희망은 있습니다.
그것을 베어 내도 여전히 기회가 있으니
뿌리에서 다시 새싹이 돋아납니다.
그 뿌리가 오래되어 뒤틀려도,
그루터기가 오랫동안 죽은 듯 그대로 있어도,
물기를 조금이라도 받으면 소생하여
묘목처럼 움을 틔우고 자라납니다.
그런데 사람은 어떻습니까? 죽으면 살아날 희망이 없습니다.
마지막 숨을 거두면 그것으로 끝입니다.
바싹 말라 물이 있던 흔적만 남은
호수와 강처럼,
인간은 쓰러지면 다시 일어나지 못하고
다시 깨어나지 못합니다.
차라리 나를 산 채로 묻으시고
주님의 진노가 식을 때까지 주님의 눈에서 벗어나 숨어 있게 해주십시오.
그러나 나를 그 상태로 버려두지는 말아 주십시오!
날짜를 정하시고 때가 되면 나를 다시 찾아 주십시오.
우리가 죽으면 다시 살겠습니까? 나는 이것을 여쭙고 싶습니다.
이 힘겨운 시기 내내 나는 희망을 놓지 않고
최후의 변화를 기다립니다. 부활을 고대합니다!
손수 지으신 피조물을 애타게 그리워하셔서
주께서 부르시면, 내가 응답하겠습니다!
주께서 내 모든 발걸음을 지켜보시지만
내 잘못을 추궁하지는 않으실 것입니다.
내 죄를 자루에 담아
대양 깊숙한 곳에 던져 버리실 것입니다.

18-22 그러나 산이 닳아 없어지고
바위가 부서지고
돌멩이가 매끈매끈해지고
토양이 침식하기에 이르도록
주께서는 우리의 희망을 가차 없이 짓밟으십니다.
주님은 우리가 어찌해 볼 수 없는 분,
최종 결정권은 늘 주께 있습니다.
그것이 마음에 들지 않아 우리는 싫은 기색을 하지만
주께서는 막무가내로 우리를 멀리 쫓아 보내십니다.
자녀들이 잘되어도 우리는 그것을 알지 못할 테고
그들이 잘못되어도 마음 아파할 수 없습니다.
우리가 아는 것은 우리 자신의 몸과 영혼뿐,
그것으로 한평생 아파하고 슬퍼합니다."

### 엘리바스의 두 번째 충고

15
1-16 데만 사람 엘리바스가 다시 말했다.

“자네가 정말 지혜로운 사람이라면, 그렇게 수다쟁이처럼
헛된 말만 늘어놓겠는가?
한창 진지한 주장을 펼치는데 헛소리나 늘어놓고
쓸데없는 말을 지껄이겠는가?
자네 꼴 좀 보게! 자네는 종교를 하찮게 여기고
영적 대화를 공허한 험담으로 바꿔 놓고 있네.
자네가 그렇게 말하는 이유는 바로 죄 때문이네.
자네는 사기꾼이 되기로 작정했군.
자네의 말로 스스로 유죄임이 드러났지 않았는가.
내가 한 말 때문이 아니야. 자네 스스로 자네를 정죄했어!
이런 일을 당한 사람이 자네가 처음인가?
자네가 저 산들만큼이나 오래 살기라도 했나?
하나님이 이 모든 일을 계획하실 때 엿듣기라도 했나?
자네 혼자만 똑똑한 줄 아나?
우리는 모르고 자네만 아는 게 무엇인가?
우리에게 없는 식견을 자네가 갖추고 있는가?
백발의 노인들이 우리를 지지한다네.
자네보다 훨씬 오랫동안 세상을 경험한 분들이지.
온화하고 부드럽게 들려주시는
하나님의 약속이 자네에게는 충분치 않은가?
제 감정에 휘둘려
비난을 일삼고 분통을 터뜨리고
온 힘을 다해 하나님께 대항하며
말도 안되는 소리를 토해 내다니, 도대체 어찌 된 일인가?
한낱 인간이 하나님 앞에서 결백할 수 있는가?
여인에게서 태어난 자가 온전할 수 있을 것 같은가?
하나님은 그분의 거룩한 천사들도 신뢰하지 않으시고
하늘의 흠까지 잡아내시는데,
악을 물 마시듯 하는
냄새나고 더러운 우리 인간들이야 오죽하겠는가?

17-26 자네에게 할 말이 있으니 좀 들어 보게!
내 생각을 말해 주겠네.
이것은 내가 지혜로운 사람들에게서 배운 것이고,
지혜로운 사람들은 그것을 조상들에게서 배워
후대에 충실히 전수했지.
그 조상들이 살던 먼 옛날,
그들은 이 땅을 독차지했네.
하나님의 법규를 따르지 않고 제멋대로 사는 자들이 기대할 수 있는 것은 괴로움뿐이고,
오래 살수록 사정은 더 나빠진다네.
작은 소리에도 겁에 질리고
원하는 것을 가졌다고 생각하는 순간 재앙이 닥친다네.
그들은 삶이 점점 더 나아질 거라는 희망을 포기하게 되지.
그들의 이름은 늘 상황이 가장 안 좋게 풀리는 사람들 명단에 들어 있다네.
다음 끼니를 어떻게 때울지 모른 채
여기저기 헤매고 다니니,
그들에게는 하루하루가 심판의 날이라네!
그들은 끝없는 공포 속에 살며
끊임없이 궁지에 몰리지.
하나님께 주먹을 휘두르고
전능하신 하나님께 정면으로 대들며

**동료 배심원단이 우리를 심판하는 것이 아니다**(15:1-35)

엘리바스의 두 번째 발언은 욥을 질책하는 내용이다. 그의 어법은 첫 번째 발언 때보다 더 도발적이고 비난도 더 심했다.

이야기의 결말을 아는 우리가 엘리바스로부터 배울 수 있는 것은 무엇인가? 하나님에 대해 권위 있게 말한다고 해서 그 말이 바로 진실로서의 권위를 가지는 것은 아니라는 사실이다. 그리고 다른 사람에 대한 비난도, 아무리 권위 있게 말한다 해도 반드시 진실은 아니다. 우리를 고소하는 자들의 소란이나 동료 배심원단이 우리를 심판하는 것이 아니다. 우리는 하나님의 심판을 받는다. 오직 하나님만이 증거를 선별하여 정당한 판결을 내릴 지혜가 있으시다.

사사건건 따지고 들다가,
늘 수세에 몰리기 때문이라네.

27-35 설령 그들이 건강의 화신인 것처럼
말쑥하고 튼튼하고 혈기왕성해 보여도,
결국에는 유령도시에 살면서
개도 거들떠보지 않을 헛간과
삐걱대는 오두막에서 묵을 신세라네.
출세 한번 못 해보고
변변한 존재도 되어 보지 못하지.
그러다 죽어. 그들이 죽음을 모면할 거라고?
어림없는 소리!
그들은 하나님의 입김 한 번에 쓰러져
말라비틀어질 잡초라네.
여기에 교훈이 있네. 거짓에 투자하는 자는 거짓을 이자로 받고,
만기일 전에 투자한 것을 다 회수한단 말일세.
대단한 투자 아닌가!
그들은 익기도 전에 서리 맞아 떨어진 과일,
활짝 꽃피우기도 전에 잘린 꽃봉오리처럼 될 걸세.
하나님을 두려워하지 않는 자들은 열매를 만들지 못하는 척박한 땅과 같네.
뇌물 위에 세운 인생은 연기처럼 사라져 버리지.
그들은 죄와 동침하여 악을 낳으니,
그들의 삶은 속임수를 생산하는 자궁이라네."

**욥의 대답**

# 16

1-5 그러자 욥이 스스로를 변호했다.

"자네들 말은 이제 물릴 만큼 들었네.
그것도 위로라고 하는 건가?
그 장황한 연설은 끝도 없는가?
무슨 문제가 있기에 그렇게 계속 지껄이는가?
자네들이 내 처지라면
나도 자네들처럼 말할 수 있겠지.
끔찍한 장광설을 그러모아
지겹도록 들려줄 수 있을 걸세.
하지만 난 절대로 그렇게 하지 않을 거야. 격려하고 위로하고
안심시키는 말을 할 걸세. 복장 터지게 하는 말이 아니라!

6-14 큰소리로 말해도 기분이 나아지지 않고
입을 다물고 있어도 도움이 안됩니다.
나는 완전히 꺾였습니다.
하나님, 주께서 나와 내 가족을 완전히 망하게 하셨습니다!
나를 말린 자두처럼 오그라들게 하시고

주께서 나를 대적하심을 세상에 알리셨습니다.
거울에 비친 수척한 얼굴이 나를 노려보며
주께서 나를 어찌 대하시는지 말없이 증언합니다.
주님의 진노가 나를 노리고
주님의 이가 나를 갈가리 찢으며
주님의 눈이 뚫어져라 나를 노려봅니다. 하나님이 내 원수가 되시다니!
사람들이 나를 보고 놀라 벌린 입을 다물지 못합니다.
그들은 나를 경멸하여 마구 때리고
집단으로 공격합니다.
그런데 하나님은 가만히 서 계시면서 저들이 하는 대로 내버려 두시고
악인들이 저 하고 싶은 대로 나를 함부로 대하도록 내버려 두십니다.
분수를 지키며 제 일을 감당하던 나를 하나님이 두들겨 패시고
멱살을 쥐어 내던지십니다.
주께서 나를 표적으로 삼으시고
궁수들을 모아 내게 화살을 쏘게 하십니다.
그들이 사정없이 쏜 화살이 내 몸에 잔뜩 박혔고
창자가 터져 쓰디쓴 담즙이 땅바닥에 쏟아집니다.
주께서 나에게 달려들어 맹공격을 퍼부으시고
성난 황소처럼 내게 돌진하십니다.

15-17 나는 수의를 지어 입고
흙먼지 바닥에 엎드렸습니다.
내 얼굴은 통곡으로 벌겋게 얼룩이 졌고
눈 밑에는 어두운 그림자가 보입니다.
그러나 나는 누구 한 사람 해친 적이 없고
내 기도는 진실합니다!

18-22 오 땅이여, 내가 받은 부당한 대우를 덮지 말아 다오!
내 울음소리를 가리지 말아 다오!
하늘에는 나의 진실을 아는 분이 틀림없이 계실 것이다.
지극히 높은 하늘에는 내 무죄를 밝혀 줄 변호사가 계실 것이다.
내가 하나님 앞에서 눈이 퉁퉁 붓도록 우는 동안,
그분은 나의 수호자, 나의 친구가 되어 주실 것이다.
이웃이 이웃의 편을 들듯,
하나님 앞에서 사람을 대변해 줄 그분께 내가 호소할 것이다.

이제 몇 해만 지나면
나는 돌아오지 못할 길을 떠날 것이다."

## 17

1-2 "내 마음은 부서졌고
내 수명은 다했으며,
이미 파 놓은 무덤이 나를 기다립니다.
나를 조롱하며 달려드는 저들의 모습이 보이십니까?
저들의 오만함을 내가 언제까지 참아야 합니까?

3-5 오 하나님, 나를 지지해 주시고 그것을 보증해 주십시오.
지지 의사를 문서로 작성하고 서명까지 해주십시오.
그리해 주실 분은 주님뿐이십니다!
이 사람들은 아무짝에도 쓸모가 없습니다!
주께서는 저들이 얼마나 어리석은지 보셔서

아시니
저들의 뜻이 관철되도록 내버려 두진 않으시겠지요?
친구를 배신하는 자들은
학대받는 인생을 자녀에게 물려주게 될 것입니다.

6-8 하나님, 주께서 나를 동네의 이야깃거리로 삼으시는 탓에
사람들이 내 얼굴에 침을 뱉습니다. 하도 많이 울어 내 눈이 흐려지고
몸은 살가죽과 뼈만 남았습니다.
점잖은 사람들은 내 모습을 보고 그들의 눈을 의심합니다.
선량한 이들마저 하나같이 내가 하나님을 버렸다고 주장합니다.

9 그러나 지조 있는 사람은 인생의 방향을 분명히 하고
그 길을 꿋꿋이 갑니다.
깨끗하고 정결한 손이 결국에는 힘을 얻을 것이라는 확신 때문입니다!

10-16 자네들 모두 다시 시작하고,
다시 시도해 보고 싶을지 모르겠네.
나는 지금까지 자네들이 한 말에서
한 줌의 지혜도 발견하지 못했다네.
내 인생은 거의 끝났네. 내 모든 계획은 부서졌고
희망은 꺼져 버렸어.
밤이 지나고 낮이 오리라는 희망,
새벽이 밝아 올 것이라는 희망이 사라졌다네.
내가 기대할 집은 묘지뿐이고
내가 바랄 위로가 튼튼한 관뿐이라면,
가족을 다시 만날 길이 한 길 땅속으로 내려가는 것이고
거기서 만날 가족이 벌레들뿐이라면,
그런 것을 희망이라 말할 수 있겠나?
도대체 누가 그런 것에서 희망을 찾겠나?
아닐 것이네. 내가 희망과 함께 묻히는 날,
자네들은 우리 둘의 합동장례식에 참석하게 될 걸세!"

---

II 최근에 누군가가 당신에게 "한 줌의 지혜도" 없는(욥 17:10) 충고를 해준 때는 언제인가? 하나님을 믿는 사람들에게 실망했을 때 하나님과의 관계를 유지하기 위해 할 일은 무엇인가?

---

**빌닷의 두 번째 충고**

18 1-4 수아 사람 빌닷이 끼어들었다.
"정말 지루하기 짝이 없는 말장난만 하고 있군!
정신 차리게! 문제의 핵심을 봐야 하지 않나.
자네는 왜 친구들을 우둔한 짐승 취급하는가?
우리가 아무것도 모른다는 듯 깔보고 있군.
어찌 그리 흥분하는가?
세상이 자네 입맛에 맞게 다시 설계되기를 바라는가?
자네의 편의를 위해 현실이 멈추기라도 해야 하는가?

5-21 악한 자의 빛은 꺼진다. 이것이 세상의 원리네.
그 불꽃은 사그라지고 소멸한다네.
그들의 집은 어두워지고
그곳의 등불은 모두 꺼져 버리지.
그들의 힘찬 발걸음은 약해져 비틀거리고

**애가를 이해하지 못하다**(18:1-21)

빌닷은 고통의 문제를 단순한 원인과 결과의 작용으로만 보았다. 죄가 원인이고 그 결과는 고통이었다. 그래서 그는 욥의 애가를 뻔한 잘못을 어설프게 회피하려는 시도로 해석했다. 빌닷의 신학은 즐거워하는 관계의 신학이 아니라, 복종하는 규칙의 신학이었다.

자기가 놓은 덫에 걸려든다네.
그들 모두
자신들의 형식주의에 얽매이고
발목이 붙잡히며
목에는 올가미가 씌워지지.
자신들이 숨겨 놓은 밧줄에 걸려 넘어지고
제 손으로 판 구덩이에 빠진다네.
사방에서 공포가 엄습하면
그들은 허둥지둥 달아난다네.
배고픈 무덤이 잔뜩 벼르고 있지.
저녁식사로 그들을 집어삼키고
먹음직한 요리로 차려 내서
굶주린 죽음에게 한턱 내려고 말이야.
그들은 아늑한 집에서 붙잡혀
사형수의 감방으로 곧장 끌려간다네.
그들의 목숨은 연기가 되어 올라가고
산성비가 그 잔해를 적시지.
그들의 뿌리는 썩고
그 가지는 시든다네.
그들은 다시 기억되지 못하고
묘비 없는 무덤에 이름 없이 묻힌다네.
빛에서 어둠으로 내몰리고
세상에서 내쫓긴다네.
자식 하나 두지 못한 채 빈손으로 떠나니
그들이 이 세상에 살았음을 보여줄 것이 전혀 없지.
그들의 운명을 보고 서쪽 사람들이 소스라치게 놀라고
동쪽 사람들이 기겁을 하며 이렇게 말할 걸세.
'저럴 수가! 사악한 자들에게는 저런 일이 벌어지는구나.
하나님을 모르는 자들의 말로가 저렇구나!'"

**욥의 대답**

# 19

1-6 욥이 대답했다.

"자네들은 언제까지 나를 두들겨 패며
장황한 말로 나를 공격하려는가?
자네들은 나를 거듭거듭 비난하는군.
나를 이토록 괴롭히다니, 자네들은 양심도 없나?
내가 어찌어찌해서 정도에서 벗어났다 하더라도
그게 자네들하고 무슨 상관이란 말인가?
어찌하여 부득부득 나를 깎아내리고
내 불행을 회초리 삼아 나를 때리는가?
하나님께나 그리하게. 이 모든 일의 배후에는 그분이 계시고
나를 이 혼란 속으로 끌어들인 분도 그분이시니 말일세.

7-12 여보게, 내가 '살인이다!' 하고 외쳐도 다들 반응이 없고
도움을 청해도 그냥 지나쳐 버리네.
하나님이 내 길에 장애물을 두어 나를 막으시고
모든 등불을 꺼서 나를 어둠 속에 가두셨네.
나의 평판을 무너뜨리고
나의 자존심을 송두리째 앗아 가셨네.

나를 갈가리 찢어 못쓰게 만드시고
희망을 뿌리째 뽑으셨네.
하나님이 내게 노하셨네. 무섭게 노하셨어!
나를 극악한 원수로 대하시네.
무기란 무기는 다 동원하여
대대적인 공격을 가하시며
사방에서 한꺼번에 나를 덮치셨네.

13-20 하나님이 가족을 내게서 멀리 떠나게 하시니
나를 아는 자들이 하나같이 나를 피한다네.
친척과 친구들이 모두 떠나가고
집안의 손님들은 나란 사람이 있었다는 사실조
차 잊었네.
여종들까지 나를 거리의 부랑자 취급하며
아는 체도 하지 않는다네.
종을 불러도 대답이 없고
간청해도 나를 무시한다네.
아내마저 더 이상 내 곁에 있기 싫어하니
나는 가족에게 불쾌한 존재가 되었다네.
거리의 부랑아들도 나를 업신여기고
내가 외출이라도 하면 조롱과 야유를 퍼붓는다네.
나와 가까이 지내던 사람들이 모두 나를 지긋지
긋해하고
가장 사랑하던 이들도 나를 거부한다네.
나는 뼈만 남았고
내 목숨은 위태롭기 그지없네.

21-22 오 친구들이여, 소중한 벗들이여, 나를 불
쌍히 여겨 주게나.
하나님은 나를 정말 모질게 대하셨다네!
자네들마저 나를 그렇게 대해야 하겠는가?
나를 구박하는 게 지겹지도 않은가?

23-27 내 말이 책에 기록될 수 있다면,
끌로 바위에 새길 수 있다면!
그러나 나는 아네, 하나님이 살아 계심을.
그분은 나를 되살려 주시는 분.
그분이 마침내 땅에 우뚝 서실 것이네.
나 비록 하나님께 호된 벌을 받았지만 그분
을 뵐 것이네!
내 두 눈으로 직접 하나님을 뵐 것이야.
오, 어서 빨리 그날이 왔으면!

28-29 혹시 자네들이 '어찌해야 욥을 이해시킬
수 있을까?
자신의 불행이 전부 자기 탓이라는 것을 어
찌 깨닫게 할 수 있을까?'
하고 생각한다면,
신경 쓰지 말고 자네들 걱정이나 하게.
자네들의 죄와 하나님의 임박한 심판이나
걱정하란 말일세.
심판이 확실히 다가오고 있으니."

### 소발의 두 번째 충고

## 20

1-3 나아마 사람 소발이 다시 말
을 받았다.

**장애물에 막혔으나 결연한**(19:23-27)

욥의 상황을 고려할 때, 욥기 19:23-27에서 그가 한 말은 기적이다. 죄를 고백하지 않아서 고통을 당하는 것이라고 비난하는 친구들에게 둘러싸인 욥은, 하나님이 입증해 주시기를 기대했다. 그는 장애물에 막힌 상황이었다(8절). 그러나 자신이 비록 호된 벌을 받았지만 하나님을 자신의 눈으로 직접 보겠다는 결연한 의지가 있었다. 이것은 성경 전체를 통틀어 가장 놀라운 믿음의 증언 중 하나다.

"자네에게 이런 말을 듣게 되다니 믿을 수가 없군!
치가 떨리고 속이 다 울렁거리네.
어떻게 내 지성을 그렇게 모욕할 수가 있나?
자, 내 따끔하게 한마디 해주겠네!

4-11 자네는 기본도 모르나?
아담과 하와가 이 땅에 자리를 잡았던 처음부터
이어진 세상의 원리를 모르는가?
악한 자들의 좋은 시절은 오래가지 못하고
경건하지 못한 자들의 기쁨은 한순간뿐일세.
악한 자가 세계적인 명성을 얻고
누구보다 유명해져서 뻐기고 다녀도,
결국 똥 무더기 위에 처박히는 신세가 되지.
아는 사람들이 그들을 보고 역겨워하며 '저 꼴이 뭐람?' 하고 말한다네.
그들은 기억나지 않는 꿈처럼,
빛을 받으면 사라지는 어슴푸레한 환상처럼 흩어져 버리네.
한때는 모두가 아는 유명인사였을지 몰라도
이제는 별 볼 일 없어.
어디를 가도 알아보는 사람 하나 없지.
자녀들은 밑바닥에서 구걸하고
부당하게 챙긴 이득은 남김없이 토해 내야 할 걸세.
젊고 기력이 왕성한 한창때라도
결국 버티질 못한다네.

12-19 그들은 악을 별미 맛보듯 하고
혀로 이리저리 굴려 가며
그 향이 희미해질 때까지 음미한다네.
악의 맛을 제대로 아는 사람들이지!
하지만 그러다 식중독에 걸려
복통을 호소한다네.
온갖 기름진 음식이 뱃속에서 요동을 친다네.
하나님은 그것들을 다 토해 내게 만드시지.
악을 게걸스럽게 입에 넣고 맹독을 주식으로 삼다가
그것 때문에 죽는다네.
갓 구운 빵과 치즈, 시원한 칵테일이나 음료수를 놓고
잔잔한 시냇가 옆에서 즐기는 평온한 소풍 같은 것은 그들에게 없어.
반쯤 씹다 만 음식을 뱉어 내고
애써 얻은 것을 느긋하게 누리지도 못하네.
왜 그럴까? 가난한 자들을 착취하고
남의 것을 빼앗았기 때문이네.

20-29 하나님을 부인하는 그런 자들은
자기가 가진 것과 자기 모습에 만족하지 못한다네.
탐욕에 정신없이 휘둘리기 때문이지.
그러나 닥치는 대로 약탈을 해도
결국 손에 쥐는 것은 하나도 없다네.
다 얻었다고 생각할 바로 그때 재앙이 닥쳐서
불행이 가득 담긴 접시만 받는다네.
그들은 불행으로 배를 채우고
하나님은 그들에게 진노의 맛을 보여주시지.
한동안은 그것을 씹을 수밖에 없네.
하나의 재앙을 피해 필사적으로 달아나도
또 다른 재앙이 들이닥친다네.
연달아 두들겨 맞고
죽도록 얻어맞네.
공포의 집에 갇혀서
그동안 약탈한 물건들이 허탄하게 사라지는 광경을 보게 되지.
그들의 인생은 철저한 실패야.
동전 한 닢, 땡전 한 푼 남지 않네.

하나님이 죄에 찌든 그들의 옷을 벗기시고
모두가 볼 수 있게 그 더러운 옷가지를 큰길가에 걸어 놓으실 걸세.
그들의 인생은 그야말로 실패작이어서
하나님의 진노 앞에서 남아날 것이 없다네.
자, 이것이 하나님이 악인들을 위해 마련하신 청사진이라네.
그들이 기대할 수 있는 전부지."

### 욥의 대답

21 [1-3] 욥이 대답했다.

"내 말을 잘 들어 보게나. 부디 좀 들어 보게.
그 정도의 호의는 베풀 수 있지 않나.
내가 말하는 동안만 참아 주게.
그러고 나서 나를 마음껏 조롱해도 좋네.

[4-16] 내 불평 상대는 자네들이 아니라 하나님이네.
내가 그분의 침묵을 지긋지긋해하는 것이 이상한가?
내 꼴을 좀 보게. 내게 벌어진 일이 끔찍하지 않은가?
아니! 아무 말 말게. 자네들 의견이 아쉬운 게 아니니까.
지난 일을 돌이켜 보면 또 한 번 충격을 받고
내 몸은 경련을 일으킨다네.
어찌하여 악한 자들이 그리 잘살고
장수하며 부자가 되는가?
그들은 자녀들이 성공하는 것을 보고
손주들을 보는 기쁨을 얻는다네.
그들의 집은 평화롭고 두려워할 일이 없네.
하나님의 징계의 회초리를 맞는 법도 없지.
그들의 수소는 왕성한 정력으로 씨를 퍼뜨리고
암소는 영락없이 새끼를 낳는다네.
그들은 아이들을 내보내 놀게 하고
그 아이들이 새끼 양처럼 뛰노는 것을 지켜본다네.
바이올린과 플루트로 음악을 연주하고
노래와 춤으로 즐거운 시간을 보내네.
그렇게 오래오래 풍족하게 살다가
잠자는 중에 아무 고통 없이 죽지.
그들은 하나님께 이렇게 말하네. '저리 가세요!
나는 당신이나 당신의 길에 관심 없습니다.
전능하신 하나님? 우리가 왜 당신과 어울려야 합니까?
그런다고 우리에게 무슨 이득이 있습니까?'
그들은 틀려도 크게 틀렸네. 그들은 신이 아니지 않나.
그들이 어떻게 그런 행태를 이어 갈 수 있는지, 나는 도무지 모르겠네!

[17-21] 악한 자들이 실패하거나
재앙을 겪거나
응분의 벌을 받는 일이 몇 번이나 있던가?
불운을 겪는 경우는 또 몇 번이나 있던가?
그리 많지 않네.
자네들은 '하나님이 그들의 후손을 치기 위해 처벌을
유보하신다'고 말하겠지.
그렇다면 나는 '지금 당장 그들에게 벌을 내려 자신이 한 일을 알게 해주십시오!' 하고 구하겠네.
그들은 자신이 저지른 악의 결과를 감당하고
하나님의 진노를 온전히 느껴야 마땅하네.
안전하게 무덤 속으로 들어가 버리고 나면
가족에게 무슨 일이 벌어지든 그들이 신경이나 쓰겠는가?

22-26 그러나 하나님은 우리가 도무지 이해할
수 없는 방식으로 일하시는 분인데,
감히 어떻게 하나님께 이래라저래라 할 수 있겠나?
어떤 사람은 만사가 순탄하여
원기왕성하게
전성기를 누리다가 죽고,
또 어떤 이는 행복을 맛보지도 못한 채
가진 것 없이 비참하게 죽는다네.
하지만 묘지에 나란히 누운 두 사람을
벌레들은 분간하지 못하지.

27-33 나는 속지 않네. 자네들의 속셈을 잘 알거든.
나를 넘어뜨리려고 계획을 꾸미고 있지 않나.
자네들은 폭군의 성채가 산산조각 나고
악인의 업적이 무너진다는 순진한 주장을 하네만,
온 세상을 다녀 본 사람들의 생각을 물어본 적이 있는가?
그들의 이야기를 들어 본 적이 있는가?
악한 자들이 처벌을 면하고
악행을 저지르고도 죄값을 치르지 않았다고
하지 않던가?
그들에게 범죄의 책임을 물은 사람이 있던가?
그들이 응분의 벌을 받은 적이 있던가?
없을 걸세.
그들은 화려하고 근사한 장례식 끝에,
값비싼 무덤 속으로 우아하게 들어간다네.
그러면 다들 그가 참 훌륭한 사람이었다고 거짓말을 늘어놓지.

34 그런데 어찌 내가 자네들의 터무니없는 소
리에 위로받기를 바라는가?
자네들의 위로는 거짓말투성이야."

### 엘리바스의 세 번째 충고

22 1-11 데만 사람 엘리바스가 다시 말
을 받았다.

"하나님을 도와드릴 만큼 힘센 사람이 있는가? 하나님께 조언할 만큼 영특한 사람이 있는가?
자네가 의롭다 한들, 전능하신 하나님이 거들떠나 보시겠는가?
자네가 완벽한 연기를 펼친다 한들, 하나님이 박수 한 번 치실 것 같은가?
자네가 결백해서
하나님이 자네를 징계하시고 자네를 힘들게 하신다고 생각하는가?
그럴 리가! 그것은 자네가 도덕적으로 너무나

**다른 사람들의 도덕적 의견 속에서 살아남기**(21:1-34)

욥은 고통의 원인이 죄라고 하는 친구들의 논증에 대해 반박했다. 이 세상에는 악하지만 고통받지 않고 오히려 부유하고 장수하며 편안하게 사는 사람들이 많다. 욥의 친구들이 하는 진부한 말은 세상을 다니며 좀 더 균형 잡힌 시각을 얻은 사람들에게는 편협한 말이다. 그들의 깔끔한 도덕주의는 구체적인 역사적 근거 앞에서 무너진다. 우리 삶의 고통을 보고 다른 사람들이 이러쿵저러쿵하는 도덕적 의견들 속에서 살아남으려면 예수님이 십자가에서 당하신 고통을 바라보아야 한다. 예수님은 하늘에 계신 아버지 손에 자신을 의탁했다. 언젠가는 하나님이 자신의 삶에 대해 올바르게 판단해 주실 것을 믿었기 때문이다(눅 23:46, 벧전 2:23).

문제가 많고
자네의 죄악이 끝이 없기 때문이야.
사람들이 와서 도움을 청하면
자네는 그들의 겉옷을 빼앗고 의지할 데 없는 그들을 착취했네.
배고픈 이들에게 먹을 것은커녕 부스러기 하나 건네지 않았고
목마른 이들에게 물 한 잔 주지 않았네.
그러면서도 어마어마한 재산에 둘러싸여
모든 사람의 존경을 받고 위세를 부렸지!
자네는 불쌍한 과부들을 문전박대했고
고아들을 무정하게 짓밟았네.
이제 자네가 공포에 사로잡히고, 두려움에 벌벌 떨고 있군.
갑자기 형세가 뒤바뀌었어!
칠흑 같은 어둠 속에서
물이 넘쳐 목까지 차오르는 신세가 되니 어떤가?

12-14 하나님의 다스리심을 자네도 인정하지 않나?
별들을 보게! 그분이 우주를 다스리시네.
하지만 자네는 감히 이렇게 묻는군. '하나님이 무엇을 아시겠어?
저 멀리 어둠 속에서 어떻게 심판하시겠어?
구름에 둘러싸여 하늘에서만 서성이시는데
어떻게 우리를 보시겠어?'

15-18 자네는 악한 자들이 옛날부터 줄기차게 걷던
그 길을 고집할 참인가?
그러다 그들이 어떻게 되었는가? 젊은 나이에 죽거나
갑작스러운 홍수에 휩쓸려 죽었네.
그들은 하나님께 '꺼지시지!
전능하신 하나님 따윈 필요 없어!' 하고 말하지만,
그들이 가진 모든 것을 주신 분이 바로 하나님이시네.
그들이 어떻게 그런 행위들을 이어 갈 수 있는지, 나는 도무지 모르겠네!

19-20 착한 사람은 나쁜 자들이 망하는 것을 보며 잔치를 벌인다네.
그들은 안도하며 환성을 지르지.
'마침내 우리의 원수가 전멸하고
그들이 소유하고 추구하던 모든 것이 연기처럼 사라지는구나!'

21-25 하나님께 순복하고 그분과 화해하게.
그러면 모든 것이 좋아질 것이네.
어찌해야 할지 알려 달라고 그분께 청하고
그분의 말씀을 마음에 새기게.
전능하신 하나님께 돌아오게.
그러면 회복될 걸세.
자네 안에 있는 모든 악을 치워 버리게.
돈을 움켜쥔 손을 놓고
금칠한 사치품을 버리게.
전능하신 하나님이 자네의 보물이 되시고
자네가 상상도 못한 값진 보화가 되어 주실 것이네.

26-30 자네는 전능하신 하나님으로 인해 즐거워하고
기쁜 마음으로 그분을 담대하게 바라보게 될 걸세.
자네가 기도하면 그분이 귀 기울여 들으시고
자네가 서원한 대로 할 수 있도록 도우실 걸세.

**진부한 말을 쉽게 늘어놓지만 인내가 부족한 엘리바스**(22:1-30)

엘리바스의 세계에는 신비가 없었다. 모호한 것이 없었고, 합리적인 의심도 없었다. 그의 세계에서는 모든 사건을 법적으로 해결할 수 있었고, 모든 범죄자는 유죄 판결을 받았다. 그는 욥의 고통을 보고는, 무엇인가를 잘못한 것이 분명하다고 확신한 나머지 욥의 말은 듣지도 않았고, 그에게 어떤 질문도 하지 않았다. 더욱이 그는 하나님의 말씀도 듣지 않았고, **하나님께** 어떤 질문도 하지 않았다. 엘리바스는 스스로 판결을 내렸다. 진부한 말을 쉽게 늘어놓지만 인내가 부족한 그는, 설교만 하고 기도는 하지 않았으며 하나님께 묻지도 않고 욥을 판단했다. 그러한 그의 성급한 판결은 무효가 되었고, 욥이 항소하여 하나님께로부터 제대로 된 판결을 받았다.

자네가 원하는 일이 이루어질 것이고
자네 인생은 빛으로 둘러싸일 것이네.
무기력한 자들을 위해 자네가 '기운 내게! 용기를 내게!' 하면
하나님이 그들을 구해 주실 것이네.
그래, 죄 지은 자들도 죄에서 빠져나올 수 있네.
자네 삶에 임한 하나님의 은혜가 그들의 탈출 통로가 될 거야."

### 욥의 대답

**23** 1-7 욥이 대답했다.

"나는 잠잠히 있지 않겠네. 물러서지 않을 걸세.
나의 항변은 정당하네.
하나님이 나를 이렇게 대하실 수는 없어.
공정하지 않아!
하나님을 어디에서 찾을 수 있는지만 알면
당장 그분께 가련만.
그분을 뵙고 나의 사정을 설명하고
그분 앞에서 직접 나의 주장을 펼치련만.
그분의 생각을 정확히 파악하고
그분의 의도를 알아낼 수 있으련만.
그분이 나를 물리치시거나 힘으로 누르실 것 같은가?
아닐세. 그분은 내 말을 진지하게 들어주실 거네.
내가 올곧게 살아온 사람임을 알아보실 거네.
재판관께서 내 모든 혐의에 대해 무죄 판결을 내리실 거네.

8-9 동쪽으로 가서 찾아도 그분은 보이지 않고
서쪽으로 가도 흔적이 없구나.
북쪽으로 가 보아도 자취를 숨기셨고
남쪽에 가도 뵐 수가 없구나.

10-12 그러나 그분은 내가 어디에 있으며 내가 무엇을 하는지 아신다네.
그분이 아무리 철저히 나를 시험하셔도,
나는 영예롭게 그 시험에 합격할 걸세.
나는 가까이에서 그분을 따랐고 그분의 발자취를 좇았네.
한 번도 그분의 길에서 벗어나지 않았네.
나는 그분의 말씀을 모두 지켰고
그분의 조언을 따랐으며 그것을 소중히 간직했네.

13-17 그러나 그분은 절대 주권자시니 누가 그분께 따질 수 있겠는가?
원하는 일을 원하실 때 행하시는 분이 아닌가.
그분은 나에 대해 정하신 일을 빠짐없이 이루실 것이고

**부당한 고통은 어떻게 견디는가**(23:1-17)

엘리바스의 깔끔하게 정리된 수학 공식 같은 도덕주의적 열변과는 달리, 욥은 미궁의 수수께끼에 빠져 있었다. 그가 빠진 어두움이 얼마나 깜깜했던지 바로 코앞에 있는 것조차 볼 수 없었다. 그러니 그가 어찌 두렵지 않을 수 있었겠는가? 우리도 수학처럼 정확해 보이던 신학이 고통 때문에 무너지고, 일상적 일들마저도 예측이 불가능하다면 무섭지 않겠는가?

욥은 자신이 하나님을 이해할 수 없다는 것을 알았지만, 그래도 하나님을 신뢰하기로 했다. 그는 결코 하나님을 가늠하지 못할 것을 알았지만, 하나님이 자신에게 가장 좋은 일을 행하고 계신다고 믿었다. 그가 던진 질문에 대한 답은 얻지 못했지만, 하나님의 침묵에도 불구하고 욥은 흔들리지 않고 하나님을 따랐으며 주저 없이 순종했다. 그리하여 그는 부당한 고통을 어떻게 견뎌 낼 것인지에 대해 우리에게 그 모범을 보여주었다.

그 외에도 하고자 하시는 모든 일을 이루실 것이네.
그러니 그분 뵙기가 두려울 수밖에 없지 않겠는가?
생각만 해도 두려워지는구나.
하나님이 나를 낙심하게 하신다!
전능하신 하나님이 나를 벌벌 떨게 하신다!
나는 칠흑 같은 어둠 속에 있어,
손을 눈앞에 갖다 대도 아무것도 보이지 않는다."

## 24

1-12 "전능하신 분이 심판의 날을 감추시는 게 아니라면
어째서 우리에게 알려 주시지 않는가?
살인을 저지르고, 도둑질과 거짓말, 불법적인 일들을 밥 먹듯 하고도
무사히 넘어가는 자들이 있지 않은가?
그들은 가난한 이들을 등치고
불행한 이들을 착취하며,
의지할 데 없는 자들을 도랑에 밀어 넣고
약자들을 괴롭혀 생명의 위협을 느끼게 하네.
가난한 이들은 길 잃은 개와 고양이처럼
뒷골목에서 먹을 것을 찾아 헤매거나
부자들의 쓰레기통을 뒤지며
동냥으로 근근이 살아간다네.
집이 없는 그들은 추운 거리에서 떨며 밤을 지새우고
머리 누일 곳조차 찾지 못하네.
비바람에 몸이 젖고 얼어
임시 대피소로 모여들지.
젖먹이 아기를 둔 엄마들은 아기를 빼앗기고
가난한 이들의 어린 자녀들은 납치되어 팔려 가네.
그들은 올이 거의 다 빠진 누더기 차림으로 돌아다니고
열심히 일해도 늘 굶주리네.
등골 빠지게 일해 봤자
남는 게 없어.
사람들이 여기저기서 죽어 가며 고통에 신음하고 있네.
가엾은 이들이 도와 달라고 부르짖건만,
하나님은 아무 문제 없다는 듯 침묵만 지키시네!

13-17 기어이 빛을 피하는 자들이 있더군.

빛이 가득한 길을 피하는 자들이지.
해가 떨어지면 살인자는 자리에서 일어나
가난한 이들을 죽이고 무방비 상태의 사람들을 유린한다네.
성폭력범들은 땅거미가 지기를 기다렸다가
'이제는 아무도 우리를 알아보지 못하겠지' 생각하네.
강도들도 밤중에 제 일을 하고
낮에는 도통 모습을 드러내지 않지.
그들은 낮과 엮이기를 원하지 않아.
그런 작자들에게는 깊은 어둠이 아침이니
무시무시한 어둠을 공범으로 삼는다네.

18-25 그들은 물 위에 떠 있는 나무토막이요
아무짝에도 쓸모없는 저주받은 쓰레기와 같지.
뜨거운 여름 태양 아래 눈이 녹듯이
죄인들은 무덤 속으로 사라진다네.
모태도 그들을 잊고, 구더기가 그들을 맛있게 먹어 치우지.
악한 것은 오래가지 못하는 법이지.
그들은 파렴치하게도
불행한 이들을 약탈한다네.
잔뜩 뽐내며 힘자랑을 해도
빛 좋은 개살구에 불과하지. 그들은 아무것도 아니야.
자신은 안전하다고 착각할지 몰라도
하나님이 그들을 눈여겨보신다네.
잠시 성공을 거두는 듯해도
오래가지 않고 결국에는 내놓을 것이 하나도 없어지네.
철 지난 신문처럼
쓰레기를 싸는 데 쓰일 뿐이지.
나를 거짓말쟁이로 모는 것은 자네들 자유네만,
뜻대로 되지는 않을 걸세."

### 빌닷의 세 번째 충고

## 25

1-6 수아 사람 빌닷이 다시 욥을 비난했다.
"하나님은 주권자시요, 무시무시한 분이시네.
우주의 모든 것이 그분의 계획대로 착착 움직이지.
그분의 천군천사를 누가 다 헤아릴 수 있겠는가?
어딘들 그분의 빛이 비치지 않겠는가?
한낱 인간이 어찌 하나님께 맞설 수 있겠는가?
별 볼 일 없는 사람이 어찌 죄 없는 체할 수 있겠는가?
하나님이 보실 때는 달도 흠이 있고
별들도 완전하지 않거늘,
그에 비하면 민달팽이와 구더기에 불과한
평범한 사람들이야 더 말할 나위가 있겠는가?"

### 욥의 대답

## 26

1-4 욥이 대답했다.
"힘없는 사람에게 정말이지 큰 힘이 되어 주는군!
절묘하게 때를 맞추어 도우러 왔어!
혼란에 빠진 사람에게 그런 멋진 충고를 하다니!
통찰력이 정말 기가 막히군!
도대체 이 모든 것을 어디서 배웠나?
어디서 그렇게 대단한 영감을 얻었는가 말이네.

5-14 죽어 땅에 묻힌 모든 자와
깊고 깊은 바다에 빠져 죽은 모든 이가 고통으로 몸부림치네.
하나님 앞에서는 지옥이 활짝 열리고
무덤도 파헤쳐져 훤히 드러난다네.

**편협한 마음에서 나오는 지혜라는 것**(26:1-14)

욥은 친구들의 이른바 지혜라는 것을 비웃었다. 그들은 편협했고, 경직되어 있었으며, 참으로 무정했다. 그와 반대로 욥은 고통을 겪으면서 그 어느 때보다 더 깊이 하나님을 인식하게 되었고, 전능하신 분의 모든 위엄과 신비에 민감해졌다. 그러한 영적 민감성은, 우리가 겸손해져서 무릎을 꿇고 받을 수만 있다면 고통이 줄 수 있는 가장 큰 선물 중 하나다.

그분은 형체 없는 공간에 하늘을 펼치시고
텅 빈 허공에 땅을 매다시네.
뭉게구름 자루에 물을 부어 넣으시고
그 자루가 터지지 않게 하시지.
시간이 지남에 따라 달이 적절히
찼다 이울었다 하게 하시네.
대양 위에 수평선을 그으시고
빛과 어둠의 경계를 정하신다네.
하늘에서 우르릉 쾅쾅 천둥소리가 들려오는군.
들어 보게! 하나님이 언성을 높이시네!
그분은 능력으로 바다 폭풍을 잠재우시고
지혜로 바다 괴물을 길들이신다네.
입김 한 번으로 하늘을 맑게 하시고
손가락 하나로 바다뱀을 눌러 버리시네.
그러나 이것은 시작일 뿐,
그분의 통치를 알리는 속삭임에 불과하네.
하나님이 제대로 언성을 높이시면 우리가 무엇을 할 수 있겠나?"

세 친구에 대한 욥의 대답

# 27

1-6 욥이 소발의 대꾸를 기다리다 다시 말을 이었다.

"살아 계신 하나님! 그분이 나를 부당하게 대하셨네!
전능하신 하나님! 그분이 내 인생을 파괴하셨네!
그러나 내게 숨이 붙어 있는 한,
하나님이 내게 생명을 불어넣으시는 한,
참되지 않은 말은 한 마디도 하지 않을 걸세.
그 어떤 엉터리 죄목도 인정하지 않을 걸세.
나는 자네들이 고발하는 내용을 인정할 수 없네.
목숨을 걸고 내 결백을 주장하겠네. 나의 결백을 꽉 붙들고 놓지 않을 것이며
결코 후회하지 않겠네.

7-10 내 원수의 사악한 실체가 드러났으면!
내 대적의 유죄가 밝혀졌으면!
하나님을 모르는 자들의 목숨이 갑자기 끊어지면,
하나님이 그들의 인생을 끝장내시면, 그들에게 무슨 희망이 있을까?
재난이 닥칠 때,
도움을 청하는 그들의 소리를 하나님이 들으실 것 같은가?
그들이 전능하신 분께 관심을 보인 적이 있던가?
그들이 과연 기도한 적이 있던가?

11-12 나는 자네들에게 하나님의 일하심을 분명하게 보여주었네.
전능하신 하나님에 대해 어떤 것도 감추지 않았어.
증거는 바로 자네들 앞에 있네. 자네들이 직접 볼 수 있지.

그런데도 어찌 허튼소리를 계속하는가?

13-23 자네들이 했던 말을 그대로 자네들에게
돌려주겠네.

'이것이 하나님이 악한 자들을 다루시는 방식이요
악한 자들이 전능하신 하나님께 받을 몫일세.
그 자식들은 모두 비명횡사하고
식탁에 올릴 빵이 부족할 것이네.
그들은 전염병으로 죽을 것이나
과부들은 남편이 죽어도 눈물 한 방울 흘리지 않을 걸세.
그들이 제아무리 돈을 많이 벌고
최신 유행에 맞는 멋진 옷들을 사들여도,
결국에는 선한 사람들이 그 옷을 입고
착한 사람들이 그 돈을 나누어 가질 거야.
그들이 아무리 근사한 집을 지어도
그 집은 한 차례의 겨울도 버티지 못할 걸세.
부자로 잠자리에 들지만
깨어나 보면 빈털터리라네.
두려움이 홍수처럼 그들을 덮칠 것이네.
한밤중에 회오리바람이 불어 그들을 날려 보내고
폭풍이 그들을 휩쓸 것이네!
그들의 흔적은 발자국 하나 남지 않게 될 걸세.
온갖 재해가 가차 없이 그들을 뒤쫓아
달아날 곳도, 숨을 곳도 없을 것이네.
비바람에 사정없이 얻어맞고
폭풍으로 완전히 찢길 것이네.'"

# 28

1-11 "우리는 은을 품은 광맥이 있
다는 것과
어떤 광석에서 금을 정련해 내는지 알고 있네.
철은 땅속에서 캐내고
구리는 광석을 녹여 얻지.
광부들은 어두운 땅속을 뚫고 들어가
산의 뿌리를 더듬어 광석을 찾고,
숨 막히는 어둠 속에서 파고 또 판다네.
그들은 사람들의 자취가 없는 먼 곳에
수직 갱도를 파고
밧줄을 내려 갱도 안으로 들어가네.
지구 표면이 곡창지대라면
그 심층은 대장간이라서
광석에서 사파이어를 떼어 내고
암석에서 금을 캐내지.
독수리는 그 가치를 알지 못하고
매는 거기에 눈을 두지 않네.
들짐승들은 그것을 의식하지 못하고
사자는 그것이 거기 있는지도 모른다네.
그러나 광부들은 바위를 깨부수고
산을 뿌리째 파헤치네.
암석에 갱도를 뚫어
온갖 아름다운 보석을 찾아낸다네.
그들은 강의 근원을 발견하고
땅에 숨겨진 여러 보물을 캐낸다네.

12-19 하지만 지혜는 어디서, 도대체 어디서 찾
을까?
통찰력은 어디에 숨어 있을까?
사람들은 도무지 감도 못 잡고
어디를 찾아봐야 할지 전혀 모른다네.
지구의 심층은 '여기에는 없다' 말하고
깊은 바다에서는 '그런 것은 들어 본 적도 없다'는 소리가 메아리쳐 오네.
지혜는 순금으로도 살 수 없고
아무리 많은 은을 갖다 바쳐도 구할 수 없어.

유명한 오빌의 금으로도 살 수 없고
다이아몬드와 사파이어로도 안되네.
금이나 에메랄드는 비할 바가 못 되고
화려한 보석들도 어림없지.
진주 목걸이나 루비 팔찌 따위야 더 말할 것도 없네.
하나같이 지혜를 사는 데 필요한 계약금에도 못 미치지!
황금이나 아프리카 다이아몬드를 아무리 높이 쌓아도
지혜의 상대가 될 수 없다네.

20-22 그럼 지혜는 어디에서 오며
통찰력이 있는 곳은 어디일까?
아무리 둘러보아도
아무리 깊이 파 들어가도, 아무리 높이 날아도 찾을 수 없네.
묘지를 샅샅이 뒤지고 죽은 이들에게 물어보게.
'우리도 그것의 소문만 들어 봤소' 하고 말할 걸세.

23-28 지혜에 이르는 길은 하나님만 아시고
지혜를 찾을 수 있는 곳 역시 그분만이 아신다네.
그분은 지상의 모든 것이 어디에 있는지 아시고
하늘 아래 모든 것을 보신다네.
바람에게 명하여 불게 하시고
물의 양을 재어 나누시고
비가 어떻게 내릴지 정하시고
천둥번개가 터지게 하신 후에,
하나님은 지혜를 보셨네.
지혜를 시험하시고 만반의 준비를 갖추게 하셔서
언제든 쓰일 수 있도록 만드셨네.
그러고 나서 사람들에게 말씀하셨지. '여기 지혜가 있다!
주님을 경외하는 것이 지혜이며,
악을 멀리하는 것이 통찰력이다.'"

**II** 당신은 주로 어디서 지혜를 구했으며, 가장 많이 지혜를 얻은 곳은 어디인가? 주님을 경외하는 것만이 지혜의 근본이라고 생각할 때, 당신이 지혜를 구하는 방식은 어떻게 달라지는가?

### 욥의 마지막 대답

29 1-6 욥이 답변을 계속했다.

"오, 지나간 좋은 시절,
하나님이 너무나 잘 보살펴 주시던 그때가 그립다네.
그분은 언제나 내 앞길에 등불을 비추시고
나는 그 빛에 의지해 어둠 속을 걸었지.
오, 지나간 황금 시절,
하나님과의 우정으로 내 집이 환하게 빛나던 때가 아쉽다네.
그때는 전능하신 분이 내 곁에 계시고
내 아이들도 품 안에 있었는데.
만사가 내 뜻대로 되었고
어려운 것이 없어 보였는데.

7-20 내가 중심가로 가서
친구들과 함께 광장에 앉으면,
나이가 많든 적든 간에 내게 예를 갖춰 인사하고
마을의 모든 사람이 나를 존경했었지.
내가 말하면 다들 귀를 기울이고

토씨 하나까지 새겨들었지.
나를 아는 이들은 다들 나를 좋게 말하고
어딜 가나 좋은 평판을 얻었네.
나는 곤경에 처한 사람들을 돕고
불행한 이들의 처지를 대변했어.
죽어 가는 이들이 나를 축복하고
유족들도 나의 조문을 받고 힘을 얻었지.
나는 늘 사람들을 따뜻하게 대하고
만나는 모든 사람을 공정히 대하는 사람으로 알려졌지.
눈먼 이에게는 눈이 되어 주고
발을 저는 이에게는 발이 되어 주었네.
궁핍한 이들의 아버지였고
학대받는 외국인들의 권리를 옹호했지.
노상강도들의 목덜미를 움켜잡아
훔친 것들을 돌려주게 했어.
그래서 나는 '내가 천수를 누린 것에 감사하며
내 침상에서 편안히 죽을 수 있겠구나' 생각했지.
'물가에 깊이 뿌리내린 나무 같고
싱싱하고 이슬 머금은 나무 같은 내 인생,
죽는 그날까지 내 영혼이 영광에 싸이고
내 육신은 쇠하지 않겠구나' 여겼었지.

21-25 내가 말하면 사람들이 귀를 기울였고
기대하는 눈빛으로 내 말을 토씨 하나까지 새겨들었네.
내가 말을 마치고 나면 그들은 말없이
내 말을 곱씹었지.
그들은 나의 조언을 봄비처럼 반기며
남김없이 받아 마셨어.
내가 그들을 향해 웃어 주면 그들은 믿을 수 없어 했지.
얼굴이 환해지면서 시름을 잊어버리곤 했네.
내가 그들의 지도자로 분위기를 주도하고
모범을 보이면, 그들도 그 길을 따라 살았다네.
내가 이끄는 대로 따라왔지."

# 30

1-8 "그러나 이제는 아닐세. 이제
나는 저들의 비웃음거리요
나이 어린 불량배와 애송이들의 조롱거리가 되었네!
내가 그 아비들을
미숙한 하룻강아지 정도로 여겼었는데.
저들은 아비보다 못한 작자들이네. 아무짝에도 쓸모없는
길바닥의 더러운 동물이지.
그들은 굶주린 채 먹을 것을 찾아 뒷골목을 뒤지고
달을 보고 짖어 대네.
집도 없이 떠돌며
닳아 빠진 뼈다귀나 씹고 낡은 깡통이나 핥는 자들,
위험한 불량자로 찍혀
마을에서 쫓겨난 자들이네.
누구에게도 환영받지 못하고
쫓겨나 버렸지.
자네들도 마을 변두리에서 나는 소리를 들을 수 있을 걸세.
그것은 쓰레기장에 모여 요란하게 짖어 대는 무리,
처참하게 쫓겨나
이름도 없이 구걸하는 무리가 내는 소리일세.

9-15 이제 나는 그들의 표적이 되어
학대와 조롱과 비웃음을 받는다네.
그들이 나를 혐오하고 욕하네.

악당 같은 놈들이 내 얼굴에 침까지 뱉는다네!
하나님이 나를 망하게 하시고 그대로 내팽개치시니,
그들이 거침없이 내게 달려들어 온갖 행패를 부린다네.
보이지 않는 곳에서 불쑥 다가와서,
다리를 걸어 나를 쓰러뜨리고 공격하네.
그들이 나를 망가뜨리기로 작정하고
내 앞에 온갖 장애물을 놓는데도
누구 하나 몸을 일으켜 나를 돕지 않아!
그들은 쇠약해진 내 몸에 폭행을 가하고
망가져 쑥대밭이 된 내 인생을 짓밟는다네.
두려움이 나를 덮쳐
내 위엄이 갈기갈기 찢기고,
구원의 희망은 연기처럼 사라졌네.

16-19 고통이 나를 붙잡고 놓아주지 않으니
이제 내 기력이 다하였네.
밤에는 뼈마디가 쑤시고
고통이 멈추지 않네.
손발이 묶이고 목에는 올가미가 걸렸어.
몸을 비틀고 몸부림치다가
진흙탕에 처박혀,
온통 진흙투성이가 되었네.

20-23 하나님, 내가 도와 달라고 소리쳐도 주께서는 가만히 계십니다.
아무 답도 주지 않으십니다!
이렇게 주님을 바라보고 서서 항의하는데도,
주께서는 빤히 바라만 보고 계십니다!
주께서 나를 이리저리 때리고 걷어차시니,
나를 괴롭히는 분이 되셨습니다.
한때 주께서 나를 높이 들어 올리셔서 의기양양했으나,
다음 순간 높은 곳에서 떨어뜨리시니 나는 산산조각 났습니다.
이제 알겠습니다. 주께서는 나를 죽여
한 길 땅속에 두실 작정이시군요.

24-31 내가 무슨 짓을 했기에 이러십니까?
도움을 청하는 사람을 때리기라도 했습니까?
어렵게 사는 이들을 위해 내가 울지 않았습니까?
가난한 이들의 처지를 보고 아파하지 않았습니까?
그런데 이 어찌 된 일입니까?
선을 기대했건만 악이 모습을 드러내고,
빛을 바랐건만 어둠이 깔립니다.
속이 쉴 새 없이 울렁거리고 도무지 진정되지 않습니다.
날이 갈수록 더 큰 고통이 찾아옵니다.
어디를 가든 먹구름이 끼어 있습니다. 해는 보이지도 않습니다.
나는 사람들이 모여 있는 곳에 서서 항의하는 신세가 되었습니다.
이리와 함께 짖고
올빼미들과 함께 웁니다.
내 몸은 멍투성이에다
고열로 불덩이 같습니다.
내 바이올린은 구슬픈 음악만 연주하고,
내 피리에서는 애곡이 흘러나옵니다."

## 31

1-4 "나는 젊은 여인을 음탕하게 바라보지 않겠다고
내 자신과 단단히 약속했네.
이런 내가 하나님께 무엇을 기대해야 합당하겠나?

전능하신 하늘의 하나님께로부터 무엇을 받아야 마땅하겠나?
재앙은 악한 자들의 몫으로 따로 준비된 것이 아닌가?
잘못을 저지른 자들에게 닥쳐야 하지 않겠는가?
하나님은 내가 어떻게 사는지 지켜보시고
내 발걸음을 낱낱이 헤아리지 않으시는가?

5-8 내가 거짓과 단짝이 되어 다니거나
속임수와 어울린 적이 있는가?
내 죄를 저울에 정확히 달아 보시라고 하게.
그러면 내가 정직한 사람이라는 증거를 얻게 되실 것이네.
내가 곧고 좁은 길에서 벗어나
내 것이 아닌 것을 원했다면,
죄와 놀아난 적이 있었다면,
그냥 두지 마시고
내 재산을 합당한 사람에게 나눠 주시라고 하게나.

9-12 내가 여인의 유혹에 넘어가
그 여인과 동침할 마음을 먹기라도 했다면,
내 아내가 가만히 보고 있지 않고
다른 남자와 동침한다 해도 나는 아무 말 못할 걸세.
그런 역겨운 죄에 대해서라면
어떤 벌이라도 달게 받겠네.
간음은 집을 송두리째 태우는 불이니,
내가 소중히 여기는 모든 것이 그 불로 인해 사라질 걸세.

13-15 아랫사람들이 내게 불만을 표출했다고 해서
내가 그들을 부당하게 대한 적이 있던가?
그랬다면 하나님 앞에서 내가 무슨 말을 할 수 있겠나?
하나님이 내 장부를 조사하실 때 감히 뭐라 말씀드리겠나?
나를 만드신 하나님이 그들도 만들지 않았나!
우리 모두 같은 재료로 만들어져, 하나님 앞에서 동등한 존재가 아닌가!

16-18 내가 가난한 이들의 어려움을 무시하고
궁핍한 이들을 외면한 적이 있던가?
그들이 쇠진할 때,
내 사정만 살피고 내 배만 채웠던가?
내 집의 문이 그들에게 항상 열려 있었고,
그들을 항상 식탁으로 맞아들이지 않았던가!

19-20 가난한 가족이 따뜻한 옷이 없어 추위에 떨도록
그냥 내버려 둔 적이 있던가?
내가 건넨 겉옷을 보고
그들이 나를 축복하지 않았던가!

21-23 내가 내 힘과 영향력을 믿고
불행한 자들을 착취한 적이 한 번이라도 있는가?
그렇다면 주저 말고 내 두 팔을 부러뜨리고
손가락을 모두 잘라 버리게!
내가 하나님을 경외하기에 이런 일들을 하지 않았네.
그랬다면 내가 어찌 그분의 얼굴을 똑바로 뵐 수 있겠나?

24-28 내가 크게 한몫 잡기를 바라고
은행을 숭배했던가?
재산이 많다고 우쭐거리거나
부유함을 뻐기기라도 했던가?

해의 찬란함에 경외감을 느끼고
달의 아름다움에 마음을 빼앗긴 나머지,
남몰래 그것들을 숭배한 적이 있던가?
그랬다면 하나님을 배신한 것이니
어떤 벌이라도 기꺼이 받겠네.

29-30 내가 원수의 파멸을 보고 환성을 지르거나
경쟁자의 불행을 고소해한 적이 있는가?
아닐세. 나는 험담 한 마디 한 적 없고
작은 목소리로 그들을 저주한 적도 없네.

31-34 내 집에서 일한 사람들이 이렇게 말하지 않았던가?
'주인님은 우리를 잘 먹이셨습니다. 언제나 한 그릇 더 먹게 해주셨지요.'
나는 여행자가 거리에서 자도록 내버려 둔 적이 없네.
우리 집은 여행자들에게 늘 열려 있었지.
내가 사람들의 입이 무서워,
이웃의 험담이 두려워
은둔을 선택했던가?
아담처럼 죄를 숨기고
잘못을 덮으려고 문을 닫아걸었던가?
자네들도 잘 알다시피 나는 그러지 않았네.

35-37 오, 누구 내 말을 들어줄 사람 없을까!
나는 답변서를 작성하고 서명까지 마쳤네.
이제는 전능하신 분께서 대답하실 차례일세!
그분의 기소장을 보고 싶군.
내 답변서는 누구나 볼 수 있네.
그 내용을 종이에 큼지막하게 써서 동네를 돌 생각이거든.
나는 왕자부터 거지까지 모든 사람들에게
내 삶의 행적을 낱낱이 해명할 생각이네.

38-40 내가 경작하는 땅이 나를 고소하거나
밭이랑들이 혹사를 당해 눈물을 흘린다면,
나의 이익을 위해 땅을 훼손하거나
정당한 땅 주인들을 쫓아낸 적이 있다면,
그 땅에서 밀 대신 엉겅퀴가 자라고
보리 대신 잡초가 나도록 저주해도 무방하네."

이로써 세 친구를 향한 욥의 말이 끝났다.

### 엘리후의 첫 번째 충고

32 1-5 욥의 세 친구는 침묵에 잠겼다. 할 말을 다 했는데도 욥이 자신의 잘못을 조금도 인정하지 않고 완강하게 버티니 어찌할 도리가 없었다. 이렇게 되자 엘리후는 화가 났다. (엘리후는 람 족속 출신인 부스 사람 바라겔의 아들이다.) 그는 하나님보다 자신이 의롭다고 주장하는 욥을 참을 수 없었고, 욥의 말에 변변히 대답도 못하고 그의 잘못을 입증하지 못하는 세 친구도 못마땅했다. 그들

**하나님의 변호를 기다리다**(31:1-40)

세 친구가 마침내 입을 다물었다. 그들은 욥이 잘못된 일을 한 것이라고 납득시킬 수 없었다. 그의 고통이 심각한 도덕적 잘못에 대한 징벌이라고 설득할 수 없었다. 그리고 욥이 위선자라는 것도 납득시킬 수 없었다. 욥은 친구들의 비난이 두렵다고 거짓으로 고백하지는 않겠다고 했다. 그는 하나님의 선하심을 믿는 것만큼 자신의 성실도 확신했다. 그래서 그는 하나님의 변호를 기다렸다. 그는 혼란스러웠지만 확신이 있었고, 어찌할 바를 몰랐지만 신뢰했으며, 기다림에 지쳤지만 계속 기다렸다.

보다 나이가 어렸던 엘리후는 자신이 말할 기
회를 기다리고 있었는데, 세 사람이 논증에 지
친 것을 보고 참아 왔던 분노를 터뜨렸다.
6-10 부스 사람 바라겔의 아들 엘리후가 말했다.

"나는 어리고
어르신들은 연로하신 데다 경험도 많습니다.
그래서 나는 지금까지 입을 다물고
논의에 끼어드는 것을 자제했습니다.
나는 줄곧 생각했습니다. '경험의 힘이 드러나
겠지.
저분들은 오래 살아온 만큼 더 지혜로울 거야.'
그러나 내 생각이 틀렸음을 깨달았습니다.
지혜로운 사람에게 통찰력을 주는 것은
사람 안에 있는 하나님의 영, 곧 전능하신 분
의 숨결이더군요.
전문가가 지혜를 독점하는 것은 아니며
나이가 들었다고 반드시 분별력이 있는 것도
아니더군요.
그래서 나도 소신을 밝히기로 했습니다. 잘
들어주십시오!
내 생각을 정확히 말씀드리지요.

11-14 어르신들이 말할 때 한 마디도 놓치지 않고
귀 기울여 들었습니다.
적절한 말을 찾으시는 동안
귀를 쫑긋 세웠습니다.
그런데 어르신들이 입증한 게 있습니까? 하
나도 없습니다.
어르신들의 말은 욥의 마음을 전혀 움직이지
못하더군요.
'우리는 할 만큼 했다.
이제는 하나님이 욥을 정신 차리게 하실 차례
다' 하고 변명하지 마십시오.
욥은 아직 나와 논쟁하지 않았습니다만,
나는 어르신들과 같은 논리를 사용하지 않을
테니 염려 놓으십시오.

15-22 이제 세 분께서는 달리 하실 말씀이 없습
니까?
물론 없을 겁니다! 어르신들은 완전히 엉터리
니까요!
어르신들이 하던 말을 딱 멈추었으니
내가 더 이상 기다릴 이유가 없겠지요?
내 의견을 말할 준비가 되었습니다. 그렇습
니다!
내가 말할 차례입니다. 때가 되었습니다!
나는 할 말이 많습니다.
당장이라도 속에서 터져 나올 것 같습니다.
땅 밑의 용암처럼 끓어오릅니다.
폭발 직전의 화산 같습니다.
속 시원히
속에 있는 말을 해야겠습니다.
돌려 말하지 않겠습니다.
진실을, 오로지 진실만을 말하겠습니다.
나는 누구에게도 아첨할 줄 모르지만,

**나이가 들었다고 현명하다는 보장이 없다**(32:1-22)

엘리후는 아직 입을 열지 않았다. 그 이유는 그가 아주 젊었기 때문이다. 그러나 그는 더 이상 입을 다물고 있을 수 없었다. 그는 욥의 친구들의 조언과 욥의 변호도 잘 들었고, 둘 다 충분하지 않다고 말했다. 그의 지적은 일리가 있었다. 비록 나이가 든 사람을 공경하고 그들의 의견을 먼저 들어야 하지만, 단지 나이가 들었다고 해서 현명하다는 보장이 있는 것은 아니다.

혹시라도 그랬다가는 나를 만드신 분이 지체
없이 나를 처단하실 것입니다!"

# 33

1-4 "욥이여, 내 말을 끝까지 들어
주십시오.
부디 내 말에 귀 기울여 주십시오.
심사숙고한 내용을
말하는 것입니다.
다른 숨겨진 의도가 있는 것은 아닙니다.
내 마음을 정직하게 토로하는 것입니다.
하나님의 영이 지금의 나를 만드셨고
전능하신 하나님의 호흡이 내게 생명을 주셨
습니다!

5-7 할 수 있겠거든 내가 틀렸음을 입증해 보십
시오.
주장을 펼쳐 보십시오. 스스로를 변호해 보십
시오.
자, 나는 당신과 다를 바 없는 인간입니다.
우리 둘 다 흙으로 만들어졌습니다.
그러니 이 상황을 같이 풀어 나가 봅시다.
내가 드세게 나간다고 기가 죽지 않았으면 합
니다.

8-11 당신은 이렇게 말했습니다.
내 귀로 똑똑히 들었습니다.
'나는 결백하네. 잘못한 게 없어.
믿어 주게. 나는 깨끗하네. 양심에 거리낄 게
없어.
그런데 하나님이 자꾸만 나를 괴롭히시고
나를 원수 대하듯 하신다네.
나를 감옥에 처넣으시고
끊임없이 감시하시네.'

12-14 하지만 분명히 말하겠습니다.
욥이여, 당신은 완전히 잘못 생각하고 있습
니다!
하나님은 그 어떤 사람보다도 훨씬 크십니다.
그런데 어찌 감히 그분을 법정으로 불러 놓고
당신의 비난에 답하시지 않는다고 불평합니까?
하나님은 어떤 식으로든 항상 응답하십니다.
사람들이 때로 그 사실을 인식하지 못할 뿐이
지요.

15-18 예를 들어, 사람이 곯아떨어지거나
곤히 잠들었을 때,
하나님은 꿈이나 밤의 환상을 통해
그의 귀를 여시고
여러 차례의 경고로 경각심을 심어 주십니다.
그가 계획하는 나쁜 일이나
무모한 선택에서 돌이켜,
때 이른 죽음을 당하거나
돌아올 수 없는 강을 건너는 일이 없도록 보호
하시려는 것입니다.

19-22 그런가 하면 그가 고통을 겪게 하시거나
병상에 드러눕게 하여 관심을 유도하기도 하
시는데,
그렇게 되면 그는 음식을 보기만 해도 질색을
하고
입맛을 잃어, 평소 즐겨 먹던 요리마저 싫어
하게 됩니다.
살이 빠지고 비쩍 말라
앙상하게 뼈만 남습니다.
죽음의 낭떠러지에 매달려
당장이라도 숨이 끊어질 수 있음을 깨닫게 됩
니다.

23-25 그러나 그때라도 천사가 나타날 수 있습니다.
수천이나 되는 수호자 중 하나가 그를 위해 올 것입니다.
보냄을 받고 찾아온 천사가 자비롭게 개입하여
'내가 그의 몸값을 받았다!'는 말로
사형선고를 취소시킬 것입니다.
그러면 사람이 무슨 일인지 깨닫기도 전에 자신의 몸이 회복되어,
건강을 되찾을 것입니다!

26-28 또 사람 자신이 무릎을 꿇고 하나님께 기도할 수도 있습니다.
하나님은 그것을 좋아하십니다!
사람은 하나님의 미소를 보고,
그분과의 올바른 관계가 회복되었음을 깨닫습니다. 그리고 기뻐합니다.
그는 만나는 모든 사람 앞에서 하나님을 찬양하고
이렇게 증언할 것입니다. '난 인생을 엉망으로 살았지.
정말이지 무가치한 삶이었어.
하지만 하나님이 개입하셔서, 완전히 죽은 목숨이었던 나를 구하셨어.
나, 다시 살아났어! 다시 빛을 보게 되다니!'

29-30 하나님은 이런 식으로
거듭거듭 일하십니다. 확실한 파멸에서 우리 영혼을 끌어내십니다.
그러면 우리는 빛을 보고 빛 안에서 살게 됩니다!

31-33 욥이여, 내 말에 귀를 기울이십시오.
아직 끝나지 않았으니, 말을 끊지 말고 계속 들으십시오.
그러나 혹시 내가 알아야 할 것이 있다면 말해주십시오.
나는 당신이 누명을 벗기를 무엇보다 바라니까요.
할 말이 없다면 잠자코 들어주십시오. 내 말을 끊어
혼란스럽게 하지 마십시오.
그럼 이제부터 지혜의 기본을 가르쳐 드리겠습니다."

### 엘리후의 두 번째 충고

34 1-4 엘리후가 계속해서 말했다.
"훌륭하신 어르신들, 내 말을 듣고
생각하는 바를 알려 주시기 바랍니다.
여기서 벌어지고 있는 상황을 제대로 파악하려면
머리를 맞대고 상의해야 하니까요.
이 정도는 누구나 아는 상식입니다.
누구나 맛을 느낄 수 있는 것처럼 말입니다.

5-9 들으신 것처럼 욥은 이렇게 말합니다. '나는 옳다.
그런데 하나님은 내게 공정한 재판을 허락하지 않으신다.
나는 스스로를 변호하는 자리에서 거짓말쟁이라는 소리를 들었고
잘못한 것이 없는데도 처벌을 받았다.'
이보다 더 심한 말을 들어 보신 적이 있습니까?
욥의 눈에는 보이는 것이 없답니까?
나쁜 친구들과 너무 많은 시간을 보낸 걸까요?
엉뚱한 무리와 너무 오래 어울려 다닌 걸까요?
그래서 '하나님을 기쁘게 해드리려고 애써 봐야 소용없다'는

그들의 말을 앵무새처럼 따라하게 된 걸까요?

10-15 어르신들은 이런 문제를 능숙하게 다루는 분들이니
나와 의견이 같을 것입니다.
하나님이 악을 행하실 리 없고
전능하신 분께서 잘못을 저지르실 리 없습니다.
그분은 더도 덜도 말고, 딱 우리가 행한 그대로 갚으십니다.
사람은 언제나 뿌린 대로 거둡니다.
하나님이 악한 일을 하시거나
전능하신 분이 정의를 뒤엎으실 리 없습니다.
그분은 온 땅을 다스리시는 분!
온 세상을 한 손에 쥐고 계시는 분!
그분이 호흡을 불어넣지 않으시면
남녀노소 모두 공기가 부족하여 죽고 말 것입니다.

16-20 그러니 욥이여, 잘 생각해 보십시오.
누가 봐도 분명한 사실입니다.
질서를 싫어하는 자가 질서를 유지할 수 있겠습니까?
당신은 의롭고 전능하신 하나님을 감히 비난하는 것입니까?
하나님은 언제나 진실을 말씀하시는 분,
부패한 통치자들이 악당이자 범죄자임을 폭로하시지 않습니까?
그분이 돈 많고 유명한 자들을 편드시고 가난한 이들을 무시하십니까?
모든 이들에게 똑같이 책임을 다하시는 분이 아닙니까?
불시에 죽는 사람들은 그럴 만한 죄가 있는 것 아닙니까?
사악한 통치자들이 몰락하는 것은 피할 수 없는 운명 아닙니까?
대단하다는 사람들이 쓰러져 죽을 때,
우리는 하나님이 배후에서 일하고 계시다는 것을 깨닫습니다.

21-28 하나님은 모든 사람을 살피시고
사소한 것 하나도 놓치지 않으십니다.
그분의 눈을 속이고 악을 행하는 자들을 가려 줄 만큼
캄캄한 밤이나 깊은 어둠은 존재하지 않습니다.
하나님은 그들의 범죄를 입증할 증거를 더 모으실 필요가 없습니다.
그들의 죄는 명백한 사실이기 때문입니다.
그분은 고위인사나 유력인사들을 묻지도 않고 해임하시고
곧바로 다른 사람들로 그 자리를 채우십니다.
잘못을 저지르고 무사히 빠져나가는 사람은 없습니다. 하룻밤 만에
판결문이 서명, 봉인, 교부됩니다.
그분은 모두가 볼 수 있는 탁 트인 곳에서
악한 자들을 그 악한 행위대로 처벌하십니다.
그들은 그분을 따르지 않고
그분의 길을 더 이상 생각하지 않기 때문입니다.
그들의 배교를 알린 것은 가난한 이들의 울부짖음이었습니다.
억눌린 이들의 울부짖음을 하나님이 들으신 것입니다.

29-30 하나님이 침묵하신다 한들, 그것이 당신과 무슨 상관이 있습니까?
하나님이 얼굴을 숨기신다 한들, 어찌하겠습니까?
그러나 침묵하시든 숨으시든, 하나님은 여전

히 존재하시며 다스리시기에,
하나님을 미워하는 자들이 그분의 자리를 차지하여
사람들의 삶을 망치는 일은 없을 것입니다.

31-33 그러니 그냥 하나님께 실토하지 그럽니까?
이렇게 말하십시오. '내가 죄를 지었습니다.
다시는 죄를 짓지 않겠습니다.
내가 아직 깨닫지 못한 것이 있다면 깨닫게 해주십시오.
그동안 저지른 악을 다시는 저지르지 않겠습니다.'
당신이 하나님 뜻대로 살고 싶지 않다고 해서,
하나님이 당신의 뜻대로 움직이셔야 합니까?
선택은 당신의 몫입니다. 내가 대신할 수는 없지요.
어느 쪽을 선택할 것인지 말해 보십시오.

34-37 생각이 올바른 사람들이 이구동성으로 하는 말,
내 말에 동의하는 지혜로운 사람들이 하는 말이 있습니다.
'욥은 헛똑똑이야.
터무니없는 소리만 지껄여 대지.'
욥이여, 하나님께 그렇게 못되게 말대꾸를 했으니
어디 구석으로 끌려가 호된 질책을 받아 마땅합니다.
원래 지은 죄에다가,
하나님의 징계에 저항하고
무엄하게도 하나님께 주먹을 휘두르며
전능하신 분을 여러 죄목으로 고발하는 죄를 더했기 때문입니다."

## 엘리후의 세 번째 충고

35 1-3 엘리후는 욥을 다시 공격했다.

"처음에는 '나는 하나님 앞에서 완전히 결백하다'고 하더니
그 다음에는 '내가 죄를 짓든 안 짓든
무슨 차이가 있겠느냐'고 말하니,
이게 말이 됩니까?

4-8 자, 분명히 말씀드리지요.
당신과 세 친구분은 지금
자신이 무슨 말을 하는지 모르고 있습니다.
하늘을 보십시오. 오래도록 열심히 들여다보십시오.
하늘 높이 떠 있는 구름들이 보입니까?
당신이 죄를 짓는다 한들, 하나님께 달라질 것이 무엇이겠습니까?
당신이 아무리 큰 죄를 짓는다 한들, 그것이 하나님께 대수겠습니까?
당신이 선하다 한들, 하나님이 거기서 무슨 득을 보시겠습니까?
그분이 당신의 업적에 의존하기라도 하신단 말입니까?
사람이 선한지 악한지에 관심을 갖는 사람들은
가족과 친구와 이웃뿐입니다.
하나님은 사람의 행위에 의존하지 않으십니다.

9-15 사정이 어려워지면 사람들은 도움을 청하며 부르짖습니다.
이리저리 차이는 신세에서 벗어나게 해달라고 부르짖습니다.
그러나 사정이 좋을 때는 하나님을 전혀 생각하지 않습니다.
하나님이 사람들의 마음에서 노래가 흘러나

오게 하시고
온 세상을 과학교실로 삼으시며
날짐승과 들짐승을 통해 지혜를 가르치실 때도 마찬가지입니다.
사람들은 오만하게도 하나님께 관심을 갖지 않습니다.
그러다 곤경에 처하면 비로소 하나님을 부르지만,
이번에는 하나님이 그들에게 관심을 보이지 않으십니다.
그런 기도는 순간적인 두려움을 빼면 아무 실체가 없고
전능하신 분은 그런 기도를 무시하십니다.
그러니 당신이 하나님의 응답을 기다리다 지쳤고,
하나님이 세상의 문제들을 보시고 진노하셔서
뭔가 조치를 취해 주시기를 기다리다 지쳤다고 말한다 해서
하나님이 당신에게 눈길을 주실 것 같습니까?

16 욥이여, 터무니없는 소리만 하고 있군요.
그것도 쉴 새 없이 말입니다!"

# 36

1-4 엘리후는 심호흡을 하고 계속해서 말을 이어 나갔다.

"조금만 더 참고 들으십시오. 납득하게 될 것입니다.
하나님 편에서 할 말이 아직 남아 있습니다.
나는 이 모든 내용을 만물의 근원이신 분께 직접 배웠습니다.
정의에 대해 내가 아는 것은, 모두 나를 지으신 분이 알려 주신 것입니다.
믿어 주십시오. 나는 더하지도 빼지도 않고 진리만을 말할 것입니다.
정말입니다. 내가 속속들이 아는 내용들입니다.

5-15 하나님은 전능하시지만
무고한 사람을 힘으로 누르지 않으십니다.
악인들의 경우는 이야기가 다른데,
하나님은 그들을 본체만체하십니다.
하지만 그 피해자들의 권리는 보호하십니다.
하나님은 의인들에게서 눈을 떼지 않으시고
그들에게 아낌없는 영예를 베푸시며 끊임없이 높여 주십니다.
상황이 좋지 않을 때,
고난과 고통이 닥칠 때,
하나님은 무엇이 어디서 잘못되었는지 알려주십니다.
그들의 교만이 문제의 원인임을 보여주십니다.
그들이 그분의 경고에 주목하도록 만드시고
잘못된 삶을 회개하라고 말씀하십니다.
그들이 그 말씀에 순종하고 그분을 섬기면
오래도록 풍족하게 살 것입니다.
그러나 불순종하면, 한창때 죽어
인생에 대해 조금도 알지 못하게 될 것입니다.
하나님을 모르는 성난 사람들은 불만을 토로하며
자신의 어려움에 대해 남 탓을 합니다.
성적 방종을 일삼으며 인생을 즐기다
정력을 낭비하고, 결국 한창나이에 죽고 맙니다.
그러나 고통을 통해 지혜를 배우는 사람은
하나님이 그 고통에서 건져 주십니다.

16-21 욥이여, 하나님이 절체절명의 위기에서

당신을 구해 내고자 애타게 호소하시는 모습
이 보이지 않습니까?
그분은 당신을 탁 트인 안전한 곳으로 이끌어
내셔서
좋은 것들이 가득한 잔치로 초대하고 계십니다.
그런데 지금 당신은 악인들의 죄악을 답습하며
하나님 탓하는 데 정신이 팔려 있습니다!
당신의 많은 재산에 헛된 기대를 걸지 말고
뇌물을 써서 빠져나갈 수 있다고 생각하지 마
십시오.
돈을 바쳐 빠져나갈 계획이었습니까?
당치도 않습니다!
사람들이 고통을 잊고 잠드는
밤이 되면, 그나마 좀 나을 거라
생각하지 마십시오.
무엇보다, 더 많은 악을 저질러 사태를 악화
시키지 마십시오.
지금 당신이 고통을 겪는 이유가 바로 그것입
니다!

22-25 하나님이 얼마나 강한 분이신지 알기나
합니까?
그분처럼 위대한 스승이 또 어디 있습니까?
이제까지 누가 그분께 이래라저래라 한 적 있
으며,
그분을 나무라며 '그거 완전히 잘못하셨네요'
라고 말한 적이 있습니까?
그러니 수많은 사람들이 노래로 기리는
그분의 놀라운 일을 찬양하십시오.
누구나 그것을 봅니다.
아무리 멀리 있어도 다 볼 수 있습니다.

26 오래오래 찬찬히 살펴보십시오. 하나님이
얼마나 위대하신지를.
무한하신 분, 우리가 상상하거나 이해할 수
있는 수준을 훌쩍 뛰어넘는 분이십니다!

27-33 하나님은 바다에서 물을 퍼다
맑게 걸러, 비구름 물통들을 가득 채우십니다.
그러면 하늘이 열리고
소나기가 퍼부어 모든 사람들을 적십니다.
이런 일이 어떻게 일어나는지,
그분이 구름을 어떻게 마련하시고 천둥 가운
데서 어떻게 말씀하시는지, 조금이라도 아는
사람이 있습니까?
번개를 보십시오. 하늘을 가득 채우고
깊고 어두운 바닷속을 비추는, 그분의 빛의
향연입니다!
이것들은 하나님의 주권과 관대하심,
애정어린 보살핌을 상징합니다.
그분은 표적을 정확히 겨냥하여
빛의 화살을 쏘십니다.

**하나님에 대해 너무 많이 말하다**(36:26-33)

엘리후의 발언의 결론은 거장의 찬가다. 하나님을 거창하고 엄밀하게 찬양한다. 다른 상황에서라면 이러한 찬가는 흠모와 감탄의 대상이었을 것이다. 그러나 고통받는 사람을 향한 발언으로는 심각하게 무심하다.

이상하게 들릴 수 있는 말이지만, 우리는 하나님에 대해 너무 많은 말을 할 수도 있다. 특히 고통받는 사람에게 말할 때 그럴 수 있다. 침묵이 말보다 더 많은 것을 말하고, 눈물이 신학보다 더 효과적일 때가 많다.

지극히 높으신 하나님이 악에 노하여
천둥소리로 호통을 치십니다."

# 37

1-13 "그 소리가 들릴 때마다, 내 심장이 멎습니다.
정신이 아뜩하여 숨조차 쉴 수 없습니다.
들어 보십시오! 그분의 천둥소리,
우르릉 쾅쾅 우렛소리로 말씀하시는 그분의 음성을 들어 보십시오.
그분이 지평선 이쪽 끝에서 저쪽 끝까지 번개를 보내시면
북극에서 남극까지 온 세상이 환해집니다.
뒤이어 천둥소리 가운데 그분의 음성이 메아리치니,
강력하고도 장엄합니다.
그분은 온갖 방식으로 거침없이 능력을 드러내십니다.
그 음성을 못 알아들을 자 없으니
천둥소리로 울리는 그분의 말씀 놀라울 따름이고
그분의 위업을 이해할 길이 없습니다.
그분은 눈에게 '땅을 덮어라!' 명하시고
비에게 '온 지역을 적셔라!' 명령하십니다.
누구도 비바람을 피할 수 없습니다.
누구도 하나님을 피해 달아날 수 없습니다.
눈보라가 으르렁거리며 북쪽에서 불어오고
얼음비로 땅이 꽁꽁 얼면,
들짐승도 피할 곳을 찾아
제 보금자리로 기어들어 갑니다.
하나님의 입김으로 얼음이 만들어지고
하나님의 입김으로 호수와 강이 얼어붙습니다.
하나님이 구름을 빗물로 채우시고
구름에서 사방으로 번개를 보내십니다.
하나님은 구름의 역량을 이리저리 시험하시고
그분의 말씀이 온 세계에서 이루어지도록 명하십니다.
징계나 은혜, 아낌없는 사랑을 베풀려 하실 때,
하나님은 구름에게 일을 맡기시고 그 일이 반드시 성취되게 하십니다.

14-18 욥이여, 듣고 있습니까? 이 모든 것을 주목해 본 적 있습니까?
그 자리에 가만히 서서 하나님의 기적들을 되새겨 보십시오!
하나님이 이 모든 일을 어떻게 하시는지,
캄캄한 폭풍 속에서 어떻게 번쩍이는 번개를 만드시는지,
뭉게구름을 어떻게 쌓아 올리시는지 아십니까?
완전한 지성을 가지신 분의 이 모든 기적이 어떻게 가능한지 아십니까?
찌는 듯 더운 날이면
고작해야 부채질이나 하는 게 전부인 당신이,
뜨거운 양철지붕 같은 하늘에
영향을 미칠 수 있다는 생각을 어떻게 할 수 있습니까?

19-22 당신이 그토록 똑똑하다면, 하나님께 어떻게 말씀드릴지 가르쳐 주십시오.
우리는 아는 게 없어서 그 방법을 도무지 모르겠습니다.
내가 하나님께 대들 만큼 우둔한 줄 압니까?
그것은 화를 자초하는 짓이 아니겠습니까?
정신이 온전히 박힌 사람이라면 구름 한 점 없이 화창한 날에
해를 똑바로 쳐다보지는 않을 것입니다.
북쪽 산에서 찬란한 금이 나오듯,
위엄에 찬 아름다움은 하나님께로부터 흘러

나옵니다.

23-24 전능하신 하나님! 우리 손이 닿지 않는 곳에 계신 분!
권능과 정의가 더없이 뛰어나신 분!
그분이 사람을 불공평하게 대하신다니, 생각도 못할 일입니다.
그러니 모두 깊은 경외심으로 그분께 절하십시오!
당신이 지혜롭다면 틀림없이 그분을 경배하게 될 것입니다."

II 욥기가 여기서 끝난다면, 그 교훈은 무엇이겠는가? 여기서 끝나지 않는 이유는 무엇인가? 마지막 장에서 어떤 일이 일어나기를 바라는가?

### 하나님께서 욥에게 대답하시다

## 38

1 마침내 **하나님**께서 사나운 폭풍의 눈에서 욥에게 대답하셨다.

2-11 "어찌하여 너는 문제를 혼란스럽게 만드느냐?
어찌하여 너는 잘 알지도 못하는 말을 하느냐?
정신 차려라, 욥!
일어서거라! 똑바로 서라!
몇 가지 물어볼 테니
제대로 대답하여라.
내가 이 땅을 창조할 때 너는 어디 있었느냐?
네가 아는 것이 그렇게 많다니, 어디 말해 보아라!
누가 땅의 크기를 정하였느냐? 네가 모를 리가 없겠지!
누가 그것을 설계하고 치수를 정했느냐?
새벽별들이 일제히 노래하고
모든 천사들이 소리 높여 찬양할 때,
땅의 기초는 어떻게 놓였으며
그 주춧돌은 누가 놓았느냐?
아기가 태를 열고 나오듯 바닷물이 터져 나올 때,
누가 그것을 감독하였느냐?
바로 나다! 내가 그것을 부드러운 구름으로 싸고
밤에는 어둠의 이불로 안전하게 덮어 주었다.
그 다음에 바다의 활동 구역을 정해 줄 울타리,
빠져나가지 못할 튼튼한 울타리를 만들고 바다에게 이렇게 말했다.
'여기에 머물러라. 여기가 네가 있을 곳이다.
너는 이 안에서만 사납게 날뛸 수 있다.'

12-15 너는 아침에게 '기상' 명령을 내리고
새벽에게 '작업 개시'를 지시한 적이 있느냐?
그리하여 땅을 이불처럼 거머쥐고
바퀴벌레를 털어 내듯 악한 자들을 털어 버린 적이 있느냐?
해가 만물에 빛을 비추어
모든 빛깔과 형체가 드러나면,
악한 자들을 덮고 있던 어둠이 일제히 벗겨지고
그들의 악행이 훤히 드러난다!

16-18 너는 세상의 바닥을 본 적이 있느냐?
깊은 대양의 미로 같은 동굴들을 답사해 보았느냐?
죽음을 알기나 하느냐?
죽음의 깊은 신비를 푸는 실마리가 네게 하나라도 있느냐?
이 세상이 얼마나 드넓은지 아느냐?
짐작하는 바라도 있다면 어디 말해 보아라.

19-21 너는 빛이 어디에서 오며
어둠이 어디에 사는지 아느냐?
그것들이 길을 잃으면
손을 잡고 집에 데려다줄 수 있느냐?
물론 너는 알고 있을 것이다.
어릴 때부터 그것들과 같은 동네에서 자라
평생 알고 지낸 사이가 아니냐!

22-30 너는 눈이 만들어지는 곳에 가 보았느냐?
우박이 비축된 저장고를 본 적이 있느냐?
환난과 전투와 전쟁 때를 대비해
내가 우박과 눈을 준비해 놓은 무기고 말이다.
번개가 발사되는 곳,
바람이 시작되는 곳을 찾을 수 있느냐?
너는 누가 폭우를 위해
협곡들을 깎았다고 생각하느냐?
누가 천둥번개를 동반한 폭풍우가
지나갈 길을 내어
사람의 발길이 닿지 않는 들판과
사람의 눈길이 닿지 않는 사막에 물을 대고
쓸모없는 황무지를 흠뻑 적셔
들꽃과 풀로 뒤덮이게 하겠느냐?
비와 이슬의 아버지가 누구이며
얼음과 서리의 어머니가 누구라고 생각하느냐?
이런 놀라운 기상현상들이 저절로 일어난다는
생각 따위는 잠시라도 하지 않을 줄 믿는다만, 어떠냐?

31-33 너는 아름다운 북두칠성의 눈길을 사로잡을 수 있으며,
거대한 사냥꾼 오리온자리의 추적을 따돌릴 수 있느냐?
금성을 불러내어 네 길을 비추게 하고
큰곰자리와 작은곰자리 별들을 함께 불러내어 뛰놀게 할 수 있느냐?
너는 하늘의 별자리들을 조금이라도 아느냐?
그것들이 지상의 일에 어떤 영향을 미치는지 아느냐?

34-35 너는 구름의 주의를 끌어
소나기를 내리게 할 수 있느냐?
번개를 뜻대로 부리고
명령을 바로 수행했는지 보고하게 할 수 있느냐?

36-38 누가 날씨 분별하는 지혜를 따오기에게 주었으며,
폭풍을 감지하는 능력을 수탉에게 주었느냐?
땅이 바싹 말라 쩍쩍 갈라지고
땅바닥이 벽돌처럼 단단히 구워질 때,
구름을 헤아리고
하늘의 빗물통을 기울여 비를 내리게 할 만큼
지혜로운 자가 있느냐?

39-41 너는 암사자에게 먹이를 사냥해,
보금자리에 웅크리고 있거나
주린 배를 안고 기다리는
새끼들에게 가져다주도록 가르칠 수 있느냐?
까마귀 새끼들이 먹을 것이 없어 날개를 퍼덕거리며
하나님께 부르짖을 때,
누가 그 어미들에게 먹이를 마련해 주느냐?"

# 39

1-4 "너는 산에 사는 염소가 새끼를 치는 달을 아느냐?
암사슴이 새끼 배는 것을 본 적이 있느냐?
암사슴이 새끼를 배고 얼마나 지내는지 아느냐?

몇 달 만에 만삭이 되어
몸을 구푸려 새끼를 낳는지 아느냐?
그 어린 것들은 잘 자라 금세 독립하고
어미 곁을 떠나 다시는 돌아오지 않는다.

5-8 누가 들나귀를 풀어 주었느냐?
누가 우리의 문을 열어 녀석을 보내 주었느냐?
나는 녀석이 거닐 만한 광야와
뒹굴 만한 평지, 탁 트인 벌판을 마련해 주었다.
들나귀는 도성에서 마구를 찬 채 괴로움을 겪는 제 사촌들을 비웃고,
몰이꾼들의 고함을 듣는 일 없이
언덕을 누비며 마음껏 풀을 뜯고
푸성귀를 닥치는 대로 뜯어 먹는다.

9-12 들소가 너를 고분고분 섬기겠느냐?
자진해서 네 외양간에서 밤을 지내겠느냐?
녀석에게 네 쟁기를 매어
네 밭을 갈게 할 수 있느냐?
힘이 세다고 네가 들소를 신뢰할 수 있으며
놈에게 함부로 일을 맡길 수 있느냐?
들소가 네 말에 따라 움직일 거라고는
너도 기대하지 않을 것이다.

13-18 타조의 날갯짓은 부질없고
녀석의 깃털은 아름답지만 아무 쓸데가 없다!
타조는 딱딱한 땅바닥에 알을 낳고
비바람을 맞도록 흙먼지 속에 버려둔다.
그 알들이 밟혀 금이 가든지
들짐승들이 짓밟든지 신경 쓰지 않는다.
새끼가 나와도 제 새끼가 아닌 양 소홀히 다룬다.
타조는 어떤 것에도 개의치 않는다.
분명히 말하지만, 내가 타조를 영특하게 창조하지 않았고
분별력을 나누어 주지도 않았기 때문이다.
그러나 타조가 내달릴 때를 보아라. 어찌나 잘 달리는지
말과 기수를 우습게 여기며 크게 앞지른다.

19-25 말에게 힘을 주고
번쩍이는 갈기로 꾸며 준 장본인이 너더냐?
의기양양하게 달리며 대단한 콧김으로
간담을 서늘하게 하는 말을 네가 창조했느냐?
기운이 넘치는 말은 당장 달려가고 싶어 힘차게 땅을 박차다가
싸움터로 돌진한다.
위험을 두려워하지 않고
칼 앞에서도 물러서지 않는다.
화살통이 철커덕거리고
창이 쨍그랑거려도 요동하지 않는다.
흥분하여 몸을 부르르 떨다가 나팔이 울리면
전속력으로 질주한다.
나팔소리를 들으며 힘차게 히힝 하고 운다.
저 멀리서도 짜릿한 전투 냄새를 맡고
천둥처럼 우르르 울리는 전장의 함성을 듣는다.

26-30 매가 열상승기류를 타고 손쉽게 솟아오르며
날 수 있는 것은, 네가 가르쳤기 때문이냐?
네가 독수리의 비행을 명령하고
녀석에게 높은 곳에 둥지를 틀도록 가르쳤느냐?
그래서 높다란 낭떠러지에서도 잘 지내고
뾰족하고 울퉁불퉁한 바위 위에서도 다치는 법이 없는 것이냐?
독수리는 그곳에서 먹이를 찾고
아주 멀리 떨어져 있는 먹이도 찾아낸다.
길에서 죽은 짐승의 사체가 있는 곳이면 독수

**하나님이 우리를 심문하신다**(38:1-40:2)

욥을 향해 질문이 수도 없이 쏟아졌다. 하나님이 **우리**를 심문하신다. 우리가 **하나님**을 심문하는 것이 아니다. 하나님이 **우리의** 질문에 대한 답이 아니라, 우리가 **하나님의** 질문에 대한 답이다. 하나님이 침묵을 깨시자 욥의 독백은 대화가 되었고, 욥이 고통을 납득하는 방법에 반전이 일어났다. 그리고 우리가 고통을 납득하는 방법에도 반전이 일어난다.

리가 주위를 맴돌고
그 새끼들이 죽은 짐승의 고기를 게걸스레 먹는다."

## 40

1-2 **하나님**께서 욥에게 직접 따져 물으셨다.

"이제 너는 어떤 말로 자신을 변호할 것이냐?
전능한 나를 법정으로 끌고 가서 고소할 참이냐?"

**욥의 대답**

3-5 욥이 대답했다.

"너무나 놀라워 말이 나오지 않습니다. 말문이 막혔습니다.
입을 열지 말았어야 했습니다!
말을 많이 했습니다. 지나치게 많이 했습니다.
이제 입을 다물고 귀를 열겠습니다."

6-7 **하나님**께서 다시 폭풍의 눈에서 욥에게 말씀하셨다.

"몇 가지 더 물어볼 테니,
똑바로 대답하여라.

8-14 무엄하게도 내가 잘못하고 있다고 말하는 것이냐?
네가 성자가 되겠다고 나를 죄인 취급하느냐?
네가 나와 같은 팔을 지녔느냐?
나처럼 천둥 속에서 소리칠 수 있느냐?
어디 한번 기량을 뽐내 보아라.
어떤 능력이 있는지, 무엇을 할 수 있는지 보자꾸나.
분노를 터뜨려 보아라.
오만한 자들을 표적으로 삼아 쓰러뜨려 보아라.
또한 그들을 굴복시켜 보아라.
악한 자들을 꼼짝 못하게 한 뒤 묵사발을 만들어 보아라!
거대한 묘지에 그들을 파묻어,
표석 없는 무덤 속 이름 모를 시체들이 되게 만들어 보아라.
그러면 내 도움 없이도 스스로 구원할 힘이 네게 있다고 인정하고,
나는 기꺼이 뒤로 물러나 너에게 내 일을 맡길 것이다!

15-24 육지 괴물 베헤못을 보아라. 너처럼 내가 그놈도 만들었다.
소처럼 풀을 뜯고 온순하지만,
그 허리의 힘과
배의 억센 근육을 보아라.
꼬리를 흔들면 백향목이 휘둘리는 것 같고
육중한 다리는 너도밤나무 같다.
골격은 강철로 만들어졌고

온몸의 뼈가 강철처럼 단단하다.
내가 만든 피조물 가운데 으뜸이지만
지금도 나는 그놈을 어린양처럼 여기저기 끌고 다닌다!
산에 덮인 풀들이 다 놈의 먹이고
들쥐는 놈의 그늘 아래서 뛰논다.
오후에는 나무 그늘 아래서 낮잠을 자고
갈대 습지에서 몸을 식힌다.
버드나무 사이로 부는 바람을 맞으며
나무 그늘 아래에 느긋하게 몸을 누인다.
강물이 흘러넘쳐도 꿈쩍 않고
요단 강이 세차게 흘러도 아랑곳없이 태연하다.
녀석을 애완동물로 키우고 싶은 마음은 없을 것이다.
집에서 기를 수도 없을 테니!"

## 41

1-11 "바다 괴물 리워야단을 낚싯대로 낚을 수 있겠느냐?
통발로 그놈을 잡을 수 있겠느냐?
올가미 밧줄과
닻으로 놈을 잡을 수 있겠느냐?
놈이 네게 살려 달라고 간청하겠으며
현란한 말로 네 비위를 맞추겠느냐?
네 밑에서 평생 심부름을 하며 너를 섬기게 해 달라고
부탁하겠느냐?
그것을 애완용 금붕어처럼 노리개로 삼고
동네 아이들의 마스코트로 삼을 수 있느냐?
놈을 시장에 내놓고
손님들과 가격 흥정을 할 수 있겠느냐?
놈에게 화살을 퍼부어 바늘이 잔뜩 꽂힌 바늘꽂이처럼 만들 수 있겠으며,
그 거대한 머리에 작살을 쑤셔 박을 수 있겠느냐?
놈에게 손이라도 얹었다가는
무용담을 이야기하기는커녕 목숨도 부지하지 못할 것이다.
그런 엄청난 놈을 상대로 무슨 승산이 있겠느냐?
놈을 한번 보기만 해도 고꾸라지고 말 것이다!
노려보는 그놈의 얼굴을 보는 것만으로도 기가 꺾인다면,
내게는 어떻게 맞서겠다는 것이냐?
내게 덤볐다가 어느 누가 무사하겠느냐?
이 모든 것이 다 내 것이다. 내가 이 우주를 다스린다!

12-17 바다 괴물 리워야단에 대해 할 말이 더 있다.
그 어마어마한 체구, 그 빼어난 모습 말이다.
누가 그 단단한 가죽을 뚫으며
그 턱에 재갈을 물릴 수 있겠느냐?
흉포한 이빨들이 줄줄이 늘어서 있는데
누가 감히 그 턱을 열려고 하겠느냐?
놈의 자랑거리는 최강의 가죽이다.
그 무엇도 그것에 흠을 낼 수 없다.
놈이 자랑하는 가죽을 그 무엇도 뚫을 수 없고
어떤 무기나 비바람도 그것을 파고들 수 없다.
가죽 중에서 가장 두껍고 질겨,
결코 뚫리지 않는다!

18-34 놈이 콧김을 뿜으면 온 세상이 불로 환해지고
눈을 뜨면 동이 튼다.
그 입에서는 혜성들이 쏟아져 나오고
불꽃들이 부채꼴로 갈라져 나온다.
펄펄 끓는 가마에서 증기가 나오듯
놈의 콧구멍에서 연기가 뿜어져 나온다.

입김을 내뿜으면 화염이 이글거리고
그 아가리에서 불길이 흘러나온다.
그 몸은 온통 근육질, 단단하고 빈틈이 없다.
놈과 마주치는 것은 죽음과 짝을 이뤄 춤을 추는 꼴.
얼마나 건장하고 유연한지
온몸에 약점 하나 없다.
속속들이 강하고
바위처럼 단단해, 도무지 상처를 입지 않는다.
놈이 몸을 일으키면 천사들도 숨을 곳을 찾아 달아나고
거센 바람을 일으키며 휘두르는 놈의 꼬리를 피해 움츠러든다.
창과 작살도 그 가죽에 상처를 내지 못하고
꼴사납게 튕겨 나온다.
그 앞에서는 철봉도 지푸라기에 불과하다.
청동 무기는 말할 것도 없다.
화살이 날아와도 눈 하나 깜짝 않고
날아드는 총알은 빗방울 정도에 불과하다.
도끼를 불쏘시개 나뭇조각 정도로 취급하고
날아오는 작살을 우습게 여긴다.
장갑판을 댄 듯 튼튼한 놈의 배는 거침이 없고
바지선처럼 막강하여 저지할 수 없다.
심해를 휘저어 끓는 물처럼 만들고
달걀로 거품을 만들듯 바다를 젓는다.
한번 지나가면 빛나는 자취가 죽 이어지니,
대양에 회색 수염이 돋아난 듯 보일 것이다!
이 세상에 그와 같은 것이 없으니
녀석은 두려움을 전혀 모른다!
높은 자들과 강한 자들을 다 낮추어 보니
대양의 왕, 심해의 제왕이다!"

### 욥의 회개

42
1-6 욥이 **하나님**께 대답했다.

"확실히 알겠습니다. 주께서는 무슨 일이든 하실 수 있고
누구도, 그 무엇도 주님의 계획을 망칠 수 없습니다.
주께서 '누가 이렇게 물을 흐리고,
아무것도 모르면서 상황을 혼란스럽게 만들며,
나의 의도를 지레짐작하느냐?' 하고 물으셨습니다.
자백합니다. 내가 그랬습니다. 내 능력 밖의 일에 대해 함부로 지껄였고,
내 머리로는 도무지 이해할 수 없는 경이로운 일들을 놓고 떠들어 댔습니다.
주께서는 '귀 기울여 들어라. 내가 말하겠다.
내가 몇 가지 물어볼 테니 네가 대답을 하여라' 하셨습니다.
인정합니다. 전에는 내가 주님에 대한 소문만 들었으나
이제는 내 눈과 내 귀로 직접 보고 들었습니다!
잘못했습니다. 용서해 주십시오.
다시는 그렇게 하지 않겠습니다. 맹세합니다!
다시는 전해 들은 말의 껍질, 소문의 부스러

**그토록 자비로운 신비를 마주했을 때**(40:3-41:34)

질문은 계속되었다. 야생 동물과 새에 대한 질문에 이어서 하늘과 날씨에 대한 결코 답할 수 없는 질문이 이어졌다. 하늘에서 일어나는 일이든 땅에서 일어나는 일이든, 어디를 보나 능숙한 창조자가 일하신다는 증거가 분명하다. 그토록 자비로운 신비를 마주했을 때, 우리는 답이 아니라 경외함으로 반응해야 한다.

기에 의존해 살지 않겠습니다."

II 하나님이 하신 말씀에서 특별히 만족스러운 부분은 무엇인가? 하나님의 엄격한 설명이 욥에게 격려가 되었던 이유는 무엇인가?

### 하나님께서 욥을 회복시키시다

7-8 **하나님**께서 욥에게 말씀을 마치신 후에 데
만 사람 엘리바스에게 말씀하셨다. "나는 너
와 네 두 친구에게 질렸다. 넌더리가 난다! 너
희는 내 앞에서 정직하지도 않았고 나에 대해
정직하게 말하지도 않았다. 너희는 내 친구
욥과 달랐다. 너희가 해야 할 일이 있다. 수소
일곱 마리와 숫양 일곱 마리를 가지고 내 친구
욥에게 가거라. 그리고 너희 자신을 위해 번
제를 드려라. 내 친구 욥이 너희를 위해 기도
해 줄 것이고, 나는 그의 기도를 들을 것이다.
너희는 나에 대해 허튼소리를 했고 욥과 달리
내게 정직하지 않았으나, 욥의 기도를 봐서
나는 너희 잘못대로 갚지 않을 것이다."
9 데만 사람 엘리바스, 수아 사람 빌닷, 나아마
사람 소발은 **하나님**께서 명령하신 대로 행했
다. **하나님**께서 욥의 기도를 들어주셨다.
10-11 욥이 친구들을 위해 중보기도를 드린 이
후에 **하나님**께서 그의 재산을 회복시켜 주셨
는데, 전보다 갑절로 돌려주셨다! 그의 형제와
자매, 친구들이 모두 그의 집으로 와서 축하
해 주었다. 그들은 지난 일에 대해 참으로 안
타깝게 생각한다고 말하면서, **하나님**께서 허
락하신 온갖 괴로움을 생각하며 그를 위로했
다. 다들 집들이 선물을 푸짐하게 가져왔다.
12-15 이후 **하나님**께서 욥에게 그 이전보다 더
많은 복을 내리셨다. 그는 양 만 사천 마리,
낙타 육천 마리, 겨릿소 천 쌍, 나귀 천 마리
를 소유하게 되었다. 아들 일곱과 딸 셋도 얻
었다. 그는 첫째 딸을 비둘기, 둘째 딸을 계
피, 셋째 딸을 검은 눈이라고 불렀다. 그 지역
에는 욥의 딸들만큼 아리따운 여자가 없었다.
욥은 딸들을 아들들과 동등하게 대우했고, 유
산도 똑같이 나눠 주었다.
16-17 욥은 백사십 년을 더 살면서 자손을 사 대
까지 보았다! 나이가 많이 든 그는, 천수를 누
리고 죽었다.

오랜 세월 수많은 그리스도인들이 시편을 통해 기도하는 법을 배웠다. 그리스도인들은 그보다 몇 세기 전부터 기도하고 예배해 온 유대인들에게서 이 기도책을 물려받았다. 이 책에 담긴 언어를 우리 것으로 삼을 때, 우리에게 말씀하시는 하나님께 합당하게 응답할 수 있다.

평생 목회자로 일하다 보니 시편을 '지금 우리가 쓰는 말'로 풀어내고 싶은 마음을 갖게 되었다. 목사는 무엇보다도 사람들에게 기도를 가르쳐야 할 사람이다. 그들이 모든 경험을 가지고 기도의 자리로 나가 정직하고 철저하게 하나님께 아뢰도록 도와야 할 사람이다. 그 일은 생각처럼 쉽지 않았다. 시작은 쉽다. 기도의 욕구는 우리의 존재 중심에 깊이 내재해 있는 터라 사실 무슨 일이든지 기도의 계기가 될 수 있기 때문이다. "도와주세요"와 "감사합니다"가 가장 기본적인 기도다. 그러나 정직함과 철저함은 그렇게 쉽사리 생기지 않는다.

말씀으로 세계를 창조하신 거룩하신 하나님과 대화한다고 생각하면 곤혹감이 드는 것이 당연하다. 어색하고 거북하게 느껴진다. "나처럼 못된 인간이 무슨 기도야. 행실을 바로잡아 괜찮은 사람이 될 때까지 기다려야지" 하는 마음을 갖게 된다. 때로는 어휘가 부족하다는 핑계를 대기도 한다. "몇 달만 시간을 주세요. 아니 몇 년만! 하나님과의 거룩한 만남에 어울리는 세련된 기도를 할 수 있게 훈련받고 싶습니다. 그러면 더듬거리거나 불편한 느낌이 드는 일이 없을 거예요."

나는 이런 고충을 털어놓는 사람들의 손에 시편을 쥐어 주며 말한다. "집에 가서 이대로 기도하십시오. 지금 기도에 대해 잘못 생각하고 있는 것 같습니다. 이 시편에 나온 대로 기도하다 보면 잘못된 생각이 없어지고 진짜 기도가 무엇인지 알게 될 겁니다." 내 말대로 한 이들은 대개 놀랍다는 반응을 보였다. 그들은 성경에 그런 내용이 있을 줄 몰랐다고 말했다. 그러면 나는 그들의 놀라움에 놀라움을 표시한다. "시편이 고상한 사람들의 기도일 거라고 생각했습니까? 시편 기자들의 언어가 세련되고 예의 바를 거라고 생각했습니까?"

기도에 대해 배우지 못한 상태에서는 선한 사람들이 잘해 나가고 있을 때 하는 행위로 기도를 오해하기 쉽다. 그러나 기도는 그런 것이 아니다. 경험이 없는 상태에서는 "기도용" 언어가 따로 있을 거라고 생각하고 그 언어를 익혀야만 하나님이 우리의 기도를 진지하게 들어주실 거라고 지레짐작한다. 하지만 그런 언어는 존재하지 않는다. 기도는 고급언어가 아니라 초급언어로 드려진다. 우리의 언어는 기도라는 수단을 통해 하나님에 대한 정직하고 참되고 인격적인 반응을 담아내게 된다. 우리는 기도를 통해 삶의 모든 것을 하나님께 내어놓는다. 다윗은 다음과 같이 기록했다.

하나님, 내 삶을 샅샅이 살피시고
모든 사실을 직접 알아보소서.
나는 주님 앞에 활짝 펼쳐진 책이니,
멀리서도 주께서는 내 생각을 다 아십니다.……

오 하나님, 내 삶을 샅샅이 살피시고
나에 대해 모든 것을 캐 보소서.
나를 심문하고 시험하셔서
내가 어떤 사람인지 분명히 파악하소서.
내가 잘못한 일이 있는지 직접 살피시고
나를 영원한 생명의 길로 인도하소서.
(시 139:1, 23-24)

그러나 목사인 나의 격려로 시편을 읽고도 여전히 기도를 잘 모르겠다는 사람들이 종종 있다. 영어로 번역된 시편은 매끄럽고 세련된 데다가 두운과 각운까지 맞춰져 있다. 문학적으로는 비할 데 없이 뛰어나다. 그러나 시편이 분노와 찬양과 탄식의 순간에 하나님을 갈망하는 사람들의 육성이 담긴 기도라는 사실을 생각할 때, 이런 번역에는 중요한 것이 빠져 있음을 알 수 있다. 문법적으로는 정확하다. 번역의 기초가 되는 학식은 깊고 탁월하다. 하지만 기도로 보자면 썩 흡족하지 않다. 히브리인들의 시편은 순박하면서도 거칠다. 고상하지 않다. 우아한 언어로 표현되는 교양인의 기도가 아니다.

그래서 나는 목회현장에서 만나는 이들에게 기도하는 법을 가르치면서 시편을 현대 영어의 운율과 표현으로 풀어 쓰기 시작했다. 나는 너무나 폭넓고 힘이 넘치는 시편의 기도를 가장 잘 다가오는 언어로 생생하게 접하게 해주고 싶었다. 다윗을 포함한 시편 기자들이 처음 시편을 썼을 때 사용했던 언어의 느낌을 전달하고 싶었다.

나는 이 작업을 앞으로도 계속하고 싶다. 더없이 정직하고 꼼꼼하고 철저하게 기도할 때, 역시 시편으로 기도하셨던 예수 그리스도 안에서 우리가 온전하고 참된 인간이 될 수 있을 것이라 확신하기 때문이다.

# 인생의 교차로에서 내리는 결정

## 시편 120편에 대한 묵상글

사람들을 제자로 훈련시키고 그들의 순례에 동행하는 사역을 하면서, 나는 히브리 시편에 감추인 낡은 책을 하나 발견했다. 그리고 그 책을 믿음의 사람들이 그리스도 안에서 성숙해지도록 인도하는 데 사용했다. 이 낡은 책은 때로 '성전에 올라가는 노래'라고 불린다.

이 노래는 시편 120편에서 134편까지를 일컫는다. 이 열다섯 편의 노래는 히브리인 순례자들이 큰 예배의 축제를 위해 예루살렘으로 올라가면서 연이어 불렀을 것이다. 지형적으로 예루살렘은 팔레스타인에서 가장 높은 도시였고, 따라서 그곳에 가는 사람은 누구나 한참을 올라가야 했다. 그러나 그 오르막은 단지 물리적인 것만은 아니었다. 그것은 은유적이기도 했다. 예루살렘으로 올라가면서 사람들은 하나님을 향하여 올라가는 삶을 생각했다. 그 삶은 점점 성숙해지면서 한 단계에서 다음 단계로 상승하는 삶이다.

신실한 히브리인들은 일 년에 세 번 이 길을 갔다(출 23:14-17; 34:22-24). 우리는 또한 주께서 아주 어릴 때 유월절을 지키기 위해 예루살렘으로 가셨고(눅 2:41-42), 공생애 때는 제자들과 함께 가셨던 것을 알고 있다(막 10:32-34). 이스라엘의 길과 많이 닮아 있는 그리스도의 길을 가는 사람들에게 이보다 더 좋은 "순례의 노래"는 없다.

이 열다섯 편의 노래는, 위로 올라가는 그리스도의 길을 걷는 모든 사람의 공통점을 묘사하고 있다. 첫째는, 길을 나서게 만드는 요소다. 아름다운 노래도 아니고, 마음을 사로잡는 구슬픔도 서정적인 흥겨움도 없다. 오히려 거칠고 귀에 거슬린다. 그러나 일을 시작하게 만든다.

노래의 시작과 끝에 나오는 괴로움은, 우리가 속았다는 사실을 더 이상 부인할 수 없는 데서 오는 아픈 자각이다. 이 세상은 괜찮지 **않으며**, 더 이상 나아지지도 않는다.

이 시편에서는 **하나님**이라는 단어가 두 번밖에 나오지 않지만, 전체의 핵심이다. 하나님이 모든 거짓을 폭로하신다. **하나님**이라는 단어가 발화되는 순간, 이 세상의 거짓이 폭로되고 진실이 드러난다. 나에 대한 진실은, 하나님이 나를 만드셨고 사랑하신다는 것이다. 내 옆에 앉은 사람들에 대한 진실은, 그들 역시 하나님이 만드셨고 그분이 그들을 사랑하신다는 것이다.

시편 120편은 인생의 교차로에서 우리가 내리는 결정이다. 더 나은 삶에 대한 막연한 향수에서 벗어나 믿음의 제자도라는 돌밭의 순례길로 들어서는 전환점이다.

교차로에 서서 어디로 가야 할지 고민할 때마다 당신이 혼자가 아니라는 것을 알기 바란다. 다른 사람들도 당신이 겪은 기쁨과 슬픔을 겪었다. 그들도 같은 오르막에서 고생했고, 같은 돌뿌리에 발이 걸려 비틀거렸으며, 같은 지점에서 발이 묶여 앞으로 나아가지 못했다.

시편에는 믿음의 순례와 관련된 모든 경험이 그려져 있다. 모든 감정의 기복이 우리를 위해 매우 정직하고 정확하게 표시되어 있다. 마치, "이 길이 맞아. 길을 잃은 게 아니야. 믿음으로 사는 사람은 누구나 다 그래"라고 말하는 것 같다.

### 묵상 질문

믿음의 순례에서 당신은 어디쯤 와 있는가? 평지에서 편안하게 걸으며 경치를 구경하고 있는가? 가파른 경사를 오르며 숨이 차오르고 다리는 납처럼 무거운가? 지치고 낙심하여 길가에서 쉬고 있는가? 벼랑에서 떨어져서 다친 채로 아파하며 누워 있는가? 교차로에서 방향을 찾고 있는가?

믿음의 여정에서, 현재 당신의 상태를 돌아보라. 필요하다면 하나님께 소리 내어 기도하라.

### 기도

주님,
제가 가는 이 길이 지도에도 없는 길이 아니라,
저보다 앞서간 사람들이 분명하게 표시해 놓은 길임에 감사합니다.
그들의 여정에 감사하고, 그들이 길을 가면서 배운 것,
그리고 길을 가면서 제가 그들로부터 배운 것에 감사를 드립니다.
무엇보다도 길이 되신 예수님께 감사합니다.
저의 순례길에서 한 걸음씩 내디딜 때마다
그분께 조금씩 더 가까이 가고 있다는 것을 깨닫게 해주십시오.
주님, 제 눈을 예수님께 고정시켜서 길이 가파르거나 어두운 밤이어도
지치거나 낙심하지 않게 해주십시오.
특히 다음을 위해 기도합니다…….

### 더 읽을 본문

히브리서 11장 | 믿음의 순례에서 우리보다 앞서간 사람들
히브리서 12:1-3 | 순례에 지치거나 낙심하지 않도록, 계속 그리스도를 바라보는 것

# 시편

1 [1] 그대, 하나님께서 좋아하실 수밖에!
죄악 소굴에 들락거리길 하나,
망할 길에 얼씬거리길 하나,
배웠다고 입만 살았길 하나.

[2-3] 오직 **하나님** 말씀에 사로잡혀
밤낮 성경말씀 곱씹는 그대!
에덴에 다시 심긴 나무,
달마다 신선한 과실 맺고
잎사귀 하나 지는 일 없이,
늘 꽃 만발한 나무라네.

[4-5] 악인들의 처지는 얼마나 다른가.
바람에 날리는 먼지 같은 그들,
입이 열 개라도 할 말 없는 죄인들이라
떳떳한 이들 사이에 끼지 못하네.

[6] 그대의 길은 **하나님**께서 지도해 주시나,
악인들의 종착지는 구렁텅이일 뿐.

2 [1-6] 뭇 나라들아, 웬 소란이냐?
뭇 민족들아, 웬 흉계냐?
땅의 두목들이 권력투쟁을 벌이고
선동가와 대표자들이 모여 정상회담을 여는구나.

**왕국의 언어**(1:1-150:6)

우리는 종종 시편을 목자, 여행자, 도망자가 드린 개인적인 기도문이라고 생각한다. 그러나 면밀한 연구에 의하면, 시편은 공동 작업의 산물이다. 공동체에 **의해서** 그리고 공동체 **안에서** 드리는 기도다. 하나님은 우리를 왕국, 곧 한 사회의 시민으로 만드셨다. 그리고 시편의 언어를 통해 그 왕국의 언어를 우리에게 가르치시는데, 그 언어는 고요하고 잔잔한 경건의 수면만큼이나 흰 포말을 쏟아 내는 정치의 급류에도 주의를 기울인다.

그러한 인생을 어떻게 살아야 할지 잘 모르겠다면, 시편을 읽을 때가 된 것이다. 시편은 당신의 스승이 되어 줄 것이다.

하나님을 부정하며 메시아께 대드는 그들,
"하나님에게서 벗어나자!
메시아에게서 풀려나자!" 소리친다.
하늘 보좌에 앉으신 하나님께서 웃음을 터뜨리신다.
주제넘게 구는 그들을 가소로워하시다가,
마침내 대로하신다.
불같이 노를 터뜨리시며, 그들을 얼어붙게 만드신다.
"네 이놈들! 시온에 엄연히 왕이 있거늘!
거룩한 산 정상에서 그의 대관식 잔치가 열리고 있거늘!"

7-9 **하나님**께서 이어 뭐라고 말씀하셨는지 알려 주마.
그분께서 말씀하셨다. "너는 내 아들,
오늘은 네 생일이다.
원하는 것이 있느냐? 말만 하여라.
나라들을 선물로 주랴? 대륙들을 상으로 주랴?
너는 그것들을 마음대로 갖고 놀다가,
내일 쓰레기통에 던져도 좋다."

10-12 그러니 왕들아, 이 역당들아, 머리가 있으면 생각을 하여라.
건방 떠는 통치자들아, 교훈을 새겨라.
**하나님**을 흠모하며 그분께 경배하여라.
두려워 떨며 찬양하여라. 메시아께 입 맞추어라!
네 목숨이 경각에 달렸다.
그분의 노가 터지기 일보 직전이다.
그러나 하나님께 필사적으로 달아나는 이들은 결코 후회하지 않을 터!

다윗의 시. 다윗이 아들 압살롬을 피해 달아났을 때

# 3

1-2 **하나님**! 보십시오! 저 셀 수 없이 많은 적들을!
적들이 벌 떼처럼 일어나
폭도처럼 나를 에워싸고 조롱을 퍼붓습니다.
"하! 하나님이 저 자를 도와주신다고?"

3-4 그러나 **하나님**, 주님은 나의 사방에 방패를 두르시고
내 발을 받쳐 주시고, 내 머리를 들어 주십니다.
내가 온 힘 다해 **하나님**께 외치면,
그 거룩한 산에서 천둥소리로 응답해 주십니다.

**집중하고 흠모하며**(1:1-2:12)

시편 1편과 2편은 일종의 깔때기 역할을 하는데, 시편 1편을 통해서는 토라(모세오경) 전체를, 시편 2편을 통해서는 예언서 전체를 기도의 길, 곧 시편으로 이끌어 준다. 시편을 통해 우리는 하나님의 말씀에 대한 응답으로서 기도 훈련을 받는다.

시편 1편이 산만한 우리의 인생을 최고로 집중시키는 잔잔한 시라면, 시편 2편은 우리를 위협하여 숨죽이게 만드는 폭군 같은 세상에 맞서는 격렬한 시다. 시편 1편을 통해 우리는 나무처럼 되어 물이 풍부한 토라의 땅에 뿌리를 내리고, 시편 2편을 통해 이 세상에 친히 관여하시는—종종 숨어 계시지만 여전히 **이곳**에서 다스리시는—하나님을 나타내는 메시아를 보게 된다. 시편 1편은 우리의 온 힘을 모아 묵상에 집중하게 하고, 시편 2편은 우리의 비전을 넓혀 메시아의 계시를 받아들이게 한다.

집중하고 흠모하게 된 우리는 이제 기도할 준비가 된 것이다.

**하나님의 도우심을 받을 마음의 준비를 하다**(3:1-8)

시편 3편은 시편 기도집의 첫 번째 기도다. 시편 1편과 2편이 우리가 기도할 수 있게 준비시켜 주었다면, 시편 3편은 기도 자체다. 기도는 우리가 스스로를 도울 수 없고 하나님께 도움을 구할 수밖에 없다는 것을 깨닫는 때부터 시작된다. "도와주세요!"는 기도의 기본이다. 우리는 어려움, 그것도 아주 큰 어려움에 처했다. 만일 하나님이 구원해 주시지 않으면 끝이지만, 구원해 주신다면 살 수 있다. 우리에게 도움이 필요하다는 것을 모르면 기도는 언제나 우리의 삶 주변에 머물 것이고, 예의를 차리는 정도에 지나지 않을 것이다. 그러나 자신이 어려움에 처했다는 것을 아는 순간, 기도는 삶과 죽음의 문제가 된다. 바로 그때, 우리의 마음은 하나님이 주시는 도움을 받을 준비가 된다.

5-6 이 몸, 두 다리 쭉 뻗고 누워
한숨 푹 자고 일어납니다. 푹 쉬었다가 씩씩하게 일어나,
벌 떼처럼 달려드는 적들을
두려움 없이 맞습니다.

7 일어나소서, **하나님**! 나의 하나님, 도와주소서!
저들의 얼굴을 후려갈기소서.
이쪽저쪽 귀싸대기를 올리소서.
주먹으로 아구창을 날리소서!

8 참된 도움은 오직 **하나님**께로부터 옵니다.
주님의 복으로 주님 백성을 휘감아 주십니다!

다윗의 시

# 4

1 내가 부를 때 응답하소서. 하나님, 내 편이 되어 주소서!
내가 궁지에 몰렸을 때, 주님은 나를 구해 주셨습니다.
지금 다시 곤경에 처했으니, 은혜를 베푸시고
내 기도를 들어주소서!

2 너희 어중이떠중이들아, 너희의 비웃는 소리 내 얼마나 더 참아 주랴?
대체 언제까지 거짓에 빠져 살려느냐?
언제까지 망상에 취해 살려느냐?

3 자, 보아라.
**하나님**께서 누구를 택하셨는지를!
내가 부르는 즉시 그분은 내 음성을 들으신다.

4-5 불평하려거든 해라. 다만 빈정대지는 마라.
입을 다물고, 네 마음의 소리에 귀 기울여라.
하나님의 법정에 호소하고 그분의 평결을 기다려라.

6-7 왜 다들 더 많이 갖지 못해 안달일까? 맨날
"더! 더!"
"더 많이! 더 많이!"
그러나 내게는 하나님이 있어 차고 넘칩니다.
평범한 하루 내가 누리는 이 기쁨이
날마다 흥청거리는 저들이 얻는 것보다 더 큽니다.

7-8 내가 하루 일을 끝내고 단잠에 드는 것은
**하나님**께서 내 삶을 회복시켜 주시기 때문입니다.

**하나님은 우리가 잘 때 일하신다**(4:1-8)

시편 4편은 자신의 통제 아래 있다고 생각하기 쉬운 낮의 세계로부터 자신의 일, 다른 사람들, 심지어 자기 자신의 생각에 대해서도 통제의 손을 놓게 되는 밤의 세계로 이동한다. 믿음으로 사는 사람들은 부조화와 불협화음의 혼란스러운 목소리에서 벗어나, 하나님의 말씀의 고요한 리듬으로 빠져드는 저녁 기도 시간을 늘 좋아했다. 우리 자신보다 더 큰 뜻, 우리가 부추기기 전에 답을 하시는 하나님의 뜻을 경험하는 것은 밤 시간이다. 하나님은 우리가 잘 때 일하신다. 우리의 도움 없이 일하신다. 심지어 우리는 하나님이 일하신다는 것을 알아채지도 못한다. 그래서 우리 모두가 더 잘 쉴 수 있는 것이다.

다윗의 시

# 5

1-3 **하나님**, 들어주소서! 부디 귀 기울여 주소서!
신음하고 울부짖으며,
두서없이 쏟아내는 나의 말을 알아들으시겠는지요?
왕이신 하나님, 주님의 도움이 필요합니다.
아침마다 주님,
내 기도 들으시겠지요.
아침마다 나,
주님의 제단에
깨진 내 삶의 조각들 펼쳐 놓고
불이 내려오기를 기다립니다.

4-6 주님은 악과 상종하지 않으시며,
악을 주님의 집에 들이시는 법이 없습니다.
허풍 떠는 자들을 바닥에 고꾸라뜨리시고
이간질하는 자들을 보시면 고개를 절레절레 흔드십니다.
하나님께서는 거짓말하는 자들을 파멸시키시고
피에 주린 자들, 진실을 구부러뜨리는 자들을 역겨워하십니다.

7-8 그런데 나를 이렇게 맞아 주시다니요!
믿기지 않습니다.
이 몸, 주님의 집에 들어와 있습니다.
주님의 내실 성소에 엎드려
적진을 무사히 뚫고 나갈 방도를 일러 주시기를
기다리고 있습니다.

9-10 저들의 말은 하나같이 지뢰입니다.
그 폐는 독가스를 뿜어 댑니다.

**우리 삶의 것들을 펼쳐 놓다**(5:1-12)

이 아침 기도의 핵심은 시편 5:3이다. "아침마다 주님, 내 기도 들으시겠지요. 아침마다 나, 주님의 제단에 깨진 내 삶의 조각들 펼쳐 놓고 불이 내려오기를 기다립니다." 앞의 시편에 나오는 저녁 기도, "하나님의 법정에 호소하고……기다려라"(4:5)를 리듬 있게 반복한 구절이다.

제사는 하나님이 역사하실 수 있도록 인생을 그분 앞에 모아 놓는 행위다. 제사는 우리가 하나님을 위해 무엇을 하는 것이 아니다. 우리의 인생을 하나님 앞에 펼쳐 놓아 그것을 가지고 그분이 무엇이든 하실 수 있게 하는 것이다. 제단에서 제물은 하나님이 기뻐하시고 받으실 만한 것으로 바뀐다. 제사라는 행위를 통해 우리는 소유권과 통제를 포기하고 우리가 드리는 것을 가지고 하나님이 무엇을 하실지 지켜본다.

저들의 목구멍은 쩍 벌어진 무덤,
그 혀는 기름칠한 듯 매끄럽습니다.
하나님, 저들의 죄를 물으소서!
지혜롭다는 저들, 그 지혜 때문에 망하게 하소서.
저들을 내치소서! 주님을 내친 자들입니다.

11-12 그러나 주께 피해 달아나는 우리는
주께서 두 팔 벌려 맞아 주소서.
밤샘 잔치가 벌어지게 하소서!
우리 잔치를 호위해 주소서.
**하나님**은 주님을 찾는 이들을 환영하시고
기쁨으로 단장해 주시는 분으로 이름 높습니다.

다윗의 시

# 6

1-2 **하나님**, 이제 나를 그만 혼내소서.
부디 그만 벌하소서.
주님의 그 보살핌 몹시도 그리우니,
이제 나를 다정히 맞아 주소서.

2-3 뼈와 영혼까지 두들겨 맞아
얼룩덜룩 멍든 내 모습 보이지 않으십니까?
**하나님**, 언제까지
보고만 있으시렵니까?

4-5 **하나님**, 이제 나서서 이 싸움을 끝장내 주소서.
나를 조금이라도 아끼신다면, 이 궁지에서 건져 주소서.
내가 죽어, 주께 좋을 게 뭐겠습니까?
무덤에 묻혀서는 주님의 찬양대에서 노래할 수 없습니다!

6-7 나는 지쳤습니다. 너무나 지쳤습니다.
사십 일 밤낮을, 침대가
내 눈물 홍수 위를 떠다녔습니다.
매트리스가 눈물에 흠뻑 젖어 눅눅해졌고
내 눈은 검게 움푹 파였습니다.
눈이 멀다시피 하여, 더듬거리며 다닙니다.

8-9 썩 꺼져라, 마귀의 졸개들아.
마침내 **하나님**께서 내 흐느끼는 소리 들으셨다.
내 간구를 모두 들으시고
내 기도에 응답해 주셨다.

10 겁쟁이들, 원수들이 물러간다.
굴욕을 당하고는 꽁무니를 빼는구나.

다윗의 시

# 7

1-2 **하나님**! 하나님! 추격이 극심하여
죽을힘 다해 주께 피합니다.
저들에게 붙잡히면, 나는 끝장입니다.
사자처럼 사나운 적에게 갈기갈기 찢겨
숲으로 끌려가게 될 것입니다.
찾는 이, 기억해 주는 사람 없이 버려지고 말 것입니다.

3-5 **하나님**, 저들 말대로
내가 친구를 배신하고
원수들에게 바가지를 씌웠다면,
정말로 내 손이 그렇게 더럽다면,
저들이 나를 붙잡아 깔아뭉개게 하시고
나를 진흙탕에 처박게 하소서.

6-8 **하나님**, 일어나소서.
광포한 원수들에게 주님의 거룩한 분노를 쏟아내소서.
하나님, 깨어나소서. 나를 고소한 자들이

법정을 가득 메웠습니다. 지금은 판결을 내리
실 때입니다.
재판석에 좌정하시고 주님의 법봉을 두드려
나에 대한 거짓고소를 기각하여 주소서.
나는 준비되었습니다.
주께서 "무죄" 판결을 내리시리라 자신합니다.

9-11 **하나님**, 악인들의 악을 끝장내시고
우리에게 주님의 명령을 공표하소서.
주님은 우리 인생을 단련시키시는 분,
우리의 약한 곳을 살펴 헤아리시고
우리의 거친 곳을 깎아 다듬으시는 분.
주께서 바로잡으시고 붙들어 주시니
이제 내가 강건하고 안전합니다.
존귀하신 하나님은 매사를 올바르게 행하시
는 분.
그러나 언제라도 노여움을 터뜨릴 수 있는 분.

11-13 아무도 빠져나가지 못한다.
하나님께서 이미 행동에 돌입하셨다.
숫돌에 칼을 가시고
활을 메워 시위에 화살을 얹으시며,
손에는 흉기를 드셨다.
화살마다 불이 붙어 이글거린다.

14 보라, 저 사람을!
죄와 간통하여
악을 잉태했구나.
오, 보라! 아기를 낳았는데
거짓을 낳았구나!

15-16 날마다 삽질하며
저 곧게 뻗은 외길 밑에
함정을 파고 은폐하는 저 자가 보이느냐?
돌아가 다시 살펴보아라. 거기에 거꾸로 처박
힌 채
바람결에 흔들리는 두 다리가 보이리라.
남에게 끼친 해악은 맞불이 되어 돌아오고
남에게 가한 폭력은 부메랑이 되어 돌아온다.

17 나, 모든 일을 바로잡으시는 하나님께 감사
하리라.
지극히 높으신 **하나님**의 명성을 노래하리라.

다윗의 시

# 8

1 **하나님**, 찬란히 빛나는 주님,
주님의 이름은 이제 모르는 사람이 없
습니다.

2 주님을 높이며 젖먹이들이 옹알이로 합창하고
막 걷기 시작한 어린아이들이 목청껏 노래하니,
원수의 말소리 묻혀 버리고
무신론자의 지껄임도 잠잠합니다.

3-4 주님의 거대한 하늘, 캄캄하고 광대한 하늘
을 우러러봅니다.
손수 만드신 하늘 보석,
제자리에 박아 넣으신 달과 별들을.
그리고 한없이 작은 내 모습에 깜짝 놀랍니다.
우리가 무엇이기에 이토록 걱정하시고
우리 인생길이 무엇이기에 이토록 살뜰히 살
피십니까?

5-8 하지만 우리는 신들보다 조금 못한 자들.
주님은 에덴의 새벽빛으로 빛나는 우리에게
손수 지으신 세상을 맡기시고
창조의 임무를 되새기게 하셨습니다.
양 떼와 소 떼,

**기도는 방향을 잡는 행위다**(8:1-9)

기도는 방향을 잡는 행위다. 자신이 어디에 있는지 깨달을 때, 비로소 우리는 자신이 누구인지 발견하기 시작한다. 방향을 잃는 것은 끔찍한 일이다. 자신이 어디 있는지 알지 못할 때, 우리는 혼란과 불안에 빠진다. 그럴 때면 우리는 성급한 행동으로 큰 실수를 하는 경향이 있어서 위험하기도 하다. 예를 들어, 자신이 벼랑 끝에 서 있는데 그것을 모른다면 발을 헛디뎌 떨어질 수 있다. 시편 8편을 기도하면서 우리는 자신이 어디에 있는지 알게 되고, 자신이 누구인지에 대해 몇 가지 중요한 사실을 깨닫게 된다. 이를 통해 우리는 다시 균형을 잡고 자세를 가다듬게 된다.

들짐승들,
날아다니는 새들과 헤엄치는 물고기,
깊은 바다에서 노래하는 고래들을 다스리게 하셨습니다.

9 **하나님**, 찬란히 빛나는 주님,
주님의 이름이 온 세상에 메아리칩니다.

다윗의 시

9 1-2 **하나님**, 온 마음을 다해 감사하며
주께서 행하신 놀라운 일들을 책에 기록합니다.
내가 기쁨에 겨워 휘파람 불고, 즐거워 펄쩍펄쩍 뜁니다.
지극히 높으신 하나님, 주님을 노래합니다.

3-4 내 원수들이 꽁무니를 빼던 그날,
저들은 주님 앞에 비틀거리며 고꾸라졌습니다.
주께서 모든 일을 바로잡으셨고
내가 필요로 할 때, 곁에 계시며 변호해 주셨습니다.

5-6 주님은 사악한 민족들에게 호루라기 불어 경고하시는 분.
비열한 반칙을 저지른 선수들을 퇴장시키시고
곧바로 명단에서 그들의 이름을 삭제하시는 분.
원수들이 퇴장당해 사라지고
그들의 명성은 놀림거리가 되었으며,
그들의 이름이 명예의 전당에서 지워졌습니다.

7-8 **하나님**께서는 중심을 잡으시고,
세상의 혼란을 살피시며 바로잡으시는 분.
땅에 사는 우리에게 무엇이 알맞은지 정하시고
각 사람에게 합당한 상을 주시는 분.

9-10 **하나님**은 학대받는 이들을 위한 은신처.
곤경에 처할 때 찾아갈 피난처.
도착하는 순간, 마음이 놓이고
언제든 문 두드려도 미안한 마음 들지 않는 곳.

11-12 시온에 거하시는 **하나님**을 노래하고
만나는 모든 이에게 그분 이야기 들려주어라.
살인자의 뒤를 좇으시되
우리에게서 눈을 떼지 않으시고,
흐느낌과 신음소리 하나 놓치지 않으시는 그분 이야기를.

13-14 **하나님**, 내게 친절을 베풀어 주소서.
오래도록 이 몸, 이리저리 치이며 살아왔습니다.
죽음의 문턱에서 나를 이끌어 주셨으니,
내가 찬양의 노래를 짓겠습니다.

대로변과 번화가에서
거리 집회를 열겠습니다.
내가 찬양을 이끌 때
구원의 노래 사방에 울려 퍼질 것입니다.

15-16 저 악한 나라들,
자기들이 놓은 덫에 걸리고
자기들이 친 그물에
발이 엉켰구나.
저들, 아무 말도 못하니
하나님의 일하심, 이토록 유명하구나.
악인들이 스스로 만든 교활한 기계장치에
손이 잘렸구나.

17-20 악인들이 손에 쥔 것은
지옥행 편도 승차권.
가난한 이들, 더 이상 이름 없는 자로 살지 않고
비천한 이들, 더 이상 수치를 당하지 않으리라.
**하나님**, 일어나소서!
악인들의 헛된 교만이 넌더리 나지 않으신지요?
저 허세를 까발려 주소서!
**하나님**, 저들을 떨게 하소서!
저들이 얼마나 어리석은지 드러내 보이소서.

# 10

1-2 **하나님**, 어찌하여 나를 외면하십니까?
주님이 필요한데 어디 계십니까?
악인들이 큰소리치며
가난한 이들을 맹렬히 뒤쫓고 있으니,
하나님, 저들의 다리를 걸어
자기들이 꾸민 흉계에 빠지게 하소서.

3-4 악인들은 빈말을 떠벌리고
사기꾼 입에서는 구린내가 진동합니다.
저들, 하늘을 찌를 듯 콧대가 높아
**하나님**을 무시합니다.
벽마다 휘갈겨 쓴 낙서가 보입니다.
"잡을 테면 잡아 보라지!" "하나님은 죽었어."

5-6 저들은 주님의 생각에 전혀 개의치 않고,
방해가 된다 싶으면 바로 주님을 외면합니다.
"우리는 잘못되지 않아. 올해는 운이 좋거든!"
하면서
자기들이 근사하게 산다고 생각합니다.

7-8 저들의 입에는 저주가 가득하고
저들의 혀는 살모사처럼 독을 내뱉습니다.
선량한 사람들 뒤에 숨어 있다가
만만한 이들을 덮칩니다.

9 운 나쁜 이를 눈여겨 두었다가
사냥꾼처럼 은밀한 곳에서 기다립니다.
그러다 그 가련한 사람이 가까이서 헤매기라도 하면
뒤에서 그의 등을 찌릅니다.

10-11 불행한 이는 걷어채어 땅바닥에 쓰러지고
운 나쁜 그는 잔인하게 난도질당합니다.
그는 하나님이 자기를 버리셨다고 생각합니다.
자신의 곤경에는 관심이 없다고 여깁니다.

12-13 **하나님**, 일어나실 때입니다. 서두르소서.
가련한 이들이 하나님께 버림받았다고 생각합니다.
악인들은 하나님을 업신여기고도
어찌하여 무사한지,
저리도 기고만장한데

어찌하여 문책을 당하지 않는지
그들이 의아해합니다.

14 그러나 주님은 이 모든 상황을 아십니다.
그들이 당하는 업신여김과 학대를 잘 아십니다.
언젠가는 가련한 저들이,
주님 주시는 복을 분명히 받게 될 것입니다.
주께서 저들의 기대를 저버리지 않으실 테니,
그들이 영원한 고아로 남지 않을 것입니다.

15-16 악인들의 오른팔을 꺾으시고
악질들의 왼팔을 부러뜨리소서.
범죄의 낌새까지
모두 찾아 없애 주소서.
그러면 **하나님**의 은혜와 명령이 승리하고
사악한 자들은 패할 것입니다.

17-18 주께서 가련한 이들의 말에 귀를 기울여 주시니,
저들의 희미한 맥박이 약동하고
절망에 빠진 이들의 심장이 붉은 피를 뿜어 올립니다.
고아들이 부모를 얻고
노숙자들이 집을 얻습니다.
공포정치가 끝나고
폭군들의 지배도 막을 내립니다.

**II** 하나님을 깨워야 한다고 생각하게 만든 상황이 있는가? 그때 당신이 "서두르소서"(시 10:12) 하고 하나님을 재촉했는데, 하나님은 이미 행동하고 계셨다는 것을 알겠는가?

다윗의 시

# 11

1-3 나, 죽을힘 다해
**하나님**의 품으로 피해 왔거늘,
이제 와 달아날 이유가 무엇이겠는가?
그런데도 너희는 말하는구나.

"산으로 달아나라.
악인들이 활을 당기고,
악당들이 화살을 겨눈다.
하나님께 정직한 모든 이들을
어둠 속에서 쏘려 한다.
나라의 기초가 무너졌는데
선한 사람인들 살 가망이 있겠는가?"

4-6 그러나 **하나님**은 산으로 거처를 옮기지 않으셨다.
그분의 거룩한 주소도 바뀌지 않았다.
그분은 여느 때처럼 변함없이 다스리시고
모든 것을 눈여겨보시며,
눈도 깜빡하지 않으신다.
제멋대로 구는 아담의 후손을
안팎으로 살피시되, 하나도 놓치지 않으신다.
선인과 악인을 똑같이 시험하시고
부정행위에 격분하신다.
하나님의 시험에서 떨어진 자는 밖으로 내쫓겨,
쏟아지는 불덩이를 맞게 되리라.
수통에 가득한 사막 열풍을 마시게 되리라.

7 모든 일을 바로잡는 것이야말로 **하나님**이 하시는 일.
주님은 올바른 기준 정하기를 기뻐하시고
우리를 바로 서게 하시는 분,
우리가 떳떳하면, 그분의 얼굴 마주하게 되리라.

다윗의 시

## 12

1-2 **하나님**, 서두르소서. 주님의 손길이 절실합니다!
마지막 남은 의인마저 쓰러지고
의지했던 친구들도 떠나고 없습니다.
거짓말이 모국어가 된 듯
번지르르한 입술에서 거짓말이 흘러나옵니다.
한 입으로 두말을 해댑니다.

3-4 저들 얼굴에서 입술을 베어 버리소서!
나불대는 저 입에서 혀를 뽑아 버리소서!
"우리가 말로 구워삶지 못할 자 누구랴?
세 치 혀로 하지 못할 일이 무엇이랴?" 하며
떠드는 소리,
더는 못 듣겠습니다.

5 가난한 이들의 오두막과
집 없는 이들이 신음하는 캄캄한 골목길을 향해, 하나님이 말씀하신다.
"내가 더는 못 참겠다. 이제 가서,
저 가련한 이들의 가슴속 응어리를 풀어 주리라."

6-8 하나님의 말씀은 순전한 말씀,
도가니 불로
일곱 번 정련한 은과 같구나.
하늘에서처럼 땅에서도 순전하도다.
**하나님**, 저들의 거짓말에서 우리를 지켜 주소서.
거짓말로 우리를 사냥하는 저 악한 자들,
거짓말로 이름을 떨치는 저 악인들에게서
우리를 지켜 주소서.

다윗의 시

## 13

1-2 **하나님**, 그만하면 충분합니다.
너무 오래도록 나를 못 본 체하시고
주님의 뒷모습만 보여주셨습니다.
무겁고 쓰라린 고통,
겪을 만큼 겪었습니다.
오만한 원수들의 조롱,
받을 만큼 받았습니다.

3-4 **하나님**, 나의 하나님, 나를 눈여겨봐 주소서.
원수에게 당하지 않고
넘어져도 비웃음당하지 않도록
나, 두 눈 똑바로 뜨고 살고 싶습니다.

5-6 주님 품에 달려든 이 몸,
주님의 구원을 기뻐합니다.
기도 응답을 넘치도록 받았으니
이제 목이 터져라 노래 부릅니다.

### 애가 중에 터져 나오는 찬양(13:1-6)

때로 참담한 애가 중에 찬양이 터져 나올 때가 있다. 시편 13편이 그 예다. 이 기도는 순전한 애가다. 이 기도에는 시편 기자의 탄원 중에 단 하나라도 응답이 되었다는 증거가 없다. 그의 간구를 들어주기 위한 첫 조처가 취해졌다는 징조도 없다. 상황이 조금이라도 덜 절박하게 바뀌었다는 단서도 없다. 그런데 갑자기 애가에서 찬양으로 바뀐다.

우리가 충분히 길고 정직하게 애가를 기도한다면, 때로 가장 예기치 못하던 때에 아름다운 일이 일어나기도 한다. 절망의 어두운 구름이 걷히기 시작하고, 그 틈새로 한줄기 빛을 발견한다. 그때 우리가 느끼는 기쁨은 시편 기자가 그랬던 것처럼 억제하기 힘들다.

다윗의 시

14 [1] 비루하고 거만한 인간들,
"하나님은 없다"고 허튼소리 하는
구나.
저들의 말은 독가스,
공기를 오염시키고
강과 하늘을 더럽힌다.
그저 엉겅퀴나 키워 낼 뿐.

[2] **하나님**께서 하늘에서 고개를 내미시고
아래를 둘러보신다.
혹 우둔하지 않은 자가 있나 찾아보신다.
누구 하나 하나님을 바라는 사람,
하나님을 위해 준비된 사람이 있나 하고.

[3] 그러나 허탕만 치실 뿐,
단 한 사람도 찾지 못하신다.
다들 쓸모없는 자, 어중이떠중이들뿐.
돌아가며 양의 탈을 쓰고 목자 행세나 하니
열이면 열, 백이면 백
모두 제멋대로 가는구나.

[4] 저 사기꾼들,
정말 머리가 빈 것이냐?
패스트푸드 먹어 치우듯 내 백성을 집어삼키
고도
너무 바빠서 기도하지 못한다니,
그러고도 무사하리라
생각한단 말이냐?

[5-6] 밤이 오고 있다. 악몽이 그들에게 닥치리니
하나님은 희생자들의 편이시기 때문이다.
가난한 이들의 꿈에
재를 뿌릴 수 있을 줄 알았더냐?
아서라. 하나님은
그들의 꿈을 이루어 주시는 분이다.

[7] 이스라엘을 구원할 이 누구인가?
그렇다. 하나님이 계신다. 하나님은 우리 삶을
반전시키는 분.
신세가 역전된 야곱이 기뻐 뛰놀고,
신세가 역전된 이스라엘이 웃으며 노래하는구나.

다윗의 시

15 [1] **하나님**, 당신 계신 곳에 초대받아
함께 저녁식사를 할 자 누구입니까?
어떻게 해야 우리가 주님의 방문객 명단에 오
를 수 있습니까?

[2] "똑바로 걷고
바르게 행동하며
진실을 말하여라.

[3-4] 친구에게 해를 끼치지 말고
이웃을 탓하지 말며
비열한 자들을 경멸하여라.

[5] 손해가 나더라도 약속을 지키고
정직하게 살며
뇌물을 받지 마라.

이렇게 살면
주님 눈 밖에 나는 일
결코 없으리라."

다윗의 노래

16 [1-2] 하나님, 나를 지켜 주소서.
죽을힘 다해 주께 피합니다.

**하나님**께 구합니다. "나의 주님이 되어 주소서!"
**하나님** 없이는 모든 것이 헛됩니다.

3 하나님께서 택하시고 도처에 두신 이들,
나에게는 더없이 훌륭한 친구들입니다!

4 신(神)을 사러 가지 마라.
신들은 사고파는 물건이 아니다.
나, 신의 이름을 결코 상품 대하듯
하지 않으리라.

5-6 **하나님**, 나는 처음부터 주님만을 택했습니다.
그런데 이제 보니, 주께서 나를 택하신 것이었습니다!
주께서 내게 집과 마당을 주셨고
나를 주님의 상속자로 삼아 주셨습니다!

7-8 깨어 있을 때 **하나님**께서 주신 지혜로운 조언,
잠잘 때도 내 마음 굳게 붙듭니다.
나, 밤낮 **하나님**을 붙들겠습니다.
귀한 것 주시는 주님을 절대 떠나지 않겠습니다.

9-10 내 마음은 행복하고
나의 삶은 안팎으로 확고합니다.
주께서 내 지옥행 승차권을 취소해 주셨으니
이제 나 그리로 갈 일 없습니다!

11 주님은 나의 발을 생명 길에 두셨고
그 길은 온통 주님 얼굴빛으로 환히 빛납니다.
주께서 내 손을 잡으신 그날 이후로,
나, 바른 길에 서 있습니다.

---

**II** "귀한 것 주시는 주님"(시 16:8)이라는 생각을 얼마나 자주 하는가? 하나님이 당신을 떠나지 않으시는 것에 감사하는 시간을 잠시 가져 보라.

---

## 다윗의 기도

# 17

1-2 **하나님**, 내 사정을 말씀드리니
귀 기울여 주소서.
거짓 없는 나의 기도, 주께 올려 드립니다.
주께서도 아시는 일이니
나의 무죄함을 세상에 알려 주소서.

3 나의 안과 밖을 샅샅이 살피시고
한밤중에도 들이닥쳐 나를 심문하소서.
나의 말이 틀림없음을,
조금도 거짓이 없음을 아시게 될 것입니다.

4-5 나는 세상 사람들처럼
내 마음대로 하지 않고
주님 뜻대로,
주님 말씀대로 살려고 애씁니다.
주님의 발자국 따라
한 걸음 한 걸음
내딛으려 합니다.
나는 포기할 줄을 모릅니다.

6-7 하나님, 응답을 확신하기에, 내가 주님을 부릅니다.
그러니 응답하소서! 귀 기울여 주소서!
담벼락마다 은혜라는 글자로 채워 주시고
두려워 떠는 이들,
주위의 무뢰배들을 피해 주께 달려오는
주님의 자녀들을 품어 주소서.

8-9 내게서 눈을 떼지 말아 주소서.
나를 노리는 악인들,
지긋지긋하게 몰려오는 저 원수들이 못 보게
나를 주님의 시원한 날개깃 아래 숨겨 주소서.

10-14 저들의 마음은 쇠못처럼 강고하고
저들의 입에서는 허풍이 뿜어져 나옵니다.
저들이 나를 쫓아와 뒤꿈치를 잡아채고
넘어뜨리려 합니다.
사자처럼 갈기갈기 찢으려 하고
젊은 사자처럼 독기를 품고 나를 덮치려 합니다.
**하나님**, 일어나소서! 저들의 턱수염을 뽑고, 뼈를 부러뜨리소서!
주님의 칼을 들어 저들의 발톱에서 나를 빼내 주소서.
**하나님**, 오늘 너머의 일을 생각지 않는 저 작자들,
저 무지막지한 자들을 맨손으로 꺾으소서.

저들이 기근 때나 먹는 험한 음식을 먹고
부황 들린 모습을 내 눈으로 보고 싶습니다.
저들은 씨 뿌려 거둔 풀뿌리로
차마 못 먹을 빵을 만들 겁니다.
첫 번째 것은 자신들이 먹고, 두 번째 것은 자식들에게 주고
껍데기는 어린아이들에게 주어 씹게 하겠지요.

15 그러나 나는 주님의 그 얼굴을
마주하여 볼 것입니다. 잠자리에서 일어날 때마다
주님 모습 그대로 뵙고,
지상에서 천국 맛보며 살 것입니다.

### 다윗이 모든 원수와 사울에게서 건짐을 받고 하나님께 바친 노래

# 18

1-2 주님은 나를 강하게 하시는 **하나님**,
내가 주님을 사랑합니다.
**하나님**은 내가 발 디딜 반석,
내가 거하는 성채,
나를 구해 주시는 기사.
나, 높은 바위산 내 하나님께
죽기 살기로 달려가
그 병풍바위 뒤에 숨고
그 든든한 바위 속에 몸을 감춘다.

3 존귀한 찬송을 **하나님**께 부르며
나, 안전과 구원을 누린다.

4-5 사형집행인의 올가미가 내 목을 단단히 죄고
마귀의 물살이 나를 덮쳤다.
지옥 끈에 꽁꽁 묶이고
죽음의 덫에 갇혀 출구가 모조리 막혔다.

6 이리도 험악한 세상! 나는 **하나님**께 외쳤다.
도와 달라고 부르짖었다.
그랬더니 하나님께서 그분의 왕궁에서 들으셨다.
내 부르짖음을 들으시고 나를 당신 앞에 불러 주셨다.
나를 독대해 주셨다!

7-15 땅이 진동하고 요동치며
거대한 산들이 나뭇잎처럼 흔들렸다.
사시나무 떨듯 떨었다.
그분께서 격노하셨기 때문이다.

코로 씩씩 연기를 내뿜으시고
입으로 불을 내뿜으셨다.
불 혀들이 널름거렸다.
하늘을 말아 내리고
땅을 밟으시니
땅 밑으로 심연이 패였다.
날개 돋친 생물을 타고,
바람날개를 타고 날아오르셨다.
먹구름을
외투로 두르셨다.
그러나 그분의 광채가 구름을 비집고 나와
우박과 불덩이를 쏟아 냈다.
**하나님**께서 하늘에서 천둥소리를 내셨다.
높으신 하나님께서 고함을 치셨다.
하나님이 활을 쏘셨다. 일대 아수라장이 되었다!
번개를 내리꽂으셨다. 다들 혼비백산 달아났다!
하나님께서 노호하시며
폭풍 분노를 터뜨리시자,
대양의 숨은 원천이 드러나고
대지의 심부가 훤히 드러났다.

16-19 그러나 그분께서 나를 붙잡아 주셨다.
하늘에서 바다까지 손을 뻗어 끌어올려 주셨다.
그 증오의 바다, 원수가 일으킨 혼돈에서부터,
내가 빠져든 그 공허로부터.
쓰러진 나를 그들이 걷어찼으나,
**하나님**께서 내 곁을 지켜 주셨다.
그분께서 나를 탁 트인 들판에 세워 주셨다.
나, 구원받아 거기 섰다. 놀라운 사랑이여!

20-24 조각난 내 삶을 다 맡겨 드렸더니,
**하나님**께서 온전하게 만들어 주셨다.
내 행실을 바로잡았더니
새 출발을 허락해 주셨다.
나 이제 **하나님**의 도(道)에 늘 정신을 바짝 차리고,
하나님을 예사롭게 여기지 않으리라.
매일 그분이 일하시는 방식을 유심히 살피며
하나도 놓치지 않으려 애쓰리라.
다시 시작하는 마음으로
한 걸음 한 걸음 신중히 내딛는다.
내 마음을 열어 보여드리니
**하나님**께서 내 인생 이야기를 다시 써 주셨다.

25-27 선한 이들은 주님의 선하심을 맛보고
온전한 이들은 주님의 온전하심을 맛보고
진실한 자들은 주님의 진실하심을 맛보지만,
악한 자들은 주님을 헤아리지 못할 것입니다.
주께서는 밟히는 이들의 편을 들어주시며,
콧대 높은 이들의 콧대를 꺾어 버리십니다.

28-29 **하나님**, 주께서 내 인생을 환히 비추시니
내가 하나님의 영광으로 밝게 빛납니다!
나, 날강도 떼를 박살내고
높디높은 담장도 뛰어넘습니다.

30 하나님은 얼마나 놀라우신가! 그분의 길은
쭉 뻗은 평탄대로.
**하나님**께서 가라 하시는 길은 모두 검증된 길.
그분은 누구든 달아나
몸을 숨길 수 있는 은신처.

31-42 **하나님** 같은 신이 있느냐?
우리의 반석이신 그분 같은 신이?
내 손에 무기를 쥐어 주시고

똑바로 겨누게 하시는 하나님 같은 신이?
나, 사슴처럼 뛰며,
산 정상에 올랐다.
그분이 내게 싸우는 법을 가르쳐 주셨다.
나, 청동활도 당길 수 있다!
주님은 내게 구원을 갑옷처럼 입혀 주십니다.
굳센 팔로 나를 붙드시고
부드러운 손길로 나를 어루만지십니다.
주께서 내가 선 땅을 든든하게 하시니,
내가 확고히 서서 흔들리지 않습니다.
내가 원수들을 뒤쫓아가, 그들을 붙잡았습니다.
그들이 기진하기까지 절대 놓지 않았습니다.
그들에게 강타를 먹이고, 그들을 아주 쓰러뜨렸습니다.
그런 다음 그들을 깔아뭉갰습니다.
주께서 나를 무장시켜 이 싸움을 하게 하셨습니다.
주께서 그 거만한 자들을 박살내셨습니다.
나의 원수들, 주님 앞에서 꽁무니를 빼고
나를 증오하던 그들, 내가 쓸어버렸습니다.
그들이 "형님!" 하고 외쳐 댔지만,
그들의 형님은 코빼기도 비치지 않았습니다.
**하나님**께도 소리를 질러 댔지만,
아무 대답도 듣지 못했습니다.
내가 그들을 가루로 만들어 바람에 날려 보냈습니다.
도랑에 오물 버리듯 그들을 내던졌습니다.

43-45 주께서 티격태격 다투는 백성에게서 나를 구하시고
뭇 민족의 지도자로 세워 주셨습니다.
내가 들어 보지도 못한 민족이 나를 섬겼습니다.
내 소문을 듣자마자 그들이 내 말에 귀를 기울였습니다.
이방인들이 항복하고 은신처에서
기어 나와 꿇어 엎드렸습니다.

46-48 **하나님**, 만세! 복 주시는 나의 반석,
나의 해방자 하나님, 출중하시도다!

**성경이 그리는 구원의 그림**(18:1-50)

시편 18편은 힘이 넘치는 기도로, 다윗이 자신의 인생을 요약하는 고별사와 같은 찬양이다. 서두에서는 하나님을 "반석", "성채", "구해 주시는 기사", "높은 바위산" 그리고 "병풍바위"라고 일컫는다(1-2절). 이 서곡 다음에는 다윗이 인생에서 겪은 상당한 어려움이 묘사되어 있다. 그는 "사형집행인의 올가미가 내 목을 단단히 죄고", "지옥 끈에 꽁꽁 묶인" 경험을 했다(4-5절).

다윗은 하나님께 도와 달라고 절박하게 외치는데, 그 응답은 강렬했다. 하나님이 "코로 씩씩 연기를 내뿜으시고 입으로 불을 내뿜으셨다"(8절). 그분은 먹구름 덮개 아래서 어두움으로 외투를 두르시고 "날개 돋친 생물"을 타고(10절) 하늘에서 내려오셨다. 어두움으로 땅을 덮고, 우박과 불덩이를 쏟아 땅을 파괴하고, 활과 번개로 악인들을 찌르며, 엄청난 진노로 바다를 내리쳐 가르시고 땅의 기초를 드러내셨다(12-15절).

그 후로 갑자기, 이 강렬한 이미지가 엄청난 온유의 이미지로 바뀐다. 하나님은 손을 뻗어 거품이 이는 원수들의 바다에서 기도하는 그 사람을 일으키셔서 탁 트인 들판에 세워 주신다. 이것이 바로 성경이 그리는 구원의 그림—우리의 영원한 구원이든, 큰 어려움의 바다에 빠져 간신히 숨 쉬며 허우적대는 인생의 절박한 순간에 경험하는 구원이든—이다.

그분께서 나를 위해 모든 일을 바로잡으시고
말대꾸하는 자들의 입을 막아 버리셨다.
원수의 분노에서 나를 구해 주셨다.
주께서 나를 거만한 자들의 손아귀에서 빼내 주시고
깡패들에게서 구해 주셨다.

49-50 그러므로 내가 세상 뭇 백성이 보는 앞에서
주 **하나님**께 감사를 드립니다.
주님의 이름에 운을 달아
노래를 부릅니다.
하나님이 세우신 왕이 승리를 얻고
하나님이 택하신 이가 사랑을 받음이여,
다윗과 그 자손에게, 영원토록.
언제까지나.

다윗의 시

# 19

1-2 하나님의 영광, 하늘을 순회하고
하나님의 솜씨, 수평선을 가로지르며 펼쳐진다.
낮이 아침마다 수업을 열고
밤이 저녁마다 강연을 베푼다.

3-4 그들의 말 들리지 않고
그들의 목소리 녹음되지 않으나,
그 침묵은 온 땅을 채우고
소리 없는 진리 어디에나 울려 퍼진다.

4-5 하나님께서 해를 위해
거대한 둥근 지붕을 만드셨으니, 그 지붕은 초대형!
아침 해는 신방에서 달려 나온
새신랑.
동틀 무렵의 해는
결승선을 향해 질주하는 달리기 선수.

6 동틀 녘부터 해질 녘까지,
하나님의 말씀도 그렇게 하늘을 누빈다.
얼음을 녹이고, 사막을 달구며,
마음을 어루만져 믿음을 갖게 한다.

7-9 **하나님**의 계시는 온전하여
우리 삶을 회복시키고,
**하나님**의 이정표는 확실하여
바른 길을 알려 준다.
**하나님**의 인생지도는 정확하여
기쁨에 이르는 길을 보여주고,
**하나님**의 지시는 분명하여
알아보기 쉽다.
**하나님**의 명성은
순금같이 변함없고,
**하나님**의 결정은 정확하여
한 치의 오차도 없다.

10 하나님의 말씀은 다이아몬드보다
에메랄드 두른 다이아몬드보다 나으니,
너는 봄철 딸기보다 더 말씀을 좋아하게 되리라.
붉게 잘 익은 딸기보다 더.

11-14 그뿐이 아니니, 하나님의 말씀은 위험을 경고하고
감춰진 보물이 있는 곳도 알려 준다.
하나님의 말씀이 아니면 우리가 어떻게 길을 찾고,
우리의 어리석음을 어떻게 분별할 수 있겠는가?

하나님, 우리의 지난 잘못을 깨끗게 해주소서,
하루를 새롭게 시작하게 하소서!
어리석은 죄에 빠지지 않게 하시고
내가 주님을 대신할 수 있다고 생각하지 않게 하소서.
그제야 내가 햇빛에 깨끗이 씻겨
죄의 얼룩 말끔히 지운 상태로 하루를 시작할 수 있습니다.
이것이 내 입에 담은 말,
내가 곱씹고 기도하는 것입니다.
오, 나의 제단 반석이신 하나님,
내 기도, 아침 제단에 바치오니
받아 주소서.
나의 제단 – 제사장이신 하나님.

다윗의 시

## 20

1-4 왕이 큰 어려움을 당할 때
**하나님**께서 왕에게 응답해 주시기를.
야곱의 하나님의 이름이 왕을 안전하게 지키시고
거룩한 산에서 원군을 보내 주시며,
시온에서 새 보급품을 보내 주시기를.
왕의 예물에 감탄하시고
왕의 제물을 기쁘게 받으시기를.
왕이 소망하는 것을 허락하시고
왕의 계획들을 이루어 주시기를.

5 왕이 승리할 때, 우리, 지붕이 들썩이도록 함성 지르며
깃발 들고 행렬을 이끌리라.
왕의 모든 소원이 이루어지기를!

6 그렇게 되리라. 도움이 오고
응답이 가까워져
모든 일이 잘되리라.

7-8 전차를 반짝반짝 윤내는 이들,
군마를 손질하는 저들이 보이는가?
그러나 우리는 우리 **하나님**을 위해 화환을 만든다.
전차는 녹슬고
군마는 절름거리다 멈춰 서지만,
우리는 두 발로 서서 당당히 나서리라.

9 **하나님**, 왕에게 승리를 주소서.
우리가 부르짖는 날, 응답하여 주소서.

---

당신의 윗사람을 위해 얼마나 자주 기도하는가? 당신을 지도하는 자리에 있는 사람 한 명을 떠올려 보라. 오늘 그 사람의 리더십에 함께해 달라고 하나님께 간구하라.

---

다윗의 시

## 21

1-7 **하나님**, 주님의 힘은 곧 왕의 힘입니다.
주님의 도움받은 왕이 호산나를 외칩니다.
주께서는 왕이 원하는 것을 들어주시고
물리치지 않으셨습니다.
왕의 품에 한가득 선물을 안기시고
그를 성대하게 맞아 주셨습니다.
왕이 원한 행복한 삶을 허락하시고
장수의 복까지 얹어 주셨습니다.
왕을 뭉게구름처럼 높여 빛나게 하시고
그에게 오색찬란한 옷을 입히셨습니다.
주께서 왕에게 복에 복을 더하시고
환한 얼굴빛으로 기쁨을 선사하십니다.

그러니 왕이 **하나님**을 사랑하고
가장 좋은 분을 떠나지 않을밖에요.

8-12 주께서 한 손에는 원수들,
다른 손에는 미워하는 자들을 움켜쥐시고
용광로 앞에서 광채를 발하시니
저들이 잔뜩 몸을 움츠립니다.
이제 용광로가 저들을 송두리째 삼키고
불이 그들을 산 채로 잡아먹습니다!
주님은 저들의 후손을 땅에서 쓸어버리시고
세상을 새롭게 하십니다.
저들이 꾸민 온갖 흉계와 음모는
모조리 불발로 끝났습니다.
주께서 저들을 쫓아내셨으니
저들은 주님의 얼굴을 보지 못할 것입니다.

13 **하나님**, 모든 사람이 알아보도록 주님의 능력 떨치소서.
우리는 밖으로 나가 이 기쁜 소식을 노래하겠습니다!

다윗의 시

# 22

1-2 하나님, 하나님, 나의 하나님!
어찌하여 나를 이토록 외딴 곳에 버려두십니까?
고통으로 몸을 웅크린 채
종일토록 하나님께 부르짖건만
응답이 없습니다. 한 마디도.
나, 밤새 하나님께 부르짖으며 몸을 뒤척입니다.

3-5 그런데 하나님! 주께서는 이스라엘의 찬양에 몸을 맡긴 채
내 곤경을 남의 일처럼 여기십니까?
주께서 우리 조상들과 함께하셨음을 잘 압니다.
그들이 주께 도움을 구했고, 주님은 응답하셨습니다.
그들은 주님을 신뢰하며 행복하게 살았습니다.

6-8 그러나 나는 하찮은 몸,
밟혀 으스러지는 지렁이.
모두가 나를 놀립니다.
내 모습에 얼굴을 찌푸리고 고개를 가로젓습니다.
"**하나님**이 저 자를 어떻게 하는지 보자.
하나님이 저 자를 그리 좋아한다니, 어떻게 도우시나 보자!"

9-11 주님은 내가 태어나던 날 나를 받아 주신 분,
어머니의 젖가슴에 나를 안겨 주신 분!
모태에서 나온 나를 품에 안으신 그때부터 지금까지
줄곧 나의 하나님이셨던 분.
그런데 이제 주께서 나를 멀리 떠나셨고
고난이 바로 옆집으로 이사를 왔습니다.
도움의 손길, 더없이 간절합니다.

12-13 황소 떼가 내게 달려듭니다.
미친 듯이 날뛰며 몰려옵니다.
이동하는 물소 떼처럼
뿔을 바싹 낮추고 콧김을 내뿜습니다.

14-15 나는 걷어채어 엎질러진 물동이,
내 몸의 뼈마디가 모두 어그러졌습니다.
내 마음은 속에서 녹아내린
한 방울 밀랍.
나는 해골처럼 바싹 말랐고
혀는 거뭇하게 부어올랐습니다.
저들이 땅에 묻으려고

시편 22편

## 하나님은 기꺼이 우리의 이웃이 되어 주신다

"주께서 나를 멀리 떠나셨고 고난이 바로 옆집으로 이사를 왔습니다.
도움의 손길, 더없이 간절합니다"(시 22:11).

일몰은 혼란스런 현상이 아닌가? 태양이 서서히, 찬란하게 사라지는 모습을 우리는 지켜본다. 우리의 생명과 건강과 안전을 위해 우리가 생각 이상으로 많이 의지하는 것이 그저 그렇게 사라져 버린다. 그것을 막을 수 없고, 따를 수도 없다. 다만 그 부재를 슬퍼할 따름이다.

물론 태양이 어디로 간 것은 아니다. 움직이는 것은 태양이 아니다. 우리에게는 인지적 편견이 있는데, 마치 자기 자신이 기준인 것처럼 보는 것을 해석하여 실재를 오인한다. 좀 더 지각이 생기고 나서도 이러한 인지적 편견은 사라지지 않는다. 초등학생만 되어도 태양이 실제로 지는 것이 아님을 알지만, 우리는 여전히 일몰을 보며 슬픔을 느낀다.

예수님이 버림받는 장면만큼 아이러니한 이미지도 없을 것이다. 땅에 세워진 십자가에 못 박혀서 "나의 하나님, 나의 하나님, 어찌하여 나를 버리셨습니까?"(마 27:46)라고 외치는 그 모습. 그 순간만큼은 예수님도 어쩔 수 없었고, 그토록 명백하게 함께하셨던 하나님이 그분 자신을 버리는 것 같았다. 누가는 "온 땅이 어두워졌다"고 말한다(눅 23:44). 예수님에게 태양이 지는 순간이었다.

십자가에서 예수님은 시편 22편을 인용하셨다. 이 시편의 절반 이상은 고통에 찬 애가다. 하나님으로부터 버림받는 장면에 깔리는 완벽한 배경음악이다.

하나님의 버리심은 하나님의 함께하심과 대조되어 특별히 더 고통스럽다. 하나님은 시편 기자의 산파였다. 그가 가장 약할 때 함께하셨고, 그 후로도 그가 약할 때마다 함께하셨다. 지금까지는 그러했다. 그런데 이제 하나님이 "멀리 떠나셨다"(11절). 이제는 고난이 하나님의 자리를 차지했다.

시편 기자는 고난을 끝내 달라고 간구하지 않는다. 그는 복수를 간구하지 않는다. 고통에 휩싸여서도, 그는 자신에게 정말로 필요한 것이 무엇인지 안다. "도움의 손길, 더없이 간절합니다."

물론 하나님이 시편 기자를 떠나신 것이 아님을 우리는 안다. 하나님은 떠나시는 분이 아니기 때문이다. "다른 일 보느라 자리를 뜨지 않으셨다"(24절). 그러나 하나님으로부터 버림받은 것 같은 이 경험을 통해 시편 기자는 하나님을 새롭게 알게 되었다. 하나님은 이웃이다. "우리가 어려울 때 즉시 도우시는"(46:1) 이웃이다. 시편 기자는 자신이 당한 어려움 속에서 하나님의 부재를 경험하며 이 진실을 알게 되었다.

하나님은 어두운 밤에도 결코 지지 않는 태양과 같으시다. 우리도 어려움에 처할 때 그 사실을 기억하는 게 좋을 것이다. 우리에게는 이웃이 필요하고, 하나님은 기꺼이 우리의 이웃이 되어 주신다.

나를 때려눕혔습니다.

16-18 이제는 들개 무리가 달려들고
폭력배들이 떼 지어 공격합니다.
내 손발을 옴짝달싹 못하게 묶어
우리에 가둡니다.
앙상한 몸으로 우리에 갇힌 나를
지나가는 사람마다 쳐다봅니다.
그들이 내 지갑과 겉옷을 빼앗고
내 옷을 차지하려고 주사위를 던집니다.

19-21 **하나님**, 지체치 마시고 나를 구해 주소서!
어서 나를 도와주소서!
저들이 내 목을 치지 못하게 하소서.
저 잡종개들이 나를 삼키지 못하게 하소서.
주께서 속히 오시지 않으면
나는 가망이 없습니다. 황소들에게 받히고
사자들의 먹이가 되고 말 것입니다.

22-24 벗들이 예배하러 모일 때, 나 이렇게 말하겠습니다.
주님을 찬양하며 힘주어 말하겠습니다.
너희 하나님을 예배하는 이들아, 할렐루야를 외쳐라.
너희 야곱의 아들들아, 그분께 영광을 돌려라.
너희 이스라엘의 딸들아, 그분을 찬양하여라.
너희가 학대당할 때
그분은 한 번도 너희를 저버리거나
외면하신 적이 없다.
다른 일 보느라 자리를 뜨지 않으셨다.
바로 그 자리에 계셨고, 귀 기울여 들으셨다.

25-26 이 큰 예배 모임에서
찬양의 기쁨을 알았습니다.
내가 서원했던 일을 바로 이 자리,
하나님을 예배하는 이들 앞에서 이행하겠습니다.
부랑자들이 **하나님**의 식탁에 앉아
배불리 먹는다.
하나님을 찾는 모든 이들이
여기서 그분을 찬양한다.
"마음껏 즐겨라, 머리부터 발끝까지.
절대 멈추지 마라!"

27-28 온 땅에서
사람들이 제정신을 차리고
황급히 **하나님**께 돌아온다.
오랫동안 보지 못한 가문들이
그분 앞에 나와 엎드린다.
하나님께서 권좌에 앉으셨다.
이제부터는 그분께서 결정권을 쥐신다.

29 힘 있는 자들이 그분 앞에 나와
경배한다!
가난하고 힘없는 이들도 모두 나와

**어둡고 메마른 느낌**(22:1-31)

시편 기자들의 경험을 통해 우리는 하나님의 부재를 경험하는 일이 얼마나 많은지 알게 된다. 하나님을 믿는다고 해서 하나님께로부터 버림받은 느낌이 사라지는 것이 아니다. 하나님을 찬양한다고 해서 하나님에 대한 의심이 무뎌지는 것이 아니다. 하나님의 말씀을 경건하게 묵상한다고 해서 어둡고 메마른 느낌, 버림받고 황량한 느낌이 억제되는 것이 아니다. 심지어 예수님도 십자가에 달려 구원의 일을 완성하시던 그 순간에 바로 이 기도를 드리셨다.

경배한다!
어중이떠중이들도 덩달아
경배한다!

30-31 우리 자녀와 그 후손들이
이 예배에 참여하리니,
주님의 말씀이 대대로
전해지리라.
잉태 전의 아기들도
하나님은 말씀하신 대로 행하신다는
복된 소식 듣게 되리라.

다윗의 시

# 23

1-3 **하나님**은 나의 목자!
내게 부족한 것이 없습니다.
주께서 나를 푸른 풀밭에 누이시고
잔잔한 물가를 찾아 목을 축이게 하십니다.
말씀하신 대로,
나를 잠시 쉬게 하신 후
바른 길로 인도하십니다.

4 내가 죽음의 골짜기를
지날지라도
두려울 것이 없으니,
주께서 나와 함께 걸으시기 때문입니다.
주님의 믿음직한 지팡이를 보니
내 마음 든든합니다.

5 주께서 내 원수들이 보는 앞에서
내게 성대한 만찬을 차려 주시고

**목자의 천막에 안전하게 거하다**(23:1-6)

이 시편의 객관적 중심은 목자, 곧 하나님이시다. 목자의 상이 이 시편을 지배하면서 처음부터 끝까지 그 중심이 되고 있다. 그러나 이 시편의 감정적 중심은 "죽음의 골짜기"(시 23:4)다. 어둡고 불길한 기운이 감도는 계곡의 경험 때문에 시편 기자는 목자에 대한 더 깊고 온전한 경험을 할 수 있었다.

이 시편의 첫 부분(1-4절)은 목자를 그의 양과의 관계에서 본다. 양은 내버려 두면 목적 없이 떠돌다 위험에 빠진다. 양에게는 목자가 필요하다. 시편 기자는 양이 목자를 경험한 것처럼 자기 인생에서 하나님의 행동하심을 경험했다. 그는 죽음이 도사리고 있는 어두운 그림자의 협곡을 피하여 안전하게 머물 수 있는 물과 초장이 있는 곳으로 인도를 받았다.

두 번째 부분(5-6절)에서는 목자의 상이 여전히 지배적이지만 양을 도망자로 바꾸었다. 고대 유목 문화에서는 목숨이 위태로운 사람은 사막으로 도망을 갔다. 그 문화에서 살인자는 잡힐 때까지 추적 당했다. 그래서 도망자에게 사막은 집이 되었지만, 끔찍한 집이었다. 두려움과 위험에 노출된 집이었다.

"주께서 내 원수들이 보는 앞에서 내게 성대한 만찬을 차려 주시고"(5절). 이것은 도망자가 하는 말이다. 피의 복수를 외치는 저주와 과거에 위협을 당하는 도망자가 목자의 천막으로 영접을 받고, 원수들이 둘러싸고 있는 그곳에서 식사 대접을 받는다. 목자의 천막에서는 도망자도 안전하다.

계곡에 그림자처럼 숨어 언제 덮칠지 모르는 죽음의 위협을 받는 양에게 목자는 안내자다. 추적을 받는 도망자에게 목자는 보호자다. 목자는 안내를 해주고 은혜를 베푼다. 떠도는 양에게는 안내를 해주고, 죄지은 도망자에게는 은혜를 베푼다. 이 사실은 우리가 아무리 깊은 골짜기에 빠져 헤매거나, 아무리 어두운 그림자에 가려 있더라도 우리 모두에게 위로가 될 것이다.

축 처진 내 고개를 세워 주시니
내 잔에 복이 넘칩니다.

6 내 사는 동안 날마다
주님의 아름다움과 사랑이 나를 따르리니,
나, **하나님**의 집으로 돌아가
평생토록 그곳에서 살겠습니다.

다윗의 시

## 24

1-2 땅과 그 안에 있는 모든 것이 **하나님**의 것,
세상과 거기 사는 모든 사람도 **하나님**의 것.
그분께서 대양 위에 땅을 세우시고
강 위에 세상을 펼치셨다.

3-4 누가 **하나님**의 산에 오를 수 있는가?
누가 그 거룩한 북벽에 오를 수 있는가?
오직 손이 깨끗한 이,
오직 마음이 깨끗한 이,
속이지 않는 남자들,
호리지 않는 여자들이다.

5-6 **하나님**께서는 그들 편이시니
**하나님**의 도우심으로 그들이 성공하리라.
야곱아, 이것이 하나님을 구하는 이들,
하나님을 찾는 이들에게 일어나는 일이다.

7 일어나라, 너 잠든 도성이여!
일어나라, 너희 잠든 백성들아!
영광의 왕께서 들어가신다.

8 영광의 왕이 누구신가?
무장하고
전투태세를 갖춘 **하나님**이시다.

9 일어나라, 너 잠든 도성이여!
일어나라, 너희 잠든 백성들아!
영광의 왕께서 들어가신다.

10 영광의 왕이 누구신가?
만군의 **하나님**이시다.
그분이 영광의 왕이시다.

다윗의 시

## 25

1-2 **하나님**, 내 머리를 높이 듭니다.
**하나님**, 주님을 의지하오니
비열한 자가 나를 뒤쫓지 못하게 하소서.

3 주님과 운명을 같이하기로 했으니
나를 부끄럽게 하지 않으시겠지요?
원수가 나를 이기지 못하게 하시겠지요?

주님을 위해 위험을 무릅쓴 우리를
부끄럽게 하지 마소서.
수치를 당해야 할 쪽은 배신자들입니다.

4 **하나님**, 주께서 어떻게 일하시는지 보여주시고
주님의 길을 내게 가르쳐 주소서.

5 내 손을 잡으시고
진리의 길로 이끌어 주소서.
주께서는 나의 구원자 아니십니까?

6 **하나님**, 주님의 긍휼과 사랑을 이정표로 삼으시고
옛적의 경계표들을 다시 세우소서!

7 내 젊은 시절의 방탕한 생활은 잊으시고

내게 주님 사랑의 흔적 남기소서.
**하나님**, 나를 위해 가장 좋은 일만 계획하소서!

8 **하나님**은 공정하고 바르시니,
엇나간 자들을 바로잡아
바른 길로 인도하신다.

9 하나님은 따돌림 받는 이들에게 손을 내미시고
그들을 한 걸음 한 걸음 이끄신다.

10 이제부터 너희가 걷는 길은 모두
**하나님**께 이르는 길이 되리니,
언약의 표지판을 따르고
노선도를 잘 살펴라.

11 **하나님**, 주님의 명성을 위해서라도
나의 죄악된 삶을 용서해 주소서.
이 몸, 참으로 악하게 살았습니다.

12 하나님을 경외하는 이들을 무엇에 비교할까?
그들은 바로, 하나님의 과녁을 겨냥한 화살.

13 그들은 목 좋은 곳에 자리 잡고
그 자손은 비옥한 농장을 물려받는다.

14 하나님의 호의는 그분을 경외하는 이들의 것.
하나님은 그들에게 속마음을 털어놓으신다.

15 나, **하나님**에게서 눈을 떼지 않으니
내 발이 걸려 넘어지는 일 없으리라.

16 하나님, 나를 보시고 도우소서!
곤경에 처한 이 몸, 의지할 곳 없습니다.

17 내 심장과 콩팥이 내 속에서 서로 싸우니
이 내전을 중지시켜 주소서.

18 중노동에 허덕이는 내 인생을 살피시고
죄에 눌린 무거운 마음 없애 주소서.

19 얼마나 많은 자들이
나를 미워하는지 보이십니까?
내게 앙심을 품은 저들이 보이십니까?

20 나를 지켜보시고 곤경에서 건지소서.
주께로 도망치니, 나를 못 본 체하지 마소서.

21 주님의 솜씨 전부 발휘하셔서 나를 다듬어 주소서.
완성된 내 모습 어떨지 몹시도 궁금합니다.

22 **하나님**, 주님의 백성을 너그럽게 보시고
꼬리에 꼬리를 무는 이 불행에서 벗어나게 하소서.

다윗의 시

# 26

1 **하나님**, 내 무고함을 밝혀 주소서.
이 몸, 정직을 신조로 삼고 살아왔습니다.
**하나님**, 주께 내 운명을 걸었고
그 마음, 지금도 변함이 없습니다.

2 **하나님**, 머리부터 발끝까지 나를 살피시고
샅샅이 시험해 보소서.
내게 흠잡을 곳 있는지 안팎으로
확인해 보소서.

3 이 몸, 주님의 사랑

한시도 잊은 적 없고,
주님과 보조를 맞춰 걸으며
한 박자도 놓친 적 없습니다.

4-5 사기꾼들과 어울리지 않고
조폭들과도 사귀지 않습니다.
불량배 무리를 미워하고
겉과 속이 다른 자들을 상대하지 않습니다.

6-7 **하나님**, 가장 깨끗한 비누로 내 손을 씻고
다른 이들과 손잡고 빙 둘러서서
주님의 제단을 돌며 춤을 춥니다.
하나님의 노래 목청껏 부르며
하나님의 이야기를 전합니다.

8-10 **하나님**, 주님의 집이 주님의 영광으로 빛나기에
이 몸, 주님과 함께 사는 것이 참으로 좋습니다.
봄맞이 대청소를 할 때가 되었으니
나를 사기꾼, 악당들과 함께 쓸어 내지 마시고,
더러운 속임수 가방을 둘러멘 남자들,
뇌물 가득한 지갑 든 여자들만 쓸어버리소서.

11-12 내가 주님 앞에서 떳떳한 것 아시니,
이제 주께서 나를 떳떳이 대해 주소서.
**하나님**, 내가 주께 부끄럽지 않으니,
기회 있을 때마다 내가 주님을 찬양하겠습니다.

다윗의 시

# 27

1 **하나님**은 빛, 공간, 열정.
**하나님**은 바로 그런 분!
그분이 내 편이시니, 나 두렵지 않다.
그 누구도, 그 무엇도 겁나지 않다.

2 말 탄 야만족이 달려들어
나를 산 채로 집어삼키려 해도,
그 악당과 불량배들
꼴사납게 고꾸라지리라.

3 사방으로 포위당해도
나 아기처럼 고요하며,
큰 혼란이 일어도
나 침착하고 냉정하리라.

4 **하나님**께 구하는 것은
오직 한 가지.
내 평생
그분의 집에서 그분과 함께 살며,

**한결같은 마음**(27:4)

"하나님께 구하는 것은 오직 한 가지"라고 시편 기자는 고백한다(시 27:4).

한 가지? 나는 하나님께 백 가지, 심지어 천 가지도 구했으니, 무엇을 구했는지 말로 다 표현하기도 힘들 것이다.

지난 수년간 주님께 이루어 달라고 간구하지 않은 욕망이 거의 없을 정도로 수많은 간구를 했다.

"한 가지"라는 말이 내 귀를 맴돈다.

나의 간구는 간단한 것부터 심각한 것까지 다양했다. 순간적인 기분에 의한 것도 있었고, 제대로 다짐한 일도 있었다. 그러나 단 하나가 아니라 여러 개였다. 그것들이 내 안에서 끝도 없이 소용돌이쳤다. 그런데 시편 27편의 이 구절에 오면, 자신이 발견한 본질을 고수하는 한 사람을 보게 된다. 나도

그런 사람이고 싶다. 당신도 그렇지 않은가?

이 시편에 나오는 한결같은 마음을 어떻게 설명할까? 요약하면 이러하다. 이 시편 기자는 하나님의 위대하심과 매혹, 그리고 그분과의 가까움을 발견한 사람이다. 그는 단 한 가지를 욕망하는데, 그것이 세 개의 동사—살다, 묵상하다, 배우다—로 표현되어 있다. 한 가지이지만, 세 가지 차원—주님의 집, 주님의 아름다우심, 주님의 발치—에서 경험되고 있다.

다른 모든 욕망을 흡수하는 이 한 가지 욕망. 그것은 하나님이 계신 곳에 있고자 하고, 하나님이 계시하시는 것을 보고자 하며, 하나님이 가르치시는 것을 배우고자 한다. 시편 기자는 어려움에 직면하여 닥치는 대로 이것저것 다 시도해 보려고 하지 않았다. 그는 단 한 가지를 향해 달려갔다. 바로 하나님이다.

그분의 아름다우심 묵상하고
그분의 발치에서 전심으로 배우는 것.

5 떠들썩한 세상 한가운데서
고요하고 안전한 곳은, 오직 주님의 집뿐.
시끌벅적한 도로에서 멀찌감치 물러선
완벽한 은신처.

6 나를 끌어내리려는 모든 자들 위로
하나님께서 내 머리와 어깨를 들어 올리시리니,
나, 그분의 처소로 나아가
지붕이 들썩이도록 찬양하리라!
나, 하나님의 노래를 부르며
**하나님**께 드릴 음악을 연주하리라.

7-9 **하나님**, 들으소서. 내가 목청껏 부르짖습
니다.
"나를 보아 주소서! 내게 응답하소서!"
내 마음이 "하나님을 찾으라" 하고 속삭이면,
내 온몸이 "지금 그분을 찾고 있다!" 하고 대
답합니다.
그러니 내게서 숨지 마소서!

9-10 주님은 줄곧 내게 힘이 되어 주셨으니
이제 와서 나를 못 본 체하지 마소서.
주님은 줄곧 나를 위해 문을 열어 놓으셨으니
나를 쫓아내지도, 버리지도 마소서.
내 아버지와 어머니는 나를 버리고 떠났지만
**하나님**께서는 나를 맞아들이셨습니다.

11-12 **하나님**, 주님의 큰길을 내게 가르쳐 주
시고
불빛 환한 길을 따라 나를 인도하소서,
주께서 누구 편이신지 내 원수들에게 보여주
소서.
나를 개들에게 던지지 마소서.
저들은 나를 잡으려고
쉴 새 없이 으름장 놓는 거짓말쟁이들입니다.

13-14 내가 풍요의 땅에서
하나님의 선하심을 보게 될 것을 확신합니다.
**하나님** 곁에 머물러라!
용기를 내어라. 포기하지 마라.
거듭 말하노니,
**하나님** 곁에 머물러라.

다윗의 시

# 28

1 **하나님**, 내가 주께 부르짖을 때
못 들은 체하지 마소서.
주께 얻는 것이

귀를 먹먹하게 하는 침묵뿐이라면,
차라리 블랙홀 속으로 빠져드는 편이
낫겠습니다.

2 내게 필요한 것을 주께 알리며
도움을 구합니다.
주님의 은밀한 성소를 향해
내 두 손을 듭니다.

3-4 나를 저 악한 자들과 함께
한 감방에 밀어 넣지 마소서.
보란 듯이 악을 저지르는 자들과
같이 가두지 마소서.
저들은 그럴싸하게 '평화'를 말하지만
은밀하게 악마를 위해 일합니다.

저들이 행한 그대로,
저들이 저지른 악 그대로 되갚으소서.
저들이 악마의 일터에서 보낸
기나긴 시간만큼 되갚으시고,
거기에 두둑한 보너스까지 얹어 주소서.

5 하나님께서 어찌 일하시는지
무엇을 꾀하시는지 알지 못하는 저들,
하나님께서 저들을 산산이 부수시고
폐허로 만들어 버리실 것입니다.

6-7 **하나님**을 찬양하여라.
주께서 내 기도를 들어주셨다.
주께서 내 편이심을 증명해 주셨으니,
나는 주님과 운명을 같이할 것이다.

나, 이제 기뻐 뛰고
소리 높여 감사하며 그분을 찬양하리라.

8-9 **하나님**은 자기 백성에게 최고의 힘,
택하신 지도자에게 드넓은 은신처가 되십니다.
주님의 백성을 구원하시고,
주님 소유된 자들에게 복을 내리소서.
그들을 보살피시고
선한 목자와 같이 그들을 이끌어 주소서.

다윗의 시

# 29

1-2 만세, **하나님** 만세!
신들과 천사들이 환호성을 올린다.
두려운 마음으로 하나님의 영광을 마주하고
떨리는 마음으로 하나님의 능력을 목도하여라.
주의하여 서 있거라!
가장 좋은 옷을 차려 입고 그분께 예를 갖추
어라!

3 **하나님**께서 천둥소리 내시며 물 위를 질주
하신다.
찬란한 그분 목소리, 광채를 발하는 그 얼굴.
**하나님**께서 큰물을 가로질러 오신다.

4 **하나님**의 우렛소리는 북소리 같고
**하나님**의 천둥소리는 교향악 같다.

5 **하나님**의 우렛소리가 백향목을 박살낸다.
**하나님**께서 북쪽의 백향목을 쓰러뜨리신다.

6 산맥들이 봄철 망아지처럼 뛰놀고
산마루들이 야생 새끼염소처럼 날뛴다.

7-8 **하나님**의 우렛소리에 불꽃이 튀긴다.
**하나님**의 천둥소리에 광야가 흔들린다.
그분께서 가데스 광야를 뒤흔드신다.

**우리 바로 앞에 있는 삶과 연결되다**(29:1-11)

하나님은 창조세계라는 장소와 그리스도라는 인격을 통해서 우리가 보고 듣고 만지고 맛볼 수 있는 방식으로 자신을 드러내신다. 이러한 초월의 흔적을 볼 때 우리는 '아름답다'고 하며, 이것은 곧 우리가 설명할 수 있는 것보다 더 많은 일들이 이곳에서 일어나고 있다는 인식의 표현이다.

이런 일은 늘 일어난다. 대부분의 경우 우리는 그것을 보고 들으며 만지고 맛보기만 하면 된다. 그러나 종종 우리의 감각은 둔해지고, 정신이 다른 데 팔려서 특별한 도움이 필요하다. 운이 좋으면 예술가나 작가, 음악가나 어린아이, 목사가 나타나 우리 바로 앞에 있는 삶과 연결시켜 주는 이미지나 말을 제시해 줄 것이다.

우리는 이 세상의 것들에 코를 박고 그 향기를 마시며, 손으로 진흙을 만지고 노래와 이야기를 들어야 한다. 하나님은 우리가 아름다움과 거룩함으로 주님을 예배할 수 있도록, 바로 그러한 일들을 할 수 있는 예술가, 작가, 음악가, 어린아이, 목사들을 찾고 계신다.

9 **하나님**의 우렛소리에 참나무들이 춤춘다.
억수 같은 비가 가지들을 벌거숭이로 만든다.
온몸을 뒤흔드는 격렬한 저 춤.
모두가 무릎 꿇고 외친다. "영광!"

10 큰물 위에 **하나님**의 보좌 있으니
거기서 그분의 능력 흘러나오고,
그분께서 세상을 다스리신다.

11 **하나님**께서 자기 백성을 강하게 하신다.
**하나님**께서 자기 백성에게 평화를 주신다.

다윗의 시

# 30

1 **하나님**, 나는 오직 주님만 신뢰합니다.
주님은 나를 궁지에서 건져 내셔서,
원수들의 조롱거리가 되지 않게 하셨습니다.

2-3 **하나님**, 나의 하나님, 내가 도와 달라고 외칠 때
주께서 나를 회복시켜 주셨습니다.
**하나님**, 주께서 이 몸을 무덤에서 끌어내셨고,
내가 더없이 막막한 신세가 되었을 때
다시 살 기회를 주셨습니다.

4-5 너희 모든 성도들아! 마음을 다해 **하나님**을 찬양하여라!
그분의 얼굴을 바라며 감사하여라!
이따금 그분께서 노하실지라도,
평생 변함없는 것은 오직 그분의 사랑뿐.
밤에 하염없이 울다가도
낮이 되면 환히 웃게 되리라.

6-7 모든 일이 순조로울 때 나, 이렇게 외쳤습니다.
"나는 확실히 성공했어.
나는 **하나님**의 총애를 받는 사람이야.
하나님이 나를 산의 왕이 되게 해주셨어."
그러자 주께서 고개를 돌리셨고
나는 산산이 무너지고 말았습니다.

8-10 **하나님**, 내가 주님을 큰소리로 부르며,
내 사정을 주님 앞에 다 털어놓았습니다.
"내가 죽어 나를 내다 파신들,

**하나님이 우리의 삶을 책임지실 때**(30:1-12)

시편 기자의 기쁨—믿음의 사람들이 참여하는 일에서는 이러한 기쁨이 전형적으로 나타난다—은 하나님이 하고 계시거나 이미 하신 일의 결과다. "**주께서** 나를 회복시켜 주셨습니다. 하나님, **주께서** 이 몸을 무덤에서 끌어내셨고……다시 살 기회를 주셨습니다"(시 30:2-3).

기쁨은 하나님이 우리의 삶을 책임지실 때, 우리의 자족함이 다한 후에 하나님의 완전함이 그 자리를 대신할 때 경험하는 것이다. 기쁨의 경험은 파생적이다. 우리로부터 비롯되는 것이 아니라 우리**에게** 오는 것이다. **우리가** 하는 것이 아니라 **하나님이** 하시는 일이다. 그래서 시편 기자는 "오직 주님만 신뢰합니다"(1절)라고 말하는 것이다.

묘지에 장을 열고 나를 경매로 넘기신들,
주께 무슨 이득이 되겠습니까?
내가 한 줌 먼지가 되어 사라지면,
주님 기리는 나의 노래와 이야기를
아무도 거들떠보지 않을 것입니다.
그러니 들으소서! 이 몸을 돌아보소서!
나를 도우셔서 이 곤경에서 건져 내소서!"

11-12 주께서 내 하소연을 들으시고
내 격한 탄식을 소용돌이 춤으로 바꾸셨습니다.
내 검은 상장(喪章)을 떼어 내시고
들꽃으로 나를 꾸며 주셨습니다.
내 안에 노래가 차올라, 가슴이 터질 것만 같습니다.
도저히 잠잠할 수 없습니다.
**하나님**, 나의 하나님,
감사한 이 마음, 어찌 다 전할지 모르겠습니다.

**다윗의 시**

# 31

1-2 **하나님**, 내가 주께 도망칩니다.
죽을힘 다해 주께로 달아납니다.
나를 못 본 체하지 마소서!
이번만은 내 말을 진지하게 들어주소서!
내 눈높이로 내려오셔서 들어주소서!
부디 지체하지 마소서!
주님의 견고한 동굴은 나의 은신처,
주님의 높다란 절벽 요새는 나의 피난처입니다.

3-5 주님은 내가 숨어드는 동굴,
내가 기어오르는 절벽.
나의 든든한 인도자,
나의 진정한 길 안내자가 되어 주소서.
숨겨진 덫에서 나를 빼내소서.
주께로 숨어들고 싶습니다.
내 목숨을 주님 손에 맡겼습니다.
주께서는 나를 떨어뜨리지도,
버리지도 않으시겠지요.

6-13 내가 이 어리석은 종교 놀음을 미워하고
**하나님**, 오직 주님만 신뢰합니다.
내가 주님 사랑의 울타리 안에서 겅중겅중 뛰며 노래하니,
주께서 내 아픔 보시고
나를 괴롭히던 자들을 무장 해제시키셨습니다.
주님은 저들의 손아귀에 나를 두지 않으시고
나에게 숨 돌릴 여유를 주셨습니다.
**하나님**, 나를 친절히 대해 주소서.
내가 다시 깊고 깊은 곤경에 빠졌습니다.
하염없이 눈물이 나고
마음은 텅 비었습니다.

내 목숨은 신음으로 새어 나가고
내 세월은 한숨으로 다해 갑니다.
근심으로 녹초가 되었고
뼈는 가루로 변했습니다.
원수들은 나를 괴물 보듯 하고
이웃들에게는 조롱거리가 되었습니다.
친구들도 내 몰골에 놀라
보고도 못 본 척 멀찍이 돌아갑니다.
저들은 나를 기억에서 지우고 싶어 합니다.
무덤 속 시체마냥 나를 잊고,
쓰레기통 안 깨진 접시마냥 나를 버리려 합니다.
길거리에서 수군대는 소리를 듣고 있으면
정신이 나가 칼이라도 휘두를 것 같습니다!
저들은 문을 꼭꼭 닫아걸고는
나를 영원히 파멸시킬 음모를 꾸밉니다.

14-18 절박한 심정으로 주께 의지합니다.
주님은 나의 하나님이십니다!
내 모든 순간순간을 주님 손에 맡기니
나를 죽이려는 자들에게서 나를 지켜 주소서.
주님의 종의 마음을 미소로 녹여 주시고
나를 아끼시니 구원해 주소서.
주께 여러 번 기별을 드렸으니
찾아오셔서 나를 안심시켜 주소서.
악인들이나 난처하게, 허탕 치게 하셔서
저들이 머리를 설레설레 저으며
지옥으로 떠내려가게 하소서.
주님을 따르는 나를 조롱과 야유로 놀려 대는
시끄러운 거짓말쟁이들,
저들의 입을 틀어막아 주소서.

19-22 주님을 섬기는 이들을 위해
주께서 준비하신 어마어마한 복 더미,
고약한 세상을 피해
주께로 도망치는 이들을 기다리고 있군요.
주께서는 그들을 안전하게 감추시고
적대자의 손길이 미치지 못하게 하십니다.
조롱하는 저 번드르르한 얼굴들을 퇴짜 놓으시고
지독한 험담을 잠잠케 하십니다.
**하나님**을 찬양하여라!
그분의 사랑은 세상 최고의 불가사의.
포위 공격에 갇힌 이 몸, 더럭 겁이 나 이렇게 말했습니다.
"내가 주님 눈 밖에 났구나."
그러나 주님은 내 목소리를 들으시고
내 말에 귀 기울여 주셨습니다.

23 너희 모든 성도들아, **하나님**을 사랑하여라.
**하나님**께서는 그분을 가까이하는 모든 사람을 보살피시나,
거만하여 자기 힘으로 하려는 자들에게는
고스란히 갚으신다.

24 용기를 내어라. 굳세어라. 포기하지 마라.
이제 곧 오시리니, **하나님**을 바라라.

다윗의 시

## 32

1 스스로 행운아로 여겨라. 그대,
얼마나 복된 사람인지.
잘못을 말끔히 씻고
새 출발하는 그대.

2 스스로 행운아로 여겨라.
**하나님**께서 흠잡으실 구석 전혀 없고
**하나님**께 아무것도 숨길 것 없는 그대.

3 내 속에 꼭꼭 담아 두려고 했더니,
내 뼈는 가루로 변하고
내 말은 종일토록 신음이 되었습니다.

4 나를 짓누르는 중압감 그치지 않으니
내 생명의 진액이 다 말라 버렸습니다.

5 마침내 내 모든 것 주께 고백했습니다.
"**하나님**께 내 잘못 모조리 털어놓겠습니다."

갑자기 나를 짓누르던 압박이 사라지고,
죄책감이 날아갑니다.
내 죄가 사라졌습니다.

6 그러므로 우리가 너나없이 기도하는 이것은
너무나 합당한 일입니다.
대혼란이 일어나고 댐이 터질지라도,
높은 곳에 있는 우리는 해를 입지 않을 것입니다.

7 **하나님**은 내가 은신하는 섬.
위험이 해안에 이르지 못하게 하시고
호산나의 화환을 내 목에 걸어 주십니다.

8 너희에게 유익한 조언을 몇 마디 하겠다.
너희 얼굴을 똑바로 쳐다보고
있는 그대로 말하겠다.

9 "말이나 노새처럼 고집을 부리지 마라.
그것들은 재갈과 고삐를 채워야만
제 길로 간다."

10 하나님을 무시하는 자는 언제나 곤경에 처하지만,
**하나님**을 인정하는 사람은 인생의 굽이굽이마다
주님의 사랑을 깨닫는다.

11 **하나님**을 찬양하여라.
다 함께 노래하여라!
마음이 정직한 너희여, 목청껏 환호하여라!

---

II 하나님께 당신의 죄를 모두 다 고백했던 때를 생각해 보라. 고백을 시작할 때는 어떤 기분이 들었으며, 모두 고백한 뒤에는 어떤 기분이 들었는가?

---

# 33

1-3 선한 너희여, **하나님**을 기뻐하여라!
바르게 사는 이들의 찬양만큼 아름다운 것 없도다.
기타 반주로 주님을 찬양하여라!
그랜드피아노로 찬양곡을 연주하여라!
새 노래로 주님을 기리고
트럼펫으로 팡파르를 울려라.

4-5 **하나님** 말씀은 속속들이 믿을 수 있고
그분께서 지으신 것 무엇 하나 흠이 없다.
**하나님**이 기뻐하시는 것은,
모든 것 제자리를 찾고
그분의 세계가 다림줄처럼 바르게 움직이는 것.
**하나님**의 인자하심이
온 땅을 흠뻑 적신다.

6-7 **하나님**께서 명령하시자, 하늘이 생겨나고
나직이 속삭이시자, 불쑥 별들이 나타났다.
그분께서 바다를 자기 항아리에 퍼 담으시고

대양을 나무통 안에 부으셨다.

8-9 땅의 피조물들아, **하나님**께 절하여라.
세상의 거민들아, 무릎을 꿇어라!
그분께서 말씀하시자,
말씀하신 그 순간에 세상이 생겨났다.

10-12 **하나님**께서 바벨의 허세를 제압하시고
세상의 집권 계획을 수포로 돌리신다.
세상을 위한 **하나님**의 계획은 굳게 서고
그분의 모든 설계는 무너지지 않는다.
**하나님**과 동행하며 하나님을 위하는 나라는
복이 있다.
그분께서 상속자로 삼으신 백성은 복이 있다.

13-15 **하나님**께서 하늘 높은 곳에서 둘러보시며
아담의 모든 자손을 바라보신다.
앉아 계신 그 자리에서
땅에 사는 우리 모두를 굽어보신다.
그분께서 각 사람을 지으셨으니
이제, 우리가 하는 모든 일을 지켜보신다.

16-17 큰 군대가 있다고 왕이 성공하는 것은 아
니며,
큰 힘이 있다고 용사가 승리하는 것도 아니다.
말(馬)의 힘이 답은 아니며,
완력만으로 구원을 얻는 사람도 없다.

18-19 하나님의 눈은 그분을 귀히 여기는 이들,
그분의 사랑을 구하고 찾는 이들에게 머문다.
그들이 역경에 처할 때 당장 구하러 오시며,
어려울 때 그들의 몸과 영혼을 모두 돌보아 주
신다.

20-22 우리가 **하나님**을 의지하니,
그분은 우리가 필요로 하는 전부.
그 거룩하신 이름, 우리 소유 삼았으니
우리 마음 기쁨이 넘치네.
**하나님**, 우리가 주님을 의지합니다.
주님의 전부로, 우리를 사랑해 주소서.

### 다윗의 시. 다윗이 아비멜렉을 속이고 떠나갈 때

# 34

1 나, 순간마다 **하나님**을 찬양하
리라.
숨이 턱에 차도록 주님을 찬양하리라.

2 내가 늘 **하나님**과 함께 살고 숨 쉬니,
지금 곤경에 처한 너희여, 이 말을 듣고 기뻐
하여라.

3 나와 함께 이 소식을 널리 전하고
주님의 말씀 함께 외치자.

4 **하나님**께서 저만치 달려 나와 나를 맞아 주
시고
불안과 두려움에서 나를 구해 주셨다.

5 그분을 우러러보아라, 너의 그 밝고 따스한
미소로.
네 감정을 그분께 숨기지 마라.

6 내가 절망에서 부르짖을 때
**하나님**께서 나를 궁지에서 빼내 주셨다.

7 우리가 기도할 때
**하나님**의 천사가 우리를 둘러 진 치고 보호
한다.

8 너희 입을 벌려 맛보고, 너희 눈을 활짝 떠서
보아라.
**하나님**이 얼마나 좋은 분이신지.
그분께 피하는 너희는 복이 있다.

9 가장 귀한 것을 바라거든 **하나님**을 예배하
여라.
예배할 때 그분의 온갖 선하심에 이르는 문이
열린다.

10 굶주린 젊은 사자들은 먹이를 찾아 헤매지만,
**하나님**을 찾는 이들은 하나님으로 배부르리라.

11 아이들아, 와서 귀 기울여 들어라.
너희에게 **하나님** 예배하는 법을 가르쳐 주리라.

12 인생을 즐겁게 살기를 바라는 자 누구냐?
날마다 좋은 일이 끊이지 않기를 바라느냐?

13 네 혀를 지켜 불경죄를 피하고
네 입으로 거짓말이 새 나가지 않게 하여라.

14 죄를 버리고 선한 일을 행하여라.
평화를 꼭 붙들어 떠나지 않게 하여라!

15 **하나님**께서는 자기 벗들에게 눈을 떼지 않
으시고
그분의 귀는 온갖 탄식과 신음을 놓치지 않는다.

16 **하나님**께서 반역자들을 참지 않으시고
무리 중에서 그들을 도려내시리라.

17 도움을 구하며 부르짖는 이 있느냐?
**하나님**께서 귀 기울여 들으시고 구하시리라.

18 너의 마음이 상할 때 **하나님**이 거기 계시고,
네가 낙심할 때 그분이 도우셔서 숨 쉬게 하시
리라.

19 주님의 백성들이 자주 곤경에 처할지라도
**하나님**께서는 그들과 늘 함께하신다.

20 그분은 네 모든 뼈를 지켜 주시는 경호원이
시니,
손가락 하나 부러지지 않는다.

21 악인은 자신을 서서히 죽이는 자니,
선한 이들을 미워하며 인생을 소모하는 까닭
이다.

**하나님의 도우심을 받을 수 있는 유일한 자격**(34:1-22)

이 시편의 시작을 자세히 보면, "나는 어느 때든 늘 행복하다"라고 하지 않고 "나, 순간마다 하나님을 찬양하리라"로 되어 있는 것을 알 수 있다(시 34:1).

이 말은 언제나 흥에 겨운 사람이 하는 말이 아니라, 기회가 될 때마다 찬양하기로 마음을 먹은 사람, 모든 것에 감사하기로 결심한 사람의 말이다. 그 이유는 물론 그가 기분이 좋아서가 아니라, 하나님이 모든 것을 합하여 선을 이루시기 위해 일하신다고 믿기 때문이다(롬 8:28을 보라).

그리스도인의 삶이 평범한 일상의 영역에서 벗어나 더 웅장한 영역으로 들어가는 것이라고 생각하는가? 만일 그렇다면 방향을 잘못 잡았다. 기독교 신앙은 몸, 돈, 감정, 관계와 같은 창조 안에 있는 것들로 우리를 더 깊이 끌어들인다. 그중 어떤 것들은 끔찍하고 어떤 것들은 고통스럽다.

그러나 바로 그러한 인생의 끔찍함과 고통 속에서 우리는 이를 초월하는 무엇을 발견하게 된다. 시편 34:18에서 시편 기자는, "너의 마음이 상할 때 하나님이 거기 계시고"라고 말한다. 시편 기자가 살았던 시대는 우리 시대와 크게 다르지 않았다. 그때도 지금처럼 모든 불운을—그것이 질병이든, 가난이든, 장애든, 죽음이든—신의 형벌로 해석하는 유사 신학이 있었다. 그럴 때 고통받는 사람이 할 수 있는 일은 그런 신들을 피하거나 그들이 괴롭히지 못하게 협상을 하는 것이었다.

예수님의 사역은 그러한 신학을 확고하게 반박했다. 예수님은 인간이 처할 수 있는 모든 어려운 상황에 일부러 주목하셔서, 병들고 죄책감에 시달리고 배고픈 사람들을 치유하셨고, 심지어 죽은 사람들까지 살리셨다. 하나님의 도우심을 받을 수 있는 유일한 자격은 우리가 어려움에 처해 있다는 사실뿐이다. 우리가 왜 어려움에 처했는지, 자기 자신 때문인지 혹은 다른 누구 때문인지는 중요하지 않다. 중요한 것은 하나님이 우리가 어려움을 당하는 바로 그때에 거기 계시고, 상한 마음의 파편들을 거두어 다시 붙여 놓으신다는 사실이다.

22 **하나님**께서 노예의 몸값을 치러 자유를 주시니,
그분께 피하는 이는 누구도 손해를 입지 않는다.

다윗의 시

# 35

1-3 **하나님**, 나를 괴롭히는 자들을 가만두지 마소서.
저 불한당들의 얼굴을 정통으로 갈겨 주소서.
무기든, 무엇이든 움켜잡으시고
나를 위해 일어나소서!
나를 노리고 달려드는 자들에게
창을 겨누어 던질 채비를 하소서.
"내가 너를 구하겠다" 말씀하시고
나를 안심시켜 주소서.

4-8 내 등을 찌르려는 저 무뢰배들,
미련한 자로 낙인찍히게 하소서.
나를 무너뜨리려는
모든 자들의 음모를 꺾으소서.
풀무질하는 천사를 붙이셔서,
저들을 강풍에 날리는 재처럼 흩으소서.
미행하는 천사를 붙이셔서,
저들의 길이 칠흑처럼 어둡고 질척거리게 하소서.
저들은 억지를 부려 가며 나를 잡으려 덫을 놓고,
나를 막으려고 까닭 없이 도랑을 팠습니다.
몰래 숨었다가 저들을 치소서.
저들이 놓은 덫에 저들이 걸리게 하시고
저들이 꾸민 참사에 저들이 당하게 하소서.

9-10 그러나 나는 거침없이 다니며,
**하나님**의 위대하신 일들 마음껏 알리게 하소서.
내 몸의 모든 뼈가 기쁨으로 들썩이며 노래하게 하소서.
"**하나님**, 주님과 같은 분 없습니다.
주께서는 주저앉은 자들을 일으키시고
기댈 데 없는 이들을 불한당에게서 보호해 주십니다!"

11-12 악의를 품은 고소인들이 느닷없이 나타나,
나를 괴롭히려고 달려듭니다.
나는 자비를 베풀었으나 그들이 고통으로 되갚으니,
내 영혼이 텅 빈 듯 허탈합니다.

13-14 저들이 아플 때 내가 검은 옷을 입고,
금식하며 기도했습니다.
납덩이처럼 무거운 마음으로 저들을 위해 기도하면서
가장 친한 벗, 나의 형제를 잃은 듯 안타까워했습니다.
침통한 마음에 어깨를 축 늘어뜨리고,
어머니 없는 아이처럼 넋 놓고 이리저리 서성였습니다.

15-16 그러나 정작 내가 쓰러졌을 때,
저들은 잔치를 벌였습니다!
동네의 이름 없는 어중이떠중이들이 몰려와
나를 모욕했습니다.
성소를 더럽히는 야만인들처럼
내 이름을 더럽혔습니다.

17-18 **하나님**, 언제까지 내버려 두시렵니까?
내 모든 것이 사자 밥으로 던져지고 있으니,
저들의 야만 행위에서 나를 구하소서.
모두가 모여 예배드릴 때
내가 주님의 신실하심을 찬양하겠습니다.
수많은 사람들이 모여들 때
할렐루야를 외치겠습니다.

19-21 저 거짓말쟁이들, 저 원수들이
나를 제물 삼아 잔치를 열지 못하게 하소서.
까닭 없이 나를 미워하는 자들이
서로 눈짓하거나 곁눈질로 바라보지 못하게 하소서.
저 패거리에게는 선한 것이 없고,
남의 일에 간섭 없이 자기 일에 몰두하는 이들을
어떻게 헐뜯을까 궁리하며 시간을 허비합니다.
저들은 입을 벌려 이죽거리며 조롱합니다.
"하하, 무사히 넘어갈 줄 알았지?
넌 우리에게 딱 걸렸어!"

22 **하나님**, 저들의 소행이 보이지 않습니까?
저들이 무사히 빠져나가게 내버려 두지는 않으시겠지요?
아무 조치 없이, 그냥 넘어가실 생각은 아니시겠지요?

23-26 제발 일어나소서, 깨어나소서! 내 사정을 살펴 주소서.
나의 하나님, 나의 주님, 내 목숨이 걸려 있습니다.
**하나님** 나의 하나님, 주님 뜻대로 하시되,
저들이 나를 제물 삼아 즐거워하는 일만은 막아 주소서.
"하하, 우리가 바라던 대로 됐어."
"우리가 그를 씹어서 뱉어 버렸지."
저들이 마음속으로 이렇게 말하지 못하게 하소서.
나를 제물 삼아 즐기려는 저들,
오히려 웃음거리가 되게 하소서.
거들먹거리며 힘을 과시하는
저들에게 당나귀 귀를 다시고,
당나귀 꼬리를 붙이소서!

27-28 그러나 내가 잘되기를 바라는 이들,
결국에는 그들이 기뻐 환호하며
이렇게 외치게 하소서. 끊임없이 외치게 하소서!
"**하나님**은 위대하시다. 그분의 종에게는
모든 것이 협력하여 선을 이루리라."
나도 주님의 위대하심과 선하심을 세상에 알

리고,
날마다, 종일토록 할렐루야를 외치겠습니다.

다윗의 시

## 36

1-4 하나님께 반역하는 자, 선동에
귀 기울이며
온통 죄 지을 건수 찾아 귀를 바짝 세운다.
하나님을 두려워하지 않고
그분 앞에서 거드럭거릴 뿐,
스스로에게 발림소리 하며
자신의 악을
아무도 모를 거라 믿는다.
그의 입에서 나오는 말은
더러운 개숫물.
그가 온당한 일을
한 적이 있던가.
잠자리에 들 때마다
또 다른 흉계를 꾸민다.
그가 길거리에서 제멋대로 설치면,
누구도 안심할 수 없다.
그는 불장난을 하면서도
누가 화상을 입든 개의치 않는다.

5-6 하나님의 사랑 드높고,
그분의 성실하심 끝이 없다.
그분의 목적 원대하고,
그분의 평결 드넓다.
광대하시되
작은 것 하나 놓치지 않으시니,
사람도, 생쥐 한 마리조차도
그분께는 소외되는 법 없다.

7-9 오 하나님, 주님의 사랑이 어찌 그리 보배
로운지요!
우리가 주님 날개 아래로 피하여
손수 베푸신 잔치음식을 배불리 먹느라 정신
이 없건만,
주께서는 우리 잔에 에덴의 광천수를 가득 부
어 주십니다.
주님은 폭포수 같은 빛의 원천,
우리 눈을 뜨게 하여 빛을 보게 하시는 분.

10-12 주님의 벗들을 끊임없이 사랑하시고
주님을 기뻐하는 이들 안에서 주님의 일을 행
하소서.
불한당들이 나를 괴롭히지 못하게 하시고
소인배들이 나를 비난하지 못하게 하소서.
졸부처럼 거만한 자들이 쓰러져
진흙탕에 완전히 고꾸라지게 하소서.

다윗의 시

## 37

1-2 출세를 자랑하는 자들에 신경
쓰지 말고
악인의 성공을 부러워하지 마라.
머지않아 저들은 베인 풀처럼 오그라들고
잘린 꽃처럼 시들어 버릴 것이다.

3-4 **하나님**께 보험을 들고 선한 일을 하며,
마음을 가라앉히고 네 본분을 지켜라.
**하나님**과 사귐을 지속하여
가장 복된 것을 누려라.

5-6 **하나님**께 모두 털어놓고, 아무것도 숨기지
마라.
꼭 필요한 일이면 그분께서 이루어 주시리라.
네가 올바르게 살아왔음을 대낮에 증언해 주
시고,
정오에 확인도장을 찍어 주시리라.

7 **하나님** 앞에 고요히 머물고
그분 앞에서 기도하여라.
출세의 사다리를 오르는 자들,
남을 밀치며 정상에 오르는 자들 때문에 괴로워하지 마라.

8-9 노여움을 제어하고, 분노를 버려라.
진정하여라. 화내 봤자 사태를 악화시킬 뿐.
얼마 못 가 사기꾼들은 파산하고,
**하나님**께 투자한 이들이 곧 그 가게를 차지하리라.

10-11 악인은 눈 깜짝할 사이에 결딴나리니,
한때 이름 날리던 사업장에는 아무것도 남지 않으리라!
겸손한 이들이 그리로 들어가 넘겨받고,
엄청난 횡재를 만끽하리라.

12-13 나쁜 자들은 착한 이들이 싫어
그들을 해코지하는 데 골몰하지만,
**하나님**은 조금도 신경 쓰지 않으신다.
그분께 그들은 싱거운 농담거리에 불과하다.

II 당신을 괴롭히는 사람들을 당신은 얼마나 의식하는가? 그 이유는 무엇인가? 하나님이 그러한 원수를 "싱거운 농담거리"(시편 37:13)로 보신다는 생각이 당신에게 위로가 되는가?

14-15 불량배들이 칼을 휘두르고
허세 부리며 활을 당기는구나.
순진한 이들을 괴롭히고,
개와 산책하는 선량한 사람을 강탈하려 드는구나.
저들, 바나나 껍질에 미끄러져 그대로 거꾸러지니
연극 속의 우스꽝스런 악역 꼴이다.

16-17 때로는 많은 것이 적고, 적은 것이 많은 법.
의인 한 사람이 악인 쉰 명보다 낫다.
악인은 도덕적으로 구제불능이지만,
의인은 **하나님**께서 붙드시기 때문이다.

18-19 **하나님**은 선량한 이들을 기억하시니,
그들이 하는 일을 쉬 잊지 않으신다.
그들은 불경기에도 고개 숙이지 않고
냉장고가 텅 비어도 배부르리라.

20 하나님을 얕보는 자들은 결딴나리라.
**하나님**의 원수들은 끝장나리라.
수확철의 포도원처럼 털리고
연기처럼 아무도 모르게 사라지리라.

21-22 악인은 꾸기만 하고 갚지 않으나,
의인은 베풀고 또 베푼다.
후히 베푸는 이는 마지막에 모든 것을 얻고,
인색한 자는 도중에 다 빼앗긴다.

23-24 신실한 사람은 **하나님**과 보조를 맞추며 걷는다.
**하나님**께서 그 길을 환히 비추시니, 그는 행복하다.
그는 넘어져도 오래 주저앉지 않으니,
**하나님**께서 그의 손을 잡아 주시기 때문이다.

25-26 한때 젊었다가 이제 백발이 되었지만,
나는 여태까지 신자가 버림받거나
그 자녀가 길거리를 떠도는 것을 보지 못했다.
그는 날마다 베풀고 꾸어 주며

자손들은 그의 자랑이 된다.

27-28 악을 버리고
선한 일에 힘쓰되, 꾸준히 그리하여라.
**하나님**은 선한 일을 사랑하시고
자기 벗들을 외면하지 않으신다.

28-29 이와 같이 살아라. 그러면 성공할 것이다.
그러나 악한 자들은 버림을 받으리라.
선한 이들은 좋은 땅에 심기고
튼튼히 뿌리를 내린다.

30-31 개가 뼈다귀를 핥고 또 핥듯, 의인은 지혜를 곱씹고
아름다운 덕을 음미한다.
피를 돌리듯, 그의 심장은 하나님 말씀을 온몸에 돌게 하고
그의 발걸음은 고양이처럼 흔들림이 없다.

32-33 악인은 의인을 엿보며
그를 죽이려 하지만,
**하나님**께서 경계를 늦추지 않고 의인을 지켜보시니,
악인은 의인의 머리카락 한 올 해치지 못하리라.

34 **하나님**을 간절히 기다려라.
그 길을 떠나지 마라.
그분께서 뭇사람이 보는 앞에서 네게 자리를 주시리니,
악인이 자리를 잃는 것을, 너는 보게 되리라.

35-36 나는 악인들이 두꺼비처럼 거만하게 뽐내며
허튼소리 하는 것을 보았다.
그러나 다음 순간, 그들의 모습은 온데간데없었다.
구멍 난 풍선, 바람 빠져 늘어진 거죽만 보일 뿐이다.

37-38 온전한 사람을 잘 들여다보고
올곧은 삶을 눈여겨보아라.
힘써 온전함을 이루는 것에
장래가 있다.
고집쟁이는 조만간 버림을 받고
거만한 자들은 막다른 길에 이르리라.

39-40 드넓고 자유로운 삶은 **하나님**이 주시는 것.
**하나님**께서 그 삶을 보호하시고 안전히 지키신다.
**하나님**의 도우심으로 우리가 악에서 해방되었으니,
그분께 피하면, 친히 우리를 구원하신다.

다윗의 시

# 38

1-2 **하나님**, 숨 한번 크게 쉬시고,
마음 가라앉히소서.
주님, 회초리를 성급히 들지 마소서.
화살처럼 날카로운 주님의 질책이 내 마음 할퀴고,
주께 얻어맞은 엉덩이가 몹시도 쓰라립니다.

3-4 지난 몇 달 사이 주님의 책망으로
내 얼굴 반쪽이 되었습니다.
내 죄 때문에
뼈는 바싹 마른 잔가지처럼 부스러지기 직전이고,
내 악행이 나를 뒤덮어

무거운 죄책감이 쌀포대처럼 어깨를 짓누릅니다.

5-8 내가 잘못 살았으므로
몸의 상처에서 악취가 나고 구더기까지 우글거립니다.
나, 꼴사납게 엎드러져
아침부터 밤까지 나로 인해 슬퍼합니다.
내 속에 있는 모든 장기가 불타는 듯하고
몸은 만신창이가 되었습니다.
기진하여 결딴난 신세,
내 삶은 신음만 토해 냅니다.

9-16 주님, 내 간절한 바람은 속이 훤히 보이고,
나의 신음은 주께서 다 아는 흔한 이야기입니다.
나는 완전히 지쳐서
금방이라도 심장이 멎을 것만 같습니다.
백내장으로 하나님과 선한 이들을 알아보지 못하니,
오랜 벗들이 나를 전염병 대하듯 피합니다.
내 친척들은 나를 찾지 않고
이웃들은 뒤에서 나를 헐뜯습니다.
경쟁자들이 내게 누명을 씌우고
나의 파멸을 간절히 바랍니다.
그러나 나는 귀머거리, 벙어리 신세,
귀도 닫히고 입마저 닫혔습니다.
그들의 말 한 마디 듣지 못하고
대꾸도 못합니다.
**하나님**, 내가 하는 일이라고는 그저 주님을 기다리는 것,
나의 주, 나의 하나님을 기다리는 것뿐이니, 응답해 주소서!
간절히 기도합니다. 저들이 나를 비웃지 못하게 하소서.
내가 비틀거릴 때 저들이 으스대며 활보하지 못하게 하소서.

17-20 내가 미칠 지경이 되고,
타는 듯한 고통이 내 속에서 나를 짓누릅니다.
내 잘못을 털어놓을 각오가 되어 있으니,
죄짓고도 의기양양해하는 일은 더 이상 없을 것입니다.
원수들은 기세등등하게 팔을 걷어붙였고,
폭력배들은 내 목을 노립니다.
내가 선을 베풀어도, 하나님을 싫어하는 자들은 악으로 되갚습니다.
저들은 하나님을 사랑하는 사람을 보면 참지 못합니다.

21-22 **하나님**, 나를 버리지 마소서.
하나님, 나를 하염없이 기다리게 하지 마소서.
내 인생에 넓고 탁 트인 공간이 필요하니,
어서 나를 도우소서.

다윗의 시

39 1-3 나, 굳게 다짐했다. 발걸음 조심하고 혀를 조심하여,
곤경에 처하는 일이 없게 하리라.
악인과 한 방에 있을 때는
입을 다물리라.
"아무 말 하지 말자" 다짐하며 잠자코 있었다.
그러나 침묵이 길어질수록
심사가 뒤틀리고,
속에서 화가 치밀었다.
생각하면 할수록 울화가 치밀어 올라
기어이 털어놓고야 말았다.

4-6 "**하나님**, 무슨 일인지 알려 주소서.
나의 살 날이 얼마나 남았는지 알려 주소서.

죽을 날이 언제인지 알려 주소서!
주께서 내 수명을 짧게 하셨으니,
내 목숨 줄, 건질 것 없을 만큼 짧습니다.
아! 우리는 한낱 입김.
아! 우리는 모닥불 속 그림자.
아! 우리는 허공으로 내뱉는 침.
기껏 모아 놓고는 그대로 두고 갈 뿐입니다.

7-11 주님, 이제 내가 사는 날 동안 할 일이 무엇
이겠습니까?
내가 할 일은 그저 희망을 품는 것뿐입니다.
내게 씌워진 반역자의 굴레를 주께서 벗기시고
바보들의 경멸에서 나를 건져 주소서.
주님, 이 모든 일의 배후에 주님이 계시니
나는 더 이상 말하지 않고 입을 다물겠습니다.
그러나 얼마나 오래 버틸 수 있을지 모르겠습니다.
주께서 우리 죄를 씻기시려고
우리를 불 가운데 세우실 때,
우리가 애지중지하던 우상들이 연기처럼 사라
집니다.
우리 역시 한낱 연기가 아니고 무엇이겠습니까?

12-13 아, **하나님**, 내 기도를 들으소서.
내 울부짖음에 귀를 열어 주소서.
흐르는 내 눈물 보시고
싸늘히 대하지 마소서.
나는 한낱 나그네일 뿐, 내 길을 알지 못합니다.
온 가족과 함께 그저 떠돌 뿐입니다.
너무 늦기 전에, 내가 이 세상 떠나기 전에
숨 돌릴 틈 주시고, 내 사정을 살펴 주소서."

다윗의 시

# 40

1-3 나, **하나님**을 기다리고 또 기다
렸더니,
마침내 굽어보시고, 내 부르짖음 들어주셨다.
나를 시궁창에서 들어 올리시고
진흙탕에서 끌어내셨다.
단단한 반석 위에 나를 세우시고
미끄러지지 않게 하셨다.
주께서 새로운 노래,
우리 하나님께 드릴 찬양을 가르쳐 주셨다.
이를 보고 점점 더 많은 사람들이
그 신비 속으로 들어가,
**하나님**께 자신을 맡긴다.

4-5 **하나님**께 자기를 내어 드리는 그대,
세상 사람들의 "확실한 것"을 등지고
세상 사람들이 숭배하는 것을 무시하는 그대
는 복이 있다.
세상은 **하나님**의 기적과
하나님의 생각으로 가득 쌓인 곳.
그 무엇도, 그 누구도
주께 견줄 수 없습니다!
주님에 대해 내가 아는 것을 말하려 해도
금세 말문이 막히고 마니,
지극히 크신 주님을
숫자나 말로는 다 담아낼 수 없습니다.

6 주님을 위해 일하고 주께 그 무엇을 드리려
해도
주께서는 그런 것 바라지 않으십니다.
종교적인 모습, 경건한 모양새,
주께서는 그런 것도 요구하지 않으십니다.
다만, 내가 들을 수 있도록
내 귀를 열어 주셨습니다.

7-8 그래서 내가 대답했습니다. "내가 왔습니다.
주께서 나에 대해 쓰신 기록을 읽고서,

나를 위해 베푸신
잔치에 왔습니다."
그때, 하나님의 말씀이 내 인생에 들어와
내 존재의 일부가 되었습니다.

9-10 **하나님**, 나는 온 회중에게 주님을 선포하고
아무것도 숨기지 않았습니다. 주께서도 아시
는 일입니다.
주님의 길을 비밀로 하지 않았고
나 혼자 간직하지도 않았습니다.
주께서 얼마나 믿을 만한 분이신지,
얼마나 철두철미한 분이신지 다 말했습니다.
주님의 사랑과 진리를 나 혼자만 알고 있지 않
았습니다.
모든 내용을 다 말하여
온 회중이 알게 했습니다.

11-12 그러니 **하나님**, 내게 숨기지 마시고
주님의 뜨거운 마음을 감추지 마소서.
나를 온전케 하는 것은
주님의 사랑과 진리뿐입니다.
시련이 한꺼번에 덮치고
무수한 죄악이 몰려와 나를 습격하니,
내가 죄책에 사로잡혀
내 길을 제대로 볼 수 없습니다.
내 마음속 죄악이 내 머리카락보다 많고
그 죄가 어찌나 무거운지, 내 마음이 지치고
말았습니다.

13-15 **하나님**, 너그럽게 보시고 몸소 나서 주
소서.
어서 나를 도우소서.
그러면 내 영혼을 낚아채려는 자들이
당황하여, 고개를 떨구게 될 것입니다.
재미 삼아 나를 괴롭히는 자들이
조롱과 창피를 당하고,
내가 망하기를 바라는 자들이
가차 없이 야유와 조소를 받을 것입니다.

16-17 그러나 주님을 찾아 헤매는 이들,
오, 그들은 노래하며 기뻐하게 하소서.
주님의 진면목을 아는 이들이
주님의 위대하심을 쉬지 않고 세상에 알리게
하소서.
나는 엉망진창입니다. 보잘것없고 가진 것도
없습니다.
나를 의미 있는 존재로 만들어 주소서.
주께서는 그리하실 수 있고, 그만한 능력도
가지고 계십니다.
하나님, 지체하지 마소서.

다윗의 시

# 41

1-3 불행한 이들의 존엄을 지켜 주
어라.
기분이 좋아지리라. 그것이 바로 **하나님**의 일.
**하나님**께서 우리 모두를 보살피시고
튼튼하고 생기 있게 하신다.
원수 걱정 안 해도 되니,
이 땅에 사는 것이 복되다.
병들어 자리에 누워 있을 때에도
**하나님**이 우리의 간호사 되셔서,
건강을 회복하도록 돌보신다.

4-7 내가 아뢰었습니다. "**하나님**, 은혜를 베푸
소서!
나를 다시 온전케 하소서.
내 죄가 나를 갈기갈기 찢었습니다."
원수들은 내가 고꾸라지기를 바라며,

내 죽을 날을 놓고 내기를 합니다.
누군가 나를 만나러 오면
내용 없는 뻔한 말만 늘어놓습니다.
나에 관한 험담거리를 모아서
길모퉁이 군중을 즐겁게 하는 저들입니다.
나를 미워하는 이 "친구들"이
동네방네 다니며 나를 비방하고,
위원회를 꾸려 나를 괴롭힐 계획을 꾸밉니다.

8-9 마침내 소문이 나돕니다. "저 자 좀 봐. 몹쓸 병에 걸려
다 죽어 간다지?
의사들도 포기했다지 뭐야."
허물없이 지내던 가장 가까운 벗마저,
집에서 늘 함께 식탁을 나누던 벗마저,
내 손을 물어뜯었습니다.

10 **하나님**, 은혜를 베푸소서. 나를 일으켜
저들에게 본때를 보이게 하소서.

11-12 원수 진영에서 승리의 함성 아직 들리지 않으니,
분명 주께서는 내 편이십니다!
주님은 나를 속속들이 아시고 나를 붙드시는 분.
나를 주님 앞에 우뚝 세우셔서
주님의 얼굴을 바라보게 하십니다.

13 **하나님**, 이스라엘의 하나님은 찬양받으실 분.
언제까지나 영원히.
그렇습니다. 정말 그렇습니다.

## 고라 자손의 시

# 42

1-3 흰 꼬리 사슴이
시냇물을 마시듯,
나, 하나님을
깊이 들이켜고 싶습니다.
내가 살아 계신 하나님을 목말라합니다.
"언제나 그런 날이 올까?
하나님 앞에 나아가 마음껏 그분을 누리게 될 그날!"
아침에도 눈물, 저녁에도 눈물,
눈물이 나의 음식이 되었습니다.
종일토록
사람들이 내 집 문을 두드리며
"네 하나님이 어디 계시냐?" 하고 비방합니다.

4 나, 인생의 호주머니를 비워 가며
거듭 되새겨 봅니다.
내가 늘 예배하러 가는 무리
맨 앞에 서 있던 일.
어서 가서 예배드리고 싶어
그들 모두를 이끌던 일.
목청껏 찬양하고 감사의 노래를 부르던 일.
너나없이 모두가 하나 되어 하나님의 축제에 참여하던 일!

5 내 영혼아, 네가 어찌하여 낙심하느냐?
어찌하여 슬퍼하느냐?
너는 하나님을 바라보아라.
나, 이제 다시 찬송하게 되리라.
나를 웃음 짓게 하시는 분,
그분은 나의 하나님.

6-8 내 영혼이 낙심될 때,
나는 요단 강 밑바닥에서 헤르몬 산지와 미살 산에 이르기까지
주님에 대해 아는 것을 하나하나 되짚어 봅니다.
포말을 일으키는 급류를 따라

혼돈이 혼돈을 부르며 이어지고,
부서지는 파도, 주님의 거센 파도가 우레처럼 밀려와
나를 휩쓸고 지나갑니다.
그제야 **하나님**께서
"너를 종일토록 사랑하리라,
밤새도록 노래 불러 주리라" 약속해 주십니다!
나의 삶은 하나님께 드리는 기도입니다.

9-10 나, 이따금씩 하나님께, 바위처럼 든든한 하나님께 여쭤 봅니다.
"어찌하여 나를 못 본 체하십니까?
이 몸, 원수들에게 시달리고
눈물 마를 날 없으니, 어찌 된 일입니까?"
살기등등한 저들,
나를 괴롭히는 저들이 날마다 역겨운 말투로,
"네 하나님이 어디 있느냐?" 하고 빈정댑니다.

11 내 영혼아, 네가 어찌하여 낙심하느냐?
어찌하여 슬퍼하느냐?
너는 하나님을 바라보아라.
나, 이제 다시 찬송하게 되리라.
나를 웃음 짓게 하시는 분,
그분은 나의 하나님.

**하나님의 능력을 발견하다**(42:1-11)

시편 42편은 하나님과 다른 사람들에 대한 실망이라는, 누구나 겪게 되는 공통된 경험을 다룬다. 이 시편은 우리가 하나님과 사람들과 관계를 맺으며 살도록 창조되었다는 기본적인 사실에 기초하고 있다. 시편 기자는 이 관계를 조명하기 위해 세 가지 비유를 사용한다.

목마른 사슴이 첫 번째 비유다. 사슴에게 물이란 우리에게 하나님과 같은 존재다. 우리에게는 하나님이 계셔야 한다. 그리고 그 하나님은 **살아 계신** 하나님이어야 한다. 신선하지 않거나 고인물이어서는 안된다. 사슴은 진흙탕과 늪과 습지를 지나 깨끗하게 흐르는 시내로 향한다. 내가 지난주 뇌우가 지나간 뒤에 남은 찌꺼기를 원하지 않는 것과 마찬가지다. 하나님은 내게 신선하게 흐르는 살아 있는 물이어야 한다. 초등학교 때 주일학교에서 배운 것으로는 만족할 수 없다. 지난주에 성경에서 읽은 것으로도 만족할 수 없다. 오늘 아침 텔레비전이나 라디오에서 누가 말한 것도 나의 목마름을 해소할 수 없다. 내가 직접 그 물을 마셔야 한다. 내게는 하나님이 계셔야 한다. 목마름과 굶주림, 만족을 향한 모든 갈망은 우리 삶에서 하나님을 바라는 근본적인 갈망에 대한 비유다.

이 시편의 두 번째 비유는 부서지는 파도다. 더 이상 인생을 감당할 수 없을 때, 우리는 도와 달라고 외친다. 그러나 이 사실은 곧 우리의 인생을 감당해 줄 방법이 **있다**는 뜻이다. 우리가 문제라고 부르는 것—우리의 힘이나 능력을 넘어서는 상황을 살아가는 것—을 통해 믿음의 사람들은 하나님의 능력을 발견한다.

시편 기자도 마찬가지였다. 큰 파도가 압도하는 것 같은 인생의 어려움을 당한 그는, 하나님이라는 구조선에 올라탔다. 그 폭풍 속에서 그는 기다렸고 신뢰했으며 믿었다. 사방으로 폭풍이 휘몰아치는 중에도 그는 노래하는 법을 배웠다.

무법한 사회가 세 번째 비유다. 사회는 우리를 곤경에 빠뜨리고 속이는 사람들로 가득하다. 불의를 치료하고, 억압, 불공정에 대처할 답이 있음을 우리는 안다. 악의, 사악함, 범죄의 중심에 대해서는 이미 하나님이 진단을 내리셨다. 도움이 필요한 상황이 도움을 받을 줄 알게 하는 것처럼, 불의는 우리가 하나님의 구원에 참여할 수 있는 기회가 된다.

43 [1-2] 하나님, 내 무고함을 밝혀 주
소서.
무정하고 부도덕한 자들에 맞서 나를 변호해
주소서.
이곳에서, 이 타락한 거짓말쟁이의 손에서
나를 건져 내소서.
하나님, 내가 주님을 의지했건만
어찌하여 나를 떠나셨습니까?
어찌하여 저 포악한 자들 때문에 이 몸
두 손 쥐어짠 채, 방 안을 서성거려야 합니까?

[3-4] 주님의 손전등과 나침반을 내게 주소서.
지도책도 주소서.
내가 거룩한 산,
주님 계신 그곳 이르는 길 찾을 수 있게 하소서.
예배당에 들어가,
나의 기쁨이신 하나님을 뵙게 하소서.
위대하신 하나님, 나의 하나님,
내가 하프를 뜯으며 감사의 노래를 부르게 하
소서.

[5] 내 영혼아, 네가 어찌하여 낙심하느냐?
어찌하여 슬퍼하느냐?
너는 하나님을 바라보아라.
나, 이제 다시 찬송하게 되리라.
나를 웃음 짓게 하시는 분,
그분은 나의 하나님.

고라 자손의 시

44 [1-3] 하나님, 우리가
평생토록 들었습니다.
우리 조상들이 조상들에게서 들은 이야기를
우리에게도 들려주었습니다.
주께서 사악한 자들을
밭에서 손수 뽑으시고 그 자리에 우리를 심으
신 이야기.
주께서 그들을 쫓아내시고
우리에게 새 출발을 허락하신 이야기.
이 땅은 우리가 싸워서 얻었거나
노력해서 얻은 것이 아니라, 주님의 선물입
니다!
주께서 주셨습니다. 환한 얼굴로
즐거워하시며 주셨습니다.

[4-8] 오 하나님, 주님은 나의 왕이시니
야곱의 승리를 명하소서!
주님의 도우심으로 우리가 적들을 쓸어버리고
주님의 이름으로 저들을 산산이 짓밟아 버리
겠습니다.
내가 의지하는 것은 무기가 아닙니다.
내 칼이 나를 구원하는 것도 아닙니다.
적의 손에서 우리를 구하시고,
우리를 미워하는 자들이 망신당하게 하신 분
은 주님이십니다.
우리가 종일토록 활보하며 하나님을 찬양하고,
끊임없이 주님의 이름을 불러 감사를 드립니다.

[9-12] 그러나 지금, 주께서는 우리를 버리고 떠
나셨습니다.
우리가 치욕을 당하게 하시고, 우리를 위해
싸우지도 않으셨습니다.
우리가 꽁무니를 빼고 달아나게 하시니,
우리를 미워하는 자들이 우리를 쓸어 냈습니다.
주께서 우리를 양처럼 도살업자에게 넘겨주
시고
사방으로 흩으셨습니다.
주님의 백성을 이익도 남기지 않고
헐값에 팔아넘기셨습니다.

13-16 주께서는 거리의 사람들,
부랑자들이 우리를 놀리고 욕하게 하셨습니다.
사악한 자들에게 웃음거리가 되게 하시고,
어중이떠중이에게 값싼 놀림감이 되게 하셨습니다.
나는 날마다 곤경에 처하고,
수치스럽게 놀림을 당합니다.
비방과 비웃음이 사방에서 들려오고,
나를 괴롭히러 나온 자들이 거리에 가득합니다.

17-19 이 모든 일이 우리를 덮쳤습니다.
그러나 우리는 이런 대접 받을 짓을 하지 않았습니다.
우리는 주님과의 언약을 저버리지 않았고
우리 마음이 거짓되지 않았으며,
우리 발이 주님의 길에서 벗어난 적도 없습니다.
정녕 우리가 악인들의 소굴에서 고문당하고
캄캄한 어둠 속에 갇혀야겠습니까?

20-22 우리가 하나님께 기도하기를 잊었거나
돈을 주고 산 신들과 어리석게 놀아나기라도 했다면,
하나님께서 모르실 리 있겠습니까?
하나님께는 아무것도 숨길 수 없습니다.
그런데도 주님은 우리를 순교자로 만들고,
날마다 제물로 바쳐지는 양이 되게 할 작정이십니다.

23-26 일어나소서, **하나님**! 온종일 주무실 작정이십니까?
깨어나소서! 우리에게 닥친 일을 모른 체하시렵니까?
어찌하여 베개에 얼굴을 묻고 계십니까?
어찌하여 우리를 아무 문제 없는 것처럼 여기십니까?
지금 우리는 땅바닥에 고꾸라진 채
적에게 목이 밟혀 꼼짝도 못합니다.
일어나셔서 우리를 구하러 오소서.
우리를 정말 사랑하신다면, 우리를 도와주소서!

### 고라 자손의 결혼 축가

# 45

1 내 마음의 강둑 터뜨려
아름다움과 선함을 흘려보냅니다.
그 강물 글로 바꾸고,
시로 담아내어 왕께 바칩니다.

2-4 "왕께서는 세상 그 누구보다 멋지신 분,
입술에서 나오는 말은 은혜 그 자체입니다.
하나님께서 왕에게 복을 내리셨습니다. 아주 큰 복을.
용사시여, 허리에 칼을 꽂으소서.
찬양받으소서! 합당한 영예를 받으소서!
위엄 있게 전차에 오르소서! 의기양양하게 달리소서!
진리를 옆에 태우고 달리소서!
정의롭고 온순한 이들을 위해 달리소서!

4-5 왕의 가르침은 어둠 속의 환한 빛.
왕의 날카로운 화살
원수의 심장 꿰뚫으니,
왕의 적들이 먼지 속에 맥없이 널브러집니다.

6-7 왕의 보좌는 영원무궁한
하나님의 보좌.
왕권의 홀은
올바른 삶의 척도.

왕께서 올바른 것을 사랑하시고
그릇된 것을 미워하시니,
하나님, 왕의 하나님께서
향기로운 기름을 왕의 머리에 부어 주셨습니다.
벗들을 제치고
당신을 왕으로 세워 주셨습니다.

8-9 왕의 의복은 맑은 공기 흠뻑 머금어
산바람의 향기 발하고,
편전에서 흘러나오는 실내악은
왕의 어깨를 들썩이게 만듭니다.
제왕의 딸들 왕의 궁전에서 시중들고
왕의 신부 황금빛 보석으로 단장하여 빛이 납니다.

10-12 왕후시여, 잘 들으소서. 한 마디도 놓치지 마소서.
이제 조국은 잊으시고, 고향에 연연하지 마소서.
이곳에 계십시오. 왕께서 왕후님을 간절히 원하십니다.
왕께서 그대의 주인이시니, 그분을 받드소서.
결혼 선물이 두로에서 밀려들고,
부유한 내빈들이 선물을 두 손 가득 들고 그대에게 옵니다."

13-15 (금실로 수놓아 눈부신
왕후의 웨딩드레스.
금실로 짠
왕후의 예복과 정장.
왕후가 왕 앞에 나아가고 들러리 처녀들이 그 뒤를 따른다.
기쁨과 웃음의 행렬!
성대한 입궁식이 거행된다!)

16-17 "왕이시여, 이제는 아드님들을 생각하소서.
부친과 조부에 연연하지 마소서.
왕께서는 아드님들을
온 땅의 제후로 삼게 될 것입니다.
나는 왕의 이름이 세세토록 전해지게 하겠습니다.
뭇 백성이 오래도록
왕을 이야기할 것입니다."

### 고라 자손의 노래

46 1-3 하나님은 안전한 피난처,
우리가 어려울 때 즉시 도우시는 분.
죽음의 절벽 끝에서도 두려움 없고
폭풍과 지진 속에서도 용기 잃지 않으며,
포효하며 달려드는 대양 앞에서도
산이 흔들리는 진동 속에서도, 굳건히 맞선다.

야곱과 씨름하신 하나님이 우리를 위해 싸우시고
만군의 **하나님**께서 우리를 보호하신다.

4-6 강의 원천들이 기쁨의 물보라 일으키며, 하나님의 도성,
지극히 높으신 분의 성소를 시원케 한다.
하나님께서 이곳에 거하시니, 거리가 안전하다.
하나님께서 동틀 녘부터 우리를 도우시니,
사악한 민족들이 날뛰며 아우성치고, 왕들과 나라들이 으르대지만,
땅은 무엇이든 그분 말씀에 순종한다.

7 야곱과 씨름하신 하나님이 우리를 위해

**구원의 살아 있는 중심**(46:1-11)

시편 46편의 이미지는 폭력적이다. 우리는 폭력이 만연한 세상 속에서 기도한다. 그런데 그 세상에 하나님의 도시가 있다. 하나님의 도시 이미지는 사실 군더더기 없이 단순하다. 도시는 **문명**의 중심이며 시민들 사이의 신뢰와 예법이 있는 장소다. 그것이 도시의 유일한 특징은 아니지만 말이다. 하나님의 도시는 법만 잘 만들면 현실이 될 수 있는 미래의 청사진 같은 것이 아니다. 그것은 **지금, 여기**다. 그리고 하나님이 그곳에 거하신다. 하나님의 도시가 **실제로** 존재한다. 그리고 그곳에 하나님이 사신다. **현재** 시제다. 폭력이 존재하는 그곳에 하나님이 계시기 때문에, 조용하고 한적한 곳으로 하나님을 찾아 나설 필요가 없다.

하나님의 도시가 안전한 이유는, 높은 벽과 완벽한 보안 시스템의 보호를 받는, 접근 불가능한 때 묻지 않은 장소여서가 아니다. 그곳이 안전한 이유는, 하나님의 도우심을 받을 수 있는 곳이기 때문이다. 이러한 도움에 대해서는 오랜 세월 기록된 역사적 증거가 있다. 하나님은 급박한 상황에서 생각해 낸 새로운 처방이 아니라 효력이 입증된 도우심이다. '돕다'라는 동사가 5절에 사용되었는데, 하나님은 우리가 어떤 세상에 사는지 아시고, 그 세상에서 우리가 얼마나 연약한지 아신다. 하나님은 우리의 필요를 미리 아시고 계획하신다. 하나님은 알맞은 때에 도우러 나타나시며 "동틀 녘부터" 나타나신다.

8절에서 시편 기자는 "모두 주목하여라! 보아라, 하나님의 놀라우신 능력을!"이라고 고백한다. 다시 말해, "이 골목 저 골목으로 뛰어다니지 말고, 인생에는 너희의 사소한 자조 사업보다 더 큰 것이 있다는 것을 알아차려라"는 뜻이다.

사방이 무너지고 있는 이 세상에서는 두려움에 빠져 하나님을 놓치기 쉽다. 그러나 하나님이 구원의 살아 있는 중심이라면, 하나님을 놓치지 말고 하나님께 제대로 반응할 수 있어야 한다. 이 세상을 향한 하나님의 뜻이 있고 우리가 거기에 동참하고 싶다면, 그 뜻이 무엇인지 알아낼 때까지 가만히 있어야 한다.

그렇게 해야 우리 주변과 우리 안에서 일어나는 하나님의 놀라우신 능력을 볼 수 있다.

싸우시고
만군의 **하나님**께서 우리를 보호하신다.

8-10 모두 주목하여라! 보아라, **하나님**의 놀라우신 능력을!
그분께서 온 땅에 꽃과 나무를 심으시고,
세상 이 끝에서 저 끝까지 전쟁을 금하시며,
모든 무기를 무릎에 대고 꺾으신다.
"복잡한 일상에서 한 발 물러나라!
지극히 높은 너희 하나님을 사랑의 눈길로 바라보아라.
나는 정치보다 중요하고
세상 모든 것보다 귀하다."

11 야곱과 씨름하신 하나님이 우리를 위해 싸우시고
만군의 **하나님**께서 우리를 보호하신다.

고라 자손의 시

# 47

1-9 모두 박수 치며 환호성을 올려라!
하나님을 목청껏 찬양하여라!
지극히 높으신 **하나님**, 땅과 바다 아우르시는
놀랍기 그지없으신 분.
적들을 진압하고
민족들을 우리 발아래 굴복시키신다.
우리를 대열 맨 앞에 세우시니,

우리는 상 받는 야곱, 그분의 사랑을 받는 자들.
하나님이 산에 오르실 때 환호소리 들리고
산꼭대기에서 숫양의 뿔나팔 소리 울려 퍼진다.
하나님께 노래하여라. 크게 노래하여라!
우리 왕이신 분께 노래하여라. 찬양을 불러라!
그분은 온 땅의 주인,
하나님께 최고의 노래를 불러 드려라.
그분은 뭇 민족의 주인,
산들의 왕이시며 군주이신 분.
온 세상에서 모이는 제후들,
모두가 아브라함의 하나님의 백성들.
땅의 권력자들도 하나님의 것,
주님은 만유 위에 우뚝 솟으신 분.

고라 자손의 시

# 48

1-3 **하나님**은 위대하신 분.
그분의 도성에 찬양이 가득하다!
그분의 거룩한 산,
숨 막히도록 놀라우니, 대지의 기쁨이어라.
시온 산, 북녘에 우뚝 솟아오르니,
온 세상 왕이신 분의 도성이어라.
하나님께서 그 성채 안에 계시니
넘볼 자 없도다.

4-6 왕들이 도모하여
무리 지어 몰려왔으나,
보자마자 머리 가로젓고
뿔뿔이 도망쳤다.
해산하는 여인처럼
고통으로 몸을 바싹 구부렸구나.

7-8 주께서 거센 동풍으로
다시스의 배들을 박살내셨습니다.
우리가 그 소식 들었고, 이제 두 눈으로
똑똑히 보았습니다.
만군의 **하나님**이 계신 도성,
그 도성, 우리 하나님이
기초를 든든히 세우시고,
영원토록 흔들리지 않게 하셨다.

9-10 하나님, 우리가 주님의 성전에서
주님의 행동하는 사랑을 깊이 새기며 기다렸
습니다.
하나님, 원근각처
주님의 이름이 불리는 곳마다
할렐루야가 연달아 터져 나옵니다.
주님 두 팔에 행동하는 선하심이 가득합니다.

11 시온 산아, 기뻐하여라.
유다의 딸들아, 기뻐 춤춰라!
그분께서 친히 말씀하신 대로 이루신다!

12-14 시온을 돌며 그 크기를 재어 보고
그 망대들을 세어 보아라.
그 성벽 오래도록 눈여겨보며
그 성채 끝에 올라 보아라.
그러면 다음 세대에게 하나님의 이야기
낱낱이 들려줄 수 있으리라.
마지막 때까지 영원토록 이끄시는
우리 하나님의 이야기를.

고라 자손의 시

# 49

1-2 새겨들어라. 다들 귀 기울여라.
땅에 사는 자들아, 이것을 놓치지
마라.
가진 자도
못 가진 자도
다 함께 들어라.

3-4 지혜를 너희 앞에 있는 그대로 펼치니
내 안에서 무르익은 삶의 깨달음이다.
내가 현자들의 말씀을 귀 기울여 들었으니
하프를 뜯으며 인생의 수수께끼를 풀어 주리라.

5-6 적의가 나를 에워싸고
불한당들이 나를 괴롭히며,
거만한 부자들이 나를 푸대접하는
어려운 상황이라 해도, 내가 어찌 두려워하랴?

7-9 참으로 인생은 스스로를 구할 수 없고,
혼자 힘으로는 곤경에서 벗어날 수 없다.
우리의 능력으로는 구원의 삯을 감당할 수 없고,
감당한다 해도 영원한 생명을 보장할 수 없다.
우리 힘으로는
블랙홀 속에 떨어질 운명에 대비할 수 없다.

10-11 누구나 볼 수 있으리라. 제아무리 똑똑하고 유능한 사람이라도
죽은 후에는 어리석고 멍청한 사람들과 똑같은 신세인 것을.
자기 이름을 따서 동네 이름을 지은 자들이라도,
결국에는 모든 재주를 뒤로 하고
그들의 새집, 관 속에 들어갈 뿐이다.
오직 그들의 영원한 주소는 공동묘지다.

12 우리는 불멸의 존재가 아니며, 오래 살지도 못한다.
개처럼 나이 들고 약해지면 죽을 뿐.

13-15 이것은 순간을 위해 사는 자들,
제 몸만 돌보는 자들에게 닥칠 운명이다.
죽음이 저들을 양 떼처럼 몰아 저승으로 보내버리니,
그들은 무덤의 목구멍에 떨어져 사라지리라.
쇠약해지다 끝내 아무것도 남기지 못하고
묘지의 묘비로 남을 뿐이다.
그러나 나는, 하나님께서 죽음의 마수에서 구해 내시고
아래로 팔을 뻗어 잡아채신다.

16-19 그러니 누가 부자가 되어
명성과 부를 쌓아 올려도 감동하지 마라.
저들은 명성과 부를 고스란히 남겨 둘 뿐 가져가지 못한다.
마침내 정상에 이르렀다고 생각하는 순간,
사람들이 저들의 성공에 찬사를 보낼 바로 그 순간에,
저들은 가족 묘지에 들어가
다시는 햇빛을 보지 못하리라.

20 우리는 불멸의 존재가 아니며, 오래 살지도 못한다.
개처럼 나이 들고 약해지면 죽을 뿐.

---

II 시편 49편에서 우리는 두 번이나 "개처럼 나이 들고 약해지면 죽을 뿐"(12절과 20절)이라는 표현을 접하게 된다. 이 시편의 맥락에서 볼 때 이 메시지를 어떻게 좋은 소식이라 할 수 있는가? 우리가 이 말을 두 번이나 들어야 하는 이유는 무엇인가?

---

아삽의 시

# 50

1-3 신들의 신 **하나님**께서 큰소리로 "땅아!" 외치며

동쪽 해를 맞이하시고,
사라지는 서쪽 해를 배웅하신다.
눈부신 시온에서
광염에 휩싸여 나타나신다.
우리 하나님께서 등장하신다.
주저하지 않고 거침없이 오신다.
번쩍이는 불꽃을 앞세우고 오신다.

4-5 그분께서 하늘과 땅을 배심원으로 부르시고
자기 백성을 법정으로 데려오신다.
"성경에 손을 얹고 나에게 충성을 맹세한
나의 성도들을 불러 모아라."

6 온 우주가 이 법정의 공평함을 증언한다.
하나님께서 이곳의 재판장이심을.

7-15 "내 백성아, 들리느냐? 내가 말한다.
이스라엘아, 내가 너를 재판에 부친다.
하나님, 너희 하나님이
너희에게 말한다.
너희가 드리는 예배,
너희가 자주 바치는 번제를 나무라려는 게 아니다.
내 어찌 너희의 최우등 황소를 바라겠으며
너희 가축 가운데 더 많은 염소를 바라겠냐?
숲 속의 피조물이 다 내 것이며,
모든 산의 들짐승도 다 내 것이다.
나는 멧새들의 이름을 모두 알고
날쌔게 움직이는 들쥐들도 내 친구다.
내가 배고프다 한들 너희에게 말하겠느냐?
온 우주와 거기 가득한 것이 다 내 것이다.
내가 사슴고기를 즐기고
염소의 피를 마실 것 같으냐?
나를 위해 찬양 잔치를 벌이고
지극히 높은 나 하나님에게 너희 서원 잔칫상을 내오너라.
그리고 곤경에 처했을 때 도움을 구하여라.
내가 너희를 도와줄 것이고 너희는 나를 공경하리라."

16-21 그러고는 악인들을 불러내어 말씀하신다.

"너희가 무슨 짓을 꾸미고 있느냐? 어찌하여
내 율법을 인용하며
우리가 좋은 친구라도 되는 것처럼 말하느냐?
내가 찾아가면 너희는 문도 열어 주지 않고
내 말을 쓰레기 취급한다.
너희는 도둑을 보면 동료로 삼고
간음하는 자들을 만나면 친구 중의 친구로 여긴다.
너희 입은 오물을 흘려보내고
거짓말을 진지한 예술인 듯 지어낸다.
친형제의 뒤통수를 치고
어린 여동생을 갈취한다.
너희의 이 같은 짓거리를 말없이 참아 주었더니
내가 너희와 한통속인 줄로 여기는구나.
내가 이제 너희를 꾸짖으며,
너희 악행을 훤히 보이는 곳에 드러내리라.

22-23 나를 농락하던 시간은
이제 끝났다.
내 판결이 코앞인데
너희를 도울 자 아무도 보이지 않는구나!
찬양하는 삶이 나를 영화롭게 한다.
너희가 그 길에 발을 들여놓으면,
내가 즉시 나의 구원을 보여주리라."

다윗의 시. 다윗이 밧세바와 정을 통하고
예언자 나단에게 잘못을 지적당한 뒤

# 51

1-3 사랑이 많으신 하나님, 은혜를
베푸소서!
자비가 크신 하나님, 나의 전과를 지워 주소서.
북북 문질러 내 죄 씻어 주시고
주님의 세탁기로 내 죄악을 말끔히 제거해 주
소서.
내 죄악이 나를 노려보고 있으니,
내가 얼마나 악한지 잘 압니다.

4-6 내가 주님을 모독했으며, 주께서는 내 지은
모든 죄를
속속들이 보셨습니다.
주께서 모든 사실을 훤히 알고 계시니,
나를 두고 어떤 결정을 내리시든 정당합니다.
내가 오랫동안 주님의 길에서 벗어났고
어머니 뱃속에서부터 죄 가운데 있었습니다.
주께서 구하시는 것은 마음속의 진실입니다.
내 안에 들어오셔서, 새롭고 참된 삶을 잉태
해 주소서.

7-15 주님의 세탁기에 나를 담그소서. 이 몸이
깨끗해져 나오리다.
나를 비벼 빠소서. 내가 눈같이 희게 살아가
리다.
흥겨운 노래에 맞추어 발을 구르게 하시고
부러졌던 뼈들이 다시 춤추게 하소서.
너무 꼼꼼히 흠을 찾지 마시고
내게 깨끗하다는 진단을 내려 주소서.
하나님, 내 안에서 새롭게 시작하시고
혼돈스러운 내 삶, 다시 창조하여 주소서.
나를 쓰레기와 함께 버리지 마시고
거룩함을 불어넣어 주소서.
이 쓸쓸한 유배생활 거두어 주시고
내 항해 길에 상쾌한 바람을 보내 주소서!
반역자들에게 주님의 길 가르치는 일을 내게
맡기셔서
길 잃은 자들이 집으로 돌아갈 수 있게 하소서.
하나님, 내 구원의 하나님, 내게 내리신 사형
을 감형해 주소서.
그러면 생명 주시는 주님의 길을 찬양하겠습
니다.
사랑하는 하나님, 내 입술을 열어 주소서.
내가 주님을 마음껏 찬양하겠습니다.

16-17 주께서는 시늉만 하는 것을 기뻐하지 않
으시고
완벽한 연기라도 달가워하지 않으십니다.
내 자만심이 산산이 부서진 순간,
내가 하나님 경배하기를 배웠습니다.
깨어진 마음으로 사랑할 각오가 된 사람은

**선한 것이 악해지다**(51:1-19)

하나님이 우리를 선하게 만드셨다는 사실(시 8편)에 따라오는 것이, 우리가 악해졌다는 사실이다. 마치 싱싱하던 과일이 상해 버린 것과 같은 양상이다. 죄란 우리가 악한 일을 **해서** 생기는 것이 아니라, 우리의 **존재**가 악해서 생기는 것이다. 이것은 일시적인 퇴보나 오류가 아니라, 우리 존재의 근본적인 조건이다. 죄를 고백한다는 것은 더 이상 죄를 짓지 않겠다는 결심이 아니다. 그것은 하나님이 죄인인 우리를 어떻게 다루기로 결정하셨는지를 발견하는 것이다. 하나님은 우리를 용서하시고, 구원의 춤을 추게 하시기로 결정하셨다.

잠시라도 하나님 관심 밖으로 밀려나지 않습
니다.

18-19 시온이 주님의 기쁨 되게 하시고
무너진 예루살렘 성벽을 보수하여 주소서.
그때에 주께서 우리의 참 경배와
크고 작은 예배를 받으시리니,
사람들이 수송아지를 잡아
주님의 제단 위에 바칠 것입니다.

다윗의 시. 에돔 사람 도엑이 사울에게
다윗이 아히멜렉의 집에 있다고 알렸을 때

# 52

1-4 하나님의 인자하심이 결국 승
리하건만,
거물아, 네가 어찌 악을 자랑하느냐?
너는 재앙을 꾸미는구나.
면도칼처럼 날카로운 혀를 가진 너,
거짓말의 달인이로다.
너는 선보다 악을 좋아하고
검은 것을 희다고 말한다.
험담을 즐기는 너,
입정 사나운 자로구나.

5 하나님께서 네 팔다리를 찢으시고
조각 하나 남지 않게 말끔히 쓸어 내시리라.
생명의 땅에서 너를
뿌리째 뽑아 버리시리라.

6-7 선한 이들이 이를 눈여겨보고
하나님을 경배하리라. 안도하며 그를 비웃으
리라.
"거물이 잘못 짚어
큰돈만 믿다,
파멸을 자초했구나."

8 그러나 나는 하나님의 집에서 자라는
푸르른 올리브나무.
그때나 지금이나
하나님의 한없는 자비를 의지할 뿐.

9 내가 늘 주께 감사드리니
주께서 행동으로 보여주신 까닭입니다.
주님의 선하신 이름은 나의 희망,
내가 주님의 신실한 벗들과 함께
주님 곁에 머물겠습니다.

다윗의 시

# 53

1-2 비루하고 거만한 인간들,
"하나님은 없다"고 허튼소리 하는
구나.
저들의 말은 독가스,
자신을 오염시키고
강과 하늘을 더럽힌다.
그저 엉겅퀴나 키워 낼 뿐.
하나님께서 하늘에서 고개를 내미시고
아래를 둘러보신다.
혹 우둔하지 않은 자가 있나 찾아보신다.
누구 하나 하나님을 바라는 사람,
하나님을 위해 준비된 사람이 있나 하고.

3 그러나 허탕만 치실 뿐,
단 한 사람도 찾지 못하신다.
다들 쓸모없는 자, 어중이떠중이들뿐.
돌아가며 양의 탈을 쓰고 목자 행세나 하니
열이면 열, 백이면 백
모두 제멋대로 가는구나.

4 저 사기꾼들,
정말 머리가 빈 것이냐?

패스트푸드 먹어 치우듯 내 백성을 집어삼키고도
너무 바빠서 기도하지 못한다니,
그러고도 무사하리라
생각한단 말이냐?

5 밤이 오고 있다. 악몽이 그들에게 닥치리라.
절대로 깨어나지 못할 악몽이.
하나님께서 저들을 요절내어
영원히 쫓아내시리라.

6 이스라엘을 구원할 이 누구인가?
하나님은 우리 삶을 반전시키는 분.
신세가 역전된 야곱이 기뻐 뛰놀고,
신세가 역전된 이스라엘이 웃으며 노래하는구나.

다윗의 시. 십 사람이 사울에게
다윗이 자기들 있는 곳에 숨어 있다고 알렸을 때

## 54

1-2 하나님, 주님의 이름을 위하여
나를 도우소서!
주님의 힘으로 나의 결백을 밝혀 주소서.
하나님, 귀를 기울이소서. 너무 절박합니다.
아무리 바쁘셔도 나를 외면하지 마소서.

3 무법자들이 내게 무작정 시비를 걸고
청부 살인자들이 나를 죽이려 합니다.
무엇도 저들을 제지하지 못하니,
저들은 하나님마저 대수롭게 여기지 않습니다.

4-5 오, 보아라! 하나님께서 지금 여기서 나를 도우신다!
**하나님**께서 내 편이 되어 주시니,
불행이 원수들에게 되돌아갑니다.
눈감아 주지 마소서! 저들을 깨끗이 없애 버리소서!

6-7 마음을 다해, 내가 주님을 경배합니다.
주께 감사드리니, 주님은 참으로 선하신 하나님이십니다.
주님은 온갖 곤경에서 나를 건지시고
원수들이 무너지는 것을 보게 하셨습니다.

다윗의 시

## 55

1-3 하나님, 귀를 열어 내 기도를
들어주소서.
내가 문 두드리는 소리, 못 들은 체 마소서.
가까이 오셔서 속삭이듯 응답해 주소서.
주님이 몹시도 필요합니다.
저들이 죄에 죄를 쌓고
원색적인 비방을 늘어놓으면,
비열한 목소리에 내 온몸이 떨리고
사악한 눈초리에 기가 죽습니다.

4-8 뱃속이 온통 뒤틀리고
죽음의 망령이 나를 짓누릅니다.
두려워 덜덜 떨며
머리부터 발끝까지 진저리를 칩니다.
스스로 묻습니다. "누가 내게 날개를 달아 줄까?
비둘기 같은 날개를."
비둘기 날개 퍼덕여 이곳을 벗어나게 하소서.
평화와 고요를 맛보게 하소서.
시골길을 걸으며
숲 속 오두막에서 쉬게 하소서.
광풍이 난무하는 이 험악한 곳에서
벗어나게 해주소서.

9-11 주님, 호되게 꾸짖으소서. 저들의 혀를 베

어 버리소서.
소름이 끼칩니다. 저들은 도성을
폭력배의 각축장으로 만들고,
뒷골목을 배회하며
낮이고 밤이고 싸움질을 해댑니다.
거리에는 쓰레기가 흘러넘치고
상인들이 환한 대낮에
바가지를 씌우며 사기 칩니다.

12-14 나를 모욕한 자가 동네 불량배였다면
차라리 내가 달게 받았을 것을.
욕설을 내뱉은 자가 낯모르는 악인이었다면
내가 신경 쓰지도 않았을 것을.
그러나 그자가 바로 너!
나와 함께 자란, 나의 가장 친한 벗이라니!
우리가 팔짱 끼고 함께 걷던 그 기나긴 시간,
하나님 이야기에 시간 가는 줄 몰랐지.

15 저 배신자들을 잡아 산 채로 지옥에 보내
소서.
저들이 극심한 공포를 맛보게 하시고
저주받은 삶의 황폐함을 낱낱이 느끼게 하소서.

16-19 내가 하나님을 소리쳐 부르면
**하나님**께서 나를 도우시리라.
내가 깊은 한숨 내쉬면
해질 녘이나 동틀 녘에도,
한낮이라도 그분께서 들으시고 구해 주시리라.
수천 명이 늘어서 나를 대적하는
위험 속에서도
내 생명 안전하고, 아무 이상 없구나.
하나님께서 내 탄식 들으시고 판결을 내리시니
저들의 코를 납작하게 하시리라.
그러나 죄의 습관이 굳어진 저들,
하나님을 무시하는 저들, 결코 변하지 않으리.

20-21 내 가장 친한 벗이 친구들을 배신하니,
자기 말을 스스로 뒤집고 말았다.
평생 그의 말에 매료되었던 나,
그가 나를 공격할 줄은 꿈에도 몰랐다네.
음악처럼 아름답던 그의 말이
비수로 변해 내 마음을 찌르다니.

22-23 네 근심 **하나님**의 어깨 위에 올려놓아라.
그분께서 네 짐 지고 너를 도우시리라.
선한 이들이 쓰러져 파멸하는 것을,
그분 결코 그대로 두지 않으시리라.
하나님, 저들을
진흙탕 속에 던져 버리소서.
살인과 배신을 일삼는 저들의 수명을 절반으
로 줄이소서.

나는 주님만 믿습니다.

**다윗의 시. 다윗이 가드에서**
**블레셋 사람들에게 붙잡혔을 때**

# 56

1-4 하나님, 내 편이 되어 주소서.
사람들에게 이리저리 차이고
날마다 짓밟히는 이 몸입니다.
하루가 멀다 하고
누군가 나를 두들겨 팹니다.
저들이 그것을
의무로 여기는 듯합니다.
두려움이 온통 나를 엄습할 때
믿음으로 주께 나아갑니다.
내가 자랑스럽게 하나님을 찬양하니,
이제는 두려움 없이 하나님만 신뢰합니다.
한낱 죽을 수밖에 없는 자들이 나를 어찌할 수

있겠습니까?

5-6 저들은 그칠 줄 모릅니다.
내 명예를 더럽히고
함께 모여 나의 파멸을 꾀합니다.
그들이 떼를 지어
뒷골목을 몰래 드나들면서,
불시에 덮쳐
나를 없앨 기회를 엿봅니다.

7 이 악행을 저들에게 그대로 갚아 주소서!
하나님, 분노하셔서
저 민족들을 쓰러뜨리소서!

8 주께서는 아십니다.
내가 잠 못 이루고 뒤척였던 숱한 밤을.
내 모든 눈물이 주님의 장부에,
내 모든 아픔이 주님의 책에 기록되었습니다.

9 내가 고함치자
원수들이 꽁무니를 빼고 달아나는 날에,
나는 알 것입니다.
하나님께서 내 편이 되어 주신 것을.

10-11 내가 자랑스럽게 하나님을 찬양하고
자랑스럽게 **하나님**을 찬양하니,
이제는 두려움 없이 하나님만 신뢰합니다.
한낱 죽을 수밖에 없는 자들이 나를 어찌할 수
있겠습니까?

12-13 하나님, 주께서 약속하신 것 다 지키셨으니
내가 마음을 다해 감사드립니다.
주께서 나를 죽음의 벼랑에서 끌어내시고
내 발을 파멸의 낭떠러지에서 끌어내셨으니,
나 이제 볕 드는 생명의 들판을
하나님과 함께 즐거이 거닙니다.

**II** 원수들에게 복수하고 싶은 마음이 얼마나 자주 드는가? 하나님이 당신의 눈물과 아픔을 다 기록하고 계시다는 생각은 어떻게 당신을 격려하는가?

**다윗의 시. 다윗이 사울을 피해 동굴에 숨었을 때**

# 57

1-3 하나님, 나를 다정히 맞아 주소서. 바로 지금!
죽을힘 다해 주께 달려갑니다.
이 폭풍이 다 지나기까지
주님의 날개 아래로 내가 피합니다.
내가 지극히 높으신 하나님을 큰소리로 부르네.
나를 붙들어 주시는 하나님을.
주께서 하늘에서 명령을 내려 나를 구원하시고
내게 발길질하는 자들을 굴복시키시네.
내게 한없는 사랑을 베푸시고
말씀하신 그대로 인도하시네.

4 내가 사자 떼 한가운데 있습니다.
놈들이 사람의 살을 맛보려고 기를 씁니다.
놈들의 이빨은 창과 화살,
놈들의 혀는 날카로운 단도.

5 오 하나님, 하늘 높이 날아오르소서!
주님의 영광으로 온 땅을 덮으소서!

6 그들이 내 길에 위장 폭탄을 설치해 놓으니
나는 꼼짝없이 죽고, 결딴나는 줄 알았습니다.
나를 잡으려고 그들이 함정을 팠으나
거꾸로 그들 자신이 그 속에 빠졌습니다.

7-8 하나님, 준비가 끝났습니다.
머리부터 발끝까지 단단히 준비했습니다.
이제 선율에 맞춰 노래하렵니다.
"깨어나라, 내 영혼아!
깨어나라, 하프야, 거문고야!
깨어나라, 너 잠꾸러기 태양아!"

9-10 **하나님**, 내가 거리에서 소리 높여 주께 감사드리고
도시에서, 시골에서 주님을 찬양합니다.
주님의 사랑, 깊을수록 더 높이 이르고
모든 구름, 주님의 성실 드러내며 나부낍니다.

11 오 하나님, 하늘 높이 날아오르소서!
주님의 영광으로 온 땅을 덮으소서!

다윗의 시

# 58

1-2 어찌하여 나라를 이처럼 경영하느냐?
국회에 정직한 정치인이 있더냐?
너희는 막후에서 떠들썩하게 악을 꾸미고
닫힌 문 뒤에서는 악마와 거래하는구나.

3-5 악인들은 태어나자마자 잘못된 길로 간다.
모태에서 나면서부터 거짓말을 내뱉으니,
그들의 갈라진 혀에서 떨어지는 것은
독, 치명적인 방울뱀 독.
그들은 위협도 홀리는 소리도 듣지 못하니,
수십 년치 귀지가 귓속에 켜켜이 쌓인 탓이다.

6-9 하나님, 저들의 이를 박살내셔서
이빨 없는 호랑이 신세가 되게 하소서.
저들의 인생이 엎질러진 물이 되게 하시고
모래밭의 축축한 얼룩으로 남게 하소서.
저들이 짓밟힌 풀이 되게 하셔서
오가는 사람의 발길에 닳아 빠지게 하소서.
저들이 달팽이 진액처럼 녹아내리게 하시고
유산된 태아가 되어 햇빛을 보지 못하게 하소서.
하나님, 저들의 음모가 모양을 잡기 전에
쓰레기와 함께 내던져 버리소서!

10-11 의인은 악인이 벌 받는 것을 보고
친구들을 불러 모으리라.
악인의 피를 잔에 담아내어
함께 건배하리라.
다들 환호하며 말하리라. "규례를 지킬 만하구나!
상을 주시는 하나님, 세상을 지켜보시는 하나님이 과연 계시는구나!"

다윗의 시. 사울이 다윗을 죽이려고
그의 집에 감시를 붙였을 때

# 59

1-2 나의 하나님! 내 원수들에게서 나를 구하시고
폭도들에게서 나를 지켜 주소서.
저들의 더러운 술수에서 나를 건지시고
저들이 보낸 청부 살인자들에게서 나를 구원하소서.

3-4 무법자들이 똘똘 뭉쳐 나를 대적하고
매복까지 하며 나를 노립니다.
**하나님**, 나는 이런 일에 휩싸일 짓을 하지 않았고
누구를 속이거나 학대한 일도 없습니다.
그런데 저들은 나를 가만두지 않기로 작정한 듯,
나를 뒤쫓습니다.

4-5 깨어나셔서 직접 보소서! 주께서는 하나님
이십니다.
만군의 **하나님**, 이스라엘의 하나님이십니다!
주님의 일을 행하셔서 저 악한 자들을 제거하
소서.
잔학무도한 자들이오니 봐주지 마소서.

6-7 저들은 해만 지면 돌아와서
늑대처럼 짖어 대며 성 주위를 어슬렁거립
니다.
그러다 갑자기 성문 앞에 모두 모여
욕설을 내지르며 단도를 뽑아 듭니다.
자신들은 절대 잡히지 않으리라 여깁니다.

8-10 그러나 **하나님**, 주께서는 저들을 비웃으십
니다.
사악한 민족들을 웃음거리로 여기십니다.
강하신 하나님, 내가 주님 그 모습 바라보며
늘 주님만 의지합니다.
하나님은 한결같은 사랑으로 때맞춰 나타나셔서
내 원수들이 파멸하는 꼴을 내게 보여주십니다.

11-13 **하나님**, 내 백성이 잊지 않도록
저들을 단번에 해치우지 마소서.
저들을 천천히 쓰러뜨리시고
아주 서서히 해체하소서.
비열하고 거만하게 내뱉은 저들의 온갖 말에
스스로 걸려들게 하소서.
중얼중얼 내뱉은 온갖 저주와
뻔뻔스런 거짓말에
스스로 걸려 넘어지게 하소서.
저들을 말끔히 해치우소서!
영원히 끝장내소서!
하나님께서 야곱을 확실히 통치하심을,
하나님께서 세상 모든 곳을 다스리심을,
온 세상이 알게 될 것입니다.

14-15 저들은 해만 지면 돌아와서
늑대처럼 짖어 대며 성 주위를 어슬렁거립
니다.
뼈다귀를 찾아 헤매다
먹을 것을 주는 손까지 물어뜯습니다.

16-17 그러나 나는 주님의 용맹을 노래하고
새벽에 주님의 과분한 선물을 큰소리로 이야
기하렵니다.
주님은 나에게 더없이 안전한 장소,
좋은 피난처가 되어 주셨습니다.
강하신 하나님, 내가 주님 그 모습 바라보며
늘 주님만 의지합니다.
내 든든한 사랑이신 하나님!

**다윗의 시. 다윗이 아람 나하라임과 아람 소바와 싸울 당시 요압이 소금 골짜기에서 에돔 사람 일만이천 명을 죽였을 때**

# 60

1-2 하나님! 주께서 우리를 버리고
떠나가시고
우리의 방어 시설을 걷어차 부수시고
노를 발하며 사라지셨지만,
이제 돌아오소서. 제발, 돌아오소서!

주께서 땅의 기초를 뒤흔드시니
거대한 틈이 생겼습니다.
이제 갈라진 틈을 메우소서! 그 틈으로
모든 것이 무너져 내립니다.

3-5 주께서는 주님의 백성이 파멸을 목도하게
하시고

싸구려 포도주로 괴로움을 달래게 하셨습니다.
그러고는 주님의 백성을 독려할 깃발을 꽂으
시고
용기를 줄 그 깃발이 휘날리게 하셨습니다.
어서 조치를 취하소서. 지금 바로 응답하소서.
주께서 끔찍이 사랑하시는 백성이 구원을 얻
게 하소서.

6-8 그때 하나님께서 거룩한 광채 속에서 말씀
하셨습니다.
"내가 기쁨에 겨워
세겜을 선사하고
숙곳 골짜기를 선물로 주리라.
길르앗이 내 호주머니 속에 있고
므낫세도 그러하다.
에브라임은 나의 헬멧,
유다는 나의 망치.
모압은 세탁용 양동이,
내가 모압을 쓰러뜨려 바닥 걸레로 삼으리라.
에돔에게 침을 뱉고
블레셋 전역에 불벼락을 퍼부으리라."

9-10 누가 나를 치열한 싸움터로 데려가며,
누가 에돔에 이르는 길을 알려 주겠습니까?
하나님, 주께서 우리를 버리신 것은 아니겠
지요?
우리 군대와 함께 나아가기를 거절하신 것은
아니겠지요?

11-12 우리를 도우셔서 이 힘든 임무 완수하게
하소서.
사람의 도움은 아무 쓸데가 없습니다.
하나님을 힘입어 우리가 최선을 다하리니,
주께서 적군을 완전히 때려눕히실 것이다.

다윗의 시

## 61

1-2 하나님, 나의 부르짖음을 들으
소서.
나의 기도에 귀 기울여 주소서.
멀리 있는 이 몸,
숨이 멎도록 헐떡이며
큰소리로 외칩니다. "저 높은 바위산 위로
나를 이끄소서!"

3-5 주께서는 내게 숨 쉴 공간을 주시고
모든 상황에서 벗어나 쉬게 하시며,
주님의 은신처 평생이용권을 주십니다.
주님의 손님으로 흔쾌히 초대해 주십니다.
하나님, 주님은 언제나 나를 진심으로 대하
시며
주님을 알고 사랑하는 이들에게 환영받게 하
십니다.

6-8 왕의 날들을 더하시고
선한 통치 기간이 오래도록 이어지게 하소서.
왕좌를 하나님의 충만한 빛 가운데 두시고
한결같은 사랑과 신실로 경계병을 삼아 주소서.
그러면 내가 시인이 되어 주님의 영광을 노래
하고,
노래한 대로 날마다 살아가겠습니다.

다윗의 시

## 62

1-2 하나님은 오직 한분이시니,
그분 말씀하실 때까지 기다리리라.
내게 필요한 모든 것 그분에게서 오니,
어찌 기다리지 않으랴?
그분은 내 발밑의 견고한 바위
내 영혼이 숨 쉴 공간
난공불락의 성채이시니,

내가 평생토록 든든하다.

3-4 너희는 언제까지 나에게 달려들려느냐?
언제까지 불량배들과 어울려 배회하려느냐?
너희에게 아무것도 아니요,
썩은 마루청이, 벌레 먹은 서까래 같은 나를.
산을 무너뜨리겠다는
허망한 계획을 도모하나 개미둑에 불과한 너희,
멋진 말을 늘어놓아도
축복마다 저주의 악취가 풍기는구나.

5-6 하나님은 오직 한분이시니,
그분 말씀하실 때까지 기다리리라.
내게 필요한 모든 것 그분에게서 오니,
어찌 기다리지 않으랴?
그분은 내 발밑의 견고한 바위
내 영혼이 숨 쉴 공간
난공불락의 성채이시니,
내가 평생토록 든든하다.

7-8 나의 도움과 영광 하나님 안에 있으니
하나님은 굳센 바위, 안전한 항구!
백성들아, 온전히 그분을 신뢰하여라.
그분께 너희 목숨을 걸어라.
하나님만이 너희 피난처이시다.

9 남자는 한낱 연기
여자는 한낱 신기루일 뿐.
그 둘을 합해도 아무것도 아니니
이 곱하기 영은 결국 영일 뿐.

10 뜻밖의 횡재를 하더라도
거기에 너무 마음 쓰지 마라.

11 하나님께서 딱 잘라 하신 이 말씀,
내가 얼마나 자주 들었던가?
"능력은 오직
하나님께로부터 온다."

12 주 하나님, 주께는 자애가 가득합니다!
날마다 우리가 수고한 것에 합당한 대가를 지
불해 주십니다!

---

Ⅱ "남자는 한낱 연기 여자는 한낱 신기루일 뿐", "하나님만이 너희 피난처이시다"(시 62:8-9). 사람들에게 실망스러운 점은 무엇인가? 하나님과의 관계에서 당신이 안전하다고 느끼는 점은 무엇인가?

---

다윗의 시. 다윗이 유다 광야에 있을 때

# 63

1 하나님, 주님은 나의 하나님!
보고 또 보아도 보고 싶은 분!
하나님을 향한 허기와 목마름에 이끌려
메마르고 삭막한 사막을 가로지릅니다.

2-4 주님의 권능과 영광을 보려고
두 눈 활짝 뜨고 예배처소에 있습니다.
마침내 주님의 너그러운 사랑 안에 살게 된
이 몸!
내 입술에 샘처럼 찬양이 넘쳐흐릅니다.
나, 숨 쉴 때마다 주님을 찬양하고
찬양의 깃발인 듯 두 팔을 주께 흔듭니다.

5-8 최상품 갈비를 마음껏 먹고 입맛을 다시니,
지금은 소리 높여 찬송할 때입니다!
한밤중에 잠 못 들 때면
지난날을 회상하며 감사의 시간을 보냅니다.
주께서 줄곧 내 편이 되어 주셨으니

나, 마음껏 뛰며 춤춥니다.
내가 주께 온 힘을 다해 매달리니,
주님은 나를 굳게 붙드시고 말뚝처럼 흔들림 없게 하십니다.

9-11 나를 잡으려 기를 쓰는 저들,
망하여 죽고 지옥에 떨어지리라.
비명횡사하여
승냥이 무리에게 사지를 찢기리라.
그러나 왕은 하나님 안에서 기뻐하고
그의 진실한 벗들은 그 기쁨 전파할 것이요,
야비한 뒷공론 일삼는 자들은
영원히 입에 재갈을 물리리라.

다윗의 시

## 64

1 오 하나님, 귀 기울여 들으시고 도와주소서.
운명의 날이 다가왔다는 생각에
이렇게 탄식하며 흐느낍니다.

2-6 저들이 나를 찾아내지 못하게 하소서.
나를 잡으려는 공모자들이
자신들의 혀를 무기 삼아
독설을 내뱉고,
독화살 같은 말을 쏘아 댑니다.
매복하여 있다가
누가 맞든 아랑곳하지 않고,
느닷없이 쏘아 댑니다.
저들은 운동 삼아 사악한 일을 벌여 건강을 유지하면서,
남몰래 놓은 덫의 목록을 품고 다니며
서로 말합니다.
"누구도 우리를 잡지 못할 거야.
이렇게 감쪽같은데 누가 눈치채겠어."
그러나 주님은 명탐정,
지하실처럼 캄캄한 마음속 비밀까지도 알아채십니다.

7-8 하나님께서 화살을 쏘시니
저들이 고통에 겨워 몸을 구부리는구나.
쓴웃음 짓는 군중들 앞에서
꼴사납게 고꾸라지는구나.

9-10 모든 사람이 보는구나.
하나님이 행하신 일이 장안의 화제가 되는구나.
선한 이들아, 기뻐하여라! 하나님께로 피하여라!
마음씨 고운 이들아, 찬양이 곧 삶이 되게 하여라.

다윗의 시

## 65

1-2 시온에 계신 하나님,
침묵이 주께 찬양하고
순종도 그리합니다.
주께서는 그 모든 것에 담긴 기도를 들으십니다.

2-8 우리 모두 죄를 짊어지고
머지않아 주님의 집에 이릅니다.
지은 죄 너무 무거워 감당할 수 없지만
주께서는 그것을 단번에 씻어 주십니다.
주께서 친히 택하신 이들은 복이 있습니다!
주님 거하시는 곳에 초대받은 이들은 복이 있습니다.
우리가 주님의 집, 주님 하늘 저택에 있는
좋은 것들을 한껏 기대합니다.
주님의 놀라운 구원의 일들이
주님 트로피 보관실에 전시되어 있습니다.
주께서는 땅을 길들이시고 대양에 물을 채우

시며,
산을 조성하시고 언덕을 아름답게 꾸미시는 분.
폭풍과 파도의 노호와
군중의 시끄러운 소요를 가라앉히시는 분.
도처에서 사람들이 걸음을 멈추고,
두려움과 놀라움으로 바라봅니다.
새벽과 땅거미가 번갈아 소리칩니다.
"와서 예배하여라."

9-13 오, 땅에 찾아오셔서
땅에게 기쁨의 춤을 추게 하소서!
봄비로 땅을 장식하시고
생수로 하나님의 강을 채우소서.
밀밭을 황금빛으로 물들이소서.
주께서는 이 일을 위해 세상을 지으셨습니다!
비를 내려 갈아엎은 밭을 적셔 주시고
흙이 물을 넉넉히 품게 하소서.
써레질과 고무래질에
땅이 꽃을 피우고 열매 맺게 하소서.
산봉우리에 눈 왕관을 씌워 빛나게 하시고
주님의 길에 장미 꽃잎을 흩뿌리소서.
거친 풀밭 곳곳에도 뿌려 주소서.
언덕들이 춤추게 하시고
협곡진 비탈에 양 떼를 두어
골짜기와 골짜기, 아마포를 드리운 듯 꾸며
주소서.
오, 저들에게서 기쁨의 함성 터져 나오고
즐거운 노랫소리 그치지 않게 하소서!

# 66

1-4 다 함께 모여 하나님께 갈채를!
그분의 영광에 합당한 노래 부르고
그분께 영화로운 찬송 드려라.
하나님께 아뢰어라. "주님 같은 분, 그 어디
에도 없습니다!"
원수들이 주께서 행하신 일을 보고
야단맞은 개처럼 슬그머니 도망칩니다.
온 땅이 무릎 꿇고
주님을 경배하며 노래합니다.
주님의 이름과 명성을 끊임없이 즐거워합니다.

5-6 하나님이 행하신 놀라운 일들을 잘 보아라.
너희 숨이 멎으리라.
그분께서 바다를 마른 땅으로 바꾸시고
사람들이 걸어서 그 길을 건너게 하셨으니,
어찌 찬양하지 않으랴?

7 주께서 지극히 높은 곳에서 영원히 다스리
시며
모든 나라들을 굽어보신다.
반역자들, 그분께
감히 대들지 못하는구나.

8-12 오 백성들아, 우리 하나님을 찬양하여라!
온 땅에 울려 퍼지는 노래로 그분을 맞이하
여라!
그분께서 우리를 생명 길에 두시지 않았느냐?
우리를 수렁에서 건져 내시지 않았느냐?
그분께서 우리를 먼저 단련하시고
은을 정련하듯 뜨거운 용광로 속을 통과하게
하셨다.
우리를 척박한 지역에 들여보내시고
극한까지 밀어붙이셨다.
길에서 우리를 안팎으로 시험하시고
생지옥을 데리고 다니셨으며,
마침내 물 댄 이곳으로
우리를 이끄셨다.

13-15 내가 소중히 여기는 것과 선물을 가지고
주님의 집에 왔습니다.
이제 주께 약속한 대로 행하겠습니다.
내가 큰 곤경에 처하던 날,
엄숙히 맹세한 대로 행하겠습니다.
엄선한 고기를 제물로 바치고
구운 양고기의 향기도 올려 드립니다!
염소 고기를 곁들인
수소도 바칩니다!

16-20 모든 믿는 이들아, 이리로 와서 귀를 기울여라.
하나님이 내게 행하신 일들을 너희에게 들려주리라.
내 입이 그분께 큰소리로 부르짖고
내 혀에서 찬양의 노래가 흘러나왔다.
내가 죄악과 놀아났다면
주께서 듣지 않으셨으리라.
그러나 하나님은 너무도 분명히 들어주셨다.
내 기도소리 들으시고 한걸음에 달려오셨다.
찬양받으실 하나님, 주께서는 귀를 막지 않으시고,
한결같은 사랑으로 나와 함께 계셨습니다.

# 67

1-7 하나님, 우리에게
은혜와 복을 내리소서! 환한 얼굴빛 비추소서!
주께서 어찌 일하시는지 온 나라가 보게 하시고,
주께서 어찌 구원하시는지 모든 민족이 알게 하소서.
하나님! 사람들이 주께 감사하고 주님을 기뻐하게 하소서.
모든 민족이 주께 감사하고 주님을 기뻐하게 하소서.

**예배는 마치 물과 같다**(66:1-20)

이 시편 기자에게 인생은 힘겨웠지만 하나님이 그를 "물 댄 이곳으로" 인도하셨다(시 66:12). "척박한 지역"(11절)에서 한계에 달했던 그에게 그 물맛은 얼마나 좋았겠는가? 신자에게 예배는 마치 그런 물처럼 생명이고 신선함이다.

전례대로 하든, 좀 더 느슨한 구조로 하든, 예배의 형식은 마치 물통과도 같다. 등산을 할 때는 물을 자주 마셔야 한다는 것을 나는 안다. 또한 예기치 못하게 산속에서 샘물을 만나 목을 축일 수 있다는 것도 안다. 그렇게 샘물을 만나면 기쁘고 즐겁게 마시지만, 거기에 전적으로 의지하지는 않는다. 샘물을 만나지 못하는 날들도 있기 때문이다. 그래서 언제나 물통을 들고 다닌다.

물통은 그 모양이나 용량이 샘물과는 비교가 되지 않는다. 내 물통은 사실 볼품이 없고, 식탁에 놓인 다른 용기들만큼 예쁘지 않다. 게다가 살짝 찌그러지기도 했다. 하지만 물을 담는 데는 아무런 문제가 없다.

예배의 형식이란 바로 그 용기와 같다. 화려한 드라마를 위해 만들어진 것이 아니라, 유용하게 쓰기 위해 만들어진 것이다. 반복해서 쓸 수 있고 익숙하다. 그래서 언제든 사용이 가능하고 의지할 수 있다.

시편으로 기도하는 것, 예를 들어 지금 이 시편으로 기도하는 것도 물통에서 물을 마시는 것과 같을 수 있다. 하나님을 향한 갈증으로 입술이 말랐다면, 마른 입술을 축이고 원기를 회복할 수 있는 물 댄 곳이 될 것이다.

주께서는 흩어져 있는 모든 자를 공명정대하게 심판하고
보살피는 분이시니,
그들이 행복해지고
그 행복 큰소리로 이야기하게 하소서.
하나님! 사람들이 주께 감사하고 주님을 기뻐하게 하소서.
모든 민족이 주께 감사하고 주님을 기뻐하게 하소서.
땅아, 네 풍요로움을 드러내어라!
오 하나님, 우리 하나님, 우리에게 복을 내리소서.
오 하나님, 우리에게 복을 내리소서.
온 땅아, 주께 영광을 돌려 드려라!

### 다윗의 시

## 68

1-4 하나님과 함께 일어나라!
그분의 원수들을 해치워라!
적들아, 언덕으로 달음질쳐 보아라!
한 모금 담배연기처럼,
불 속의 한 방울 촛농처럼 사라지리라.
악인들은 하나님을 한번 보기만 해도 자취를 감추는구나.
그러나 의인들은 하나님의 일하심을 보고
웃으며 노래하리라.
기쁨에 겨워 노래하리라.
하나님께 찬송가를 불러 드려라.
온 하늘아, 큰소리로 외쳐라.
구름 타고 오시는 분을 위해 길을 깨끗게 하여라.
하나님을 기뻐하여라.
그분을 뵐 때 환호성을 올려라!

5-6 고아들의 아버지,
과부들의 보호자,
그분은 거룩한 집에 계시는 하나님.
집 없는 이들에게 집을 마련해 주시고
갇힌 이들을 자유의 문으로 인도하신다.
그러나 반역자들은 지옥에서 썩게 하시리라.

7-10 하나님, 주께서 주님의 백성을 이끌고 가실 때,
주께서 광야를 행진하실 때,
땅이 흔들리고 하늘이 식은땀을 흘렸습니다.
하나님께서 행진 중이시기 때문입니다.
행진하시는 하나님, 이스라엘의 하나님 앞에서
시내 산도 바들바들 떨었습니다.
오 하나님, 주께서 양동이로 쏟아붓듯 비를 내리시자
가시나무와 선인장 있던 곳이 오아시스로 변하고,
주님의 백성이 거기서 천막을 치고 즐거워합니다.
주께서 그들의 형편을 낫게 하시니
가난뱅이이던 그들이 부자가 되었습니다.

11-14 주께서 명령하시자
수천의 사람들이 기쁜 소식 외치네.
"왕들이 달아났다!
거느린 군대와 함께 도망치는구나!"
아낙네들 무사히 집에 돌아와
전리품을 나누네.
가나안의 은과 금을 나누네.
전능하신 분이 왕들을 쫓아내시던 날,
검은 산에 눈이 내렸다네.

15-16 너 거대한 산맥, 바산이여,
위대한 산맥, 용의 산맥이여!

너희가 선택받지 못해 토라져 한탄하는구나.
하나님이 한 산을 택해 그곳에서 지내기로 하셨으니,
주께서 그 산에서 영원히 다스리시리라.

17-18 하나님의 전차는 수천수만 대.
선두에 계신 주께서 전차 타시고 시내 산,
바로 그 거룩한 곳에 내려오셨다!
주께서 포로들을 거느리고 지극히 높은 곳에 오르셔서
반역자들에게서 전리품을 한 아름 받으셨습니다.
이제, 주께서 그곳에 당당히 좌정하고 계십니다.
**하나님**, 주권자이신 **하나님**!

19-23 주님을 찬양하여라.
주께서 날마다 우리를 이끄시니,
그분은 우리의 구원자, 우리의 하나님.
우리를 도우시는 하나님, 우리를 구원하시는 하나님.
주 **하나님**은
죽음을 속속들이 아시는 분.
주께서 원수들을 해산시키시고
그들의 두개골을 쪼개셨다.
하늘에서 행진해 나오시며 말씀하셨다.
"내가 용을 동아줄로 묶고
깊고 푸른 바다에도 재갈을 물렸다.
너는 네 원수들의 피로 발을 적시고
네 집 개들도 네 장화에 묻은 원수들의 피를 핥으리라."

24-31 보아라, 행진하시는 하나님을.
나의 하나님, 나의 왕께서
성소로 행진하신다!
맨 앞에는 가수들, 맨 뒤에는 악대가 뒤따르고
대열 중간에서 소녀들이 캐스터네츠를 연주한다.
온 찬양대가 하나님을 찬양한다.
찬양의 샘이 흐르듯, 이스라엘이 **하나님**을 찬양한다.
보아라. 어린 베냐민이
앞에 나와 대열을 이끌고,
귀족 복장을 한 유다 고관들,
스불론과 납달리 고관들이 그 뒤를 따른다.
오 하나님, 주님의 힘을 펼쳐 보이소서.
오 하나님, 지금의 우리를 있게 하신 주님의 능력을 뽐내소서.
지극히 높으신 하나님, 주님의 성전은 예루살렘,
왕들이 주께 예물을 가져옵니다.
꾸짖으소서, 저 늙은 악어 이집트와
들소 무리와 송아지들을.
탐욕스럽게 은을 바라며
다른 민족들을 짓밟고 싸우지 못해 안달하는 저들을.
이집트 무역상들이 주께 푸른색 옷감을 바치게 하시고
구스 사람들이 두 팔 벌려 하나님께 달려오게 하소서.

32-34 노래하여라, 오 세상의 왕들아!
주님을 찬양하여라!
저기, 하늘을 거니시는,
태곳적 하늘을 활보하시는 그분이 계신다.
귀 기울여 들어라. 그분께서 우레 속에서 외치신다.
우르르 쾅쾅 울리는 천둥 속에서 고함치신다.
하나님께, 이스라엘의 높으신 하나님께 "만

세!"를 외쳐라.
그분의 광휘와 권능이
소나기구름처럼 거대하게 솟아오른다.

35 오 하나님, 위엄에 찬 아름다움
주님의 성소에서 흘러나옵니다.
이스라엘의 강하신 하나님!
그분께서 백성에게 힘과 능력을 주신다!
오, 주님의 백성들아, 하나님을 찬양하여라!

다윗의 시

## 69

1 하나님, 하나님, 나를 구원하소서!
이제는 도저히 버틸 수 없습니다.

2 아래로 내 발이 빠져들고, 위로는 거센 물결
이 나를 덮칩니다.
익사하기 직전입니다.

3 도움을 구하느라 목이 쉬고
하늘 보며 하나님을 찾다가 눈까지 흐려졌습
니다.

4 원수들이 내 머리카락보다 많습니다.
밀고자들과 거짓말쟁이들이 나를 해하려 듭
니다.

내가 훔치지도 않았는데
물어내야 하다니요?

5 하나님, 주께서는 나의 죄를 낱낱이 아십니다.
내 인생은 주님 앞에 활짝 펼쳐진 책입니다.

6 사랑하는 주님! 만군의 **하나님**!
희망을 품고 주님을 바라보는 이들이
내게 일어난 일로 낙담하지 않게 하소서.

이스라엘의 하나님! 간구합니다.
주님을 찾는 이들이
나를 따르다가 막다른 곳에 이르지 않게 하
소서.

7 주님 때문에 바보가 된 이 몸,
얼굴 보이기 부끄러워 숨어 다닙니다.

8 형제들은 나를 길거리의 부랑자 대하듯 하고
가족들은 나를 불청객 취급합니다.

9 내가 말로 다할 수 없을 만큼 주님을 사랑합
니다.
내가 주님을 미친 듯이 사랑하기에,
저들이 주님을 싫어하는 모든 이유를 들어 나
를 비난합니다.

10 내가 기도와 금식에 힘쓸 때
더 많은 경멸이 나에게 쏟아집니다.

11 내가 슬픈 표정이라도 지으면
저들은 나를 광대 취급합니다.

12 주정뱅이와 식충이들이
나를 조롱하며 축배의 노래를 부릅니다.

13 그러나 나는 그저 기도할 뿐입니다.
**하나님**, 내게 숨 돌릴 틈을 주소서!

하나님, 사랑으로 응답하시고
주님의 확실한 구원으로 응답하소서!

14 이 수렁에서 나를 건져 주셔서
영원히 가라앉지 않게 하소서.

원수의 손아귀에서 나를 빼내소서.
이 소용돌이가 나를 빨아들입니다.

15 늪이 내 무덤이 되게 하지 마시고, 블랙홀이
나를 물어 삼키지 못하게 하소서.

16 **하나님**, 나를 사랑하시니, 지금 응답하소서.
주님의 크신 긍휼을 내가 똑똑히 보게 하소서.

17 외면하지 마소서. 주님의 종이 견딜 수 없습니다.
내가 곤경에 처했으니, 당장 응답하소서!

18 하나님, 가까이 오셔서, 나를 여기서 꺼내 주소서.
이 죽음의 덫에서 나를 건져 주소서.

19 저들이 나를 함부로 대하고
바보 취급하며 모욕하는 것을, 주께서 알고 계십니다.

20 내가 저들의 모욕에 기가 꺾이고
꼴사납게 엎드러져, 만신창이가 되고 말았습니다.

인자한 얼굴을 찾았지만 헛수고였고
기대어 울 어깨도 찾지 못했습니다.

21 저들은 내 수프에 독을 타고
내가 마시는 물에 식초를 끼얹었습니다.

22 저들의 만찬이 덫의 미끼가 되게 하시고,
친한 친구들이 놓은 덫에 저들이 호되게 당하게 하소서.

23 저들의 눈을 어둡게 하시고
아침부터 저녁까지 두려워 떨게 하소서.

24 주님의 불같은 분노로 저들을 치셔서
주께서 저들을 어찌 여기시는지 알게 하소서.

25 저들의 집을 다 태워 버리시고
홀로 쓸쓸히 지내게 하소서.

26 저들은 주께서 징계하신 이를 헐뜯고
하나님께 상처 입은 사람의 이야기를 지어냅니다.

27 저들의 죄에 죄를 더하여 주셔서
저들이 빠져나가지 못하게 하소서.

28 살아남은 자들의 명부에서 저들의 이름을 지우시고
바위에 새긴 의인의 명단에 저들이 끼지 못하게 하소서.

29 내가 다쳐서 고통 중에 있으니,
몸을 추스를 공간과 맑은 공기를 허락해 주소서.

30 내가 찬양 노래로 하나님의 이름을 외치고
감사의 기도로 주님의 위대하심을 알리게 하소서.

31 **하나님**은 이 일을 제단 위에 놓인 수소보다

기뻐하시고
엄선된 황소보다 더 좋아하신다.

32 마음이 가난한 이들이 보고 기뻐하네.
오, 하나님을 찾는 이들아, 용기를 내라!

33 **하나님**은 가난한 이들의 소리에 귀 기울이시고
가엾은 이들을 저버리지 않으신다.

34 너 하늘아, 주님을 찬양하여라. 땅아, 주님을 찬양하여라.
바다와 그 속에서 헤엄치는 모든 것들아, 주님을 찬양하여라.

35 하나님께서 시온을 도우러 오시며
유다의 파괴된 성읍들을 다시 세우신다.

생각해 보아라, 누가 그곳에 살게 될지,
누가 그 땅의 당당한 주인이 될지.

36 주님의 종들의 자손이 그 땅을 차지하고
주님의 이름을 사랑하는 이들이 그곳에서 살아가리라.

---

**II** 최근에 도저히 버틸 수 없다고 느꼈던 때(시 69:1)는 언제인가? 하나님께 도와 달라고 간구할 때까지 얼마나 걸렸으며, 그 상황은 어떻게 해결되었는가?

---

**다윗의 기도**

# 70

1-3 하나님! 서둘러 나를 구하소서!
**하나님**, 속히 내게 오소서!
나를 해치려고 혈안이 된 자들이
제풀에 엎드러지게 하소서.
나의 몰락을 즐기는 자들이
막다른 골목에 몰리게 하소서.
저들이 부린 술수가 고스란히 되돌아가게 하시고
혀를 차며 내뱉던 험담을 저들이 도로 듣게 하소서.

4 주님을 찾아 헤매는 이들은
노래하고 기뻐하게 하소서.
주님의 구원의 도를 사랑하는 모든 이들이
"하나님은 위대하시다!" 하고 거듭거듭 말하게 하소서.

5 그러나 나의 마음은 꺾이고, 쇠약해졌습니다.
하나님, 속히 오소서!
어서 내게 오셔서, 나를 구하소서!
잠시도 지체하지 마소서, **하나님**.

# 71

1-3 내가 죽을힘 다해 **하나님**께로 달려갑니다.
결코 후회하지 않겠습니다.
주님의 특별한 능력을 보여주소서.
나를 이 궁지에서 구하시고 우뚝 서게 하소서.
내 말에 귀 기울여 주소서.
나에게 구원을 베푸소서.
주님의 문은 언제나 열려 있다고 하셨으니,
내게 쉴 처소가 되어 주소서!
주님은 나의 구원, 나의 견고한 성채이십니다.

4-7 나의 하나님, 악인의 손아귀에서 나를 건지시고

악당과 불량배의 손에서 나를 구하소서.
고달픈 시절에도 나를 붙들어 주신 **하나님**,
주님은 어려서부터 나의 반석이 되어 주셨습니다.
내가 태어나던 날,
주께서 나를 요람에서 안으시던 날부터 내가 주님을 의지하였으니,
이 몸, 찬양을 그치지 않으렵니다.
많은 사람들이 나를 색안경 끼고 바라보지만
주님은 나를 의연하게 받아 주십니다.

8-11 주님의 아름다움이 날마다 차고 넘치듯
내 입에도 찬양이 차고 넘칩니다.
내가 늙어 연약해져도 쫓아내지 마시고
제 역할 못하게 되어도 퇴물 취급하지 마소서.
원수들이 내 뒤에서 수군대며
나를 칠 기회를 호시탐탐 노립니다.
"하나님도 저 자를 버리셨다.
도와줄 자 없으니, 당장 잡아 족치자" 하고 떠들어 댑니다.

12-16 하나님, 멀찍이서 구경만 하지 마소서.
어서 오소서! 내 옆으로 달려오소서!
나를 비난하는 자들이 부끄러움을 당하고,
나를 잡으려는 자들이 바보 천치로 보이게 하소서.
내가 주님을 붙들려고 손을 뻗습니다.
날마다 찬양에 찬양을 더하겠습니다.
주님의 의로우심을 책에 기록하고
주님의 구원을 종일토록 큰소리로 전하겠습니다.
쓸거리나 말할거리가 결코 떨어지지 않을 것입니다.
내가 주 **하나님**의 권능으로 나아가
주님의 의로우신 일을 널리 알리겠습니다.

17-24 하나님, 주께서는 미숙한 어린 시절부터
나를 붙드시고
내가 알아야 할 모든 것을 가르치셨습니다.
이제 내가 주님의 놀라운 일들을 세상에 알리고
늙어 백발이 될 때까지 그 일을 계속하겠습니다.
하나님, 나를 버려두고 떠나지 마소서.
오 하나님, 내가
주님의 강한 오른팔을 세상에 알리고,
주님의 권능과
주님의 그 유명한 의의 길을
다음 세대에 알리겠습니다.
하나님, 주께서 이 모든 일을 행하셨으니
주님 같은 분, 또 어디에 있겠습니까?
나로 하여금 고난을 보게 하신 주님,
나를 회복시키셔서,
이제는 생명을 보게 하소서.
바닥까지 떨어진 나를 끌어올리시고
명예를 회복시켜 주소서.
나를 돌아보시고, 너그럽게 대해 주소서.
그러면 내가 거문고를 집어 들고
주님의 성실하심에 감사하는 노래를 연주하겠습니다.
하프로 주께 바치는 음악을 연주하겠습니다.
이스라엘의 거룩한 분이시여!
내가 입을 열어 주님을 노래하고
목청껏 찬양합니다.
나를 죽이려던 자들이
부끄러움에 사로잡혀 슬그머니 달아나는 동안,
나를 살려 주신 주님을 찬양할 것입니다.
온종일 주님의 의로운 길을 흥얼거릴 것입니다.

솔로몬의 시

# 72

1-8 오 하나님, 지혜롭게 다스리는
능력을 왕에게,
공정하게 다스리는 능력을 왕세자에게 주소서.
그가 주님의 백성을 공정하게 재판하여,
온순하고 불쌍한 이들에게 존경받는 왕이 되
게 하소서.
산들이 왕의 통치를 생생하게 증언하고
언덕들이 바른 삶의 윤곽을 보이게 하소서.
가난한 이들을 지키시고
어려운 이들의 자녀를 도우시며
무자비한 폭군들을 엄히 꾸짖으소서.
해보다 오래 살고, 달보다 장수하여
대대로 다스리게 하소서.
베어진 풀에 내리는 비가 되시고
땅의 기운을 돋우는 소나기가 되소서.
저 달이 스러질 때까지 정의가 꽃피게 하시고
평화가 넘치게 하소서.
바다에서 바다까지
강에서 하구까지 다스리소서.

9-14 적들이 하나님 앞에 무릎 꿇고
왕의 원수들이 먼지를 핥게 될 것입니다.
멀리 있는 전설적 왕들이 경의를 표하고
부유하고 멋진 왕들이 재산을 넘길 것입니다.
모든 왕이 엎드려 절하고
모든 민족이 왕을 섬기기로 맹세할 것입니다.
그가 어려운 때에 가난한 이들을 구하고
운이 다한 빈민을 구제하기 때문입니다.
그는 빈털터리가 된 자들을 위해 마음을 쓰고
이 땅의 가련한 이들을 돕습니다.
그는 압제와 고문을 당하는 이들을 구해 냅니다.
그들이 피 흘리면, 그도 피 흘리고
그들이 죽으면, 그도 죽습니다.

15-17 오, 그가 오래오래 살게 하소서!
스바의 황금으로 꾸며 주소서.
그를 위해 드리는 기도, 끊이지 않게 하시고
아침부터 늦은 밤까지 그에게 복을 내리소서.
금빛으로 물든 곡식밭이
산봉우리까지 이르러 무성하게 하시고,
찬양, 넘쳐나는 찬양이
땅의 풀처럼 도성에서 돋아나게 하소서.
왕의 이름이 잊히지 않게 하시고
그의 명성이 햇빛처럼 빛나게 하소서.
모든 민족이 그의 복된 다스림을 받게 하시고
그들에게 복 주신 하나님을 찬양하게 하소서.

18-20 **하나님** 이스라엘의 하나님,
홀로 기적을 일으키시는 그분을 찬양하여라!
그분의 찬란한 영광을 영원토록 찬양하여라!
그분의 영광 온 땅에 가득하리라.
그렇습니다, 참으로 그렇습니다.

아삽의 시

# 73

1-5 의심할 것 없네! 하나님은 선하
신 분.
착한 이들을 선대하시고, 마음씨 고운 사람도
그리하시네.
그러나 하마터면 놓치고,
그분의 선하심 보지 못할 뻔했네.
내가 엉뚱한 데 눈을 돌려
꼭대기에 있는 자들을
우러러보고
성공한 악인들을 부러워했으니.
걱정거리 전혀 없는 자들,
세상 근심거리 하나 없는 자들을.

6-10 거만하게 우쭐거리는 저들,

교묘하게 폭력을 휘두르고
제멋대로 하면서, 먹기는 원 없이 먹고
바보같이 비단 나비넥타이로 멋을 냈구나.
상처 주는 말로 조롱하고
거만하게 굴며 제멋대로 지껄이네.
큰소리 탕탕 치며
거친 말로 분위기를 어지럽히는 자들.
사람들이 저들의 말을 귀담아듣는다니, 기막힌 일 아닌가?
저들의 말을 목마른 강아지처럼 핥아 먹는다니.

11-14 대체 어떻게 된 일이야? 하나님이 점심 드시러 가셨나?
가게를 아무도 지키지 않는군.
악인들이 와서 물건을 싹쓸이하고
재산을 축적하며 성공 가도를 달리는구나.
미련하게 규칙을 지켰건만,
내가 얻은 것은 무엇이었나?
오랜 불운과
문 밖을 나설 때마다 당하는 모욕뿐.

15-20 내가 이런 생각을 받아들이고 입 밖에 냈다면,
주님의 귀한 자녀들을 배신하게 되었을지도 모릅니다.
어떻게 된 일인지 알아내려고 했으나
내가 얻은 것은 극심한 두통뿐이었습니다.
하나님의 성소에 들어가서야
비로소 전모를 파악했습니다.
주께서 저들을 미끄러운 길에 두셨고
저들은 끝내 미혹의 수렁에 처박히고 말 것임을.
눈 깜빡할 사이에 닥치는 파멸!
어둠 속의 급한 굽잇길, 그리고 악몽!
꿈에서 깨어나 눈을 비비고 둘러보면 아무것도 없듯,
저들도 그렇습니다. 아무것도 아닙니다.

21-24 질투로 제정신을 잃고
속이 타고 쓰릴 때,
나는 아무것도 몰랐습니다.
그저 주님 앞에서 한 마리 우둔한 황소였습니다.
그 상태로 여전히 주님 앞에 있지만,
주께서 내 손을 잡아 주셨습니다.
주께서 나를 지혜롭고 부드럽게 이끄시고
나에게 복을 내려 주십니다.

**기쁨이 사그라질 때 무엇을 해야 하는가?**(73:1-28)

우리 문화가 실패한 이유는 바로 **세속** 문화이기 때문이다. 세속 문화는 **사물** 또는 **기능**으로 축소된 문화다. 사람들은 대개, ―적어도 처음에는― 그런 문화 가운데 살게 된 것을 무척 기뻐한다. 즐거움이라는 것 외에 다른 목적을 걱정할 필요 없이 그 모든 것을 누릴 수 있다는 것은 신나는 일이다. 그리고 우리가 하는 일에 어떤 의미가 있는지 고민할 필요 없이 이러저러한 많은 일들을 **해볼** 엄청난 자유가 있다는 것도 신나는 일이다. 그러나 계속 그렇게 살다 보면 어느새 기쁨은 사그라지고, 그 많은 것들을 가지고도 외로우며, 그 엄청난 자유를 가지고도 지루해진다.

그럴 때 우리는 더욱 많은 것들을 가지려고 한다. 처음에 우리가 행복했던 이유가 바로 그것이었기 때문이다. 그러나 몇 년 후면 그것으로 더 행복해지는 게 아니라는 것을 알게 된다. 그래서 의아해하

며 머리를 긁적인다. 심지어 그리스도인들도 그렇게 머리를 긁적인다.

그 이유는 무엇인가? 그것은 성경에 필요한 내용이 빠져 있어서가 아니다. 이미 있는 내용을 우리가 다 살펴보지 않았기 때문이다. 우리는 또 다른 책이 필요한 것이 아니라, 이미 가지고 있는 그 책을 더 주의해서 보아야 한다. 우리는 더 많은 지식이 필요한 것이 아니라, 이미 계시된 것을 볼 수 있는 더 나은 비전이 필요하다.

그럴 때 우리의 욕망이 변한다. 그럴 때 우리는 진실하고 영원한 기쁨을 경험하게 된다. 그럴 때 우리는 시편 기자와 함께 이렇게 기도한다. "주님은 내가 하늘에서도 원하는 전부, 땅에서도 원하는 전부이십니다!"(시 73:25)

25-28 주님은 내가 하늘에서도 원하는 전부,
땅에서도 원하는 전부이십니다!
내 피부는 처지고 내 뼈는 약해져도,
**하나님**은 바위처럼 든든하고 성실하십니다.
보소서! 주님을 떠난 자들이 망합니다!
주님을 버린 자들의 소식, 다시는 들리지 않을 것입니다.
그러나 나는 하나님 바로 앞에 있으니,
오, 얼마나 상쾌한지요!
주 **하나님**은 나의 안식처,
내가 주님의 일들을 세상에 알리겠습니다!

아삽의 시

# 74

1 하나님, 우리를 버리고 떠나시더니
단 한 번도 돌아보지 않으시는군요.
어찌 그러실 수 있습니까?
우리는 주님 소유의 양 떼인데,
어찌 이토록 노를 발하며 떠나 계실 수 있습니까?

2-3 주께서 오래전에 우리를 사신 것을 기억하소서.
우리는 주께서 비싼 값을 치르고 사신, 주님의 가장 소중한 지파입니다!
우리는 주께서 한때 거하시던, 주님 소유의 시온 산입니다!
어서 오셔서 이 참혹한 현장을 둘러보소서.
저들이 성소를 어떻게 파괴했는지 보소서.

4-8 주님의 백성이 예배드릴 때, 주님의 원수들이 난입하여
고래고래 소리 지르고 낙서를 휘갈겨 썼습니다.
저들이 현관에 불을 지르고
도끼를 휘둘러 성소의 성물들을 찍었습니다.
쇠망치로 문을 부수고
불쏘시개감으로 산산이 쪼갰습니다.
주님의 성소를 완전히 불태우고
예배처소를 더럽혔습니다.
"싹 다 쓸어버리자" 말하고는
모두 불태웠습니다.

9-17 하나님의 징표도 보이지 않고
주님의 이름으로 말하는 자도 없으며,
앞으로 어찌 될지 아는 이도 없습니다.
하나님, 언제까지 신성모독을 일삼는 저 야만족을 그대로 두시렵니까?
언제까지 원수들이 저주를 퍼붓고도 아무 탈 없이 살게 내버려 두시렵니까?
어찌하여 조치를 취하지 않으십니까?

언제까지 팔짱을 끼고 가만히 앉아만 계시렵
니까?
하나님은 처음부터 나의 왕,
세상 한복판에서 구원을 이루시는 분이십니다.
주께서는 일거에 바다를 두 동강 내시고
탄닌이라는 용을 묵사발로 만드셨습니다.
리워야단의 머리를 베시고
고깃국을 만들어 짐승들에게 주셨습니다.
주님의 손가락으로 샘과 시내를 여시고
사나운 홍수 물을 말라붙게 하셨습니다.
낮도 주님의 것, 밤도 주님의 것,
주께서 해와 별들을 제자리에 두셨습니다.
땅을 사방으로 펼치시고
여름과 겨울도 만드셨습니다.

18-21 **하나님**, 주목하시고 기억해 주소서.
원수들이 주님을 조롱하고, 천치들이 주님을
모독합니다.
주님의 어린양들을 늑대에게 내동댕이치지
마소서.
우리가 참으로 많은 일을 겪었으니, 잊지 마
소서.
주님의 약속을 기억하소서.
도시는 어둠 속에 잠겼고, 시골은 폭력의 도
가니로 변했습니다.
희생자들을 거리에서 썩게 버려두지 마시고,
그들을 살리셔서 주님을 찬송하는 찬양대로
세우소서.

22-23 오 하나님, 일어나소서.
하나님을 위해 일어나소서!
들리십니까, 저들이 주님을 두고 쏟아내는
온갖 역겨운 말들이?
간과하지 마소서, 저들의 악의에 찬 언사를.
그칠 줄 모르는 저 요란한 독설을.

아삽의 시

# 75

1 하나님, 감사합니다. 주께 감사
드립니다.
주님의 이름이 우리 입에서 떠나지 않습니다.
주께서 행하신 놀라운 일들을 이야기하고 또
이야기합니다.

2-4 주께서 말씀하십니다. "내가 회의를 열어
사태를 수습하리라.
세상이 혼란에 빠지고
어떤 최후가 닥칠지 아무도 모를 때,
내가 상황을 확실히 정리하고
모든 것이 제자리를 잡게 하리라.
잘난 체하는 자들에게는 '그만하여라' 하고
불량배들에게는 '설치지 마라' 할 것이다."

5-6 지극히 높으신 하나님께 주먹을 쳐들지 마라.
만세 반석이신 분께 목소리를 높이지 마라.
그분은 동쪽에서부터 서쪽에 이르기까지,
사막에서부터 산맥에 이르기까지, 오직 한분
이신 하나님.

7-8 그분께서 다스리신다. 어떤 사람은 무릎 꿇
게 하시고
어떤 사람은 일으켜 세우신다.
**하나님**의 손에 잔이 들려 있으니
포도주가 찰랑찰랑 넘친다.
잔을 기울여
한 방울도 남기지 않고 다 따르신다.
세상의 악인들이 그것을 모두 받아 마시고
쓰디쓴 마지막 한 방울까지 핥아야 한다!

9-10 그러나 나는 영원하신 하나님 이야기를 전하며
야곱의 하나님을 찬양하리라.
악인들의 주먹은
피투성이 나무토막,
의인들의 팔은
힘차게 뻗은 푸르른 가지 같다.

아삽의 시

## 76

1-3 하나님은 유다에서 유명하신 분.
이스라엘에서 그분의 이름 모르는 자 없구나.
그분께서 살렘에 집을 마련하시고
시온에 방 여러 칸짜리 거처를 정하셨네.
거기서 화살을 불쏘시개로 쓰시고
전쟁 무기들을 불사르셨네.

4-6 오, 주님은 얼마나 찬란하신지요!
저 거대한 전리품 더미보다 더욱 빛나십니다!
용사들이 약탈을 당해
무기력하게 널브러졌습니다.
이제 그들에게는 아무것도 없습니다.
으스댈 것도 으르댈 만한 것도 없습니다.
야곱의 하나님, 주님의 갑작스런 포효에
말도 기병도 숨통이 끊어졌습니다.

7-10 주님은 두렵고 무서우신 분!
그 누가 주님의 진노에 맞설 수 있겠습니까?
주께서 하늘에서 천둥소리로 심판을 알리시니
땅이 무릎 꿇고 숨을 죽입니다.
하나님이 우뚝 서서 모든 일을 바로잡으시니
이 세상의 가련한 이들이 모두 구원을 받습니다.
부글부글 끓던 분노 대신, 찬양소리 울려 퍼진다!
씩씩대던 온갖 분노 대신, 모두 나와 하나님께 화환을 바친다!

11-12 하나님께 약속한 대로 행하여라.
그분은 너희 하나님이시다.
우리의 모든 행위를 지켜보시는 분께
주변 사람들 모두 예물을 드리게 하여라.
잘못을 저지른 자 누구도 빠져나갈 수 없고
그분을 함부로 대할 자 아무도 없도다.

아삽의 시

## 77

1 내가 하나님께 외칩니다. 온 힘 다해 부르짖습니다.
목청껏 외치니, 그분께서 내게 귀를 기울여 주십니다.

2-6 내가 고난을 당해 주님을 찾아 나섰습니다.
내 삶은 벌어져 아물지 않는 상처.
친구들은 "모든 게 잘될 거야"라고 말하지만,
그들의 말 도무지 믿기지 않습니다.
내가 하나님을 떠올리고는, 고개를 가로젓습니다.
고개를 떨구고 맞잡은 두 손을 쥐어짭니다.
근심거리 이루 말할 수 없어
뜬눈으로 밤 지새고 한숨도 자지 못했습니다.
지난날을 돌아보고
흘러간 세월을 되새겨 봅니다.
어떻게 해야 내 삶을 추스를 수 있을지
밤새도록 거문고 타며 생각에 잠깁니다.

7-10 주께서 우리를 버리고 영원히 떠나셨는가?
다시는 환한 얼굴빛 비추지 않으시려는가?
그분의 사랑, 오래되어 누더기가 되었나?
그분의 구원 약속, 더 이상 유효하지 않은가?

하나님께서 자비 베푸시는 것을 잊으셨나?
노여움으로 우리를 버리고 떠나가셨나?
내가 말했습니다. "운도 없지. 지극히 높으신 하나님은
내가 필요로 할 때면 어김없이 일을 쉬시는 구나."

11-12 내가 **하나님**께서 행하신 일들을 한 번 더 새기고
옛적 기적들을 돌이켜 봅니다.
주께서 이루신 모든 일들을 곰곰이 묵상하고
주님의 행적들을 오랫동안 그리며 바라봅니다.

13-15 오 하나님! 주님의 길은 거룩합니다!
어떤 신도 하나님만큼 위대하지 않습니다!
주님은 모든 일을 주관하시는 하나님,
주님의 크신 능력을 모든 이에게 보여주셨습니다.
주님의 백성을 극심한 곤경에서 끌어내시고
야곱과 요셉의 자손들을 구하셨습니다.

16-19 하나님, 대양이 주께서 행하신 일을 보았습니다.
주님을 보고 두려워 떨었습니다.
깊은 바다도 무서워 죽을 지경이 되었습니다.
구름이 양동이로 퍼붓듯 비를 내리고
하늘이 천둥소리를 터뜨리며,
주님의 화살들이 이리저리 번뜩였습니다.
회오리바람에서 주님의 천둥소리 울리고
번개가 온 세상을 번쩍 밝히니,
땅이 동요하며 흔들렸습니다.
주께서 대양을 활보하시고
으르대는 대양을 질러 가셨지만
아무도 주님의 오고 가심을 보지 못했습니다.

**연민과 자기연민, 그리고 기도**(77:1-20)

연민이 인간이 가진 가장 고귀한 감정 중 하나라면, 자기연민은 아마도 가장 고귀하지 못한 감정일 것이다. 연민이 다른 사람의 고통 안으로 들어가 그것을 위해 무언가를 할 수 있는 능력이라면, 자기연민은 무능이며 실재에 대한 우리의 감각을 심각하게 왜곡하는 감정적 질병이다.

그에 대한 해독제는 알려져 있지만 잘 쓰지는 않는다. 그것은 바로 기도다. 기도는 자기연민을 인정할 수 있을 만큼 민감하면서도 자기연민에 빠져들지 않을 만큼 강한 행동이다. 기도해야겠다는 최초의 충동은 종종 자기연민에서 비롯된다. 그러나 기도할 때 우리의 자기연민은 더 강하고 건강한 힘과 만나면서 변화된다.

시편 77편은 1-10절과 11-20절 두 부분이 서로 같은 분량이지만 서로 다른 내용으로 구성되어 있다. 첫 번째 부분은 날것 그대로의 완고한 자기연민이다. 두 번째 부분은 강렬하고 자비로운 연민이다. 연민이지만 자기중심성이 완전히 제거된 연민이다.

자기연민은 출구가 없지만 그렇다고 기도하지 못할 일은 아니다. 기도에 적합하지 않은 것은 하나도 없다. 그러나 우리가 시작할 때와는 완전히 다른 곳에 도달할 것을 두려워해서는 안된다. 시편 기자는 자기연민에 빠져 기도를 시작했고 가슴에서 끓어오르는 질문을 던졌다. 그러나 그는 하나님의 권능과 자비를 선포하는 옛 노래를 부르는 것으로 기도를 마치게 되었다.

어떤 말로 기도를 시작할 것인지 걱정할 필요가 없다. 그 말에 갇혀 있지 않기만 하면 된다. 그 말이 더 높은 곳으로, 자기연민이 예배로 변화되는 곳으로 이끌게 하면 된다.

20 주께서는 모세와 아론의 손에 몸을 숨기신 채
주님의 백성을 양 떼처럼 이끄셨습니다.

아삽의 시

## 78

1-4 사랑하는 친구들이여, 하나님
의 진리를 들으며
내 말에 귀를 기울여라.
격언 한 조각 곱씹어
너희에게 알려 주리라, 감미로운 옛 진리를.
이것은 우리 조상들에게서 전해 들은 이야기,
어머니 슬하에서 받은 훈계.
우리만 간직하지 않고
다음 세대에게도 전하련다.
**하나님**의 명성과 부,
그분께서 행하신 놀라운 일들을.

5-8 **하나님**께서 야곱 안에 증거를 심으시고
그분의 말씀을 이스라엘에 확고히 두셨다.
그리고 우리 조상들에게 명령하시기를,
그것을 자손들에게 가르쳐
다음 세대와 앞으로 올 모든 세대가
알게 하라고 하셨다.
그들이 진리를 배우고 이야기를 전하여
그 자손들도 하나님을 믿고,
하나님께서 행하신 일들을 잊지 않으며
그분의 계명을 지키게 하라고 명령하셨다.
완고하고 악한 그들의 조상들처럼
변덕스럽고 믿음 없는 세대,
하나님께 신실하지 못한 세대가
되지 말 것을 명하셨다.

9-16 에브라임 자손들은 빈틈없이 무장하고도
정작 전투가 시작되자 도망치고 말았다.
그들은 겁쟁이여서 하나님의 언약을 지키지
않았고
그분의 말씀 따르기를 거절했다.
그분께서 행하신 일을,
그들에게 똑똑히 보여주신 이적들을 잊어버
렸다.
하나님께서는 이집트 소안 들판에서
그들의 조상들 눈앞에서 기적을 일으키셨다.
바다를 갈라 좌우에 바닷물을 쌓으시고,
그들이 걸어서 그 사이를 통과하게 하셨다.
낮에는 구름으로,
밤에는 활활 타는 횃불로 그들을 인도하셨다.
광야에서 바위를 쪼개시고
모두가 지하 샘물을 마시게 하셨다.
반석에서 시냇물 흐르게 하시고
그 물줄기 강처럼 쏟아져 나오게 하셨다.

17-20 그러나 그들은 계속해서 죄를 더 짓고
그 사막에서 지극히 높으신 하나님을 거역했다.
하나님을 제 뜻대로 움직이려 했고
특별한 사랑과 관심을 가져 달라고 떼를 썼다.
막돼먹은 아이처럼 보채며 투덜거렸다.
"어째서 하나님은 이 사막에서는 괜찮은 음식
을 못 주시는 거야?
그분이 바위를 치시니 물이 흐르고
반석에서 시냇물이 폭포처럼 떨어졌지.
그런데 갓 구운 빵은 어째서 안 주시는 거지?
맛있는 고기 한 덩어리는 왜 안되는 거야?"

21-31 **하나님**께서 들으시고 노하셨다.
그분의 진노가 야곱을 향해 타올랐고
그 진노가 이스라엘에게 미쳤다.
그들이 하나님을 믿지 않았고
그분의 도우심을 신뢰할 마음이 없었다.
그러나 하나님께서는 구름에게 명령해

하늘 문을 여시고 그들을 도우셨다.
만나를 빗발치듯 내리셔서 그들을 먹이시고
하늘의 빵을 내리셨다.
그들은 힘센 천사들의 빵을 먹었고
그분은 그들이 배부르게 먹을 만큼 충분한 양을 보내 주셨다.
하늘에서 동풍을 풀어 놓으시고
남풍을 힘껏 보내시니,
이번에는 새들이 비처럼 떨어졌다.
육즙이 풍부한 새가 수없이 쏟아져 내렸다.
하나님께서 그것들을 진영 한가운데로 곧장 던지시니,
그들의 천막 주위로 새들이 쌓였다.
그들이 마음껏 먹고 배를 두드렸다.
하나님께서는 그들이 간절히 원하는 모든 것을 선뜻 내주셨다.
그러나 그들의 욕심은 끝이 없었고,
그들은 점점 더 많은 것을 입에 욱여넣었다.
하나님께서 더 이상 참지 못하시고 진노를 터뜨리셨다.
그들 가운데 가장 총명하고 뛰어난 자들을 베시고
이스라엘에서 가장 멋진 젊은이들을 쓰러뜨리셨다.

32-37 그러나 놀랍게도, 그들은 여전히 죄를 지었다.
그 모든 기적을 경험하고도 여전히 믿지 않았다!
그들의 삶은 아무 가치 없이 스러졌다.
그들이 살았던 흔적은 온데간데없고 유령도시만 남았다.
하나님께서 그들을 베어 죽이실 때에야
그들은 하나님께 달려와 도움을 구하고,
돌이켜 긍휼을 간구했다.
하나님께서 그들의 반석이심을,
지극히 높으신 하나님께서 그들의 구원자이심을 증언했다.
그러나 거기에는 한마디의 진심도 담겨 있지 않았다.
그들은 내내 거짓말만 늘어놓았다.
하나님을 조금도 개의치 않았고
그분의 언약 따위는 신경도 쓰지 않았다.

38-55 그럼에도 하나님께서는 자비로우셨다!
저들을 멸하는 대신, 그 죄를 용서하셨다!
노를 참고 또 참으시며
그 진노를 억누르셨다.
하나님께서는 그들이 한낱 흙으로 지어진 존재임을,
대수로울 것 없는 자들임을 기억하셨다.
사막에서 그들은 얼마나 자주 그분을 퇴짜 놓았던가?
광야 시절에 얼마나 자주 그분의 인내심을 시험했던가?
그들은 거듭 그분을 거역했고
이스라엘의 거룩하신 하나님을 노엽게 했다.
그들은 얼마나 빨리 그분이 행하신 일을 잊었던가?
대적의 손아귀에서 그들을 구하시던 날을,
이집트에서 여러 기적을 일으키시고
소안 평원에서 이적을 행하시던 일을.
그분께서는 강과 그 지류를 피로 바꾸셔서,
이집트에 마실 물이 한 방울도 없게 하셨다.
파리 떼를 보내어 저들을 산 채로 먹게 하시고
개구리 떼를 보내어 저들을 괴롭히게 하셨다.
저들의 수확물을 벌레 떼에게 내주시고,
저들이 애써서 거둔 모든 것을 메뚜기 떼에게

넘기셨다.
우박으로 저들의 포도나무를 쓰러뜨리시고
서리로 저들의 과수원을 망가뜨리셨다.
우박으로 저들의 가축을 사정없이 때리시고
벼락으로 저들의 소 떼를 치셨다.
이글거리는 진노와
사나운 파괴의 불 바람,
질병을 옮기는 천사 전위부대를 보내셔서
그 땅을 말끔히 청소하고 주님의 길을 예비하게 하셨다.
저들의 목숨을 살려 두지 않으시고
전염병이 저들 가운데 창궐하게 하셨다.
이집트의 모든 맏아들을 쓰러뜨리시고,
함이 낳은 건강한 유아들을 죽이셨다.
그러고는 자기 백성들을 양 떼처럼 이끌어 내셨다.
광야에서 그들 무리를 안전하게 인도하셨다.
주께서 돌보시니 그들은 두려울 것 없었다.
그들의 원수들은 바다가 영원히 삼켜 버렸다.
하나님께서는 야곱을 그분의 거룩한 땅으로,
그분의 소유로 삼으신 이 산으로 데려오셨다.
그들을 가로막는 자는 누구든 쫓아 버리시고
그 땅에 말뚝을 박아 유산으로 주시니,
이스라엘 온 지파가 자기 땅을 갖게 되었다.

56-64 그러나 그들은 계속해서 그분의 심기를 언짢게 하고
지극히 높으신 하나님을 거역했다.
그분께서 말씀하신 것을 하나도 이행하지 않았다.
믿기지 않지만, 그들은 조상들보다 더 악했다.
용수철처럼 배배 꼬인 배신자가 되었다.
이방인들의 난잡한 잔치를 벌여 하나님의 진노를 사고
추잡한 우상숭배로 그분의 마음을 아프게 했다.
하나님께서 그 어리석은 짓거리를 보고 노하셔서
이스라엘에 '절연'을 선언하셨다.
하나님이 떠나심으로 실로는 텅 비었고
그분께서 이스라엘과 만나시던 성소도 버려졌다.
하나님의 긍지와 기쁨이던 것을 위험에 내어주셨고
그분의 기쁨이던 백성에게 등을 돌리셨다.
노하신 하나님은 그들을 전쟁터에 내보내시고
혼자 힘으로 감당하게 하셨다.
젊은이들이 전쟁에 나가 돌아오지 않았고
젊은 아낙들의 기다림은 헛되이 끝났다.
제사장들은 몰살당하고
과부가 된 그들의 아내들은 눈물 한 방울 흘리지 못했다.

65-72 그때 주께서
깊은 잠에서 깨어난 사람처럼 갑자기 일어나셔서
술로 달아오른 전사처럼 고함치셨다.
원수들을 내리쳐 쫓아내시고
뒤돌아볼 엄두도 못 내게 고함치셨다.
그러고는 요셉의 지도자 자격을 박탈하셨다.
에브라임도 자격이 없다고 말씀하셨다.
대신 하나님께서 몹시 아끼시던 시온 산,
유다 지파를 선택하셨다.
그 안에 성소를 세우셔서 영광스럽게 하시고
땅처럼 견고하고 영원하게 하셨다.
그 다음, 자기 종 다윗을 택하시되
양 우리에서 일하던 그를 친히 뽑으셨다.
어미 양과 새끼 양을 치던 그였으나
하나님께서는 그에게 야곱을 맡기셨다.

그분의 백성 이스라엘, 가장 아끼시는 소유를
돌보게 하셨다.
마음이 착한 다윗은 선한 목자가 되었고,
백성을 슬기롭게 잘 인도했다.

아삽의 시

## 79

1-4 하나님! 야만족이 주님의 집에
침입하여
주님의 거룩한 성전을 더럽히고,
예루살렘을 돌무더기로 만들었습니다!
저들이 주님의 종들의 주검을
새들의 먹이로 내주고,
주님의 거룩한 백성의 뼈를
들짐승들에게 내주어 물어뜯게 했습니다.
저들이 그들의 피를
양동이의 물처럼 쏟아 버렸습니다.
그들의 주검이 예루살렘 주위에 흩어져 썩고
있건만
묻어 줄 사람 아무도 없습니다.
우리는 이웃 민족들에게 한낱 농담거리요,
성벽에 휘갈겨 쓴 낙서가 되고 말았습니다.

5-7 **하나님**, 이런 상황을 언제까지 참아야 합
니까?
우리를 영영 외면하시렵니까?
들끓는 주님의 진노는 영영 식지 않으십니까?
노를 쏟으시려거든
주님을 전혀 개의치 않는 이방인들에게,
주님과 경쟁하며 주님을 무시하는 나라들에
쏟으소서.
야곱을 파괴하고
그가 살던 곳을 부수며 약탈한 저들에게 말입
니다.

8-10 우리 조상들의 죄를 우리에게 돌리지 마
소서.
어서 오셔서 우리를 도우소서. 우리는 옴짝달
싹할 수 없습니다.
주께서는 구원의 하나님으로 명성 높으시니,
우리를 도우소서.
주님의 이름이 걸린 일입니다.
이 곤경에서 우리를 끌어내시고, 우리 죄를
용서해 주소서.
주님의 명성대로 행하여 주소서!
믿지 않는 자들이 "너희 하나님은 어디 있느냐?
점심 드시러 가셨느냐?" 하고 비웃지 못하게
하소서.
주님의 능력을 드러내셔서, 하나님을 모르는
자들이
주님의 종들을 죽이고 무사히 넘어가지 못하
게 하소서.

11-13 포로들의 신음소리를 들으시고
사형수 감방에 있는 이들을 죽음에서 구하소서.
주님은 능히 하실 수 있습니다!
우리를 비웃는 이웃들에게 그 소행대로 갚으
시고
저들이 주께 안겨 드린 모욕이 되돌아가, 저
들을 쓰러뜨리게 하소서.
주님의 백성, 주께서 아끼고 돌보시는 우리는
주께 거듭 감사하며,
만나는 모든 사람들에게 알리겠습니다.
주님은 참으로 놀라운 분, 참으로 찬양받으시
기에 합당한 분이심을!

아삽의 시

## 80

1-2 이스라엘의 목자시여, 귀를 기
울이소서.

주님의 양 떼 요셉 자손을 모두 모으소서.
주님의 눈부신 보좌에서
광채를 비추셔서,
에브라임과 베냐민과 므낫세로 하여금
그들이 어디로 가고 있는지 보게 하소서.
침대에서 일어나소서. 충분히 주무셨습니다!
늦기 전에 서둘러 오소서.

3 하나님, 돌아오소서!
주님의 복되고 환한 얼굴빛 비춰 주소서.
그러면 우리가 구원을 받겠나이다.

4-6 **하나님**, 만군의 하나님,
주님의 백성이 불과 유황을 구하는데도
언제까지 휴화산처럼 연기만 뿜으시렵니까?
주께서는 눈물이 우리의 밥이 되게 하시고,
짭짤한 눈물을 양동이로 연거푸 들이켜게 하셨습니다.
주께서 우리를 친구들에게 놀림거리로 만드시니,
원수들이 날마다 조롱합니다.

7 만군의 하나님, 돌아오소서!
주님의 복되고 환한 얼굴빛 비춰 주소서.
그러면 우리가 구원을 받겠나이다.

8-18 주께서 어린 포도나무 한 그루 이집트에서 가지고 나오셔서
가시나무와 찔레나무를 뽑아 없애고
주님 소유의 포도원에 심으셨음을 기억하소서.
주께서 좋은 땅을 마련하시고
그 뿌리를 깊이 내리게 하시니,
포도나무가 땅을 가득 채웠습니다.
주님의 포도나무 우뚝 솟아 산들을 덮으니
거대한 백향목도 그 앞에서 난쟁이가 되었습니다.
주님의 포도나무가 서쪽으로는 바다까지
동쪽으로는 강까지 뻗어 나갔습니다.
그런데 어찌하여 주님의 포도나무를 더 이상 돌보지 않으십니까?
사람들이 제멋대로 들어와 포도를 따고
멧돼지들이 울타리를 뚫고 들어와 짓밟으며,
남은 것을 생쥐들이 야금야금 갉아 먹습니다.
만군의 하나님, 우리에게 돌아오소서!
무슨 일인지 잘 살펴보시고
이 포도나무를 돌보아 주소서.
주께서 정성껏 심으시고
어린 모종 때부터 기르신 포도나무를 보살펴 주소서.
감히 그것을 불태운 저들을 노려보고
죽음을 안기소서!
주께서 가장 아끼시던 아이의 손을 잡아 주소서.
다 자랄 때까지 친히 키우신 아이입니다.
우리가 주님을 버리지 않겠으니
우리 폐에 생기를 불어넣어, 큰소리로 주님의 이름 부르게 하소서!

19 **하나님**, 만군의 하나님, 돌아오소서!
주님의 복되고 환한 얼굴빛 비춰 주소서.
그러면 우리가 구원을 받겠나이다.

아삽의 시

# 81

1-5 우리의 강하신 하나님께 노래를!
야곱의 하나님께 환호성을!
찬양대의 찬양과 악대의 음악으로
거문고와 하프, 트럼펫, 트롬본, 호른으로
감미로운 소리 올려 드려라.

이날은 축제의 날, 하나님의 잔칫날!
하나님께서 명하신 날,
야곱의 하나님이 엄숙하게 정하신 날.
이집트에서 행하신 일들을 잊지 않게 하시려고
요셉에게 명하여 지키게 하셨다.

가장 부드러운 속삭임 내가 들었네,
내게 말씀하시리라 상상도 못했던 분에게서.

6-7 "내가 너희 어깨에서 세상 짐을 내려 주고
중노동에 시달리던 삶에서 벗어나게 해주었다.
너희가 고통 속에서 내게 부르짖자,
그 험한 곳에서 너희를 구해 냈다.
천둥의 은신처에서 너희에게 응답하고
므리바 샘에서 너희를 시험했다.

8-10 귀담아들어라, 사랑스런 이들아. 똑똑히
알아 두어라.
오 이스라엘아, 가벼이 듣지 마라.
낯선 신들과 놀아나지 말고
최신 신들을 경배하지 마라.
나는 **하나님**, 너희 하나님이다.
죽음의 땅 이집트에서 너희를 구해 내고,
온갖 먹을거리로
너희 굶주린 배를 채워 준 참 하나님이다.

11-12 그러나 내 백성은 나의 말을 듣지 않았고
이스라엘은 주의하지 않았다.
그래서 내가 고삐를 풀어 주며 말했다. '가거라!
어디, 네 멋대로 해보아라!'

13-16 오 사랑스런 백성아, 이제 내 말을 들으려
느냐?
이스라엘아, 내가 그려 준 지도를 따라가려
느냐?
그러면 내가 너희 원수들을 순식간에 해치우고
너희 적들에게 모욕을 주리라.
**하나님**을 미워하는 자들이 개처럼 꽁무니를
빼니
그 소식 다시는 들리지 않게 하리라.
너희는 내가 갓 구워 낸 빵에
버터와 천연 꿀을 발라 마음껏 먹으리라."

아삽의 시

# 82

1 하나님께서 재판관들을 불러들여
법정 피고석에 앉히신다.

**재판관들이 한 일을 재판하다**(82:1-8)

여기서 하나님은 재판관으로 묘사된다. 그러나 재판을 혼자 하지는 않으신다. 하나님은 그 일을 나누신다. 이 시편에서는 재판 관련 일을 맡은 모든 사람이 법정 곧 대법관 주위에 모여 있다. 기소 내용은 분명하다. 사람들은 나와서 자신이 맡았던 하나님의 일에 대해 설명해야 한다.

재판관의 일은 정의를 시행하고 옳은 것을 지키며 사람들을 불행으로부터 구하는 것이다. 그들은 고아, 고통받는 사람, 가난한 사람, 결핍된 사람 등 약자들에 대한 특별한 책임이 있다. 그러나 이 시편에 언급된 재판관들은 그 책임을 회피했다. 그 대신 그들은 악한 자들의 부와 권력에만 신경을 썼다.

그 결과 그들이 법정에 서게 된 것이다. 그리고 그들에 대한 유죄를 선고하며 내리치는 재판관의 망치 소리가 하나님의 법정에 울려 퍼진다.

이러한 장면은 책임을 맡은 자리에 있는 모든 사람으로 하여금 정신이 번쩍 들게 할 만하다.

그리고 우리 모두가 어느 정도는 그러한 책임적인 자리에 있다.

2-4 "이제 더 이상은 안된다! 너희는 너무 오랫
동안 정의를 훼손했고
살인죄를 지은 악인을 놓아주었다.
이제는 의지할 곳 없는 이들을 변호하고
약자들에게 공정한 기회를 보장하여라.
너희가 할 일은 힘없는 이들을 변호하고
그들을 착취하는 자들을 기소하는 것이다."

5 멋모르는 법관들! 진실을 외면하는 재판관들!
저들은 무슨 일이 벌어지는지 전혀 모른다.
그래서 모든 것이 흔들리고
세상이 휘청대는 것이다.

6-7 "지극히 높은 나 하나님이 너희 재판관 하
나하나를
나의 대리자로 임명했다.
그러나 너희는 맡은 임무를 저버리더니
이제 지위를 빼앗기고 체포되기까지 하는구나."

8 오 하나님, 저들에게 응분의 벌을 내리소서!
온 세상이 주님의 손안에 있습니다!

아삽의 시

## 83

1-5 **하나님**, 나를 외면하지 마소서.
오 하나님, 내 말을 묵살하지 마
소서.
주님의 원수들이 왁자지껄 떠들어 대고
하나님을 미워하는 자들이 흥청거립니다.
주님의 백성을 죽이려 모의하고
주님의 소중한 이들을 그 손에서 빼앗으려 음
모를 꾸밉니다.
저들은 말합니다. "이 민족을 땅에서 쓸어버
리고
이스라엘의 이름을 책에서 지워 버리자."
급기야 저들은 머리를 맞대고
주님을 제거할 흉계까지 꾸밉니다.

6-8 에돔과 이스마엘 사람들
모압과 하갈 사람들
그발과 암몬과 아말렉
블레셋과 두로 사람들,
거기다 앗시리아까지 합세하여
롯 일당에게 힘을 보탭니다.

9-12 주께서 미디안에게 하신 것처럼
기손 시내에서 시스라와 야빈에게 하신 것처
럼, 저들을 치소서.
그들은 엔돌에서 최후를 맞이하고
정원의 거름이 되고 말았습니다.
오렙과 스엡에게 하신 것처럼 저들의 대장들
을 베시고,
세바와 살문나에게 하신 것처럼 저들의 제후
들을 멸하소서.
저들은 허풍을 칩니다. "다 가로채겠다.
하나님의 정원을 빼앗을 테다."

13-18 나의 하나님, 저들이라면 지긋지긋합니다!
저들을 날려 버리소서!
저들은 황무지에서 구르는 풀 뭉치,
불타 버린 땅에 남은 숯 토막일 뿐입니다.
저들을 두려워 떨게 만드시고
가쁜 숨을 내쉬며 **하나님**을 애타게 부르게 하
소서.
저들을 진퇴유곡에 빠뜨리셔서
꼼짝없이 갇혀 있게 하소서.
그제야 저들이 알 것입니다. 주님의 이름이
**하나님**,
세상에 한분뿐인 지극히 높으신 하나님이심을.

고라의 시

# 84

1-2 만군의 **하나님**, 주님의 집이 어
찌 그리 아름다운지요!
내가 전부터 이런 곳에 살고 싶었고,
주님의 집에 방 한 칸 마련하여
살아 계신 하나님께 기쁨의 노래 불러 드릴 날
을 꿈꿔 왔습니다.

3-4 주님의 집에는 새들도 숨을 곳과 피난처를
얻습니다.
참새와 제비가 그곳에 둥지를 틀고
알을 낳아 새끼를 치며,
우리가 예배드리는 곳에서 지저귑니다.
만군의 **하나님**! 우리의 왕이신 하나님!
그곳에 살며 노래하는 이들은 얼마나 행복한
지요!

5-7 주께서 거처로 삼으신 모든 이들은 참으로
행복합니다.
그들의 삶은 주께서 거니시는 길이 됩니다.
그들은 외딴 골짜기를 걸어도 시내를 만나고,
시원한 샘물과 빗물 가득한 물웅덩이를 발견
합니다!
하나님께서 거니시는 이 길은 산을 휘돌아 오
르고
마지막 모퉁이를 돌아 마침내 시온에 이릅니다!
하나님이 훤히 보이는 그곳!

8-9 만군의 **하나님**, 귀를 기울이소서.
오 야곱의 하나님, 귀를 열어 내 기도를 들어
주소서!
우리의 방패를 보소서. 햇빛을 받아 반짝입
니다.
우리의 얼굴을 보소서. 은혜로이 기름부으셔
서 빛이 납니다.

10-12 주님의 집, 이 아름다운 예배처소에서 보
내는 하루가
그리스 해변에서 보내는 천 날보다 낫습니다.
내가 죄의 궁궐에 손님으로 초대받느니,
차라리 내 하나님의 집 바닥을 닦겠습니다.
**하나님**은 햇빛으로 가득하신 주권자,
은사와 영광을 후히 베푸시는 분,
자기 길동무에게 인색하지 않은 분이십니다.
만군의 **하나님**이 함께하시니, 가는 길 내내
순탄합니다.

고라의 시

# 85

1-3 **하나님**, 주께서 주님의 선한
땅에 환한 얼굴빛 비추셨습니다!
야곱에게 좋은 시절을 되돌려 주셨습니다!
주님의 백성에게서 죄의 구름 걷어 내시고
그 죄 보이지 않게 멀리 치우셨습니다.
죄로 인한 노여움 철회하시고
맹렬한 진노를 가라앉히셨습니다.

4-7 우리 구원의 하나님, 전과 같이 우리를 도
우소서.
우리에게 품으신 원한을 이제 거두어 주소서.
영원토록 그러지는 않으시겠지요?
언제까지 찌푸린 얼굴로 노여워하시겠습니까?
우리를 새롭게 출발하게 하시고, 부활의 생명
으로 살게 하소서.
그러면 주님의 백성이 웃으며 노래할 것입니다!
**하나님**, 주께서 우리를 얼마나 사랑하시는지
보여주소서!
우리에게 절실한 구원을 베풀어 주소서!

8-9 주께서 뭐라고 말씀하실지 어서 듣고 싶습니다.
**하나님**께서 자기 백성에게
몹시 아끼시는 거룩한 백성에게
다시는 바보처럼 살지 않게 하시려고, 행복을 선언하실 것입니다.
보이는가, 주님을 경외하는 이들에게 그분의 구원이 얼마나 가까운지?
우리 거하는 이 땅은 주님의 영광이 깃드는 곳!

10-13 사랑과 진실이 거리에서 만나고
정의로운 삶과 온전한 삶이 얼싸안고 입 맞추네!
진실이 땅에서 파릇파릇 싹트고
정의가 하늘에서 쏟아지네!
그렇다! **하나님**께서 선함과 아름다움을 내리시니,
우리 땅이 넉넉함과 축복으로 응답하네.
정의로운 삶이 주님 앞을 걸어 나가며
그분 가시는 길을 깨끗게 하리라.

다윗의 시

# 86

1-7 **하나님**, 내게 귀를 기울이시고 응답하소서.
불쌍하고 딱한 인생입니다!
나를 지켜 주소서. 이 정도면 잘 살아오지 않았는지요?
주님의 종을 도우소서. 내가 주님만을 의지합니다!
주님은 나의 하나님이시니, 내게 긍휼을 베푸소서.
내가 아침부터 밤까지 주님을 의지합니다.
주님의 종에게 복된 삶을 주소서.
주님의 손에 이 몸을 맡겨 드립니다!
주님은 선하시며 기꺼이 용서하시는 분,
도움을 구하는 모든 이들에게 관대하기로 이름 높으신 분.
**하나님**, 내 기도에 주의를 기울이소서.
고개를 돌리셔서, 도움을 구하는 나의 부르짖음을 들어주소서.
주께서 응답해 주실 줄 확신하기에
내가 고난에 처할 때마다 주께 부르짖습니다.

8-10 오 주님, 신들 가운데 주님과 같은 신이 없고
주님의 행하신 일들과 견줄 만한 것도 없습니다.
오 주님, 주께서 지으신 모든 민족이 와서
주께 경배합니다.
주님의 아름다우심을 드러내고,
주님의 위대하심과
주께서 행하신 놀라운 일들을 자랑합니다.
하나님, 주님은 오직 한분, 주님과 같은 분 없습니다!

11-17 **하나님**, 나를 가르쳐 똑바로 걷게 하소서.
내가 주님의 참된 길을 따르겠습니다.
내 마음과 정신을 하나로 모아 주소서.
온전한 마음으로 즐거이 경외하며 예배하겠습니다.
사랑하는 주님, 진심으로 주께 감사드리니
주께서 행하신 일들을 내가 결코 숨긴 적이 없습니다.
주님은 언제나 나를 선대하신 분. 놀라워라, 그 사랑!
큰 어려움에서 나를 구해 내셨습니다!
하나님, 불량배들이 고개를 쳐듭니다!
불한당 무리가 나를 노립니다.

저들은 주님을 조금도 개의치 않는 자들입니다.
오 하나님, 주님은 친절하시고 다정하신 분,
좀처럼 노하지 않으시고 사랑이 무한하시며
절대 포기하지 않으시는 분.
나를 눈여겨보셔서 친절을 베푸시고
주님의 종에게 살아갈 힘을 주소서.
주님의 사랑하는 자녀를 구원해 주소서!
나를 얼마나 사랑하시는지 나타내 보여주소서.
그러면 나를 미워하는 불량배들이
멈춰 서서 벌린 입을 다물지 못할 것입니다.
주 **하나님**께서, 부드럽고 강하게
나를 다시 일으켜 세우시기 때문입니다.

고라의 시

# 87

1-3 거룩한 산 위에 시온을 세우셨으니
오, **하나님**은 참으로 그분의 집을 사랑하신다네!
야곱의 집들을 모두 합한 것보다
더욱 사랑하신다네!
오, 하나님의 도성이여!
모두가 네 이야기를 하는구나!

4 나를 잘 아는 저들의 이름을 하나하나 불러 본다.
이집트와 바빌론,
블레셋,
두로와 구스도 함께.
저들을 두고 이런 말이 떠돈다.
"이 사람은 여기서 다시 태어났다!"

5 시온을 두고는 이런 말이 나돈다.
"남자와 여자, 이 사람 저 사람 모두
그 품에서 다시 태어났다!"

6 **하나님**께서 저들의 이름을 명부에 기록하신다.
"이 사람, 이 사람, 그리고 이 사람이
바로 여기서 다시 태어났다."

7 노래하는 사람과 춤추는 자들도 시온을 두고 이렇게 말한다.
"나의 모든 근원이 시온 안에 있다!"

고라 자손 헤만의 기도

# 88

1-9 **하나님**, 내가 기대할 것은 주님뿐입니다.
내가 주님 앞에 무릎 꿇고 밤을 지새웁니다.
주님의 구원 계획에 나를 넣어 주시고,
내가 처한 곤경에 주목하소서.
어려움이라면 당할 만큼 당했고,
나 이제 저승의 문턱에 이르렀습니다.
사람들은 나를 실패자로 여기고
흔해 빠진 사고 희생자, 가망 없는 자로 분류합니다.
이미 죽은 자처럼 버림받아
주검 더미에 던져진 또 하나의 시체요,
묘비도 없이
흔적도 없이 사라질 존재일 뿐입니다.
주께서 나를 나락에 떨어뜨리시고
칠흑 같은 심연으로 밀어 넣으셨습니다.
내가 주님의 격노에 정신을 잃고,
파도처럼 밀려오는 주님의 분노에 사정없이 부서졌습니다.
친구들이 나를 미워하게 하시고
나를 끔찍한 존재로 여기게 만드셨습니다.
미로에 갇힌 이 몸 탈출구를 찾지 못한 채
고통과 좌절의 눈물로 눈까지 멀고 말았습니다.

9-12 **하나님**, 종일토록 주께 부르짖고, 또 부르짖습니다.
이렇게 두 손 모아 쥐고 도움을 구합니다.
죽은 자들이 살아서 주님의 기적을 보겠습니까?
유령들이 찬양대에 끼어 주님을 찬양하겠습니까?
주님의 사랑이 임한다 한들 무덤에서 무엇이 달라지겠습니까?
주님의 신실한 임재를 지옥의 통로에서 누가 알아보겠습니까?
주님의 놀라운 이적들을 어둠 속에서 누가 보겠습니까?
주님의 의로운 길을 망각의 땅에서 누가 주목하겠습니까?

13-18 **하나님**, 물러서지 않고 목청껏 도움을 구합니다.
내가 아침마다 기도하고 새벽마다 무릎 꿇습니다.
**하나님**, 어찌하여 못 들은 체하십니까?
어찌하여 그렇게 모습을 감추십니까?
어려서부터 고통을 겪고
주님 주시는 가장 심한 고통을 겪은 이 몸,
이제는 지쳤습니다.
들불 같은 주님의 노여움이 내 인생 내내 타올라,
이 몸, 시퍼렇게 멍든 채 죽어 가고 있습니다.
주께서 나를 사방에서 맹렬히 치시고
거반 죽을 때까지 재난을 퍼부으셨습니다.
사랑하는 사람과 이웃이 똑같이 나를 버리게 하셨으니,
내게 남은 벗은 오직 어둠뿐입니다.

에단의 기도

# 89

1-4 **하나님**, 주님의 사랑 내 노래가 되니, 내가 노래하렵니다!
주님의 신실하심을 모든 이들에게 영원토록 전하렵니다.
멈추지 않겠습니다, 주님의 사랑 이야기를.
주께서 우주를 어떻게 조성하시고
그 속의 모든 것을 어떻게 보증하셨는지를.
주님의 사랑은 언제나 우리 삶의 토대였고
주님의 성실하심은 세상을 덮는 지붕이었습니다.
전에 주께서도 이렇게 말씀하셨습니다.
"나는 내가 택한 지도자와 언약을 맺고
나의 종 다윗에게 맹세했다.
'네 후손은 누구나 생명을 보장받을 것이다.
네 통치권이 바위처럼 견고하여 오래도록 지속되게 할 것이다.'"

5-18 **하나님**! 온 우주가 주님의 이적을 찬양하게 하시고
거룩한 천사들의 찬양대가 주님의 성실을 찬송하게 하소서!
하늘과 땅, 여기저기 구석구석 살펴보소서.
**하나님** 같은 분이 없음이 명백히 드러납니다.
거룩한 천사들이 주님 앞에서 심히 두려워 떱니다.
하나님께서 모든 이들 위에 큰 위엄 보이며 나타나십니다.
만군의 **하나님**, 그 무엇에도 능하고 성실하시니
주님 같은 분, 또 어디에 있겠습니까?
주께서는 오만한 대양이 분수를 알게 하시고
사납게 날뛰는 파도를 잠잠케 하십니다.
저 늙은 마녀 이집트를 모욕하시고
손사래로 주님의 원수들을 내쫓으셨습니다.

우주도 주님의 것, 그 안의 만물도 다 주님의 것,
원자부터 대천사에 이르기까지 모두가 주님의 것입니다.
주께서 북극과 남극을 배치하시니
다볼 산과 헤르몬 산이 주께 이중창을 부릅니다.
우람찬 팔과 강철 같은 손을 지니셨으니
주님을 우습게 보는 자 하나 없습니다!
공평과 정의는 주님 통치권의 뿌리.
사랑과 진실은 그 열매.
찬양의 비밀을 알고
**하나님**의 찬란한 얼굴 앞에 나와 외치는 백성은 복이 있습니다.
기쁨에 겨워 온종일 춤을 추니,
주께서 누구신지, 무슨 일을 행하시는지 알고
그저 잠잠할 수 없는 까닭입니다!
주님의 그 아름다움, 우리 안에 사무칩니다.
주께서 우리를 너무나 잘 대해 주셨습니다!
마치 구름 위를 걷는 것만 같습니다!
우리의 전 존재, 우리가 가진 모든 것이 하나님의 것입니다.
우리의 왕이시며, 이스라엘의 거룩하신 하나님!

19-37 오래전 주께서 환상 가운데 나타나셔서,
주님이 사랑하시는 충성스러운 이들에게 말씀하셨습니다.
"내가 한 영웅에게 왕관을 씌웠다.
고르고 고른 최고의 사람,
나의 종 다윗을 찾아내어
그의 머리에 거룩한 기름을 부어 주었다.
내 손이 항상 그를 붙들고
힘들 때나 좋을 때나, 변함없이 그와 함께할 것이다.
어떤 원수도 그를 이기지 못하고
어떤 악당도 그를 해치지 못할 것이다.
그를 대적하는 자, 내가 제거하고
그를 미워하는 자, 내가 쫓아낼 것이다.
내가 영원토록 그와 함께하며, 길이길이 사랑할 것이다.
내가 그를 높이리니, 그가 만방에 우뚝 솟을 것이다.
내가 그의 한 손에 대양을, 다른 한 손에 강을 맡겼으니
그가 '오 나의 아버지, 나의 하나님, 내 구원의 반석이시여!' 하고 외칠 것이다.
내가 그를 구별하여 왕조를 열게 했으니
세상 그 어떤 왕보다 뛰어난 왕이 되게 할 것이다.
나의 사랑으로 영원히 그를 보호하고
엄숙히 약속한 대로 모든 것을 성실히 이행할 것이다.
그의 자손들이 이어지게 하고
그의 통치를 승인할 것이다.
그러나 그의 자손이 내 말을 따르지 않거나
내가 제시하는 길을 걷지 않으면,
나의 규례에 침을 뱉고
내가 정해 준 규정을 찢어 버리면,
내가 반역의 오물을 그들의 얼굴에 문지르며
죄값을 물을 것이다.
그러나 그들을 내치고 버리거나
그들과 의절하지는 않을 것이다.
내가 내 거룩한 약속을 철회할 것 같으냐?
한번 내뱉은 말을 무를 것 같으냐?
나는 이미 약속을 했다. 이것은 온전하고 거룩한 약속이다.
내가 다윗에게 거짓말을 하겠느냐?
그의 자손이 영원토록 이어지고
그의 통치권이 태양같이 분명할 것이니,
달의 주기처럼 믿음직하며

날씨만큼 분명하게 설 것이다."

38-51 그러나 **하나님**, 주께서는
친히 기름부으신 자에게 진노하셔서
우리를 두고 떠나셨습니다.
주님의 종에게 하신 약속을 파기하시고
그의 왕관을 진흙 속에 처박아 짓밟으셨습니다.
그의 나라를 철저히 파괴하시고
그의 도성을 돌무더기로 만드셨습니다.
도성은 지나가는 낯선 자들의 약탈로 텅 비었고
모든 이웃의 조롱거리가 되었습니다.
주께서 그의 원수들에게 축제를 선언하시니
그들이 있는 힘을 다해 즐깁니다.
노하신 주께서 전투중에 그를 대적하셨고
그의 편이 되어 싸우기를 거부하셨습니다.
그에게서 광채를 앗아 가시고 용사인 그를 욕보이셨습니다.
왕의 명예가 땅바닥에 처박히게 하셨습니다.
그의 생애에서 최고의 시절을 빼앗으시고
그를 무능하고 몰락한 허깨비로 남게 하셨습니다.
**하나님**, 언제까지 우리를 버려두시렵니까?
영원히 떠나셨습니까? 두고두고 진노를 발하시렵니까?
내 슬픔을 기억하소서. 인생이 얼마나 짧은지를 기억하소서.
고작 이렇게 하시려고 사람을 지으셨습니까?
우리는 조만간 죽음을 볼 것입니다. 모두가 그러합니다.
저승에는 빠져나갈 뒷문이 없습니다.
사랑 많기로 유명하신 주님,
그 사랑 지금 어디에 있습니까?
다윗에게 하신 약속은 어찌 되었습니까?
사랑하는 주님, 주님의 종을 살펴보소서.
**하나님**, 나는 모든 민족의 놀림거리가 되었습니다.
주님의 원수들이 주께서 친히 기름부으신 자를 따라다니며
조롱합니다.

**하나님**, 영원히 찬양을 받으소서!
그렇습니다. 참으로 그렇습니다.

### 하나님의 사람 모세의 기도

# 90

1-2 하나님, 주님은 대대로 우리의 안식처이셨습니다.
오래전 산들이 생겨나기 전부터,
주께서 땅을 지으시기 전부터,
"아주 오랜 옛적"부터 "주님의 나라가 임할" 때까지, 주님은 하나님이십니다.

3-11 우리를 흙으로 돌려보내지 마소서.
"네 근원으로 돌아가라" 말씀하지 마소서.
참으소서! 주께서는 세상의 모든 시간을 쥐고 계십니다.
천 년이나 하루나 주께는 매한가지입니다.
주께는 우리가 아련한 한순간의 꿈에 불과한지요?
해 뜰 때 멋들어지게 돋아났다가
속절없이 베이고 마는 풀잎에 불과한지요?
감당할 수 없는 주님의 진노에
우리는 옴짝달싹할 수 없습니다.
주께서는 우리의 모든 죄를 놓치지 않으시고
어릴 적부터 저지른 악행을 주님의 책에 낱낱이 기록하셨습니다.
우리가 기억하는 것은 잔뜩 찌푸린 주님의 얼굴뿐입니다.
우리가 받을 대가가 그것이 전부인지요?

**좋은 죽음을 준비하기**(90:1-17)

죽음은 인기 있는 주제가 아니다. 우리 사회는 죽음을 부인하는 특징이 있다. 그러나 이 땅에 살았던 대부분의 사람들이 죽음에 상당한 관심을 가졌던 것을 생각하면 이것은 조금 이상하다. 사실 우리 시대를 제외한 모든 시대는 좋은 죽음을 준비하는 것이 인생의 목표였다. 수 세기 동안 수백만 명의 그리스도인들은 그 준비의 방편으로 시편 90편을 참고했다.

잘 사는 법을 배운다는 것은 지혜롭게 사는 법을 배운다는 것이다. 그리고 지혜롭게 사는 법은, 이 땅에서의 삶이 끝나는 날이 온다는 것을 깨달을 때 배울 수 있다.

우리 수명은 칠십 남짓
(운이 좋으면 팔십입니다).
그렇게 살아서 내놓을 것이 무엇이겠습니까?
고통뿐입니다.
수고와 고통과 묘비 하나가 전부입니다.
누가 그러한 진노를, 주님을 두려워하는 자들에게 터뜨리시는
그 노여움을 이해할 수 있겠습니까?

12-17 오! 우리에게 제대로 사는 법을 일러 주소서!
지혜롭게 잘사는 법을 가르쳐 주소서!
**하나님**, 돌아오소서. 언제까지 기다려야 합니까?
이제는 주님의 종들을 온유하게 대해 주소서.
새벽에 깨어 주님의 사랑에 놀라게 하소서.
그러면 우리가 종일토록 기뻐 뛰며 춤추겠습니다.
지금까지 힘든 나날을 주신 만큼, 이제 좋은 날도 주소서.
불행이라면 평생 동안 충분히 겪었습니다.
주님의 종들에게 드러내 주소서, 주님의 능하신 모습을.
주님의 자녀들을 다스리시고 그들에게 복 주시는 모습을.
주 우리 하나님, 은혜를 베푸셔서
우리가 하는 일이 잘되게 하소서.
오, 그렇게 해주소서. 우리가 하는 일이 틀림없게 해주소서!

# 91

1-13 지극히 높으신 하나님 앞에 앉은 그대,
전능하신 분의 그늘 아래서 밤을 보내는 그대,
이렇게 아뢰어라. "**하나님**, 주님은 나의 피난처이십니다.
내가 주님을 신뢰하니 안전합니다!"
그렇다. 그분께서는 너를 함정에서 구하시고
치명적인 위험에서 지켜 주신다.
거대한 팔을 뻗어 너를 보호하신다.
그 팔 아래서 너는 더없이 안전하리라.
그분의 팔이 모든 불행을 막아 내신다.
아무것도 두려워하지 마라. 밤에 다니는 사나운 늑대,
낮에 날아드는 화살,
어둠 속을 배회하는 질병,
한낮에 일어나는 재난도.
많은 사람들이 도처에서 죽어 나가고
파리 떼처럼 우수수 떨어져도,
네게는 어떤 불행도 미치지 못하리라.
오히려 멀쩡한 상태로 먼발치에서 상황을 지켜보고

악인들이 주검으로 변해 가는 것을 바라볼 것
이다.
**하나님**께서 너의 피난처가 되어 주시고
지극히 높으신 하나님께서 너의 안식처가 되
어 주시니,
불행이 네 가까이 가지 못하고
재해가 네 집에 들이닥치지 못할 것이다.
그분이 천사들에게 명령하여
네가 어디로 가든지 지키게 하실 것이다.
네가 넘어지려고 할 때마다 그들이 잡아 줄 것
이다.
그들의 임무는 너를 보호하는 것.
너는 아무 해도 입지 않고 사자와 뱀 사이를
누비며,
젊은 사자와 뱀을 걷어차 내쫓을 것이다.

14-16 **하나님**께서 말씀하신다. "네가 필사적으
로 내게 매달리면
내가 온갖 곤경에서 너를 구해 주리라.
네가 오직 나만 알고 신뢰하면
내가 너를 지극한 사랑으로 보살피리라.
나를 불러라. 내가 응답하겠고, 네가 고난당
할 때 너와 함께하며
너를 구해 내어 잔치를 베풀어 주리라.
네가 장수하여
오래도록 구원의 생수를 마시게 하리라!"

### 안식일에 부르는 노래

## 92

1-3 **하나님**, 주께 감사드리며 지극
히 높으신 하나님을
찬송하는 일, 얼마나 아름다운지요!
새벽마다 주님의 사랑을 선포하고
거문고와 하프,
장엄한 현악기 소리에 맞춰
주님의 성실하심을 밤새 노래합니다.

4-9 **하나님**, 주께서 나를 복되게 하셨으니
주께서 행하신 일을 보고 내가 기뻐 소리칩니다.
**하나님**, 주께서 행하신 일, 참으로 놀랍습니다!
주님의 생각은 참으로 깊습니다!
우둔한 자들은 주님의 일을 알지 못합니다.
어리석은 자들은 결코 그것을 깨닫지 못합니다.
악인들이 잡초처럼 일어나고
악한 남녀가 세상을 차지해도,
주께서 그들을 베어 넘어뜨리시고
단번에 끝장내십니다.
**하나님**, 주님은 지극히 높고 영원하신 분이십
니다.
**하나님**, 주님의 원수들을 보소서!
주님의 원수들을 보소서. 모두 망했습니다!
악의 하수인들이 바람결에 모두 흩어졌습니다!

10-14 그러나 주께서는 나를 돌진하는 들소처럼
강하게 하시고
축제 행렬로 영예롭게 해주셨습니다.
나를 책잡는 자들이 쓰러지던 모습,
나를 비방하는 자들이 도망치던 모습, 지금도
눈에 선합니다.
주께서 하신 약속의 음성, 내 귀에 가득합니다.
"선한 이들은 종려나무처럼 번성하고
레바논의 백향목처럼 우뚝 솟으리라.
내가 그들을 **하나님**의 안뜰에 옮겨 심었으니
하나님 앞에서 크게 자라리라.
늙어서도 늘 푸르며 진액이 넘치리라."

15 이것은 **하나님**의 정직하심을 보여주는 확실
한 증거!
그분은 나의 산, 크고 거룩한 산!

93 1-2 **하나님**은 위엄을 두르시고 다스
리시는 왕.
**하나님**은 위엄을 두르시고 능력을 떨치시는 분.

세계는 굳건히 서서 흔들림이 없고
주님의 보좌는 한결같이 견고하니, 주님은
영원하신 분!

3-4 **하나님**, 바다에 폭풍이 일어납니다.
폭풍이 사납게 으르댑니다.
폭풍에 우레 같은 파도가 일렁입니다.

사나운 폭풍보다 강하시고
폭풍이 일으킨 파도보다 강력하신 하나님,
엄위로우신 **하나님**이 높은 하늘에서 다스리
십니다.

5 주님의 말씀은 그대로 이루어집니다. 늘 그러
했습니다.
**하나님**, 아름다움과 거룩함이 주님의 궁전에
법도로 자리 잡으니,
마지막 때까지 그러할 것입니다.

94 1-2 **하나님**, 악을 끝장내소서.
복수하시는 하나님, 주님의 진면목
을 드러내소서!
세상의 심판자이신 하나님, 일어나소서.
거만한 자들을 엄벌에 처하소서.

3-4 **하나님**, 악인이 사람을 죽이고도 무사하
다니
언제까지 이런 상황을 허락하시렵니까?
저들이 거드름 피우고 으스대며
자신들의 범행을 자랑스레 떠벌립니다!

5-7 **하나님**, 저들이 주님의 백성을 짓밟고
주님의 소중한 백성을 착취하고 학대합니다.
누구든지 거치적거리면 제거하고
쓸모가 없어지면 살해합니다.
저들은 말합니다. "**하나님**은 보지 않아.
야곱의 하나님은 점심 드시러 가셨어."

8-11 바보 천치들아, 다시 생각해 보아라.
너희는 언제 철이 들려느냐?
귀를 지으신 분께서 듣지 못하시겠느냐?
눈을 만드신 분께서 보지 못하시겠느냐?
민족들을 훈련시키는 분께서 벌하지 않으시
겠느냐?
아담의 스승께서 모르실 것 같으냐?
**하나님**은 다 알고 계신다.
너희 어리석음을 아시고
너희 천박함도 알고 계신다.

**오직 하나님만이 주권자이시다**(93:1-5)

오랫동안 유대인들은 왕의 대관식에서 시편 93편으로 기도했다. 약 오백 년 동안 하나님의 백성은 왕정 제도에서 살았다. 어떤 왕들은 대단했고, 어떤 왕들은 끔찍했다. 그러나 모든 왕이 하나님의 통치에 복종하도록 되어 있었다. 그 어떤 왕도 하나님의 일을 맡은 인간 이상으로 자신을 생각할 수는 없었다. 그 어떤 백성도 그와 달리 생각할 수는 없었다. 예배의 자리에서 대관식을 행함으로, 백성은 그 의식과 찬송과 기도를 통해 하나님을—오직 하나님만을—주권자로 여기고 거기에 응답할 준비를 했다.

12-15 **하나님**, 주께서 가르치시는 남자,
주께서 말씀으로 지도하시는 여자는 참으로 복됩니다.
악인을 수용할 감옥이 지어지는 동안 악이 소란을 떨어도,
저들을 평온으로 감싸 주시기 때문입니다.
**하나님**께서는 주님의 백성을 떠나지 않으시고
소중한 백성을 버리지 않으실 것입니다.
안심하여라. 정의가 제 길을 가고
마음 착한 이들 모두가 그 길을 따르리니.

16-19 누가 나를 위해 악인들에게 맞섰으며,
누가 내 편이 되어 악당에게 맞섰는가?
**하나님**이 아니셨으면
나는 살아남지 못했으리라.
"내가 미끄러져 넘어집니다" 말하는 순간,
주 **하나님**의 사랑이 나를 든든히 붙들었습니다.
내가 마음이 상하여 어쩔 줄 몰라 할 때,
주께서 나를 달래시고 위로해 주셨습니다.

20-23 악한이 주님과 어울릴 수 있겠으며,
말썽꾼이 주님의 편이 되려고 하겠습니까?
저들이 몰려가 선한 이들을 습격하고
무죄한 이들의 등 뒤에서 흉계를 꾸몄지만
하나님은 나의 은신처,
나의 숲 속 산장이 되어 주셨다.
저들의 악행을 저들에게 되돌리시고
저들을 쓸어버리셨다.
우리 **하나님**께서 저들을 영원히 쫓아내셨다.

95

1-2 다 와서, **하나님**께 큰소리로 노래 부르자.
우리를 구원하신 반석을 향해 환호성을 올려드리자!
찬송을 부르며 그분 앞에 나아가자.
서까래가 들썩이도록 소리 높여 외치자!

3-5 **하나님**은 가장 높으신 분,
모든 신들보다 높으신 왕.
한 손으로는 깊은 굴과 동굴을,
다른 한 손으로는 높은 산들을 붙들고 계신 분.
그분께서 대양을 지으시고 그분의 소유 삼으셨다!
땅도 친히 조각하셨다!

6-7 다 와서, 경배드리자. 그분께 절하고
우리를 지으신 **하나님** 앞에 무릎 꿇자!
그분은 우리 하나님,
우리는 그분이 기르시는 백성, 그분이 먹이시는 양 떼.

7-11 모든 것 내려놓고 그분 말씀에 귀를 기울여라.
"쓰디쓴 반역의 때처럼,
광야 시험의 그날처럼 못 들은 체하지 마라.
그때에 너희 조상은 나를 시험했다.
사십 년 동안 그들 가운데서 일한 나를 보고도
거듭거듭 내 인내심을 시험했다.
나는 진노했다. 더 이상 참을 수 없었다!
'저들은 단 오 분도 하나님인 나에게 마음을 둘 수 없단 말인가?
저들은 내 길로 가지 않기로 작정한 것인가?'
내가 노하여, 폭탄선언을 했다.
'저들은 목적지에 이르지 못할 것이다.
정착하여 안식하지 못할 것이다.'"

96

1-2 새 노래로 **하나님**께 노래하여라!
땅과 거기 사는 모든 이들아, 노래

하여라!
**하나님**께 노래하며 예배하여라!

2-3 바다 이 끝에서 저 끝까지 그분의 승리를 큰 소리로 외쳐라.
패배자들에게 전하여라, 그분의 영광을!
모든 이들에게 전하여라, 그분의 기적을!

4-5 **하나님**은 위대하시니, 수천 번 찬양을 받아 마땅하신 분.
지극히 아름다운 그분 앞에서 신들은 싸구려 모조품,
이방인의 신들은 너덜거리는 누더기일 뿐.

5-6 **하나님**께서 하늘을 지으셨으니
그분에게서 왕의 광채가 뻗어 나오고,
그 권능의 아름다움, 비할 데 없도다.

7 **하나님**께 환호성을 올려라!
모두 큰소리로 외쳐라!
그 아름다움, 그 권능 앞에 두려워 떨어라.

8-9 예물을 드리며 찬양하여라.
아름다우신 **하나님**께 몸을 굽혀라.
무릎 꿇고 모두 다 경배하여라!

10 이 소식 널리 알려라. "**하나님**께서 다스리신다!
세상을 든든한 기초 위에 놓으시고
모든 이들을 공명정대하게 대하신다."

11 들어라, 하늘이 전하는 이 소식을.
함께하는 땅의 소리와
연이어 들리는 바다의 열광적인 박수소리를.

12 광야야, 기뻐 뛰어라.
동물들아, 와서 춤추어라.
숲의 모든 나무를 찬양대로 세워라.

13 **하나님**이 오실 때 그분 앞에서 화려한 공연을 펼쳐라.
그분께서 오시면 세상 모든 일을 바로잡으시리라.
모든 것 바로잡으시고, 모든 이들을 공정히 대하시리라.

---

최근에 누군가에게 가슴 벅찬 마음으로 하나님에 대해 이야기했던 때가 있었는가? 그 이유는 무엇인가? 그중 당신이 이 세상에 나누고 싶은 복된 소식은 무엇인가?

---

## 97

1 **하나님**께서 다스리신다. 큰소리로 외쳐라!
대륙들아, 섬들아, 어서 찬양하여라!

2 흰 구름과 먹구름이 그분을 둘러싸고,
공평과 정의 위에서 그분의 통치가 이루어진다.

3 불이 주님 앞에서 환히 빛나니
험준한 바위산 꼭대기에서 타오른다.

4 그분의 번개가 번쩍 세상을 비추니,
깜짝 놀란 땅이 두려워 떤다.

5 산들이 **하나님**을 보고는
땅의 주님 앞에서 밀초처럼 녹아내린다.

6 하늘이 선포한다, **하나님**께서 모든 일을 바로잡으실 것임을.
그대로 되는 것을 모두가 보리니, 참으로 영광스럽구나!

7-8 깎아 만든 신을 섬기는 모든 자들, 후회하리라.
누더기 신들을 자랑으로 여긴 것을!

너희 모든 신들아, 무릎 꿇고 주님께 경배하여라!
시온아, 귀 기울여 듣고 마음을 다잡아라!

시온의 딸들아, 열창하여라.
**하나님**께서 모두 이루셨다. 모든 일을 바로잡으셨다.

9 **하나님**, 주께서는 온 우주의 하나님,
그 어떤 신들보다도 지극히 높으신 분이십니다.

10 **하나님**께서 악을 미워하는 모든 이들을 사랑하시고
그분을 사랑하는 이들을 보호하시며,
악인의 손아귀에서 그들을 빼내 주신다.

11 하나님 백성의 영혼에는 빛의 씨앗이,
착한 마음 밭에는 기쁨의 씨앗이 뿌려진다.

12 하나님의 백성들아, **하나님**을 소리 높여 찬양하여라.
우리 거룩하신 하나님께 감사드려라!

# 98

1 새 노래로 **하나님**께 노래하여라.
그분께서 수많은 기적들로 세상을 만드셨다.

소매를 걷어붙이시고
모든 일을 바로잡으셨다.

2 **하나님**께서 역사에 길이 남을 구원을 베푸시고
그분의 권능을 온 세상에 나타내셨다.

3 그분께서 잊지 않으시고 우리를 사랑해 주셨다.
그분이 아끼시는 이스라엘에게, 지치지 않는 사랑을 베푸셨다.

온 세상이 주목한다.
보아라, 하나님의 구원 역사를!

4 모두 다, **하나님**을 소리 높여 찬양하여라!
마음껏 노래하여라! 연주에 맞춰 노래하여라!

5 관현악단을 이루어 **하나님**께 연주하여라.
일백 명의 합창단도 함께하여라.

6 트럼펫과 큰 트롬본도 연주하여라.
세상을 가득 채우도록, 왕이신 **하나님**께 찬양하여라.

7 바다와 그 속에 사는 물고기야, 박수갈채를 보내어라.
땅에 사는 모든 생물들도 참여하여라.

8 대양의 파도야, 환호성을 올려라.
산들아, 화음으로 대미를 장식하여라.

9 **하나님**께 찬사를 드려라. 그분께서 오신다.

세상을 바로잡으러 오신다.

그분께서 온 세상을 올곧게 하시고
땅과 거기 사는 모든 이들을 바르게 하시리라.

## 99

1-3 **하나님**께서 다스리신다. 모두 깨어 있어라!
천사들 사이의 보좌에서 다스리시니, 주목하여라!
**하나님**이 시온에 위엄차게 나타나신다.
온갖 유명인사들 위로 영광스럽게 우뚝 서신다.
주님의 아름다우심, 놀랍고 놀랍습니다. 모든 이들이 주님을 찬양하게 하소서!
거룩하시다. 참으로 거룩하시다.

4-5 강하신 왕, 정의를 사랑하시는 분,
주께서 세상을 공명정대하게 밝히시고
야곱 안에 기초를 놓으시니,
정의와 공의의 주춧돌을 놓으셨습니다.
**하나님** 우리 하나님께 경의를 표하여라. 그분의 통치에 머리를 숙여라!
거룩하시다. 참으로 거룩하시다.

6-9 모세와 아론은 그분의 제사장,
사무엘은 그분께 기도하는 이들 가운데 한 사람.
그들이 **하나님**께 기도하니 그분께서 응답하셨다.
구름기둥에서 말씀하셨다.
그들이 그분의 말씀을 따르고, 그분의 법도를 모두 지켰다.
그러자 **하나님** 우리 하나님께서 그들에게 응답하셨다.
(그러나 주님, 저들의 죄는 너그럽게 넘기지 않으셨습니다.)
지극히 높으신 **하나님**, 우리 하나님을 높여 드려라.
그분의 거룩한 산에서 경배하여라.
거룩하시다. **하나님** 우리 하나님은 참으로 거룩하시다.

감사의 시

## 100

1-2 모두 일어나 **하나님**께 박수갈채를!
웃음을 한 아름 안고
노래하며 그분 앞으로 나아가라.

3 너희는 알아 두어라, 주께서 **하나님**이심을.
우리가 그분을 만든 것이 아니요, 그분께서 우리를 지으셨다.
우리는 그분의 백성, 그분이 보살피시는 양 떼.

4 그분의 성문에 들어갈 때 잊어서는 안될 말,
"감사합니다!"
마음을 편히 하고, 찬양을 드려라.
그분께 감사드려라. 그분께 경배하여라.

5 **하나님**은 한없이 아름다우신 분,
넘치도록 사랑을 베푸시는 분,
언제나, 영원토록 성실하신 분.

다윗의 시

## 101

1-8 나의 주제가는 하나님의 사랑과 정의.
**하나님**, 내가 주님을 위해 그 노래를 부릅니다.
올바르게 사는 길을 따라갑니다.
주님, 얼마나 더 있어야 나타나시렵니까?
내가 최선을 다해 올바른 길을 추구하고

집에서도 그러하니, 그것이 참으로 중요하기
때문입니다.
타락한 자들과 저급한 일,
거들떠보지 않습니다.
가나안산 신들을 물리치고
더러운 것을 멀리합니다.
마음이 비뚤어진 자들과 거리를 두고,
흉계를 꾸미는 자들과 손잡지 않습니다.
이웃을 헐뜯는 험담꾼에게
재갈을 물리고,
거만한 자를
두고 보지 않습니다.
세상의 소금 같은 이들을 눈여겨보리니,
그들이야말로 내가 함께 일하고 싶은 사람들
입니다.
좁지만 바른 길을 걷는 사람,
내가 가까이하고 싶은 이들입니다.
거짓말을 일삼는 자는 나와 함께하지 못하리니,
거짓말쟁이들을 내가 참지 못하기 때문입니다.
내가 모든 악인들을 가축처럼 몰아
나라 밖으로 쫓아냈습니다.
악행을 업으로 삼는 자들을
**하나님**의 도성에서 모조리 추방했습니다.

---

II 당신은 이 땅에서 이루어지는 하나님의 공의로운 일에 어떻게 날마다 참여하는가? 당신의 인간관계는 이 세상에서 하나님이 일하시는 방식을 어떻게 증명하는가?

---

삶이 산산조각 난 사람이
하나님께 어려운 형편을 토로하는 기도

# 102

1-2 **하나님**, 들으소서! 내 기도
를 들어주소서.
괴로워 부르짖는 소리에 귀 기울여 주소서.
주님을 간절히 필요로 할 때
나를 못 본 체하지 마소서.
귀 기울이소서! 이렇게 부르짖으니, 도와주소서!
서두르소서. 한시가 급합니다!

3-11 야윌 대로 야윈 이 몸,
온몸이 불덩이 같습니다.
건강할 때의 모습은 찾아볼 수 없고
불치병으로 거반 죽은 목숨이 되었습니다.
이를 악물어 턱이 아프고
뼈와 가죽만 남았습니다.
나는 사막의 말똥가리처럼
폐허의 까마귀처럼 되었습니다.
도랑에 빠진 참새처럼
잠 못 이루고 처량하게 주절거립니다.
온종일 내 원수들이 나를 비웃고
주변 사람들은 저주를 쏟아 냅니다.
저들이 가져오는 음식은 재를 섞은 볶음밥!
내가 마시는 물은 내 눈물샘에서 길어 올린 것
입니다.
이 모든 것이 주님의 진노 때문이며,
주께서 나를 쓸어 담아 내던지신 까닭입니다.
나에게는 아무것도 남아 있지 않습니다.
나는 길바닥에서 쓸려 없어질 마른 잡초일 뿐.

12-17 그러나 **하나님**, 주께서는 여전히 통치하
시고
언제나, 영원토록 다스리십니다.
주께서 보좌에서 일어나 시온을 도우시리니
긍휼히 여기실 때가 되었기 때문입니다.
오, 주님의 종들이 이 도성에 쌓인 돌무더기
를 애지중지하고
그 먼지를 보며 가슴 아파 웁니다!

이방 민족들이 자세를 바로 하고
주님의 영광을 보며 주님의 이름을 경배할 것입니다.
**하나님**께서 시온을 다시 세우시고
모든 영광 가운데 나타나셔서
불쌍한 이들의 기도를 들어주실 때에,
주께서는 그들의 기도를 내치지 않으실 것입니다.

18-22 다음 세대를 위해 이 일을 기록하여
아직 태어나지 않은 백성이 하나님을 찬양하게 하여라.
"**하나님**께서 드높은 성소에서 굽어보시고,
하늘에서 땅을 살펴보셨다.
사형수들의 신음소리를 들으시고
감방 문을 열어 주셨다."
이 이야기가 시온에 전해질 수 있게 기록하여
**하나님**을 찬양하는 소리가 예루살렘 거리에 울려 퍼지게 하여라.
백성과 통치자들이 그분을 섬기러 모이는 곳이면
어디서나 울려 퍼지게 하여라.

23-28 **하나님**께서 강한 능력으로 나를 무릎 꿇게 하시고
한창때의 나를 꺾으셨으므로,
내가 기도드렸다. "오, 부디 나를 죽이지 마소서.
주님의 햇수는 대대로 무궁합니다!
주께서는 오래전에 땅의 기초를 놓으시고
친히 하늘을 지으셨습니다.
그것들이 다 사라지고 한 벌의 낡은 옷처럼 닳아 없어진다고 해도
주님은 변함없이 계실 것입니다.
그것들은 해어진 외투처럼 버려지겠지만
주님은 세월이 흘러도 늘 새로우십니다.
주님의 종들의 자녀는 살기 좋은 곳을 얻고
그들의 자손도 주님과 함께 편안히 살게 될 것입니다."

다윗의 시

# 103

1-2 내 영혼아, **하나님**을 찬양하여라.
머리부터 발끝까지, 그분의 거룩하신 이름을 찬양하여라!
오 내 영혼아, **하나님**을 찬양하고
그분께서 주신 복을 하나도 잊지 마라!

3-5 주께서 네 모든 죄 용서하시고

**사방에서 움트는 복**(103:1-2)

시편 103:2에 나오는 복이라는 단어는 정적인 단어가 아니라 움직임으로 가득한 역동적인 단어다. 마치 씨앗과 같다. 하나님의 복은 종종 씨앗의 형태로 우리에게 와서, 복잡하게 얽힌 인생의 문제들을 뚫고 싹을 틔워 열매를 맺는다.

하나님의 복은 천천히 자라는 경우가 많기 때문에 바로 코앞에서 일어나는 성장의 기적도 놓치기 쉽다. 그러나 주의해서 보면 사방에서 움트는 복을 볼 수 있다.

그러나 만일 우리가 하나님의 복을 잊는다면, 최악의 상황에서 최선을 다하려는 자기 자신의 노력만 볼 것이다. 되는 대로 주어진 기회를 최대한 활용하려는 자신의 노력만 볼 것이다. 하나님의 복을 잊어버리면 '감각 상실'이라고 심리학자들이 말하는 상태로 빠져들면서, 재난 상황에서만이 아니라 일상적인 상황에서도 일하시는 하나님의 풍성한 기적을 보지도 듣지도 말하지도 못하게 된다.

네 모든 병 고쳐 주신다.
너를 파멸에서 건지시고, 네 생명 구원하신다!
사랑과 긍휼로 네게 관을 씌워 주신다, 낙원의 화관을.
너를 친절과 영원한 아름다움으로 감싸시고
네 젊음을 새롭게 하시니, 언제나 그분 앞에서 청춘이리라.

6-18 **하나님**은 모든 일을 공의롭게 행하시고
피해자들을 다시 일으켜 세우신다.
그분께서 어떻게 일하시는지 모세에게 보여주시고
그분의 계획을 온 이스라엘에 알리셨다.
**하나님**은 한없이 자비롭고 은혜로우시며
쉽사리 노하지 않으시고 사랑이 풍성하시다.
두고두고 꾸짖지 아니하시며
노를 오래 품지 않으신다.
우리 죄를 그대로 묻지 않으시고
우리가 잘못한 대로 다 갚지 않으신다.
하늘이 땅에서 드높은 것처럼
하나님의 사랑은 그분을 경외하는 이들에게 확고하다.
해 뜨는 곳이 해 지는 곳에서 아주 먼 것처럼
우리를 우리 죄에서 멀리 떼어 놓으셨다.
부모가 자식을 가엾게 여기듯
**하나님**께서도 그분을 경외하는 이들을 가엾게 여기신다.
우리를 속속들이 아시고
우리가 진흙으로 지어졌음을 기억하시는 분.
인생의 날수가 그리 길지 않으니,
들꽃처럼 싹터 꽃을 피워도
폭풍에 순식간에 꺾여
우리의 존재를 알릴 흔적조차 남지 않는다.
그러나 **하나님**의 사랑은 한결같고
그분을 경외하는 모든 이들 곁에 영원히 머무른다.
그들과 그 자손들이 하나님과 맺은 언약을 지키고
그분의 말씀 잊지 않고 따를 때
하나님께서 모든 일을 바로잡아 주신다.

19-22 **하나님**은 하늘에 보좌를 두시고,
우리 모두를 다스리신다. 그분은 왕이시다!
너희 천사들아, **하나님**을 찬양하여라.
그분께서 부르시면 언제든지 달려가
그 말씀 듣고 신속히 실행에 옮겨라.
너희 천사 부대야, **하나님**을 찬양하여라.
정신 바짝 차리고 그분의 뜻에 복종하여라.
모든 피조물들아, 어디에 있든지 **하나님**을 찬양하여라.
하나님께 지음받은 만물들과 모든 이들아, 그분을 찬양하여라.

오 내 영혼아, **하나님**을 찬양하여라!

# 104

1-14 내 영혼아, **하나님**을 찬양하여라!

**하나님** 나의 하나님, 주님은 참으로 위대하십니다!
아름답고 멋지게 차려입으시고
햇빛을 두르시니,
온 하늘을 펼쳐 주님의 천막이 되게 하셨습니다.
깊은 바다 위에 주님의 궁궐 세우시고
구름으로 병거를 만드시며 바람 날개를 타고

다니셨습니다.
바람을 심부름꾼으로 삼으시고
불과 화염을 대사로 임명하셨습니다.
확고한 기초 위에 땅을 놓으셔서
영원토록 흔들리지 않게 하셨습니다.
땅을 대양으로 덮으시고
산들을 깊은 물로 덮으셨습니다.
주께서 호령하시니 물이 달아나고
주님의 천둥소리에 줄행랑을 쳤습니다.
주께서 지정하신 자리로
산들이 솟아오르고, 골짜기들이 벌어졌습니다.
땅과 바다 사이에 경계를 정하여
다시는 땅이 잠기지 않게 하셨습니다.
샘이 솟고 강을 이루게 하셔서
언덕과 언덕 사이로 흐르게 하셨습니다.
이제 모든 들짐승이 마음껏 마시고
야생나귀들도 갈증을 풉니다.
강기슭을 따라 새들이 둥지를 틀고
까마귀들이 우짖습니다.
주께서 하늘 수조에서 물을 끌어와 산에 대시니,
땅이 풍부한 물을 공급받습니다.
주께서 가축들을 위해 풀이 나게 하시고
밭 가는 짐승들을 위해 건초용 풀이 자라게 하십니다.

14-23 참으로 그렇습니다. 주께서는 땅에서 알곡을 내시고
포도주로 사람들을 행복하게 하십니다.
그들의 얼굴에 건강이 넘치게 하시고
풍족히 먹여 배부르게 하십니다.
**하나님**의 나무들이 물을 충분히 공급받으니
친히 심으신 레바논 백향목입니다.
거기에 새들이 깃듭니다.
나무 꼭대기에 둥지 튼 황새를 보십시오.
산양들이 절벽을 타고
오소리들은 바위 사이에 은신합니다.
달은 계절의 진로를 기억하고
해는 낮을 지배합니다.
어두워져 밤이 되면
숲의 온갖 생물들이 나옵니다.
젊은 사자들이 먹잇감을 찾아 으르렁대며
하나님께 저녁거리 구하다가,
해가 뜨면 제 굴로 물러가서
늘어지게 눕습니다.
그 사이 사람들은 일하러 가고
저녁까지 분주하게 몸을 움직입니다.

24-30 **하나님**, 참으로 멋진 세상입니다!
주님 곁에 두신 지혜로 그 모든 것을 만드시고
주님의 아름다운 것들로 땅이 가득 차게 하셨습니다.
오, 보소서. 깊고 넓은 바다에
정어리와 상어와 연어,
셀 수 없이 많은 물고기들이 헤엄쳐 다닙니다.
배들이 바다를 가르며 달리고
주께서 아끼시는 용 리워야단이 그 속에서 뛰어놉니다.
모든 생물들이 제때 먹이 주시기를 바라며
주님을 바라봅니다.
주께서 오시면 그들이 모여들고
주께서 손을 펴시면 그들이 받아먹습니다.
그러다가 주께서 등을 돌리시면
그들은 금세 죽고 맙니다.
주님의 영을 거두시면 그들은 죽어
본래의 진흙 상태로 돌아갑니다.
주께서 영을 보내시면 그들의 생명이 활짝 피

어납니다.
온 땅이 만개한 생명으로 가득해집니다.

31-32 **하나님**의 영광, 영원히 이어지게 하소서!
친히 만드신 것, **하나님**의 기쁨 되소서!
주께서 땅을 한 번 굽어보시니 지진이 일어나고
손가락으로 산을 가리키시니 화산이 분출한다.

33-35 오, 내 평생 **하나님**께 노래하리라.
나 사는 동안 나의 하나님을 찬양하리라!
오, 내 노래 주께서 기뻐하시기를.
**하나님**께 노래하는 것, 얼마나 기쁜 일인가.
그러나 죄인들은 이 땅에서 없애 주소서.
사악한 자들이 더 이상 붙어 있지 못하게 하소서.

오 내 영혼아, **하나님**을 찬양하여라!

# 105

1-6 할렐루야!
**하나님**께 감사드려라! 그 이름 부르며 기도하여라!
만나는 모든 이들에게 그분이 행하신 일을 알려라!
그분 위해 노래하여라. 힘차게 찬양하여라.
그분의 기적들을 음악에 실어라!
**하나님**을 찾는 너희들아, 그 거룩하신 이름에
할렐루야로 경의를 표하여라. 행복하게 살아라!
눈을 열어 **하나님**을 찾고, 주님의 일을 주목하여라.
그분 임재의 징후들을 주시하여라.
그분께서 행하신 세상의 놀라운 일들,
많은 기적과 친히 내리신 판결들을 기억하여라.
그분의 종 아브라함의 자손들아,
오, 그분께서 택하신 야곱의 자녀들아.

7-15 그분은 바로 **하나님** 우리 하나님,
온 세상을 다스리시는 분.
친히 맺으신 언약을 잊지 않고 기억하시니,
천 대에 이르도록 한결같이 그 약속 지키신다.
그것은 아브라함과 맺으신 언약,
이삭에게 하신 맹세,
야곱에게 세우신 법도,
이스라엘과 맺으신 영원한 언약.
그 내용은 이러하다. "내가 너희에게 가나안 땅을 주겠다.
이 산지는 내가 너희에게 물려주는 유산이다."
그들이 보잘것없는 무리
한 줌에 불과한 나그네로
이 나라에서 저 나라로 떠돌며
정처 없이 헤맬 때,
주께서 아무도 그들을 학대하지 못하게 하시고
그들에게 손대지 말라, 왕들에게 말씀하셨다.
"내가 기름부은 이들을 건드리지 말고
내 예언자들의 머리카락 한 올도 다치게 하지 마라."

16-22 이후 그분께서 땅에 기근을 불러들이시고
마지막 밀 이삭까지 꺾으셨다.
그러나 한 사람을 앞서 보내셨으니,
종으로 팔려 간 요셉이었다.
사람들이 무자비한 족쇄를 그의 발목에 채우고
쇠틀을 그의 목에 채웠다.
그러다 하나님의 말씀이 마침내 바로에게 임하고
**하나님**께서 약속을 확증해 주셨다.
왕을 보내어 그를 석방시키시니,
바로가 요셉을 자유의 몸이 되게 하였다.

바로는 요셉을 왕궁의 책임자로 임명하고
모든 국무를 맡겼다.
신하들을 직접 가르치게 하고
왕의 고문들을 훈련시켜 지혜를 얻게 했다.

23-42 그때에 이스라엘이 이집트로 들어가고
야곱이 함의 땅으로 이주했다.
하나님께서 그분의 백성에게 많은 아기들을 허락하시니,
이내 그들의 수가 불어나 그 대적들을 불안하게 했다.
주께서 이집트 사람들이 그분의 백성을 미워하게 하시니
그들이 하나님의 종들을 학대하고 기만했다.
그때에 주께서 자기 종 모세와
친히 택하신 아론을 보내시니,
두 사람은 저 영적 황무지에서 이적들을,
함의 땅에서 기적들을 일으켰다.
하나님께서 "어둠!" 하고 말씀하시자 세상이 어두워졌고,
이집트 사람들은 아무것도 볼 수 없었다.
그분께서 그들의 물을 모두 피로 바꾸시니
그들의 물고기가 다 죽었다.
개구리 떼가 온 땅에 들끓게 하시고
왕의 침실에까지 뛰어들게 하셨다.
주께서 말씀하시자 파리 떼가 모여들었고
이가 온 땅을 덮쳤다.
비 대신 우박을 내리시고
번개로 저들의 땅을 치시니,
그들의 포도나무와 무화과나무가 모두 상하고
그들의 숲에 있는 나무들이 산산조각 났다.
말씀 한 마디로 메뚜기 떼를 불러들이시니,
수백만 마리 메뚜기 군대가 몰려와
온 나라의 풀이란 풀은 모조리 먹어 치우고
땅의 산물을 말끔히 해치웠다.
주께서 그 땅의 모든 맏아들,
그들의 첫 소생들을 치셨다.
이스라엘은 전리품을 가득 안고 그 땅을 나왔다.
주님의 지파 가운데 어느 누구도 비틀거리지 않았다.
이집트 사람들은 그들을 죽을 만치 두려워한 나머지,
그들이 떠나는 것을 기뻐했다.
하나님께서 낮에는 구름을 펼쳐 그들을 시원하게 해주셨고
밤에는 불로 그들의 길을 밝혀 주셨다.
그들이 기도하자 메추라기를 몰아다 주시고
하늘의 빵으로 그들을 배부르게 먹이셨다.
반석을 열어서 물을 흘려보내시니,
사막에 강물이 흐르듯 생수가 쏟아졌다.
이 모두가 주께서 자신의 언약,
그분의 종 아브라함에게 하신 약속을 기억하셨기 때문이다.

43-45 이것을 기억하여라!
주께서 그분의 백성을 이끌어 내시고 기뻐 노래하게 하셨다.
친히 택하신 백성이 심장이 터지도록 노래하며 행진했다!
그들이 들어간 땅을 선물로 주시고
민족들의 부를 그들이 거머쥐게 하셨으니,
주께서 말씀하신 모든 것을 그들이 행하고
직접 주신 그분의 법도를 따르게 하시려는 것이었다.

할렐루야!

106 1-3 할렐루야!
하나님께 감사하여라!
그분은 선하시고, 그분의 사랑 영원하다.
**하나님**께서 능력으로 행하신 일을 누가 다 알릴 수 있으며,
그분을 찬양하는 소리 누가 다 옮길 수 있으랴?
옳은 일을 행하는 그대는 복된 남자,
정의가 몸에 밴 그대는 복된 여자.

4-5 **하나님**, 주님의 백성을 기뻐하실 때 나를 기억하시고
그들을 구원하실 때 나도 구원해 주소서.
주께서 택하신 이들이 잘되는 것을 보며
나도 주님 나라의 기쁨을 함께 기뻐하기 원합니다.
주님의 자랑과 기쁨이 되는 이들의 찬양에 동참하고 싶습니다!

6-12 조상들처럼 우리도 많은 죄를 지었고
빗나갔으며, 많은 이들에게 해를 끼쳤습니다.
우리 조상들이 이집트를 떠난 후에
주님의 이적들을 당연하게 여기고
주님의 크고 놀라우신 사랑을 잊고 말았습니다.
지극히 높으신 하나님께 거역하다가
홍해를 건너지 못할 뻔했습니다.
그러나 주께서 그곳에서 그들을 구원하셨습니다.
주께서 놀라운 권능을 나타내셨다!
홍해를 꾸짖어 물이 그 자리에서 마르게 하시니,
그들이 바다를 거침없이 행진했다!
아무도 발이 젖지 않았다!
주께서 고된 노예살이에서 그들을 구원하시고
원수의 손아귀에서 그들을 풀어 주셨다.
물이 그들을 뒤쫓던 압제자들을 휩쓸어
한 사람도 살아남지 못했다.
그제야 그들은 하나님의 말씀이 참됨을 믿고
찬양의 노래를 크게 불렀다.

13-18 그러나 그들은 금세 모든 것을 잊었고
주께서 할 일을 말씀하실 때까지 기다리지 않았다.
사막에서 자기만족을 얻는 데만 마음 쓰고
줄기차게 요구하면서, 주님을 노엽게 했다.
주님은 그들이 요구하는 대로 다 주셨지만,
그들의 마음 또한 무기력하게 하셨다.
진영에서 몇 사람이 모세를 시기하고
**하나님**의 거룩한 제사장 아론까지 시기하던 어느 날,
땅이 입을 벌려 다단을 삼키고
아비람 일당을 묻어 버렸다.
또 거기서 불이 타올라 그 반역자 무리를
모두 살라 버렸다.

19-22 그들은 호렙에서 금속으로 송아지 형상을 부어 만들고
자기들이 만든 그 상에 경배했다.
하나님의 영광을 싸구려 조각품, 풀이나 뜯는 황소상과 바꿔 버렸다!
그들은 자신들을 구원하신 하나님을 잊어버렸다.
이집트에서 모든 일을 역전시키신 분,
함의 땅에서 연출하신 그분의 수많은 기적들,
홍해에서 펼치신 멋진 역사를.

23-27 하나님은 더 이상 참지 못하시고
그들을 제거하기로 마음먹으셨다.
친히 택하신 모세만 아니었다면 그리하셨으

리라.
그러나 모세가 몸을 던져 하나님의 진노를 돌
리고
그들의 전멸을 막았다.
그들은 복 받은 그 땅을 계속 거절하면서
하나님의 약속을 믿지 않았다.
자신들의 생활수준에 대해 불평하면서
**하나님**의 음성을 들으려 하지 않았다.
이에 크게 노하신 하나님께서 맹세하셨다.
그들을 사막에서 거꾸러지게 하고
그들의 자손을 여기저기에 흩어지게 하며,
온 땅 사방으로 쫓겨 다니게 하시겠다고.

28-31 또 그들은 바알브올과 죽이 맞아
장례 잔치에 참석하여 우상에게 바친 음식을
먹었다.
그 행위로 하나님을 진노케 하여
그들의 진영 가운데 전염병이 퍼졌다.
그때 비느하스가 일어나 그들을 행동으로 변
호하자,
전염병이 그쳤다.
이 일은 비느하스의 의로 인정되었으니,
그의 후손들이 결코 잊지 않을 것이다.

32-33 그들은 므리바 샘에서 다시 하나님을 진
노케 했고,
이번에는 모세까지 그들의 악행에 말려들었다.
그들이 또다시 **하나님**께 거역하자
모세가 자제력을 잃고 폭발하고 만 것이다.

34-39 그들은 **하나님**의 명령대로
이방 문화를 없애기는커녕,
오히려 이방인들과 혼인하고
이내 그들과 똑같이 되고 말았다.
그들의 우상에 경배하다가
그 우상의 덫에 걸리고 말았다.
아들과 딸들을
악신의 제단에 제물로 바치느라,
젖먹이의 목을 따고
여자아이와 남자아이를 살해했다.
그들의 젖먹이를 가나안 신들에게 바치니
그 젖먹이의 피가 그 땅을 더럽혔다.
어찌나 고약하게 살았던지, 높은 하늘에까지
악취가 진동했다.
그들은 창녀처럼 살았다.

40-43 **하나님**께서 노하시니 그 노가 들불처럼
타올라
그 백성을 그저 보고 있을 수가 없으셨다.
그들을 이방인들에게 넘기시고
그들을 미워하는 자들에게 지배받게 하셨다.
원수들은 그들의 삶을 고통스럽게 했고,
그들은 학대에 시달렸다.
하나님께서 몇 번이고 그들을 구해 주셨지만,
교훈을 얻지 못한 채
결국 자신들의 죄악 때문에 무너지고 말았다.

44-46 그러나 하나님께서 그들의 곤경을 보시고
도움을 구하는 그들의 부르짖음을 들으셨다.
그들과 맺으신 언약을 기억하시고
한없는 사랑으로 그들의 손을 잡아 주셨다.
그들을 사로잡아 간 자들이 보고 깜짝 놀랄 정
도로
그들에게 긍휼을 베푸셨다.

47 **하나님** 우리 하나님, 우리를 구원하소서!
포로로 잡혀간 우리들을 모아 다시 돌아가게
하소서.

주님의 거룩한 이름에 감사하고
주님을 찬양하는 기쁨에 참여하게 하소서!

**하나님**, 이스라엘의 하나님을 찬양하여라!
지금, 그리고 영원토록 찬양하여라!
오, 모든 백성은 아멘으로 화답하여라!
할렐루야!

## 107

1-3 오, **하나님**께 감사하여라.
그분은 참으로 선하신 분!
그분의 사랑 끝이 없다.
**하나님**께 자유를 얻은 모든 이들아, 세상에
전하여라!
주께서 너희를 어떻게 압제에서 구해 내셨는지,
세계 곳곳에서, 사방에서, 오대양에서
너희를 어떻게 모아들이셨는지 알려라.

4-9 너희 중 일부가 여러 해 동안 사막에서 헤
맸으나
살기 좋은 곳을 찾지 못했다.
굶주림에 거반 죽고 갈증에 목이 타
비틀대며 쓰러지기 직전이었다.
그때에 절박한 상태에서 **하나님**께 부르짖자,
그분께서 때맞춰 너희를 구해 주셨다.
너희의 발을 멋진 길에 들여놓으시고
살기 좋은 곳에 곧장 이르게 하셨다.
**하나님**께 감사하여라. 놀라운 사랑 베푸시고
사랑하는 자녀에게 기적 같은 자비를 베푸셨다.
바싹 마른 목구멍에 물을 흠뻑 부어 주시고,
굶주려 허기진 이들에게 먹을 것을 넉넉히 주
셨다.

10-16 너희 중 일부가 어두운 감방에 갇히고
사정없이 감금된 것은,
너희가 하나님 말씀을 거역하고
지극히 높으신 하나님의 훈계를 저버린 탓이
었다.
가혹한 판결에 너희 마음은 무거워지고
도와줄 사람 하나 보이지 않았다.
그때에 절박한 상태에서 **하나님**께 부르짖자,
그분께서 때맞춰 너희를 구해 주셨다.
어둡고 캄캄한 감방에서 너희를 끌어내셨다.
감옥문을 부수어 여시고 너희를 이끌어 내셨다.
**하나님**께 감사하여라. 놀라운 사랑 베푸시고
사랑하는 자녀에게 기적 같은 자비를 베푸셨다.
육중한 감옥문을 박살내시고
쇠창살을 성냥개비처럼 부러뜨리셨다!

17-22 너희 중 일부가 병에 걸린 것은 너희가 잘
못 살고
너희 몸이 너희 죄의 영향을 받았기 때문이다.
너희는 음식을 보는 것마저 싫어하여
차라리 죽는 게 낫다고 여길 만큼 비참했다.
그때에 절박한 상태에서 **하나님**께 부르짖자,
그분께서 때맞춰 너희를 구해 주셨다.
말씀으로 너희를 고치시고
죽음의 절벽에서 너희를 구해 내셨다.
**하나님**께 감사하여라. 놀라운 사랑 베푸시고
사랑하는 자녀에게 기적 같은 자비를 베푸셨다.
감사의 제물 드리고 그분이 행하신 일을
세상에 전하여라. 그것을 크게 노래하여라!

23-32 너희 중 일부는 큰 배를 타고 출항했다.
머나먼 항구에서 장사하려고 바다로 나갔다.
바다에서 너희는 보았다. **하나님**께서 일하시
는 광경을,
그분께서 얼마나 놀랍게 대양을 다루시는지를.

말씀 한 마디로 바람을 일으키시니
바다 폭풍이 일어나고 산더미 같은 파도가 치솟았다!
너희는 하늘 높이 솟아올랐다가 바다 밑바닥까지 떨어졌다.
심장이 내려앉아 말문이 막혔다.
너희는 팽이처럼 빙글빙글 돌고 술 취한 사람처럼 비틀거렸다.
정신이 하나도 없었다.
그때에 절박한 상태에서 **하나님**께 부르짖자,
그분께서 때맞춰 너희를 구해 주셨다.
바람을 진정시켜 작은 속삭임이 되게 하시고
큰 파도에 재갈을 물리셨다.
폭풍이 잠잠해지자 너희는 크게 기뻐했고
그분께서 너희를 항구로 안전하게 인도하셨다.
**하나님**께 감사하여라. 놀라운 사랑 베푸시고
사랑하는 자녀에게 기적 같은 자비를 베푸셨다.
백성이 모일 때 소리 높여 찬양하고
장로들이 모일 때 할렐루야를 외쳐라!

33-41 **하나님**께서 강을 황무지로
샘을 햇볕에 바싹 마른 흙밭으로 바꾸셨다.
향기로운 과수원을 소금 습지로 바꾸셨으니,
그것은 거기 사는 사람들의 악함 때문이었다.
그러다 그분께서 황무지를 맑은 저수지로,
건조한 땅을 물이 솟는 샘으로 바꾸셨다.
굶주린 이들을 데려오셔서 자리 잡게 하시니,
그들이 그곳으로 이사했다. 참으로 살기 좋은 곳이었다!
그들이 밭에 씨를 뿌리고 포도원을 일구어
풍작을 이루었다.
하나님이 복을 내리시니 그들이 크게 번성하고,
그들의 가축 떼도 주는 법이 없었다.
하나님이 제후들을 경멸하시며 내쫓으시니
학대와 악행과 고난이 줄어들었다.
그분께서 가난한 이들에게 안심하고 살 곳을 마련해 주시고
그 가족들을 양 떼처럼 살뜰히 보살펴 주셨다.

42-43 선한 이들이 이것을 보고 기뻐하고
악한 자들은 말문이 막혀 하던 일을 멈추었다.
너희가 참으로 지혜로우면 이 일을 되새기고
**하나님**의 깊은 사랑에 감사하게 되리라.

다윗의 기도

# 108

1-2 하나님, 준비가 끝났습니다.
머리부터 발끝까지 단단히 준비했습니다.
이제 선율에 맞춰 주님을 노래하렵니다.
"깨어나라, 내 영혼아!
깨어나라, 하프야, 거문고야!
깨어나라, 너 잠꾸러기 태양아!"

3-6 **하나님**, 내가 거리에서 소리 높여 주께 감사드리고
도시에서, 시골에서 주님을 찬양합니다.
주님의 사랑, 깊을수록 더 높이 이르고
모든 구름, 주님의 성실 드러내며 나부낍니다.
오 하나님, 하늘 높이 날아오르소서!
주님의 영광으로 온 땅을 덮으소서!
주께서 지극히 사랑하시는 백성을 위하여
손을 뻗어 나를 도우소서. 지금 바로 응답하소서!

7-9 그때 하나님께서 거룩한 광채 속에서 말씀하셨습니다.
"내가 기쁨에 겨워
세겜을 선사하고

숙곳 골짜기를 선물로 주리라.
길르앗이 내 호주머니 속에 있고
므낫세도 그러하다.
에브라임은 나의 헬멧,
유다는 나의 망치.
모압은 세탁용 양동이,
내가 모압을 쓰러뜨려 바닥 걸레로 삼으리라.
에돔에게 침을 뱉고
블레셋 전역에 불벼락을 퍼부으리라."

10-11 누가 나를 치열한 싸움터로 데려가며,
누가 에돔에 이르는 길을 알려 주겠습니까?
하나님, 주께서 우리를 버리신 것은 아니겠지요?
우리 군대와 함께 나아가기를 거절하신 것은 아니겠지요?

12-13 우리를 도우셔서 이 힘든 임무 완수하게 하소서.
사람의 도움은 아무 쓸데가 없습니다.
하나님을 힘입어 우리가 최선을 다하리니,
주께서 적군을 완전히 때려눕히실 것이다.

---

**II** 하나님을 기꺼이 찬양하는 데 도움이 되는 것은 무엇인가?

---

다윗의 기도

# 109

1-5 나의 하나님, 내 찬양의 기도를
못 들은 체 마소서.
거짓말쟁이들이 나에게 욕설을 퍼붓고
거짓된 혀로 나를 개 떼처럼 잡으려 합니다.
크게 짖어 대며 적의를 드러내고
까닭 없이 내 뒤꿈치를 뭅니다!
내가 그들을 사랑했건만 그들은 나를 비방하고
내 기도를 죄악으로 취급합니다.
그들은 나의 선을 악으로 갚고
나의 사랑을 미움으로 갚습니다.

6-20 악인을 보내셔서, 나를 고소한 법관을 고소하게 하소서.
사탄을 급파하셔서 그를 기소하게 하소서.
그가 유죄 판결을 받게 하시고
그가 드리는 기도는 모두 죄가 되게 하소서.
그의 수명을 줄이시고
그의 일자리를 다른 사람에게 주소서.
그의 자식은 고아가 되게 하시고
그의 아내는 미망인의 상복을 입게 하소서.
그 자식들이 거리에서 구걸하는 신세가 되고
제 집에서 내쫓겨 노숙하게 하소서.
은행이 재산을 차압하여 다 털어가고
모르는 자들이 독수리처럼 덮쳐 남은 것 하나 없게 하소서.
주위에 그를 도와줄 자 없게 하시고
고아가 된 자식들의 처지를 살피는 자도 없게 하소서.
그의 족보가 끊어져
아무도 그의 이름을 기억하지 못하게 하소서.
그 아비의 죄악 기념비를 세우시고
그 어미의 이름도 거기에 기록되게 하소서.
그들의 죄는 **하나님** 앞에 영구히 기록되지만
그들은 완전히 잊히게 하소서.
그런 대접을 받아 마땅합니다. 그가 친절을 베풀기는커녕
고통받는 이들과 상심한 이들을 죽도록 괴롭힌 까닭입니다.
그가 저주하기를 몹시 좋아했으니

그 저주가 그에게 빗발치듯 내리게 하시고,
축복하기를 싫어했으니
축복이 그를 피해 멀리 달아나게 하소서.
그는 저주를 근사한 옷처럼 갖춰 입고,
저주를 마시고 저주에 흠뻑 젖었습니다.
그에게 저주의 옷을 선물하셔서
한 주 내내 그 옷만 걸치게 하소서!
나를 잡으려는 자들이 받을 것은 바로 이것,
**하나님**이 산사태처럼 쏟으시는 응분의 대가.

21-25 오 **하나님**, 나의 주님, 직접 나서 주소서.
주께서 능히 할 수 있으니, 나를 위해 기적을
일으키소서!
주님의 사랑 지극히 크시니 나를 여기서 건져
주소서!
나는 속수무책이요, 내 삶은 황폐합니다.
나는 스러져 소멸해 가고,
내 청춘도 가버려 겉늙었습니다.
굶주림으로 쇠약해져 일어설 힘도 없습니다.
내 몸은 뼈와 가죽만 남았습니다.
사람들이 내게 저속한 농담을 던집니다.
그들은 나를 보고 고개를 절레절레 흔듭니다.

26-29 **하나님** 나의 하나님, 나를 도우소서. 부디
나를 도우소서.
주님의 놀라우신 사랑으로 나를 구원하소서.
그들이 알게 하소서. 주님의 손이 이곳에 계
심을,
주 **하나님**께서 일하고 계심을.
그들이 제멋대로 저주하게 내버려 두시고
주님은 내게 복을 내려 주소서.
그들이 일어설 때 군중의 야유를 받게 하시고
주님의 종인 나에게는 갈채가 따르게 하소서.
나를 고발하는 자들에게 수치로 더러워진 옷
을 입히소서.
낡아서 내다 버린 굴욕적인 누더기를 입히소서.

30-31 내 입에 **하나님**께 드리는 멋진 찬양 가득
하고
내가 군중에 둘러싸여 그분께 할렐루야 노래
하리라.
주께서는 늘 가련한 이들의 편이 되시고
불의한 법관에게서 목숨을 구해 주신다.

## 다윗의 기도

# 110

1-3 내 주께 내리신 **하나님** 말씀.
"내가 네 원수들을 네 발판으
로 삼을 때까지
너는 여기 내 보좌 곁에 앉아 있어라."
시온의 **하나님**께서 주께 강력한 왕권을 만들
어 주셨으니,
원수들이 에워싸도 이제 다스리소서, 주님!
주님의 위대한 승전 날에,
거룩한 갑옷 입고 찬란히 빛나는 주께로
주님의 백성이 기쁘게 모여들 것입니다,
상쾌한 새벽녘에 생기 가득한 청년처럼
주께 나아갈 것입니다.

4-7 **하나님**께서 말씀하셨으니 돌이키지 않으
실 것입니다.
왕께서는 영원한 제사장, 멜기세덱 제사장.
주께서 왕의 곁에 서서
무시무시한 진노로 왕들을 짓밟으시고,
뭇 나라들을 재판하여
대대적으로 유죄 판결을 내리시며,
드넓은 땅을 가로지르며 반대 세력을 짓밟으
실 것입니다.
왕을 세우시는 분께서 왕을 즉위시키시니,

**말씀하시는 하나님**(110:1-7)

신약성경에서 가장 인기 있는 시편은 110편이다. 이 시편만큼 자주 인용되거나 암시되는 시편이 없다. 1세기의 그리스도인 공동체는 이 시편을 곰곰이 생각하고 토론하며 암송하고 묵상했다.

이 시편이 초기 기독교 공동체에서 두드러지는 자리를 차지한 이유는, 그들이 말씀하시는 하나님 앞에 그들 자신을 두었기 때문이다. 신자들은 이 세상이 잘못되었고 따라서 조처가 필요하다는 것을 알았다. 그들은 또한 자신들의 선한 일과 선한 의도에는 심각한 흠이 있어서 상황을 더 악화시키기만 할 뿐이라는 것도 알았다. 하지만 그렇다고 해서 자신들이 일할 자격이 없는 건 아니라는 것도 알았다. 그들은 하나님이 하늘에서와 같이 이 땅에서도 자신의 뜻을 세우기 위해 그리스도를 통해 하시는 일에 이끌렸다.

그러면 어떻게 해야 하는가? 그들은 시편 110편으로 기도했다. 시편 110편은 이 세상이 하나님이 말씀하시면 그대로 되는 세상이라고 말했고, 그래서 그들은 이 시편으로 기도하며 그런 세상에서 자신들은 누구이고, 어디에 서 있는지를 배웠다.

참되신 왕께서 머리를 높이 들고 다스리실 것입니다.

# 111

1-10 할렐루야!
내 모든 것으로 **하나님**께 감사하리라.
선한 이들이 모이는 곳마다, 그 회중 가운데서.
**하나님**이 행하신 일, 참으로 위대하니
평생토록 연구하고 끝없이 즐거워하리라!
장엄하고 아름다운 그분의 솜씨,
그분의 관대하심 다함이 없다.
하나님의 기적은 그분의 기념비.
그분은 은혜의 **하나님**, 사랑의 **하나님**.
그분을 경외하는 이들에게 양식을 주시고
오래전 하신 약속 잊지 않고 지키셨다.
말씀대로 하실 수 있음을 자기 백성에게 입증하시고,
뭇 민족들을 큰 접시에 담아 선물로 주셨다!
진실과 정의는 그분의 작품.
그 모든 것 영원토록 존속하니,
시대에 뒤지거나 쇠퇴하지 않으며, 결코 녹스는 법이 없다.
그분께서 지으시고 행하시는 것, 모두 진실하고 참되다.
자기 백성을 위하여 몸값을 지불하시고
친히 맺으신 언약을 영원히 지키셨다.
참으로 인격적이고 거룩하신 주님, 우리의 흠모받으시기에 합당하신 분.
선한 삶의 시작은 **하나님**을 경외하는 것,
그리하면 **하나님**의 복을 알게 되리라.
주께 드리는 할렐루야, 영원하리라!

# 112

1-10 할렐루야!
**하나님**을 경외하고,
그분의 계명을 기뻐하며 소중히 여기는 이들은 복이 있다.
그 자녀들은 땅에서 강건하고,
올곧은 이들의 가정도 그러하니, 참으로 복이 있다!
그들의 집에는 재물이 넘쳐
아무리 베풀어도 축나지 않는다.
선한 이들에게는 어둠 뚫고 해가 떠올라

하나님의 은혜와 긍휼과 정의를 비춘다!
선한 이들은 아낌없이 베풀고 넉넉히 꾸어 주니,
넘어지거나 비틀대는 일 없고
좋은 평판이 확고하여 사라지지 않는다.
소문과 험담에도 흔들리지 않고
순종의 마음으로 **하나님**을 신뢰한다.
마음이 굳세어 흐트러짐 없으며
늘 즐거워하며 원수들 사이에 있어도 편안하다.
그들은 불쌍한 이들에게 아낌없이 베풀고
너그러운 나눔은 길이길이 이어진다.
그 삶이여, 영예롭고 아름답구나!
악인은 이것을 보고 노발대발하며
엄포를 늘어놓지만, 결국 말문이 막히고 만다.
악인들의 꿈은 무위로 돌아가고 헛되이 사라질 뿐이다.

4-9 **하나님**은 그 무엇이나 그 누구보다 높으시고,
하늘에 보이는 그 어떤 것보다 밝게 빛나신다.
누가 **하나님**, 우리 하나님과 견줄 수 있으랴?
더없이 위엄 있게 좌정하시고
드넓은 하늘과 땅을 굽어보신다.
가련한 이를 오물 더미에서 건져 내시고
버림받아 불쌍한 이를 쓰레기 더미에서 구해 내신다.
귀빈들 사이에 그들을 앉히시고
가장 똑똑하고 뛰어난 자들 가운데 영예의 자리를 마련해 주신다.
아이 없는 부부가 부모가 되게 하시고
여러 자녀를 기르는 기쁨을 주신다.
할렐루야!

## 113

1-3 할렐루야!
**하나님**을 섬기는 너희들아,
**하나님**을 찬양하여라!
그분의 이름을 선포하여라, 그것이 바로 찬양이다!
**하나님**을 기억하여라, 그것이 바로 복이다.
오늘도 내일도 언제까지나 기억하여라.
동에서 서까지, 새벽부터 해 질 때까지,
너희 모두 찬양을 **하나님**께 올려 드려라!

## 114

1-8 이스라엘이 이집트를 떠날 때,
야곱의 집안이 저 야만족을 두고 떠나올 때,
유다는 하나님께 거룩한 땅이 되고
이스라엘은 그분께서 거룩하게 다스리시는 영토가 되었다.
바다는 그들을 보고 반대쪽으로 달아나고
요단 강은 몸을 돌려 도망쳤으며,
장난기가 동한 산들이 숫양처럼 뛰놀고
언덕들도 어린양처럼 들떠 뛰었다.

**거룩한 놀이**(114:1-8)

시편 114:7에 나오는 '떨다'라는 단어는 놀라움으로 경외감을 가지고 겸손하게 초월자에게 다가가는 자세다. 프로메테우스 같은 사람은 땅 앞에서도 제단 앞에서도 떨지 않고 일을 주도한다. 테크놀로지의 사람은 산들과 천사의 무리 앞에서도 떨지 않고 차분한 손으로 컴퓨터를 아무런 감정 없이 조작한다. 그러나 기도하는 사람은, 모든 것이 새롭게 될 구속을 간절히 기다리는(롬 8:18-28) 창조세계 전체와 함께 떤다.

밖에서 보는 사람들이 종종 생각하듯이, 떤다는 것은 하나님을 무서워하는 것이 아니다. 그것은 일종의 거룩한 놀이, 믿음의 놀이에 더 가깝다. 땅과 하늘, 바다와 산과의 관계로 들어가는 기도는 놀고 뛰며 춤을 춘다. 우리가 사는 우주는 원인과 결과대로 변동 없이 움직이는 우주가 아니다. 야곱의 하나님 앞에서는 인생을 예측할 수 없다. 변화의 자유가 있고, "반석을 시원한 못으로", "바위를 맑은 샘으로 바꾸신" 하나님 앞에서(시 114:8) 더 나은 존재가 될 자유가 있다.

영적인 우주에서 사는 우리의 삶을 다스리는 것은 경직된 법이 아니라 설명할 수 없는 은혜이며, 이 은혜는 단조로운 일상을 춤으로 변화시킨다.

바다야, 네가 달아나다니, 무슨 일이냐?
요단 강아, 네가 몸을 돌려 도망치다니, 어찌 된 일이냐?
산들아, 너희는 어찌하여 숫양처럼 뛰놀았느냐?
언덕들아, 너희는 어찌하여 어린양처럼 들떠 뛰었느냐?
땅이여, 두려워 떨어라! 네 주님 앞,
야곱의 하나님 앞에서!
주께서 반석을 시원한 못으로,
바위를 맑은 샘물로 바꾸셨다.

# 115

1-2 **하나님**, 우리를 위해서가 아니라,
주님의 이름을 위해 주님의 영광 드러내소서.
주님의 자비로우신 사랑을 위해 그리하소서.
주님의 성실하심으로 인하여 그렇게 하소서.
이방 민족들이 "저들의 하나님이 어디에 있느냐?" 하고
말하지 못하게 하소서.

3-8 우리 하나님은 하늘에 계셔서
원하시는 일이면 무엇이든 이루신다.
저들의 우상은 금속과 나무,
지하 작업장에서 손으로 만든 것.
새긴 입이라 말하지 못하고
그린 눈이라 보지 못한다.
주석 입힌 귀라 듣지 못하고
부어 만든 코라 냄새 맡지 못한다.
손은 움켜쥐지 못하고, 발은 걷거나 달리지 못하며
목구멍은 소리 내지 못한다.
이런 것을 만든 자들, 그와 똑같이 되고
그들이 의지하는 우상들과 똑같은 처지가 되었다.

9-11 그러나 너 이스라엘아, **하나님**을 신뢰하여라!
그분은 너를 도우시는 분, 너를 다스리시는 분!
아론의 집안이여, **하나님**을 신뢰하여라!
그분은 너희를 도우시는 분, 너희를 다스리시는 분!
**하나님**을 경외하는 너희여, **하나님**을 신뢰하여라!
그분은 너희를 도우시는 분, 너희를 다스리시는 분!

12-16 오 **하나님**, 우리를 기억하셔서 복을 내려 주소서.
이스라엘 집안과 아론 집안에 복을 내려 주소서.
**하나님**을 경외하는 모든 이들에게 복을 내리시고

못난 자나 잘난 자 모두에게 복을 내려 주소서.
오, **하나님**께서 너희 집안을 일으키시고
너희를 번성시키시며, 너희 자손의 수를 늘려 주시기를.
너희는 **하나님**께 복을 받으리라,
하늘과 땅을 지으신 **하나님**께.
하늘의 하늘은 **하나님**의 것,
그분께서 맡기신 땅은 우리의 것.

17-18 죽은 사람은 **하나님**을 찬양할 수 없고
땅에 묻힌 자는 한 마디도 말할 수 없다.
그러나 우리는 **하나님**을 찬양하리라.
지금도 찬양하고, 늘 찬양하리라!
할렐루야!

# 116

1-6 **하나님**께서 내 말을 들으시고
자비를 구하는 내 간구를 들어주셨으니,
내가 그분을 사랑하는도다.
주님 앞에 나아와 내 사정 털어놓을 때,
귀를 기울여 들어주셨다.
죽음이 나를 정면으로 노려보고
저승이 내 뒤를 바싹 쫓을 때,
막다른 길에 이른 나, 어디로 갈지 몰라
**하나님**을 부르며 도움을 구했다.
"**하나님**, 간구합니다!
이 목숨을 구해 주소서!"
**하나님**은 은혜로우신 분, 모든 일을 바로잡아 주시는 분,
긍휼이 많으신 분.
의지할 데 없는 이들을 편들어 주시고
어찌할 바 모르는 나를 구원해 주셨다.

7-8 내가 속으로 말했다. "이제 마음 편히 쉬어라.
**하나님**께서 네게 복을 쏟아부으셨으니.
내 영혼아, 하나님이 너를 죽음에서 구하셨다.
내 눈아, 하나님이 너를 눈물에서 건지셨다.
내 발아, 하나님이 너를 넘어지지 않게 하셨다."

9-11 내가 **하나님** 앞에서 힘껏 걸으며
산 자들의 땅에서 살아가리라!
괴로움을 당하고
견디기 힘든 불행을 겪으면서,
인간에 대한 기대마저 무너져
"사람들은 다 거짓말쟁이에 사기꾼이다" 하면서도
나, 믿음을 굳게 지켰다.

12-19 **하나님**께서 내게 부어 주신 복을
무엇으로 갚을 수 있으랴?
내가 구원의 잔을 높이 들리라. **하나님**을 위하여 건배!
내가 **하나님**의 이름으로 기도하리라.
**하나님**께 약속한 대로,
그분의 백성과 함께 모두 이행하리라.
그들이 죽음의 문턱에 이를 때
**하나님**께서 자기를 사랑하는 이들을 맞아 주신다.
오 **하나님**, 주님의 충직한 종이 여기 있습니다.
주께서 일하셔서
이 몸, 자유케 되었습니다!
내가 주께 감사제를 드리며
**하나님**의 이름으로 기도합니다.
**하나님**께 약속한 대로,
그분의 백성과 함께 모두 이행하리라.

예배하는 자리에서, **하나님**의 집에서,
**하나님**의 도성, 예루살렘에서.
할렐루야!

117 1-2 모두 **하나님**을 찬양하여라!
모든 백성들아, 박수 치며 **하나님**을 찬송하여라!
그분의 사랑 우리 삶을 사로잡았으니,
**하나님**의 신실하심 영원하도다.
할렐루야!

---

이 시편은 열여덟 단어로 되어 있다. 함께 암송해 보자.

---

118 1-4 **하나님**께 감사하여라. 그분은 선하시고
그분의 사랑 끝이 없다.
이스라엘아, 세상을 향해 말하여라.
"그분의 사랑 끝이 없다."
너 아론 집안아, 세상을 향해 말하여라.
"그분의 사랑 끝이 없다."
**하나님**을 경외하는 너희도 함께 말하여라.
"그분의 사랑 끝이 없다."

5-16 내가 고난을 당해 **하나님**을 불렀더니
탁 트인 곳에 계신 그분께서 응답하셨다.
**하나님**께서 내 편이시니 나는 두렵지 않다.
누가 감히 나를 건드리랴?
**하나님**께서 철통같이 보호하시니,
내가 원수들을 파리처럼 털어 버린다.
**하나님**께 몸을 피하는 것이
사람을 신뢰하는 것보다 훨씬 낫고,
**하나님**께 몸을 피하는 것이
유명인사들을 신뢰하는 것보다 훨씬 낫다.
야만족이 나를 에워쌌으나
내가 **하나님**의 이름으로 그들의 얼굴을 땅바닥에 처박았다.
빠져나갈 길 없이 나를 둘러쌌지만
내가 **하나님**의 이름으로 그들의 얼굴을 땅바닥에 처박았다.
벌 떼처럼, 대초원의 들불처럼 나를 에워쌌지만
내가 **하나님**의 이름으로 그들의 얼굴을 땅바닥에 처박았다.
나, 낭떠러지 끝에서 떨어질 뻔했으나
**하나님**께서 손을 뻗어 나를 붙들어 주셨다.
**하나님**은 나의 힘, 나의 노래,
나의 구원이시라.
구원받은 이들의 진영에서 울려 퍼지는
환호소리 들어라, 승리의 노래 들어라.
"**하나님**의 손이 전세를 역전시켰다!
승리를 거둔 **하나님**의 손이 공중에 번쩍 들렸다!
**하나님**의 손이 전세를 역전시켰다!"

17-20 나는 죽지 않았다. 나는 살았다!
이제 **하나님**께서 행하신 일을 세상에 알리리라.
**하나님**께서 나를 시험하시고 거세게 몰아세우셨지만,
죽음에 넘기지는 않으셨다.
성문을 활짝 열어라, 정의의 문을!
내가 그 문으로 곧장 걸어 들어가 **하나님**께 감사하리라!
이 성전 문은 **하나님**의 것이니,
승리자들이 들어가 찬양을 드린다.

21-25 나에게 응답하신 주님, 감사합니다.
주님은 참으로 나의 구원이 되셨습니다!
석공들이 흠 있는 것으로 여겨 내버린 돌이
이제 머릿돌이 되었다!
이것은 **하나님**께서 행하신 일,
눈을 씻고 보아도 신기할 따름이다!
이날은 **하나님**께서 행하신 날,
함께 기념하고 축제를 벌이세!
지금 구원하소서. **하나님**, 지금 구원하소서!
오 **하나님**, 자유롭고 충만한 삶을 주소서!

26-29 **하나님** 이름으로 들어오는 너희는 복이 있다.
우리가 **하나님**의 집에서 너희를 축복하노라!
**하나님**은 주님이시니,
우리를 빛 속에 잠기게 하셨다.
성소를 화환으로 꾸미고
형형색색의 깃발을 제단 위에 걸어라!
주님은 나의 하나님이시니, 주께 감사드립니다.
오 나의 하나님, 주님을 소리 높여 찬양합니다.
**하나님**께 감사하여라. 그분은 참으로 선하시고
그분의 사랑 끝이 없다!

# 119

1-8 정도를 벗어나지 않고
**하나님**이 알려 주신 길을 한결같이 걷는 사람은 복이 있다.
**하나님**의 지시를 따르고
최선을 다해 그분을 찾는 사람은 복이 있다.
그렇다. 이런 사람은 곁길로 새지 않고
주께서 내신 길을 똑바로 걸어간다.
**하나님**, 주께서는 바른 삶의 길을 정하시고
우리가 그 길을 따라 살기를 원하십니다.
오, 주께서 정해 주신 길을 따라
흔들림 없이 걸어갔더라면,
주님의 교훈에 미치지 못하여
내 삶을 후회할 일은 없었을 것을.
진심으로 따끔하게 말씀해 주시고
주님의 의로운 길을 본받게 하시니 감사드립니다.
주께서 말씀하신 대로 행하겠으니
나를 버리고 떠나지 마소서.

9-16 어떻게 해야 젊은이가 깨끗하게 살 수 있습니까?
주님의 말씀의 지도를 꼼꼼히 살피고 따라가는 것입니다.
내가 일편단심 주님만 따라가리니,
주께서 세우신 길 위의 표지판을 놓치지 않게 하소서.
내 마음의 금고에 주님의 약속들을 예치해 놓았으니
내가 죄를 지어 파산하지 않기 위해서입니다.
**하나님**, 찬양을 받으소서.
지혜롭게 사는 길을 가르쳐 주소서.
주님의 입에서 나오는 모든 교훈을
내 입술로 되풀이하겠습니다.
내가 막대한 부를 축적하는 것보다
주께서 일러 주시는 삶의 교훈을 훨씬 더 즐거워합니다.
주께서 주신 지혜를 작은 조각까지 곱씹고
주께서 행하신 일을 주의 깊게 살핍니다.
주께서 인생에 대해 하신 말씀, 빠짐없이 음미하고
한 마디도 잊지 않겠습니다.

17-24 나를 너그럽게 대해 주소서. 내가 충실한 삶을 살며
주님의 길에서 잠시도 눈을 떼지 않겠습니다.
내 눈을 열어 주셔서
주님의 놀라운 기적을 보게 하소서.
나는 이 땅에서 나그네에 불과하니
분명한 지침을 내려 주소서.
내 영혼은 허기지고 굶주렸습니다!
영양가 높은 주님의 계명들을 갈망합니다.
자기의 지식을 자랑하면서도
주님의 말씀을 무시하는 자들을 꾸짖으소서!
그들이 나를 놀리거나 욕보이지 못하게 하소서.
내가 주님의 말씀만 주의 깊게 실천합니다.
못된 이웃들이 나를 몹시 헐뜯어도
나는 주님의 지혜로운 훈계를 가슴 깊이 되새깁니다.
그렇습니다. 주님의 인생 교훈이 내게 기쁨이 되니
내가 좋은 이웃의 말처럼 귀담아듣습니다!

25-32 끔찍합니다. 이보다 더 비참할 수 있겠습니까?
나를 다시 일으켜 주소서. 주께서 약속하신 것, 기억하시는지요?
내 사정을 말씀드리자 주께서 응답해 주셨으니,
주님의 깊은 지혜로 나를 가르쳐 주소서.
그 내용을 속속들이 이해하게 도우셔서
주님의 놀라운 기적을 묵상하게 하소서.
이 서글픈 인생은 무너져 가는 헛간에 불과하니,
주님의 말씀으로 나를 다시 지어 주소서.
길 아닌 길은 막으시고,
주님의 분명한 계시로 은혜를 베풀어 주소서.
내가 목적지가 분명한 참된 길을 택하고
굽이마다, 모퉁이마다 주님의 도로 표지판을 세웁니다.
주께서 하신 모든 말씀 붙들고 하나도 놓지 않으니,
**하나님**, 나를 버리지 마소서!
나에게 방법을 알려 주시면
주께서 나를 위해 펼쳐 놓으신 길로 달려가겠습니다.

33-40 **하나님**, 내게 인생의 교훈을 가르치셔서
내가 그 길을 끝까지 따라가게 하소서.
내게 통찰력을 주셔서 주님의 말씀대로 행하게 하시고,
내 모든 삶이 오랜 순종의 길이 되게 하소서.
주님의 계명의 길로 나를 인도하소서.
쭉 뻗은 그 길을 가는 것이 참으로 좋습니다!
탐욕 가득한 보화가 아니라
지혜로운 주님의 말씀을 사랑하게 하소서.
헛된 것들에서 눈길을 돌리게 하시고
먼 순례 길을 가는 내게 힘을 주소서.
주님을 경외하는 모든 사람에게 하신 약속,
그 약속의 말씀 내게도 이루어 주소서.
나를 비난하는 자들의 거친 말들을 면하게 하소서.
그러나 주께서 하시는 말씀은 언제나 좋습니다.
내가 주님의 교훈을 얼마나 사모하는지 보소서.
주님의 의로운 길을 따라가는 내 삶을 지켜 주소서!

41-48 **하나님**, 주께서 약속하신 대로
주님의 사랑과 구원으로 내 삶을 빛으소서.
그러면 내가 주님의 말씀을 신뢰함으로
비웃음을 견딜 수 있겠습니다.
내가 주님의 계명들을 의지하니
내게서 결단코 진리를 거두지 마소서.
오, 주께서 내게 알려 주신 것, 목숨을 다해 지키겠습니다,
이제도 지키고, 앞으로도 길이길이 지키겠습니다.
탁 트인 곳을 성큼성큼 걸으며
주님의 진리와 주님의 지혜를 찾겠습니다.
그래서 내가 발견한 것을 세상에 전하며
사람들 앞에서 부끄러워하지 않고 담대히 외치겠습니다.
내가 주님의 계명을 소중히 간직합니다.
얼마나 사랑하는지, 주님의 계명에 흠뻑 빠져듭니다.

49-56 주님의 종인 내게 하신 말씀을 기억하소서.
그 말씀을 내가 죽기 살기로 붙듭니다!
고난당할 때 그 말씀이 나를 붙들고
주님의 약속이 내 원기를 회복시켜 줍니다.
거만한 자들이 나를 무참히 조롱하여도
주님의 계시에서 조금도 벗어나지 않습니다.
오래전에 경계표로 주신 주님의 말씀을 확인하니,
내가 제대로 가고 있음을 알겠습니다.
그러나 주님의 지시를 무시하는 악인들을 보면
주체할 수 없이 분노가 끓어오릅니다.
주님의 가르침에 곡조를 붙이고
이 순례 길을 걸으며 노래합니다.
오 **하나님**, 밤새도록 주님의 이름을 묵상하며
주님의 계시를 보화인 듯 마음에 새깁니다.
여전히 내 가는 길에 비웃음이 빗발치니
내가 주님의 말씀과 교훈대로 살기 때문입니다.

57-64 **하나님**, 주께서 나를 만족케 하셨으니
주님의 말씀대로 다 행하겠습니다.
진심으로 간구하니, 환한 얼굴빛 비추시고
약속하신 대로 내게 은혜를 베풀어 주소서.
주님의 길을 오랫동안 유심히 살펴보고
주께서 표시해 주신 방향으로 발길을 돌렸습니다.
내가 지체하지 않고 일어나
서둘러 주님의 명령을 따랐습니다.
악인들이 나를 에워싸 빠져나갈 길이 없었으나
나를 위해 세우신 주님의 계획을 한시도 잊지 않았습니다.
내가 한밤중에 일어나 주께 감사드립니다!
주님의 판단이 너무나 옳고 참되어, 아침까지 기다릴 수 없습니다!
나는 주님을 경외하는 모든 이들의 벗,
주님의 규례대로 사는 이들의 길동무입니다.
**하나님**, 주님의 사랑이 땅에 가득합니다!
주님의 교훈대로 살도록 나를 가르치소서.

65-72 **하나님**, 주님의 종을 선대해 주소서.
주님의 말씀대로 잘 보살펴 주소서.
주님의 방식을 좇아 살기로 단단히 마음먹었으니,
건전한 상식으로 나를 가르치소서.
주님의 책망을 받아들이기 전, 나 이리저리

방황했지만
이제는 주님의 말씀에 보조를 맞춥니다.
주님은 선하시며 선의 근원이시니,
그 선하심으로 나를 가르치소서.
악인들이 나를 두고 거짓말을 퍼뜨려도
나는 주님 말씀에 주의를 기울입니다.
저들의 말은 비곗덩어리처럼 역겹지만
주님의 계시는 나를 춤추게 합니다.
나의 고난이 변하여 최선의 결과를 냈으니
내가 주님의 고난 교과서로 배우게 되었기 때문입니다.
나에게는 주님의 입에서 나오는 진리가
금광에서 찾은 금맥보다 더욱 귀합니다.

73-80 주께서 두 손으로 나를 빚어 만드셨으니,
주님의 말씀을 이해하도록 내게 지혜를 불어넣으소서.
내가 주님의 말씀을 기다리고 사모하는 모습을 보고
주님을 경외하는 이들이 용기를 얻고 기뻐합니다.
**하나님**, 주님의 판단이 옳다는 것을 이제 알겠습니다.
무엇이 참되고 옳은지 주님의 시험을 통해 내가 배웠습니다.
오, 주께서 약속하신 대로 나를 사랑해 주소서.
바로 지금, 나를 꼭 붙들어 주소서!
나를 위로해 주소서. 그러면 내가 참으로 살겠습니다.
주님의 계시, 그 곡조에 맞춰 춤을 추겠습니다.
사기꾼의 달변이 거짓으로 드러나게 하소서.
저들이 나를 속이려 했으나
나는 주님의 교훈에 마음을 고정했습니다.
주님을 경외하는 이들이 내게로 와서
주님의 지혜로운 인도하심의 증거를 보게 하소서.
내 몸과 영혼이 온전하고 거룩하게 하셔서
내가 언제나 머리를 높이 들고 걸을 수 있게 하소서.

81-88 내가 주님의 구원을 간절히 바라다 병이 들었습니다.
주님이 주시는 희망의 말씀을 기다립니다.
주님의 약속이 이루어질 징조를 찾느라 내 눈이 피곤합니다.
주님의 위로를 언제까지 기다려야 합니까?
눈에 연기가 들어왔는지, 눈이 아른거리고 눈물이 납니다.
나는 주님의 가르침에서 한시도 눈을 떼지 않습니다.
이 상황을 얼마나 더 견뎌야 합니까?
얼마나 더 참아야 나를 괴롭히는 자들을 심판하시겠습니까?
교만한 자들은 하나님과 그 길을 알지 못하면서
나를 끌어내려고 합니다,
주께서 명령하시는 것은 무엇이나 틀림없지만,
저들은 거짓말로 나를 괴롭힙니다. 도와주소서!
저들은 그칠 줄 모르고 나를 몰아붙이지만
내가 변함없이 주님의 교훈을 굳게 붙듭니다.
주님의 모든 말씀에 즉각 순종할 수 있도록
주님의 크신 사랑으로 나를 회복시켜 주소서.

89-96 **하나님**, 주님의 말씀은 하늘만큼 영원하고
굳건하게 그 자리를 지킵니다.
주님의 진리는 유행처럼 흘러가는 법이 없고,

해 뜰 때의 땅만큼이나 늘 새롭습니다.
주님의 말씀과 진리는 언제나 믿을 만하니
주께서 땅의 기초를 놓으신 것처럼, 그렇게 정하셨습니다.
주님의 계시가 내게 큰 기쁨이 되지 않았다면
고난이 닥쳤을 때 나는 포기하고 말았을 것입니다.
주께서 슬기로운 말씀으로 내 생명을 구하셨으니,
내가 주님의 교훈을 결코 잊지 않겠습니다.
나를 구원하소서! 나는 주님의 것입니다.
내가 두루 살피며 주님의 지혜로운 말씀을 찾습니다.
악인들이 매복한 채 나를 죽이려 하지만
내 마음은 온통 나를 위해 세우신 그 계획을 향합니다.
인간에게 속한 모든 것에는 한계가 있지만
주님의 계명을 담기에는 저 깊고 깊은 바다도 부족합니다!

97-104 오, 내가 주님의 모든 계시를 얼마나 사랑하는지요!
온종일 그것을 귀히 여겨 되새깁니다.
주님의 계명이 나를 원수들보다 돋보이게 하니,
주님의 계명은 시대에 뒤지는 법이 없습니다.
주님의 교훈을 숙고하고 내 것으로 삼았기에
내가 스승들보다 명석해졌습니다.
주님의 말씀대로 행했을 뿐인데,
내가 연로한 현자들보다 지혜롭게 되었습니다.
내가 발밑을 조심하여 악의 도랑과 패인 곳을 피하니
평생토록 주님의 말씀을 지키기 위함입니다.
주께서 정해 주신 길에서 내가 벗어나지 않으니
참으로 좋은 길을 내게 주셨기 때문입니다.
주님의 말씀이 어찌나 귀하고 맛있는지,
산해진미가 부럽지 않습니다.
주님의 가르침으로 인생을 이해하게 되었으니,
내가 거짓선동을 미워합니다.

105-112 주님의 말씀, 나의 갈 바를 보여주고,
그 말씀, 내 어두운 길에 한 줄기 빛을 비춥니다.
이제껏 내가 주님의 의로운 규례대로 성심껏 살아왔고
앞으로도 그 삶에서 결코 돌이키지 않겠습니다.
**하나님**, 내 모든 것이 산산조각 났으니,
주님의 말씀으로 나를 온전히 짜 맞추어 주소서.
**하나님**, 주님의 순전한 말씀으로 나를 꾸미시고,
내게 주님의 거룩한 법도를 가르쳐 주소서.
세상 떠날 날이 아주 가까이 다가왔으나
나는 주님의 계시를 잊지 않습니다.
악인들이 나를 끌어내려고 기를 쓰지만
나는 주님의 길에서 한 발자국도 벗어나지 않습니다.
주님의 인생 교과서를 물려받았으니, 그것은 영원토록 내 것!
실로 멋진 선물입니다. 그것이 있어 나는 참으로 행복합니다!
주님 말씀대로 행하는 일에 내가 온 마음을 기울이니,
늘 그래 왔고 앞으로도 그러할 것입니다.

113-120 나는 겉 다르고 속 다른 자를 미워하지만
주님의 명쾌한 계시는 사랑합니다.

주님은 나의 은밀한 피난처이시니,
내가 바라는 것은, 주님의 말씀이 나를 새롭게 하는 것입니다.
악인들아, 내 인생에서 사라져라.
나는 내 하나님의 계명을 지킬 것이다.
약속하신 대로 내 편이 되어 주소서. 내가 확실히 살 것입니다.
주님, 나의 원대한 소망을 저버리지 마소서.
주님이 내 곁에 계시면 나는 아무 문제 없습니다.
주께서 정해 주신 삶에 충실하겠습니다.
주님의 가르침에서 멀어진 자들의 가면을 모조리 벗기소서.
예사로이 행하는 저들의 우상숭배가 극에 달했습니다.
주께서 세상의 악인들을 쓰레기 더미처럼 버리시니,
나는 주님의 모든 말씀을 즐거이 받듭니다.
내가 주님 앞에서 두려워 떱니다.
주님의 놀라우신 판결 앞에서 나는 할 말을 잃었습니다.

121-128 내가 정의와 공의를 지지하였으니,
나를 억압자들의 손에 넘기지 마소서.
선하신 하나님, 주님의 종을 편들어 주시고
오만한 자들이 괴롭히지 못하게 하소서.
모든 것 바로잡아 주신다는 주님 약속 기다리다 지쳐서
더 이상 눈조차 뜨지 못할 지경이 되었습니다.
주님의 인자하심에 따라 나를 대해 주시고,
주님의 인생 교과서로 나를 가르치소서.
나는 주님의 종입니다.
주님의 가르침을 알 수 있도록 나를 깨우쳐 주소서.
**하나님**, 저들이 주님의 계시를 어지럽혔으니,
이제 나서실 때가 되었습니다!
참된 것만 말씀하시는 하나님, 내가 주님의 계명을 금보다도
보석보다도 사랑합니다.
참된 것만 말씀하시는 하나님, 내가 주님의 모든 말씀 귀히 여기고
모든 거짓된 굽은 길을 미워합니다.

129-136 내게 주시는 주님의 말씀은 모두 기적의 말씀,
어찌 내가 따르지 않겠습니까?
주님의 말씀 활짝 펼쳐 빛을 내시고
평범한 사람들도 그 의미를 깨닫게 하소서.
무엇보다 주님의 계명을 원하기에,
내가 입을 벌리고 갈망합니다.
주님을 사모하는 이들에게 늘 하시는 것처럼
나에게 눈길을 돌리시고 그윽이 바라보소서.
주님 약속의 말씀으로 내 발걸음 굳게 세우셔서
어떤 악도 나를 이기지 못하게 하소서.
악인들의 손아귀에서 나를 구하시고
주님의 길을 따라 살게 하소서.
환한 얼굴빛 종에게 비추시고,
내게 바르게 사는 길을 가르쳐 주소서.
주님의 책에 기록된 대로 사는 자 없으니
내 눈에서 눈물이 하염없이 흘러내립니다!

137-144 **하나님**, 주님은 공의로우시고 옳은 일만 하십니다.
주님의 판단은 정곡을 찌릅니다.
주님 앞에서 언제나 신실하게 사는 법을
주님은 우리에게 제대로 가르쳐 주십니다.
내 원수들이 주님의 계명을 끊임없이 무시하니

내가 그 모습에 무너질 뻔했습니다.
주님의 약속은 숱한 시험을 통과했기에
주님의 종인 이 몸, 그것을 지극히 사랑합니다.
나는 어리고 별 볼 일 없는 사람이지만
주께서 하신 말씀만은 잊지 않습니다.
주님의 의는 영원토록 옳으며
주님의 계시는 오직 하나뿐인 진리입니다.
큰 고난이 나를 덮쳤으나
주님의 계명이 줄곧 나의 기쁨이 되었습니다.
주께서 말씀해 주신 삶의 방식은 늘 옳으니,
내가 그 길을 깨우쳐 충만하게 살도록 도우소서.

145-152 내가 목청껏 부르짖습니다.
"**하나님**, 응답하소서! 주님의 말씀대로 다 행하겠습니다."
내가 주께 외쳤습니다. "나를 구원하소서.
내가 주님의 모든 규례를 지키겠습니다."
해 돋기 전에 일어나
도움을 구하며 부르짖고, 주께서 말씀해 주시기를 기다립니다.
밤새도록 잠 못 이루고 기도하면서,
주님의 약속을 곰곰이 되새깁니다.
주님의 사랑으로 내 간구를 들어주소서.
**하나님**, 주님의 정의로 나를 살려 주소서.
나를 노리는 자들이 가까이 왔습니다.
주께서 계시하신 진리에서 멀리 벗어난 자들입니다.
그러나 **하나님**, 주께서는 누구보다 나와 가까이 계시며
주님의 판단은 모두 진실합니다.
주께서 영원히 지속될 말씀의 증거를 세우셨으니
나는 그 증거를 전부터 알고 있었습니다.

153-160 내 고난을 살피시고 나를 도우소서.
내가 주님의 계시를 한시도 잊은 적이 없습니다.
내 편이 되셔서 나를 곤경에서 건져 주소서.
주께서 약속하신 대로, 내 삶을 회복시켜 주소서.
'구원'은 악인들에게 정체 모를 단어에 불과하니
주님의 사전에서 찾아본 적이 없기 때문입니다.
**하나님**, 주님의 자비는 수십억 명을 품을 만큼 무궁하니,
주님의 규례에 따라 나를 살려 주소서.
나를 대적하는 자들이 셀 수 없이 많으나
나는 주님의 가르침에서 조금도 벗어나지 않습니다.
나는 도중에 포기하는 자들을 보고 진저리 쳤습니다.
그들은 아무렇지도 않게 주님의 약속을 저버립니다!
내가 주님의 말씀을 얼마나 사랑하는지 눈여겨보시고,
주님의 사랑으로 나의 남은 날을 늘려 주소서.
주님의 말씀은 모두 진리이며,
주님의 의로운 판결은 영원합니다.

161-168 정치인들이 나를 사정없이 비방해도
내가 두려워하는 것은 주님의 말씀뿐, 흔들리지 않습니다.
돈벼락을 맞은 사람처럼
나는 주님의 말씀으로 황홀합니다.
내가 거짓말은 견딜 수 없이 미워하지만

주님의 계시는 너무나 사랑합니다.
하루에도 일곱 번씩, 하던 일을 멈추고 소리 높여 찬양하니,
주께서 모든 일을 바로잡으시기 때문입니다.
주님의 계시를 사랑하는 이들에게는 모든 것이 안성맞춤,
어둠 속에서도 넘어지는 법이 없습니다.
**하나님**, 내가 주님의 구원을 간절히 기다리며
주께서 말씀하신 대로 살아갑니다.
내 영혼이 주님의 가르침을 잘 간수하여 빠짐없이 지킵니다.
오, 내가 그것을 얼마나 사랑하는지요!
내가 주님의 규례를 따르고 주님의 교훈을 지키니,
내 인생은 주님 앞에 펼쳐진 한 권의 책입니다.

169-176 **하나님**, 나의 부르짖음이 곧장 주님 앞에 이르게 하소서.
오직 주님의 말씀에서 나오는 통찰력을 내게 주소서.
제발 나의 간구에 주목하시고
주께서 약속하신 말씀대로 나를 구해 주소서.
주께서 내게 인생의 진리를 가르치시니,
내 입술에서 찬양이 폭포처럼 흘러나옵니다!
주님의 약속이 내 목청에서 울려 나오는 것은,
주께서 주신 모든 명령이 옳기 때문입니다.
내가 주님의 교훈에 따라 살기로 했으니
손을 내미셔서 나를 굳건히 붙잡아 주소서.
**하나님**, 내가 주님의 구원을 애타게 기다립니다.
주님의 모습을 드러내실 때가 얼마나 좋은지요!
내 영혼 생기 있게 하셔서 주님을 찬양하게 하

**하나님의 말씀은 우리 현실의 정곡을 찌른다**(119:1-176)

하나님의 말씀은 정보가 필요할 때 도서관에서 빌려다 보는 책 같은 것이 아니며, 종이 위에만 적혀 있는 죽은 활자가 아니다. 하나님의 말씀은 하나하나가 다 창조하고 구원하는 말씀으로 우리 현실의 정곡을 찌른다.

하나님의 말씀은 마치 열심히 외워야 하는 시험공부거리가 아니다. 또한 자신도 모르는 사이에 선을 넘을까 봐 유의해서 따라 쓰는 그런 단어들이 아니다. 그 단어들은 우리가 흡수해야 하는 단어들이다. 우리 안에 새로운 생명을 일으키고 구원의 능력을 키우는 단어들이다. 그 기쁨은 토라 묵상으로 발전한다. '묵상하다'라는 단어는 히브리어 '하가'에서 온 것인데, 신체의 움직임을 일컫는다. 이 단어는 입으로 웅얼거리며 조음하는 것을 가리키는데, 그렇게 후두와 혀와 입술을 동원하여 음절을 만들면서 느낌으로 의미를 포착하는 것이다. 이사야는 사자가 먹이를 물어뜯을 때 내는 소리를 묘사하면서 이 단어를 사용했다(사 31:4). 사자가 먹이를 물어뜯을 때와 사람이 토라를 가지고 씨름할 때의 행동은 비슷하다. 둘 다 자기를 보다 자기답게 만들어 줄 그것, 자기를 보다 강하고 유연하며 재빠르게 만들어 줄 그것을 먹는다는 기대에 차서 낮게 으르렁거린다.

이러한 종류의 독서를 요청하는—그 육질을 씹으며 부드럽고 낮게 그르렁거리게 하는—글의 종류가 있다. 그러한 글은 특별한 독서법을 필요로 한다. 뼈다귀를 뜯는 개의 독서가 필요하다.

이것은 하나님의 말씀을 표면적으로 읽거나 단순히 그에 대해 생각만 하는 것과는 다른 독서다. 하나님의 말씀을 묵상한다는 것은 암기 따위가 아니라 혁명적 행위다. 우리를 단순히 가르치는 것이 아니라 변화시키는 행위다.

시고
주님의 규례로 내 영혼 강건하게 하소서.
내가 길 잃은 양처럼 헤맬 때, 나를 찾으소서!
내가 주님의 그 음성을 알아들을 것입니다.

순례자의 노래

# 120

1-2 곤경에 처한 이 몸, 하나님께 부르짖네.
간절히 응답을 구하네.
"**하나님**, 구해 주소서!
만면에 미소를 띠고 입술에 침도 바르지 않은 채 거짓말을 해대는
저들에게서 나를 구하소서!"

3-4 너희, 얼굴에 철판을 깐 사기꾼들아,
앞으로 무슨 일이 닥칠지 알기나 하느냐?
날카로운 화살촉과 뜨거운 숯덩이가
너희가 받을 상이다.

5-7 메섹에 사는 내 신세
게달에 눌러앉은 지긋지긋한 내 신세,
쌈박질 좋아하는 이웃 사이에서 평생을
이리저리 부대끼며 사는구나.
나는 평화를 바라건만, 악수를 청하면
무턱대고 싸움을 걸어 오는 저들!

순례자의 노래

# 121

1-2 눈을 들어 산을 보네.
산이 내게 힘이 되어 줄까?
아니, 내 힘은 오직 **하나님**,
하늘과 땅과 산을 만드신 그분.

3-4 그분께서 너를 붙드신다.
너의 보호자인 하나님은 잠드시는 법이 없다.
결코 없다! 이스라엘의 보호자는
졸거나 주무시는 법이 없다.

5-6 **하나님**은 너의 보호자,
네 오른편에서 너를 지키시니,
햇빛을 막아 주시고
달빛을 가려 주신다.

7-8 **하나님**께서 모든 악에서 너를 지키시고
네 생명을 지키신다.
너의 떠나는 길과 돌아오는 길을 지켜 주신다.
지금도 지키시며 앞으로도 영원히 지켜 주신다.

**인격적인 하나님을 가리키다**(121:1-8)

시편 121편은 우리가 그리스도인의 삶을 사는 방식이 잘못되었을 수도 있음을 넌지시 알려 주는 조용한 목소리다. 그러고는 아주 간단하게 바른 길을 제시해 준다. 그러므로 이 길에 나서게 한 바로 앞 시편에 꼭 필요한 속편이다.

이 시편은 마치 우리를 찾아와서 우리가 잘못하고 있다고, 엉뚱한 데서 도움을 구하고 있다고 말해 주는 이웃과 같다. 그래서 시편 121편은 자연 숭배, 별과 꽃을 좇는 종교, 언덕에 있는 것들을 가지고 최선을 다하는 종교를 거절한다. 그 대신 하늘과 땅을 만드신 하나님을 바라본다. 도움은 창조물이 아니라 창조주로부터 오는 것이다.

우리는 비인격적 우주에 사는 것이 아니라, 인격적인 하나님이 다스리고 돌보시는 우주에 산다. 그리고 그 하나님은 우주의 어떤 것보다 우리를 더욱 귀히 돌보신다.

다윗이 지은 순례자의 노래

# 122

1-2 사람들이 "**하나님**의 집으로 가세!" 할 때,
내 마음 기뻐 뛰었네.
마침내 당도했네. 아, 예루살렘,
예루살렘 성 안에 들어왔도다!

3-5 예루살렘, 견고한 성,
예배를 위해 지어진 도성!
모든 지파들이 올라오는 도시,
**하나님**의 지파들이 모두 올라와 예배하며
**하나님**의 이름에 감사드리는 곳.
이스라엘의 진면목이 나타나는 바로 이곳에
의로운 판결을 내리는 보좌가 놓였네.
저 유명한 다윗의 보좌가.

6-9 예루살렘의 평화를 위해 기도하여라!
예루살렘을 사랑하는 이들이여, 모두 흥하여라!
이 안의 벗들이여, 가까이들 지내라!
바깥의 적들이여, 저만치 물렀거라!
내 가족과 친구들을 거듭 축복하며 말하노니,
평화를 누리기를!
내 너희를 위해 최선을 다하리라.
우리 **하나님**의 이 집을 위하여.

순례자의 노래

# 123

1-4 하늘에 계시는 하나님, 주님을 바라봅니다.
도움을 바라며 주님을 앙망합니다.
주인의 명령을 기다리는 종처럼,
마님의 시중을 드는 하녀처럼,

### 하나님의 선하신 성벽 안에서(122:1-9)

공동체 예배는 아무리 성실하게 참여해도 기껏해야 일주일에 한 시간 정도이다. 우리 인생의 아주 작은 부분에 불과한 그 시간으로 나머지 시간에 변화를 가져오기가 충분할까?

시편 122편의 마지막은 그렇다고 말한다.

예배는 하나님을 향한 우리의 굶주림을 만족시키지 못한다. 오히려 강화시킨다. 주일 아침의 한 시간을 넘어 나머지 날들로 스며들어 간다. 우리는 더 이상 어떻게든 잘 살아 보려고 치열한 생존 경쟁을 벌이며 그날그날을 먹고살지 않는다. 평화와 안전에 대한 우리의 기본적인 욕구가 갑자기 존엄해지고, 하나님의 형상으로 지음받은 창조물이 받을 만한 것이 된다. 하나님의 선하심 안에서 그 욕구가 충족되는 것을 경험한다.

### 종 됨의 자세(123:1-4)

사람이 그리스도의 길을 따라 자라나고 성숙해지려면 몇 가지 기술을 습득할 필요가 있다. 그 기술 중 하나가 섬김이다.

시편 123편은 섬김의 예다. 다른 많은 시편들이 그렇듯이, 여기서 우리는 무엇을 할지를 배우는 것이 아니라 이미 한 일의 모범을 보게 된다. 시편은 강의가 아니라 노래다. 시편에서 우리는 믿음의 사람이 하나님을 따를 때 어떤 일이 일어나는지를 보게 된다. 시편 123편에서는 종 됨이라고 하는 제자의 삶의 방식을 보게 된다.

우리가 예배를 통해 하나님께 드리는 섬김은 다른 사람을 섬기는 구체적인 행위로 확장된다. 그러나 이 시편은 다른 사람을 섬기는 것에 대해서는 아무런 말도 하지 않는다. 그 대신 하나님의 종이 되는 데 집중한다. 종 됨의 자세를 배운다면, 다른 사람을 섬기는 일은 매우 자연스럽게 우러나올 것이다.

우리, 한시도 눈을 떼지 않고 숨죽여 기다립
니다.
주님의 자비의 말씀을 기다립니다.
**하나님**, 자비를 베풀어 주소서!
오랜 세월을 우리가
배부른 자들에게 죽도록 걷어차이고
잔인한 자들의 악독한 발길질을 견뎠습니다.

### 다윗이 지은 순례자의 노래

## 124

1-5 이스라엘아, 한목소리로 크
게 노래하자!
**하나님**께서 우리 편이 되어 주시지 않았다면,
**하나님**께서 우리 편이 되어 주시지 않았다면,
모두가 우리를 대적하던 그때,
격분한 그들에게
산 채로 먹혔으리라.
성난 홍수에 휩쓸리고
격류에 휘말렸으리라.
그 사나운 물결에
목숨을 잃고 말았으리라.

6 오, **하나님**을 찬양하여라!
우리를 버리고 떠나지 않으시고,
으르렁거리는 개 떼 속의 무력한 토끼 신세로
내버려 두지 않으셨다.

7 우리, 그들의 송곳니를 피하고
그들의 올가미에서 벗어났다. 새처럼 자유를
얻었다.
그들의 손아귀에서 벗어난 우리,
비상하는 새처럼 자유롭다.

8 **하나님**의 강력한 이름은 우리의 도움,
하늘과 땅을 지으신 **하나님**이라네.

### 순례자의 노래

## 125

1-5 **하나님**을 신뢰하는 이들,
시온 산과 같다네.
결코 흔들리지 않고
언제든 기댈 수 있는 견고한 바위산.
산들이 예루살렘을 둘러싸듯,
**하나님**께서 자기 백성을 둘러싸시네.
지금껏, 또 언제까지나.
악인의 주먹질에
의인이 제 몫을 빼앗기거나
폭력으로 내몰리는 일
결코 없으리라.
**하나님**, 주님의 선한 백성,

**우리의 갈등 가운데 계시는 하나님**(124:1-8)

인생에서 불쾌한 일을 당할 때 우리는 의학이나 심리학 전문가에게 해결책을 구한다. 영화나 TV 프로그램을 보면서 잊으려고 하거나, 쇼핑몰에 가서 잠시나마 벗어나려고 한다. 시편 124편을 지은 사람은 현실을 부정하거나 회피하며 살지 않았다. 그는 문제 속으로 깊이 파고 들어가 하나님을 캐냈다. 우리의 갈등 가운데서 하나님의 위대하심이 드러난다. 때로는 땅을 파듯이 찾아야 하지만, 분명히 거기에 있다.

우리는 지옥 같은 세상에서 찬송을 부르고, 지저분한 일들 천지인 세상 속에서 승리의 노래를 부르며, 우리를 이해하거나 격려하지도 않는 사람들 가운데서 기뻐하며 살아간다. 믿음은 우리 삶의 가장 쉬운 상황이 아니라 가장 어려운 상황에서 자라기 때문이다. 우리의 삶을 규정하는 것은 문화가 아니라 하나님이다. 우리의 날들을 형성하는 것은 우리가 무릅쓰는 위험이 아니라 우리가 경험하는 도움이다.

### 안전한 토대(125:1-5)

어떤 사람들은 그리스도인의 삶이, 마치 악마와 그 수하들의 조롱을 받으며 아슬아슬하게 난간을 걷는 것과 같다고 생각한다. 기술과 약간의 운으로 간신히 천국에 들어갈 수 있을지 모른다. 하지만 확실한 베팅은 아니기 때문에, 가능한 손실을 줄이려고 애쓰며 살아간다.

시편 125편은 그것이 완전히 잘못된 생각이라고 말한다. 그리스도인이 된다는 것은 확신 없이 어정쩡하게 난간을 걷는 것이 아니라, 견고하고 안전한 예루살렘 한가운데에 앉아 있는 것과 같다. 일단 거기에 자리를 잡으면 참호가 우리를 둘러싸고, 정착하면 보초들이 둘러선다. 산처럼 견고히 자리 잡으면 산들이 둘러싸 우리를 보호해 준다.

마음이 올곧은 이들을 선대해 주소서!
타락한 자들은 **하나님**께서 잡아들이시리라.
구제불능인 자들과 한곳에 몰아넣으시리라.
이스라엘에게 평화가 있기를!

#### 순례자의 노래

## 126

1-3 꿈인가 생시인가 했지. 붙잡혀 갔던 이들을
**하나님**께서 다시 시온으로 데려오셨을 때.
우리, 웃음을 터뜨렸네. 노래를 불렀네.
너무 좋아 믿을 수 없어 했지.
우리는 뭇 민족들의 화젯거리였네.
"저들의 **하나님**, 참으로 놀랍군!"
그렇고말고, 우리 **하나님**은 정말 놀라우신 분.
우리는 그분의 행복한 백성.

4-6 **하나님**, 다시금 그렇게 해주소서!
가뭄에 찌든 우리 삶에 단비를 내려 주소서.
절망 가운데 곡식을 심은 이들,
환호성을 올리며 추수하게 하소서.
무거운 마음을 지고 떠났던 이들,
한 아름 복을 안고 웃으며 돌아오게 하소서.

#### 솔로몬이 지은 순례자의 노래

## 127

1-2 **하나님**이 지어 올리시지 않으면
집 짓는 자들이야 기껏 판잣집이나 지을 뿐.
**하나님**이 성을 지켜 주시지 않으면
파수꾼이야 밤에 있으나 없으나 매한가지.
아침 일찍 일어나 밤늦게 잠자리에 들며
노심초사 뼈 빠지게 일해 봐야 모두 헛수고.

### 하나님은 눈물을 멈추게 하는 법을 아신다(126:1-6)

일반적으로 기쁨을 누리는 전략은 환경을 바꾸는 것이다. 아프게 하는 것들을 없애 버린다. 신경을 마비시켜 통증을 제거하고, 위험을 제거하여 불안을 없애며, 개인적인 관계를 맺지 않음으로써 실망을 차단한다. 그리고 휴가나 오락의 형태로 기쁨을 사서 삶의 지루함을 완화시키려고 한다.

시편 126편은 그런 식의 방법에 대해 언급하지 않는다.

무거운 마음으로 떠났던 사람들이 "한 아름 복을 안고 웃으며 돌아왔다"(6절). 누구나 인생에서 많은 고통을 겪는다. 기쁨은, 하나님이 눈물을 멈추게 하는 법을 아시고, 새로운 인생으로 웃음 짓게 하는 법을 아시기 때문에 온다. 이 기쁨은 역경을 피해 가는 운에 달려 있지 않다. 우리의 병이나 고통을 면하는 것에 달려 있지 않다. 그리스도인의 기쁨은 사실 고통과 고난, 외로움과 불운 가운데서 경험하는 것이다.

**일하시는 하나님**(127:1-5)

시편 127편은 일을 하는 바른 방법과 잘못된 방법을 모두 보여준다. 하나님의 영광을 위해 일하는 그리스도인을 지도하기 위해 경고도 하고 모범도 제시한다. 활동하기만 하는 것도 아니고 가만히 있기만 하는 것도 아닌 일의 방식을 보여준다. "하나님이 멋진 일을 준비하셨으니 가서 하라"고 하거나, "하나님이 다 하셨으니 낚시나 가라"고 하지 않는다.

일하시는 하나님과 연결되지 않을 때 우리의 일은 잘못된다. 예를 들어, 자녀를 얻기 위해 인간이 하는 일은 무엇인가? 인간이 하는 일은 별로 없다. 임신과 출산의 기적은 인간의 참여가 필요하지만, 우리가 '일'이라고 부를 만한 형태의 것은 아니다. 우리 가운데서 걷고 말하며 자라는 이 멋진 창조물들을 지은 것은 우리가 아니다.

시편 127편은 하나님의 일이 중심에 있고, 우리의 일은 주변에 있다고 주장한다. 하나님이 중심에 계신 한 세상은 잘 돌아갈 것이다. 그러나 우리 자신이 중심에 들어가는 순간, 우리를 둘러싼 모든 것의 궤도는 충돌하게 된다.

알아 두어라. 그분께서는 사랑하는 이들에게
쉼 주시길 좋아하는 분이시다.

3-5 알아 두어라. 자녀는 **하나님**이 주시는 최상
의 선물,
태의 열매는 그분이 후히 내리시는 유산이다.
젊고 건강한 시절에 낳은 자녀는
전사의 손에 들린 화살과 같다.
오, 화살통에 자녀들이 가득한 부모는
얼마나 복된지!
원수들은 너희 상대가 되지 못하고,
너희에게 초전 박살나리라.

순례자의 노래

# 128

1-2 **하나님**을 경외하는 모든 이
여, 얼마나 복된가!
쭉 뻗은 그분의 대로를 걸으며 얼마나 행복한가!
수고를 다했으니 모든 것은 당연히 네 몫이다.
복을 한껏 누려라! 행복을 마음껏 즐겨라!

3-4 포도나무가 포도 열매를 맺듯 네 아내가 자
녀를 낳을 것이요,
네 가정은 우거진 포도밭 같을 것이다.
식탁에 둘러앉은 네 자녀들은
올리브나무 가지 새싹처럼 푸르고 싱싱하리라.
두렵고 떨리는 마음으로 선하신 하나님 앞에
서라.
오, 복되도다, **하나님**을 경외하는 이여!

5-6 예루살렘에서 행복을 누려라,
평생토록.
손자손녀를 보며 행복을 누려라.
이스라엘에게 평화가 있기를!

순례자의 노래

# 129

1-4 "저들은 어렸을 적부터 날
괴롭혀 왔지."
이스라엘의 말이다.
"저들은 어렸을 적부터 날 괴롭혀 왔지만,
결코 날 쓰러뜨리지는 못했지.
저들의 농부들이 내 등을 쟁기질해
긴 고랑을 파 놓았지만,
**하나님**께서 좌시하지 않으셨고
우리 편이 되어 주셨지.

**복의 밭에 있는 고통의 고랑**(129:1-8)

하나님은 농부들이 시편 기자에게 한 일에 개입하셨고 농부들의 쟁기를 산산조각 내셨다. 이 시편에서 강조하는 것은 하나님과 우리의 관계, 곧 하나님은 언제나 우리 곁에 계시다는 것이다. 우리 삶에 하나님이 계시기 때문에 우리는 잔인함, 어려움, 고통, 실망, 우울로 고랑진 삶을 돌아볼 수 있고, 그것을 복의 밭으로 볼 수 있으며, 그 긴 고통의 고랑을 노래로 바꿀 수 있다.

**하나님**께서 저 악한 농부들의 쟁기를
산산조각내 버리셨지."

5-8 오, 시온을 미워하는 자들이 모두
바닥에 고꾸라져 설설 기게 되기를.
얄팍한 땅 위에 돋은 풀처럼
추수 전에 시들어 버리기를.
일꾼들이 수확하기 전에,
추수하는 이들이 거두어들이기 전에.
이웃들이 "엄청난 수확이군, 축하하네!
**하나님**의 이름으로 축복하네!"
하며 떠들 일 없게.

순례자의 노래

# 130

1-2 **하나님**, 도와주소서. 이 몸,
바닥 모를 수렁에
빠져들고 있습니다!
주님, 도움을 구하며 부르짖으니 들어주소서!
귀를 기울이소서! 귀를 열어 들어주소서!
자비를 구하며 부르짖사오니 들어주소서.

3-4 **하나님**, 사람의 과오를 주께서 일일이 책망하시면
살아남을 자 누구이겠습니까?
그러나 주님은 용서가 몸에 밴 분이시니,
주께서 경배받으시는 까닭입니다.

5-6 기도로 살아온 인생, 내가 **하나님**께 기도드리며
그분의 말씀과 그분이 행하실 일을 기다린다네.
나의 주 하나님께만 의지한 이 몸,
아침이 올 때까지 기다리고, 앙망하네.
아침이 올 때까지 기다리고, 앙망하네.

7-8 오 이스라엘아, **하나님**을 기다리고 앙망하여라.
**하나님**이 오시면, 사랑이 오고,

**하나님이 우리를 대하시는 방법이 복의 길이다**(130:1-8)

고통당하는 사람에게 시편 130편은 꼭 필요하다. 왜냐하면 어떤 사람이 고통받느냐가 아니라 그가 고통을 어떤 방식으로 대하는지가 중요하다고 말하기 때문이다. 이 시편은 고통을 감내하라고 충고하지 않는다. 고통을 설명하지도 쉽게 얼버무리지도 않는다. 그보다는 우리가 아무리 깊은 수렁에 빠져 있어도 하나님의 손길은 반드시 닿는다는 것을 분명하게 보여준다. 우리를 힘들게 하는 것이 무엇이든 우리와 하나님 사이를 갈라놓지 못한다. "주님은 용서가 몸에 밴 분"이시기 때문이다(4절). 하나님이 우리를 대하시는 방법이 복의 길이라고 우리는 설득당한다. 아무리 깊은 수렁도 끝내 바닥이 있기 마련이지만, 그 높이는 제한이 없다. 그래서 우리는 기다리며 지켜본다. 하나님이 오시면, 복을 주시되 풍성하게 주실 것이기 때문이다!

**하나님**이 오시면, 풍성한 구원이 임한다.
참으로 그렇다. 그분께서 이스라엘을 구속하
실 것이요,
죄에 팔려 포로 되었던 이스라엘을 다시 찾으
시리라.

### 순례자의 노래

## 131

1 **하나님**, 나는 대장이 되려고
애쓰지 않습니다.
으뜸이 되고 싶지도 않습니다.
남의 일에 참견하지 않았고
거창하고 허황된 꿈을 꾸지도 않았습니다.

2 나는 발을 땅에 디디고
마음을 고요히 다잡으며 살았습니다.
엄마 품에 안긴 아기가 만족하듯
내 영혼 만족합니다.

3 이스라엘아, **하나님**을 기다려라. 희망을 품
고 기다려라.
희망을 가져라! 언제나 희망을 품어라!

### 순례자의 노래

## 132

1-5 오 **하나님**, 다윗을 기억하
소서,
그의 노고를 기억하소서!
그가 **하나님**께 약속한 일을 기억하소서.
야곱의 강하신 하나님께 그가 맹세했습니다.
"나, 집에 가지 않겠습니다.
잠자리에 들지 않겠습니다.
잠도 자지 않고
쉬지도 않겠습니다.
야곱의 강하신 **하나님**께
집을 마련해 드리기 전까지는."

6-7 기억하소서, 우리가 그 소식을 에브라다
에서 처음 접하고
야알 초원에서 자세히 듣던 날을.
우리는 소리쳤습니다. "헌당식에 참석하자!
하나님께서 그분의 발판 삼으신 곳으로 가
그분께 경배드리자!"

8-10 일어나소서, **하나님**, 주님의 새 안식처에
드소서.
주님의 강력한 언약궤와 함께 드소서.
주님의 제사장들로 정의를 갖추어 입게 하
시고
주님을 경배하는 이들로 이 기도를 읊게 하
소서.
"주님의 종 다윗을 높여 주소서.

**자발적인 신뢰 관계**(131:1-3)

그리스도인은 자신이 위로와 보호, 돌봄을 받는다는 느낌 외에 다른 정체성은 없는 무력한 어린아이가 아니다. 그리스도인은 자발적인 신뢰 관계에서 가장 잘 누릴 수 있는, 하나님이 주신 정체성을 발견한 사람이다. 우리는 두렵거나 불안해서 하나님께 절박하게 매달리는 것이 아니다. 우리는 믿음과 사랑으로 자유롭게 하나님께로 간다. 젖 뗀 아이가 자기 어머니에게로 가듯이 말이다.

주께서 우리에게 기독교 신앙의 모델로 아이의 이미지를 제시하신 것은 아이의 무력함 때문이 아니라, 아이는 기꺼이 지도와 가르침, 복을 받고자 하기 때문이다. 그리고 그분의 품 안에서 만족하기 때문이다(막 10:13-16도 보라).

주께서 기름 부어 세우신 이를 외면하지 마
소서."

11-18 **하나님**께서 다윗에게 이렇게 약속하셨다.
결코 취소하지 않으실 약속이다.
"네 아들들 가운데 하나를
네 왕좌에 앉게 해주겠다.
네 자손이 내 언약에 충실하고
내 가르침을 따르는 한,
대가 끊이지 않으리라.
네 왕좌에 앉을 아들이 언제나 있으리라.
그렇다. 나 **하나님**이 시온을 택했다.
내 제단을 둘 곳으로 이곳을 택했다.
언제나 여기가 내 집이 될 것이다.
내가 이곳을 택했고, 영원토록 여기 있을 것이다.
이곳을 찾는 순례자들에게 복을 소낙비처럼
쏟아부어 줄 것이며
허기져 도착하는 이들에게 밥상을 차려 줄 것
이다.
내 제사장들에게 구원의 옷을 입혀 줄 것이며
거룩한 백성들로 가슴 벅차 노래 부르게 할 것
이다!
오, 내가 다윗을 위해 이곳을 빛나는 곳으로
만들리라!
내 기름부음 받은 자를 위해 이곳을 빛으로 가
득 채우리라!
그의 원수들에게는 더러운 넝마를 입히고
그의 왕관은 찬란히 빛을 발하게 하리라."

### 다윗이 지은 순례자의 노래

## 133

1-3 얼마나 멋진가, 얼마나 아
름다운가,
형제자매들이 어울려 지내는 모습!
아론의 머리에 부은 값진 기름이
머리와 수염을 타고,
그의 수염을 타고,
그의 제사장 예복 깃을 타고 흘러내리는 모습
같구나.
헤르몬 산의 이슬이
시온의 비탈길을 따라 흘러내리는 모습 같구나.
그렇다. 그곳이 **하나님**께서 복을 내리시고
영생을 베푸시는 현장이다.

### 순례자의 노래

## 134

1-3 와서 **하나님**을 찬양하여라,
너희 모든 **하나님**의 종들아!
**하나님**의 집에서 밤새도록 일하는 너희 **하나
님**의 제사장들아,
성소를 향해 손을 들고 찬양하여라.
**하나님**을 찬양하여라.
그리하여 하늘과 땅을 지으신 **하나님**,
시온의 **하나님**께서 너희에게 복을 주시기를!

## 135

1-4 할렐루야!
**하나님**의 이름을 찬양하여라.
**하나님**께서 행하신 일을 찬양하여라.
**하나님**의 성전에서 일하고
우리 하나님의 거룩한 뜰에서 섬기는 너희 모
든 제사장들아,
**하나님**은 참으로 선하시니 "할렐루야!"를 외
쳐라.
그분의 아름다운 이름을 찬송하여라.
**하나님**께서 야곱을 택하시고
이스라엘을 그분의 소중한 보물로 삼으셨다.

5-12 다른 모든 신들보다 높으신
우리 주 **하나님**의 위대하심을 내가 증언하노라.

**믿음의 공동체 이미지**(133:1-3)

성경에는 혼자인 그리스도인이 없다. 믿음의 사람들은 언제나 공동체의 일원이다. 창조도 공동체가 형성된 뒤에야 완성되었다. 아담이 하와를 만나고 나서 인류가 온전해졌기 때문이다.

시편 133편에는 공동체를 격려하는 일에 많은 통찰을 주는 두 개의 시적 이미지가 있다. 첫 번째 이미지는 공동체를 "아론의 머리에 부은 값진 기름이 머리와 수염을 타고, 그의 수염을 타고, 그의 제사장 예복 깃을 타고 흘러내리는 모습 같구나"라고 묘사한다(2절). 여기서는 하나님의 공동체의 따스하고 평안한 특성이 드러난다. 군중 속에서 서로를 밀치는 사람들의 냉랭하고 굳은 모습과는 대조적이다. 그러나 더 특징적인 것은, 여기서 말하는 기름이 그 사람을 제사장으로 표하는 기름이라는 것이다. 함께 산다는 것은 타인의 기름이 머리를 지나 얼굴에서 수염, 어깨로 흘러내리는 것을 보며 나의 형제 또는 자매도 나의 제사장이라는 것을 깨닫는 것이다. 우리가 상대를 하나님의 기름부음 받은 사람으로 볼 때, 우리의 관계가 변한다.

두 번째 이미지에서 공동체는 "헤르몬 산의 이슬이 시온의 비탈길을 따라 흘러내리는 모습"이다(3절). 고산의 이슬은 아침의 신선함, 비옥함, 성장에 대한 기대감을 준다. 어느 믿음의 공동체든 중요한 것은 하나님이 신앙 안에서 우리의 형제자매들에게 어떤 일을 하실지 즐겁게 기대하는 것이다.

우리가 이 기대감을 가지고 서로를 볼 때 믿음의 공동체는 번성한다. 오늘 하나님이 저 사람에게 어떤 일을 하실까 궁금해하고, 그가 매일 아침 아름다움으로 빛나고 가능성으로 충만한 새로운 사람이라는 것을 이해하며 서로를 보아야 한다. 우리가 사는 공동체를 이렇게 이해하면, 서로를 인식하는 방식만 변하는 것이 아니라 우리 자신을 인식하는 방식도 변하게 된다. 그리고 우리가 하나님의 들판에서 뛰놀고 있는지, 아니면 그저 터벅터벅 따라가는 정도인지도 가늠하게 해줄 것이다.

**와서 함께하자**(134:1-3)

시편 134편의 위대한 약속은 누구나 다 성전의 예배에 참여할 수 있다는 것이다. 수줍어하지 말고, 망설이지 말고, 와서 함께하자. 예배에 오면서 배우자와 싸웠는가? 괜찮다. 여기에 왔으니 **하나님을 찬양하라**. 오는 길에 이웃과 싸웠는가? 잊어버려라. 여기에 왔으니 **하나님을 찬양하라**. 오는 길에 자녀들과 연락이 끊겨서 지금 그들이 어디에 있는지 잘 모르겠는가? 그 일은 잠시 제쳐 두라. 자녀들은 그들 자신이 해야 할 순례가 있다. 여기에 왔으니 **하나님을 찬양하라**. 오는 길에 품었던 감정, 마구잡이로 했던 불평, 분한 마음을 풀지 않은 것 때문에 부끄러운가? 그래도 여기에 오지 못할 정도는 아니지 않았는가. 게다가 지금은 여기에 있으니 **하나님을 찬양하라**. 너무 자주 포기하고 매일 누군가 와서 다독이고 달래 주어야 해서 부끄러운가? 상관없다. 여기에 왔으니 **하나님을 찬양하라**.

이 문장은 초대이지만 명령이기도 하다. 성전이 사람들을 만나고, 자신의 업적에 대해서 축하를 받고, 가십을 공유하고, 서로 들은 이야기를 주고받으며, 사업상 도움이 될 인맥을 쌓는 장소인가? 그렇지 않다. 당신은 그러려고 여기에 온 것이 아니다. 당신이 여기에 온 이유는 하나님이 복을 주셨기 때문이다. 그리고 여기에 왔으니, 이제는 당신이 **하나님을 찬양하라**.

그분은 언제 어디서, 어떤 방식으로든
마음에 원하시는 대로 행하신다.
날씨를 만드시고 구름과 우레를,
번개와 비를, 북풍을 만들어 내신다.
그분께서 사람에서 짐승에 이르기까지
이집트의 맏이들을 모두 치셨다.

이집트가 자세를 고쳐 주목하게 하시고
바로와 그 신하들에게 이적을 나타내 보이셨다.
그렇다. 주께서 큰 민족들을 쓰러뜨리시고
강한 왕들을 죽이셨다.
아모리 왕 시혼과 바산 왕 옥을 죽이시고
가나안의 왕들을 모조리 죽이셨다!
그런 다음 그들의 땅을 이스라엘에게 넘기셔서
그분의 백성이 좋은 땅을 선물로 받게 하셨다.

13-18 **하나님**, 주님의 이름은 영원하고
주께서는 결코 쇠하지 않으십니다.
**하나님**은 그분의 백성을 편드시고
그들의 손을 잡아 주신다.
이방 나라들의 신들은 시시한 모조품,
시장에 급히 팔려고 만든 가짜 신들.
조각한 입이어서 말하지 못하고
그린 눈이어서 보지 못하며
새긴 귀여서 듣지 못하니,
죽은 나무때기, 차디찬 금속일 뿐!
그런 신을 만들고 의지하는 자들은
그것들과 똑같이 되고 말리라.

19-21 이스라엘 가문아, **하나님**을 찬양하여라!
아론 가문아, **하나님**을 찬양하여라!
레위 가문아, **하나님**을 찬양하여라!
**하나님**을 경외하는 너희들아, **하나님**을 찬양하여라!
오, 예루살렘에 처음부터 거하신
시온의 **하나님**, 찬양을 받으소서!
할렐루야!

# 136

1-3 **하나님**께 감사하여라! 마땅히 감사드려야 할 분.
그분의 사랑 끝이 없다.
모든 신들의 하나님께 감사하여라.
그분의 사랑 끝이 없다.
모든 주인들의 주께 감사하여라.
그분의 사랑 끝이 없다.

4-22 기적을 일으키시는 하나님께 감사하여라.
그분의 사랑 끝이 없다.
능숙한 솜씨로 우주를 만드신 하나님이시니
그분의 사랑 끝이 없다.
대양의 기초 위에 땅을 펼쳐 놓으신 하나님이시니
그분의 사랑 끝이 없다.
하늘을 빛으로 채우신 하나님이시니
그분의 사랑 끝이 없다.
해를 만드셔서 낮을 보살피게 하셨으니
그분의 사랑 끝이 없다.
달과 별들을 밤의 수호자로 삼으셨으니
그분의 사랑 끝이 없다.
이집트의 맏이들을 치신 하나님이시니
그분의 사랑 끝이 없다.
이집트의 압제에서 이스라엘을 구해 내셨으니
그분의 사랑 끝이 없다.
강한 손으로 이스라엘을 돌보셨으니
그분의 사랑 끝이 없다.
홍해를 두 쪽으로 가르셨으니
그분의 사랑 끝이 없다.
이스라엘을 이끌어 홍해 한가운데를 지나게 하셨으니
그분의 사랑 끝이 없다.
바로와 그의 군대를 바다에 처넣으셨으니
그분의 사랑 끝이 없다.
그분의 백성이 광야를 지나게 하신 하나님이시니
그분의 사랑 끝이 없다.

좌우의 큰 왕국들을 꺾으셨으니
그분의 사랑 끝이 없다.
이름난 왕들을 치셨으니
그분의 사랑 끝이 없다.
아모리 왕 시혼을 치셨으니
그분의 사랑 끝이 없다.
바산 왕 옥을 치셨으니
그분의 사랑 끝이 없다.
그들의 땅을 전리품으로 나누어 주셨으니
그분의 사랑 끝이 없다.
그 땅을 이스라엘에게 넘겨주셨으니
그분의 사랑 끝이 없다.

23-26 우리가 비천할 때 우리를 기억하신 하나님이시니
그분의 사랑 끝이 없다.
우리가 짓밟힐 때 우리를 구해 내셨으니
그분의 사랑 끝이 없다.
궁핍한 모든 이들을 제때에 보살피시니
그분의 사랑 끝이 없다.
이 모든 일을 행하신 하나님께 감사하여라!
그분의 사랑 끝이 없다!

# 137

1-3 우리, 바빌론 강변 곳곳에 앉아
울고 또 울었네.
시온에서 행복하게 보낸 옛 시절을 떠올렸지.
사시나무 옆에 쌓아 두었네,
연주소리 들리지 않는 우리 하프들을.
우리를 포로로 잡은 자들이 빈정대고 조롱하며
그곳에서 노래를 청했네.
"멋진 시온 노래 한 곡 뽑아 봐라!"

4-6 아, 우리가 어찌 **하나님**의 노래를
이 불모지에서 부를 수 있으랴?
예루살렘아, 내가 너를 잊는다면
내 손가락이 낙엽처럼 말라비틀어지리라.
오 사랑스러운 예루살렘아,
내가 너를 기억하지 않는다면
내 너를 가장 소중한 것으로 여기지 않는다면
내 혀가 부어오르고 새까맣게 타 버리리라.

7-9 **하나님**, 저 에돔 족속들을 기억하시고
폐허가 된 예루살렘을 기억하소서.
그날 저들은 큰소리로 말했습니다.
"부숴 버려, 가루가 되도록 박살내 버려!"

**원수를 다루는 방법**(137:1-9)

시편 137편은 시편 중에서 분노가 가장 크게 분출되는 시편이지만, 특별히 예외적이지는 않다. 시편에는 이스라엘을 파괴하려는 원수들에 대해 시편 기자가 품은 증오의 감정이 조금이라도 묻어나지 않는 지면이 하나도 없다. 여차하면 어느 행이든 그 증오의 감정이 불같은 저주로 튀어나올 수 있다.

그러나 원수를 다루는 방법에 대한 최종적 발언은 시편에 있지 않고 예수님께 있다. "원수를 사랑하라.……누가 너희를 힘들게 하거든, 그 사람을 위해 기도하여라"(마 5:44). 그러나 원수를 사랑하기 위해서는 그들이 존재한다는 것을 알고 그들이 누구인지를 알아야 한다. 특히 믿음으로 사는 사람들에게 원수란 피할 수 없는 사실이다. 원수가 있다는 것을 모르거나 그가 누구인지 모른다면, "함정", "치명적인 위험", "낮에 날아드는 화살"(시 91:3, 5)에 무방비한 채 위험한 줄도 모르고 순진하게 사는 것이다. 원수가 누구인지 그 이름부터 알아야 한다. 그러나 무엇보다도 그들의 이름을 부르며 기도하고, 용서하며, 사랑하라.

너희 바빌론 족속들아, 파괴자들아!
너희가 우리에게 한 그대로 너희에게 되갚는 자는
누구든지 상을 받으리라.
그렇다, 너희 젖먹이들을 잡아다가
그 머리통을 바위에 메어치는 자는 상을 받으리라!

다윗의 시

# 138

1-3 주께 감사합니다!
내 안의 모든 것이 외칩니다.
"감사합니다!"
내가 감사의 노래 부를 때 천사들이 귀 기울여 듣습니다.
주님의 거룩한 성전을 향해 무릎 꿇고 경배하며
다시 고백합니다. "감사합니다!"
주님의 사랑에 감사하고
주님의 성실하심에 감사합니다.
더없이 거룩합니다, 주님의 이름.
더없이 거룩합니다, 주님의 말씀.
내가 부르짖자 주께서 나서시고,
내 삶을 크고 힘차게 해주셨습니다.

4-6 **하나님**, 주께서 하시는 말씀을 듣고서
온 세상 왕들이 주께 고백할 것입니다. "감사합니다."
그들이 주께서 행하신 일들을 노래할 것입니다.
"참으로 크시다, **하나님**의 영광!"
**하나님**은 높이 계셔도 이 낮은 아래를 굽어보시고,
멀리 계셔도 우리의 모든 일을 아시기 때문입니다.

7-8 내가 극심한 고난의 길을 걸을 때
분노와 혼란 속에 있는 나를 살려 주소서.
한 손으로는
내 원수를 치시고,
다른 손으로는 나를 구원하소서.
**하나님**, 내 안에서 시작하신 일을 매듭지어 주소서.
주님의 사랑 영원하니, 나를 포기하지 마소서.

다윗의 시

# 139

1-6 **하나님**, 내 삶을 샅샅이 살피시고
모든 사실을 직접 알아보소서.
나는 주님 앞에 활짝 펼쳐진 책이니,
멀리서도 주께서는 내 생각을 다 아십니다.
주께서는 내가 떠날 때와 돌아올 때를 아시니,
내가 주님의 시야를 벗어나지 않습니다.
내가 운을 떼기도 전에
주께서는 내가 하려는 말을 모두 아십니다.
내가 뒤돌아보아도 주님은 거기 계시고
앞을 내다보아도 주께서는 거기 계십니다.
어느 곳에 가든 주께서 함께하시니, 내 마음 든든합니다.
이 모든 것이 내게는 너무나 크고 놀라워
다 헤아릴 수가 없습니다!

7-12 내가 주님의 영을 피해 어디로 가며
주님의 눈을 피해 어디로 가겠습니까?
내가 하늘로 올라가면 거기에 계시고
지하에 숨어도 거기에 주님이 계십니다!
내가 새벽 날개를 타고
머나먼 서쪽 수평선으로 날아갈지라도
주께서 금세 나를 찾아내시니,
주님은 거기서도 기다리고 계십니다!
내가 속으로 "오, 그분은 어둠 속에서도 나를

알아보시는구나!
내가 밤중에도 빛 속에 잠겨 있구나!" 고백합니다.
참으로 그렇습니다. 주께는 어둠도 어둠이 아니니,
밤과 낮, 어둠과 빛이 매한가지입니다.

13-16 오 그렇습니다. 주께서 내 속과 겉을 빚으시고
모태에서 나를 지으셨습니다.
내 몸과 영혼을 경이롭게 지으신 높으신 하나님,
숨 막히도록 멋지신 주께 감사드립니다!
그 솜씨 너무 놀라워,
내가 주님을 마음 깊이 경배합니다!
주께서는 나를 속속들이 아시며
내 몸속의 뼈 마디마디까지 아십니다.
주께서는 정확히 아십니다.
내가 어떻게 지어졌는지,
아무것도 아니던 내가 어떻게 이처럼 근사한 형상으로 빚어졌는지를.
책을 펼쳐 보시듯, 주께서는 내가 잉태되고 태어나기까지
내 자라는 모습을 지켜보셨습니다.
내 생의 모든 시기가 주님 앞에 펼쳐졌습니다.
태어나 하루를 살기도 전에,
이미 내 삶의 모든 날들이 예비되어 있었습니다.

17-22 주님의 생각들, 너무나 귀하고, 너무나 뛰어납니다!
하나님, 나는 도무지 이해하지 못하겠습니다!
그 수가 바다의 모래알보다 많아서
헤아릴 엄두가 나지 않습니다.
오, 아침에 나를 일으켜 주시고, 내내 주님과 함께 살게 하소서!
하나님, 죄악을 영원히 없애 주소서!
꺼져라, 너희 살인자들아!
하나님, 주님을 얕잡아 보는 자들이
싸구려 가짜 신들에게 홀딱 반했습니다.
보소서, **하나님**. 주님을 미워하는 자들을 내

**하나님이 안 계신 곳은 없다**(139:1-24)

이 시편에 등장하는 사람은 하나님의 정밀 검사를 경험했다. 하나님은 그에 대해 가장 사소한 내용까지도 다 아신다. 그가 언제 앉아서 저녁을 먹는지, 언제 일어나서 일터에 가는지를 아신다. 그가 하나님을 생각하고 있지 않을 때도 하나님은 그를 생각하고, 그가 무슨 생각을 하는지 아신다. 그가 새로운 주제에 대해 독창적인 발언을 하기 전에 하나님은 이미 그것을 알고 계시고 예견하신다. 그가 앞으로 나아갈 때 하나님이 거기 계시고 앞서 가신다. 그가 뒤로 갈 때도 하나님은 거기에 계신다. 하나님은 그에 대해 모든 것을 아시되 친밀하게 아신다.

그리스도인의 삶의 핵심은 내가 하나님에 대해 아는 것이 아니라, 나에 대해 하나님이 아시는 것이다. 내가 하나님을 더듬어 찾는 것이 아니라, 하나님이 나를 찾으시는 것이다. 하나님이 우리를 맹렬하게 찾고 우리에 대해 속속들이 아시기 때문에 하나님이 안 계신 곳을 찾을 수가 없다. 호텔방에서 성경책을 치우고 교실에서 기도를 못하게 하며 법정에서 십계명을 빼버려도, 그 모든 곳에서 하나님의 존재감은 여전하다. 동전에서 그분의 이름을 지워도 하나님은 여전히 전과 같이 현존하신다. 하나님을 부인하고 저주하며 무시할 수 있지만, 여전히 하나님은 우리의 모든 방식을 친밀하게 아시고, 부드럽게 사랑으로 안으시며, 신실하게 자비를 베푸시고, 관대하게 은혜를 건네신다.

가 얼마나 미워하는지.
보소서, 저 사악한 교만을 내가 얼마나 역겨워하는지.
극심하게 그것을 미워합니다.
주님의 원수들이 곧 나의 원수들입니다!

23-24 오 하나님, 내 삶을 샅샅이 살피시고
나에 대해 모든 것을 캐 보소서.
나를 심문하고 시험하셔서
내가 어떤 사람인지 분명히 파악하소서.
내가 잘못한 일이 있는지 직접 살피시고
나를 영원한 생명의 길로 인도하소서.

다윗의 시

# 140

1-5 **하나님**, 악이 득세하는 이 곳에서 나를 구하소서.
사악한 자들에게서 나를 보호하소서.
저들은 죄로 이어지는 길만 끊임없이 생각해 내고,
전쟁놀이만 도모하며 세월을 보냅니다.
신랄한 말로 남을 미워하고 상처 입히며,
사람을 불구로 만들고 죽이는 독설을 쏟아 냅니다.
**하나님**, 이 악인들의 손아귀에서 나를 지키소서.
사악한 자들에게서 나를 보호하소서.
제 잘난 맛에 도취된 자들,
나를 쓰러뜨리기로 작정하고 방법을 모의합니다.
악한들이 나를 잡으려 덫을 만들고
내게 죄를 씌우려 안간힘을 씁니다.

6-8 내가 주께 기도했습니다. "**하나님**, 주는 나의 하나님이십니다!
**하나님**, 귀를 기울이소서! 자비를 베푸소서!
강한 구원자이신 나의 주 **하나님**,
싸움이 벌어질 때 나를 보호하소서!
**하나님**, 악인들이 멋대로 하지 못하게 막으소서.
저들에게 한 치의 틈도 주지 마소서!"

9-11 나를 에워싼 말썽꾼들,
저들의 독설이 저들을 삼키게 하소서.
저들 위에 지옥 불을 쌓아 올리시고
저들을 빙하의 갈라진 틈에 산 채로 묻으소서!
저 떠버리들의 말이
홀대받게 하시고,
저 무뢰한들을 악마가 쫓아가
넘어뜨리게 하소서!

12-13 나는 압니다. 주 **하나님**이 피해자의 편에 서시고
불쌍한 이들의 권리에 관심을 두고 계심을,
의인들이 주께 마음 깊이 감사하고
선인들이 주님 앞에서 안전하리라는 것을.

다윗의 시

# 141

1-2 **하나님**, 가까이 오소서. 어서 오소서!
주님의 귀 활짝 여셔서, 내 소리를 들어주소서!
내 기도를 주께 피어오르는 향으로 여겨 주소서.
들어 올린 두 손은 나의 저녁기도입니다.

3-7 **하나님**, 내 입에 파수꾼을 세우시고
내 입술 문에 보초를 세우소서.
악은 꿈도 꾸지 않게 하시고
생각 없이 악한 무리와 어울리지 않게 하소서.
못된 짓만 골라서 하는 저들이
감언이설로 나를 꾀지 못하게 하소서!

의로운 이가 나를 바로잡게 하시고
친절한 사람이 나를 꾸짖게 하소서.
죄가 내 머리에 기름붓지 못하게 하소서.
내가 저들의 악행을 고발하며 주께 힘껏 기도합니다!
오, 저들의 우두머리들이 높은 암벽에서 떠밀려
죗값을 치르게 하소서.
큰 망치에 맞아 가루가 되어 버린 바위처럼
저들의 뼈가 지옥 입구에 흩어지게 하소서.

8-10 그러나 사랑하는 주 **하나님**,
나는 오직 주님만을 바라봅니다.
죽기 살기로 주께 달려왔으니,
나를 보살펴 주소서.
저들의 흉계에서 나를 지키소서.
저들의 악한 속임수에서 나를 보호하소서.
악인들은 고꾸라지게 하시고
나는 상처 하나 없이 지나가게 하소서.

다윗이 굴에 있을 때 드린 기도

## 142

1-2 내가 소리 높여 **하나님**께 부르짖네.
큰소리로 **하나님**께 자비를 구하네.
그분 앞에 내 모든 억울함을 털어놓고
내 고통을 낱낱이 아뢰네.

3-7 "내가 절망에 빠져 낙심할 때
주께서는 내 심정을 아십니다.
내가 처한 위험,
내가 다니는 길에 숨겨 놓은 저들의 덫을 아십니다.
오른쪽을 살피시고 왼쪽도 살펴보소서.
무슨 일이 벌어지는지 아무도 관심이 없습니다!
곤경에 처했는데 출구도 없고,
홀로 남겨져 희망마저 잃어버렸습니다.
**하나님**, 내가 이렇게 부르짖습니다.
'주님은 나의 마지막 기회, 내 삶의 유일한 희망!'
오 제발, 귀를 기울이소서.
이렇게 바닥까지 떨어진 적은 없습니다.
나를 뒤쫓는 자들에게서 나를 구하소서.
나는 저들의 상대가 되지 않습니다.
이 지하 감옥에서 나를 빼내 주시고
사람들 앞에서 내가 주께 감사하게 하소서.
주님의 백성이 나를 빙 둘러쌀 때
주께서 내게 복을 소낙비처럼 쏟아부으실 것입니다!"

다윗의 시

## 143

1-2 **하나님**, 나의 기도를 들어 주소서.
나의 간구에 주의를 기울이소서.
주님은 응답을 잘하시기로 이름난 분이시니,
내게 응답하소서!
내게 꼭 필요한 일을 해주소서.
그러나 주님의 법정으로 끌고 가지는 마소서.
산 자는 누구도 거기서 무죄 판결을 받을 수 없습니다.

3-6 원수가 뒤쫓아 와서,
나를 걷어차고 짓밟아 거반 죽게 되었습니다.
나를 어두운 구덩이에 던지고
시체처럼 지하 감옥에 처넣었습니다.
이 몸, 그곳에 앉아 절망할 때
내 기운이 쇠하고 내 마음은 납덩이처럼 무거웠습니다.
옛 시절을 떠올리며

주께서 행하신 모든 일을 곰곰이 되새겨 보았습니다.
사막이 비를 갈망하듯이 내가 주님을 갈망하며
주님 향해 두 손을 높이 들었습니다.

7-10 **하나님**, 속히 응답하소서!
어찌할 바를 모르겠습니다.
외면하지 마소서. 모른 체하지 마소서!
주께 버림받으면 나는 완전히 죽습니다.
아침마다 주님의 사랑스러운 음성으로 나를 깨워 주시면
내가 밤마다 주님을 신뢰하며 잠자리에 들겠습니다.
어느 길로 가야 할지 알려 주소서.
내가 귀를 세우고 모든 시선 주께 돌리니
**하나님**, 원수들로부터 나를 구원하소서.
주님만이 나의 희망이십니다!
주님은 나의 하나님이시니
주님이 기뻐하시는 삶 살도록 가르쳐 주소서.
주님의 복된 영으로 나를 이끄시고
탁 트이고 평탄한 초원으로 데려가 주소서.

11-12 하나님, 주님의 명성을 위해서라도, 나를 살려 주소서!
주님의 정의로 나를 이 고난에서 건지소서!
주님의 크신 사랑으로 내 원수들을 처부수소서.
나를 괴롭히는 자들을 깨끗이 쓸어버리소서.
이 몸, 주님의 종인 까닭입니다.

다윗의 시

# 144

1-2 나의 산이신 **하나님**을 찬양하여라.
주님은 당당히 잘 싸우도록 나를 훈련시키시는 분.
내가 딛고 선 반석,
내가 거하는 성채,
나를 구해 주시는 기사,
내가 필사적으로 피할 높은 바위산,
내 원수들을 쓰러뜨리시는 분.

3-4 **하나님**, 어찌하여 우리를 보살펴 주십니까?
어찌하여 우리에게 그토록 마음을 쓰십니까?
우리는 한낱 입김에 불과하고,
모닥불 속 그림자와 같습니다.

5-8 **하나님**, 하늘에서 내려오셔서
산 한가운데 있는 분화구에 불을 붙이소서.
주님의 번개를 사방으로 집어던지시고,
주님의 화살을 이리저리 쏘소서.
하늘에서 바다까지 손을 뻗으셔서,
증오의 바다,
저 야만족의 손아귀에서 나를 끌어내소서.
새빨간 거짓말을 내뱉는 저들,
앞에서 악수하면서도
뒤돌아서면 등을 찌릅니다.

9-10 오 하나님, 내가 새 노래를 주께 불러 드립니다.
열두 줄 기타로 연주하겠습니다.
왕을 구원하신 하나님,
주님의 종 다윗을 구해 내신 하나님께 바치는 노래입니다.

11 원수의 칼에서 나를 구하소서.
저 야만인들의 손아귀에서 나를 꺼내 주소서.
새빨간 거짓말을 내뱉는 저들,
앞에서 악수하면서도

뒤돌아서면 등을 찌릅니다.

12-14 한창때인 우리 아들들을
무성한 상수리나무 같게 하시고,
우리 딸들은 들판에 핀 들꽃처럼
맵시 좋고 생기 있게 하소서.
창고에는 수확물이 가득 차게 하시고
들판에는 거대한 양 떼로 차게 하소서.
침략을 당하거나 포로로 끌려가는 일 없게 하시고
거리에서 범죄가 사라지게 하소서.

15 이 모든 것을 누리는 백성은 복이 있다.
**하나님**을 자기 하나님으로 모시는 백성은 복이 있다.

---

**II** 하나님이 당신을 돌보시는 이유를 궁금해한 적이 있는가? 하나님이 사람들에 대해, 특히 당신에 대해 관심을 가지시는 이유를 생각해 보고, 하나님의 돌보심과 관심에 감사드리라.

---

## 다윗의 찬양

# 145

1 오, 왕이신 나의 하나님, 찬양으로 주님을 높여 드립니다!
영원토록 주님의 이름을 찬송합니다.

2 날마다 주님을 찬양하고
지금부터 영원까지 찬송합니다.

3 **하나님**은 위대하시니, 찬양을 아무리 드려도 부족하신 분.
그분의 위대하심 끝이 없다.

4 대를 이어 주께서 행하신 일을 경외하고
세대마다 주님의 위업을 전합니다.

5 모두가 주님의 아름다움과 위엄을 이야기하고
나는 주님의 기적들에 곡을 붙입니다.

6 주께서 행하신 놀라운 일들 대서특필되고
나는 주님의 위대하심 날날이 책에 기록합니다.

7 주님의 선하심, 그 명성이 온 나라에 자자하고
주님의 의로우심, 모든 사람 입에 오르내립니다.

8 **하나님**은 자비로우시고 은혜로우신 분,
노하기를 더디 하시고 사랑이 충만하신 분.

9 **하나님**은 누구에게나 좋으신 분,
행하시는 일마다 은혜가 넘친다.

10-11 **하나님**, 온 우주와 피조물들이 주께 박수갈채를 보내고
주님의 거룩한 백성이 주님을 찬양합니다.

그들이 주님 통치의 영광을 이야기하고
주님의 위엄을 선포합니다.

12 주님의 권능을 영원토록 세상에 알리고
주님의 나라의 찬란한 영광을 알립니다.

13 주님의 나라는 영원한 나라,
주님의 통치는 중단되는 일이 없습니다.

**하나님**은 언제나 말씀하신 대로 행하시고
모든 일을 은혜롭게 하신다.

14 **하나님**은 불행한 이들을 도우시고
삶을 포기하려는 이들에게 새 출발을 허락하
신다.

15 모든 눈이 앙망하며 주님을 바라볼 때
주님은 그들에게 때맞춰 먹을 것을 주십니다.

16 주님은 지극히 너그러우셔서
모든 피조물에게 아낌없이 은혜를 베푸십니다.

17 **하나님**이 행하시는 일은 무엇이나 옳고
그분의 모든 일은 사랑으로 이루어진다.

18 **하나님**은 기도하는 모든 이들에게 귀 기울
이시고
기도하는 모든 이들과 진심으로 함께하신다.

19 그분을 경외하는 이들에게 가장 좋은 것 행
하시고
그들이 부르짖을 때 귀 기울여 듣고 구원해 주
신다.

20 **하나님**은 그분을 사랑하는 이들의 곁을 지
키시지만,
그분을 사랑하지 않는 자들은 모두 끝장내신다.

21 내 입이 끊임없이 **하나님**을 찬양하니,
살아 있는 모든 것은 그분을 찬양하고
그 거룩하신 이름을 찬양하여라. 지금부터 영
원까지!

## 146

1-2 할렐루야!
오 내 영혼아, **하나님**을 찬양
하여라!
내 평생 **하나님**을 찬양하며
내 사는 동안 내 하나님께 노래 부르리라.

3-9 너희 삶을 전문가들의 손에 맡기지 마라.
저들은 삶도 구원도 전혀 모르는 자들이다.
한낱 인간에 불과하니 알 도리가 없다.
저들이 죽으면 저들의 계획들도 함께 사라진다.
대신, 야곱의 하나님에게서 도움을 받고
**하나님**께 너희 소망을 두어라. 참 행복을 알
게 되리라!
**하나님**께서는 하늘과 땅
바다와 그 속의 모든 물고기를 지으신 분,
말씀하신 대로 어김없이 행하시고
학대받는 이들을 변호하시며
굶주린 이들에게 먹을 것을 주시는 분,
**하나님**은 갇힌 이들을 풀어 주시고
눈먼 이들에게 시력을 주시며
넘어진 이들을 일으켜 세우시는 분,
**하나님**은 선한 이들을 사랑하시고 나그네들
을 보호하시며,
고아와 과부들의 편이 되어 주시고
악인들을 간단히 처치하시는 분.

10 **하나님**께서 언제나 다스리신다.
시온의 하나님은 영원하신 하나님이시다!
할렐루야!

## 147

1 할렐루야!
우리 하나님을 찬양하는 것이
얼마나 좋은가.
그분을 찬양하는 것이 얼마나 아름답고 합당
한가!

**할렐루야 시편**(146:1-150:6)

시편 146편은 시편 기도집의 마지막 묶음을 이루는 다섯 편의 시 가운데 첫 번째다. 시편은 인간의 영혼이 겪는 모든 감정을 기도에 반영한다. 기쁨과 슬픔, 믿음과 의심, 희망과 절망, 사랑과 미움, 안전과 불안. 그러나 이 모든 굴곡에도 언제나 찬양의 노래가 올라온다. 이 마지막 다섯 시편은 '할렐루야 시편'으로 불리는데, 히브리어로 '주님을 찬양하라'는 뜻의 단어 '할렐루야'를 승리에 차서 외치는 것으로 시작하고 마친다. 그렇게 함으로써 시편 전체를 강렬한 크레센도로 가져간다. 우리가 어떤 유혹과 실망과 슬픔을 감내하든지, 그 모든 불협화음들은 찬양으로 조화롭게 해소된다. 찬양은 하나님 앞에서 사는 삶의 특징이 되어야 하고, 따라서 기도를 모아 놓은 노래책에 알맞은 결론이 된다.

2-6 **하나님**은 예루살렘을 다시 세우시는 분,
이스라엘의 흩어진 포로들을 다시 모으시는 분,
마음 상한 이들을 고치시고
그들의 상처를 싸매 주시는 분,
별들을 세시고
그 하나하나에 이름을 붙이시는 분.
우리 주님은 위대하시고 그 힘이 무한하시니,
그분의 지식과 행하신 일들, 결코 헤아리지 못하리.
**하나님**은 넘어진 이들을 다시 일으키시고
악인들을 시궁창에 처박으신다.

7-11 **하나님**께 감사 찬양을 드려라.
네 악기로 그분 앞에서 연주하여라.
하늘을 구름으로 채우시고
땅을 위해 비를 마련하시며,
풀로 산을 푸르게 하시고
가축과 까마귀들에게 먹이를 주시는 분.
그분은 힘센 준마에 감동하지 않으시고
근육질을 대수롭게 여기지 않으신다.
**하나님**을 경외하는 이들만이 **하나님**의 주목을 받고
그분의 권능에 의지할 수 있다.

12-18 예루살렘아, **하나님**께 경배하여라!
시온아, 네 하나님을 찬양하여라!
주께서 네 성을 안전하게 지키시고
그 안에 있는 네 자녀들에게 복을 내리셨다.
네가 사는 땅에 평화를 허락하시고
네 식탁에 가장 좋은 빵을 차려 주신다.
온 땅에 약속의 말씀을 주시니
그 말씀 빠르고 확실하게 전해지는구나!
눈을 양털처럼 뿌리시고
서리를 재처럼 흩으시며
우박을 모이처럼 흩뿌리시니
그 추위를 견딜 자 누구랴?
다시 명령을 내리시니 모든 것이 녹고,
추위를 향해 입김을 내뿜으시니, 갑자기 봄이로구나!

19-20 그분은 야곱에게 같은 방식으로 말씀하시고
이스라엘에게도 합당한 말씀을 주신다.
다른 민족에게는 이같이 하신 적 없으니,
그들은 그 같은 계명들을 들어 본 적도 없다.
할렐루야!

# 148

1-5 할렐루야!
하늘에서 **하나님**을 찬양하여라.

산꼭대기에서 그분을 찬양하여라.
그분의 모든 천사들아, 주님을 찬양하여라.
그분의 모든 전사들아, 주님을 찬양하여라.
해와 달아, 주님을 찬양하여라.
새벽별들아, 주님을 찬양하여라.
드높은 하늘아, 주님을 찬양하여라.
하늘의 비구름아, 주님을 찬양하여라.
찬양하여라. 오, **하나님**의 이름을 찬양하여라.
주께서 말씀하시자, 그들이 생겨났다!

6 그분께서 그들을 알맞은 자리에
영원토록 있게 하시고,
명령을 내리시자
그대로 되었다!

7-12 땅에서 **하나님**을 찬양하여라.
너희 바다의 용들아, 헤아릴 수 없이 깊은 대양아,
불과 우박, 눈과 얼음아,
그분의 명령에 복종하는 폭풍들아,
산과 언덕들아,
사과 과수원들과 백향목 숲들아,
들짐승과 가축 떼들아,
뱀과 날짐승들아,
세상의 왕들과 모든 인종들아,
지도자들과 유력자들아,
청춘남녀들아,
너희 노인과 아이들아.

13-14 **하나님**의 이름을 찬양하여라.
찬양 받기에 합당한 유일한 이름이시다.
그분의 광채, 하늘과 땅에 있는 그 무엇보다 빛나고,
그분께서 세우신 기념비, 곧 하나님의 백성이로다!
**하나님**을 사랑하는 모든 이들아, 찬양하여라!
이스라엘의 자녀들, **하나님**의 가까운 친구들아!
할렐루야!

# 149

1-4 할렐루야!
새 노래로 **하나님**께 노래하여라.
그분을 사랑하는 모든 이들과 함께 그분을 찬양하여라.
이스라엘 모든 백성들아, 너희의 주권자이신 창조주를 찬양하여라.
시온의 아들딸들아, 너희 왕으로 인해 기뻐 뛰어라.
춤추며 그분의 이름을 찬양하고
밴드를 울려 음악을 연주하여라!
**하나님**은 자기 백성을 기뻐하시고
평범한 이들을 구원의 화환으로 꾸며 주신다!

5-9 주님을 참으로 사랑하는 이들아, 소리치며 찬양하여라.
어디에 있든지 노래 불러라.
소리 높여 하나님을 찬양하여라.
칼을 휘둘러 열정적으로 칼춤을 추어라.
이것은 하나님께 거역하는 민족들을 향한 복수의 경고,
임박한 징벌의 신호다.
저들의 왕들은 사슬에 묶여 감옥으로 끌려가고
지도자들은 영원히 감옥에 갇히며,
저들에 대한 엄정한 심판이 시행될 것이다.
그러나 하나님을 사랑하는 이들은 모두 영광의 자리에 앉으리라!
할렐루야!

**모든 기도는 찬양으로 끝난다**(150:1-6)

기도의 끝은 찬양이다. 시편은 찬양이 기도의 끝이라는 것을 **종결**과 **목표**, 곧 두 가지 의미에서 보여준다. 마지막 시편의 마지막 단어는 찬양이며, 찬양이 곧 시편의 모든 기도가 도달하는 목표다. 햇살 가득한 풍경은 아주 가끔씩만 보면서 오랜 세월 고통과 의심, 고난의 땅을 지나온 뒤에 도달하는 목표다.

갈 때까지 가다 보면 모든 기도는 찬양이 된다. 아무리 화나고 두려운 경험들을 겪는다 하더라도 기도는 찬양으로 끝이 난다. 늘 빠르고 쉽게 도달하는 것은 아니지만—평생 오르막길을 갈 수도 있다—끝내는 도달한다. 결국은 도달하게 된다.

## 150

1-6 할렐루야!
하나님의 거룩한 예배처소에서 그분을 찬양하여라.
탁 트인 하늘 아래서 그분을 찬양하여라.
권능을 떨치신 그분을 찬양하여라.
크고 위대하신 그분을 찬양하여라.
힘찬 트럼펫 소리로 그분을 찬양하여라.
부드러운 현악기로 그분을 찬양하여라.
캐스터네츠와 춤으로 그분을 찬양하여라.
작은북과 플루트로 그분을 찬양하여라.
심벌즈와 큰북으로 그분을 찬양하여라.
바이올린과 기타로 그분을 찬양하여라.
살아 숨 쉬는 모든 것들아, **하나님**을 찬양하여라!
할렐루야!

# 잠언 | 머리말

많은 사람들은 성경에 주로 천국 가는 방법, 즉 하나님과 올바른 관계를 맺고 영혼의 구원을 받는 법이 적혀 있는 줄 안다. 물론 그런 내용도 있지만 그것이 전부는 아니다. 성경은 이 세상에서의 삶, 곧 올바르고 건전하게 사는 일에도 똑같이 관심을 갖는다. 성경의 일차적 관심사가 천국이고 이 세상은 거기 딸린 군더더기인 것이 아니다. 예수께서는 "하늘에서처럼 땅에서도 가장 선한 것을 행하소서"라고 기도할 것을 명하셨다.

"지혜"는 "하늘에서처럼 땅에서도 가장 선한 일을 행하는" 일상의 삶을 가리키는 성경적 용어다. 지혜는 우리가 어떤 상황에 처하든지 그 안에서 잘 살아가는 삶의 기술이다. 지혜는 정보나 지식과는 사실상 아무 관련이 없고, 학위도 지혜를 보증하지 못한다. 지혜가 우리에게 도덕적으로 큰 영향을 끼치는 것은 사실이지만, 우리가 도덕적 진흙탕에 빠지지 않도록 막아 주는 것이 지혜의 일차적 관심사는 아니다. 잠언 4:18-19은 "올곧게 사는 이들의 길은 환히 빛나서 그들이 오래 살수록 더 밝게 빛나지만, 못된 자들의 길은 점점 더 어두워져서 지나가다가 아무것도 보지 못해 바닥에 고꾸라진다"고 말한다.

지혜에 힘입을 때 우리는 부모를 공경하고, 자녀를 양육하고, 재정을 관리하고, 성생활을 영위하고, 일터에 나가고, 리더십을 발휘하고, 바른 말을 쓰고, 친구들을 친절하게 대하고, 건강하게 먹고 마시고, 마음을 다스려 내적 평안을 누리고, 타인들과 사이좋게 지내 평화에 보탬이 되는 일을 잘 감당할 수 있게 된다. 성경에는 이 모든 일 가운데 하나님을 어떻게 생각하고 하나님께 어떻게 반응하는가, 이것이 가장 중요하다는 주장이 담겨 있다.

온 마음으로 **하나님**을 신뢰하고
무슨 일이든 네 멋대로 이해하려 들지 마라.
무슨 일을 하든, 어디로 가든, **하나님**의 음성에 귀 기울여라.
그분께서 네 길을 바르게 인도하실 것이다.
다 아는 체하지 마라.
**하나님**께로 달려가라! 악을 피해 도망쳐라!
그러면 네 몸에 건강미가 넘칠 것이고
네 뼈 마디마디가 생명력으로 약동할 것이다!
네 모든 소유로 **하나님**께 영광을 돌리고
첫 열매와 가장 좋은 것을 그분께 드려라.
그러면 네 창고가 가득 차고
통에 포도주가 넘쳐흐를 것이다.
친구여, **하나님**의 징계를 억울하게 여기지 말고
그분의 자애로운 꾸지람을 언짢게 여기지 마라.
**하나님**은 사랑하는 자녀를 꾸짖으신다.
자식이 잘되기를 바라는 아버지의 마음이다(잠 3:5-12).

일상생활 속 그 어떤 문제도 하나님보다 우선할 수 없다.

잠언은 성경의 다른 어떤 책보다 이 부분에 집중하고 있다. '지금 여기'에 대한 성경의 관심은 수천 쪽에 이르는 성경 곳곳에 실린 이야기와 율법, 기도, 설교에 드러나 있다. 그 가운데 잠언은 우리가 일상에서 끊임없이 하나님께 순종할 수 있도록 도와주는 매혹적인 이미지와 경구들의 정수를 뽑아 놓은 책이다.

# 위대한 장인이 아름답게 빚으시는 것

### 잠언 8장에 대한 묵상글

사람은 각자의 처지에 따라, 인생의 출발선에서 이제 막 시작하려거나 망가진 인생을 뒤로하고 다시 시작해야 하는 지점에 서 있다. 처음 하든지 다시 하든지 어쨌든 시작해야 한다. 하지만 무엇부터 해야 하는가? 이 모든 것을 바른 순서와 방법으로, 올바른 때에 할 수 있게 도와주는 사람이 필요하다. 도구함에서 갖가지 도구를 마구 꺼내 주듯 온갖 지혜의 말씀이 쏟아지기 전에, 우리는 먼저 지혜를 소개받는다. 지혜는 하나님 옆에 있는 위대한 장인이자 여성으로 의인화되어 있다. 지혜는 하나님 옆에서 모든 것을 제자리에 놓고, 모든 것이 잘 맞는지 확인하는 일을 한다(잠 8:30). 지혜는 각각의 재료를 어디에 놓아야, 우리의 삶이 그저 일그러진 날들과 바랜 세월의 무더기가 아니라, 아름다운 인생이 될지를 안다.

우리는 모두 인생에서 비슷한 재료를 받았다. 몸과 정신과 감정이 있고, 가족과 친구와 동료가 있으며, 가정과 이웃과 일이 있고, 발밑에 땅이 있으며, 주변에 식물이 있고, 머리 위에 하늘이 있다. 창조가 있고 언약이 있다. 하나님의 말씀 한 마디로 무에서 유로 존재하게 하신 선한 창조가 있고, 그리스도의 죽음과 부활로 성취된 용서와 사랑의 인생이 있다. 짧게 말해서, 우리에게는 사물의 외면세계가 있고 관계의 내면세계가 있다. 이 두 세계에 대해 우리는 어떻게 반응해야 할까? 어떻게 하면 그것 때문에 혼란스럽거나 압도당하지 않을 수 있을까? 그런 일은 가능하지 않다. 다만 누군가가 우리를 인도해 준다면 가능하다. 하나님은 그러한 인도자를 우리에게 주셨고, 그분은 바로 창조 때 지혜의 영으로 함께하신 성령이시다. 그 지혜의 영은 하루하루의 날들을 재료로 삼아 우리 인생을 아름답게 빚으시는 위대한 장인이시다.

성령께서 창조 때에 그리고 오늘날에도 우리 안에서 새 창조를 이루시면서 어떻게 그 일을 행하시는지를 주의해서 보라. "나는 날마다 거기 있으면서 기쁨의 손뼉을 치고 그분과 함께 있는 것을 즐거워했다. 사물들, 생물들과 함께 인간 가족의 탄생을 기쁨으로 축하했다"(30-31절). 이러한 인생에는 장난스러운 무모함이 있다. 인생이란 본래 해결해야 하는 끔찍한 문제가 아니라, 살아야 하는 장난스러운 모험이다. 복음은 우리에게 죄책의 짐을 얹어 주는 것이 아니라, 은혜로 우리를 자유롭게 해주는 것이다.

### 묵상 질문

성경의 청사진에 따라 인생을 꾸리기 위해 해야 하는 일들 때문에 압도당한 기분이 들 때가 있는가? 그것은 청사진을 잘 이해하지 못해서인가, 주어진 도구를 사용하는 방법을 몰라서인가, 아니면 혼자서 그 일을 할 힘이 없어서인가? 그 일은 당신을 기쁘게 하는가, 아니면 힘들게 하는가?

성경적인 인생은 힘들지만 그것은 또한 복된 일, 기쁨의 근원이 되어야 한다. 그러려면 하나님이 곁에서 함께 일하시며, 매 단계마다 그 프로젝트를 감독하고 계시다는 사실을 알아야 한다. 당신의 인생이라는 과업에서 잠시 한 발짝 물러서 보라. 어떻게 보이는가? 무언가 어긋난 것이 있는가? 잘 맞지 않는 것이 있는가? 하나님의 말씀과 수평이 잘 맞지 않는 것이 있는가?

**기도**

하나님, 제 인생의 모든 원재료를 아무런 지침 없이,
곁에 도와줄 사람 하나 없이
혼자 알아서 정리하게 내버려 두시지 않아서 감사합니다.
성령을 보내 주셔서 감사드리고,
제 인생의 청사진에 따라 건물을 세우는 일에 함께하시는
그 모든 손길에 감사드립니다.
그것은 아무 건물이 아니라,
잘 지어진,
든든하고 견고한 건물입니다.
그저 잘 지어진 건물이 아니라,
아름답게 지어진,
건축학적으로나 미학적으로 탁월한 건물입니다.
특별히 제 인생의……에 대한 성령님의 도우심을 구합니다.

**더 읽을 본문**

요한복음 16:12-15 | 우리를 돕는 일에 성령께서 하시는 역할
로마서 8:1-2 | 우리 인생에서 일하시는 성령 하나님의 능력

# 정체성에 대한 새로운 인식

## 잠언 31장에 대한 묵상글

잠언 31장의 결론은 훌륭한 아내, 탁월한 능력과 자질을 가진 여성에 대한 묘사다. 잠언을 읽다 보면 여성을 언급하는 경우가 많은데, 주로 경고의 어조가 지배적이다. 고대 세계는 여자를 유혹하는 존재로서 위험하게 여겼다. 지혜로운 남자는 여자를 경계했고, 그들의 매력을 의심하면서 그들의 동기를 신뢰하지 않았다. 이에 대한 고대의 해답은 여자를 남자에게 종속시키는 것이었다. 즉 그런 위험한 존재는 길들여야 하니 그와 결혼해서 일을 시켰다.

고대 세계를 피상적으로만 살펴보아도—사실 어떤 면에서 고대 세계는 현대 세계와 크게 다르지 않다—여성에 대한 전형적인 이미지는 유혹녀 혹은 종, 이 두 가지인 것을 알 수 있다.

이러한 배경에서 훌륭한 아내를 노래하는 잠언 31장을 보면 정말 탁월하다. 잠언 31장은 두 가지 전형에서 벗어나 하나님을 경외하며 사는 여인에 대해 제대로 통찰하고 있다. 여자가 남자에게—그의 종으로든 유혹녀로든—종속되었다는 표현은 단 한 줄도 나오지 않는다. 여기서 제시하는 여성상은, 지적이고 자신감 있으며 존경받고 존중받으며 신뢰할 수 있는 창조적인 존재다. 그 여인은 지역사회에 참여하고 인도주의적인 사업에 동참하면서 그것을 주도하기를 마다하지 않는다.

이것이 얼마나 대단한지 알겠는가? 여성에 대해 두 가지 이미지를 제시하는 사회에 당신이 있다고 하자.

여성으로서 당신은 어떤 이미지를 택할 것인가? 화려한 유혹녀인가, 아니면 겸손한 종인가? 후자의 정체성을 택하는 사람들은 책임감과 도덕성을 담당하고, 전자의 사람들은 쾌락과 흥분을 담당한다.

남자로서 당신은 어떤 여성상을 가질 것인가? 당신을 만족시킬 대상으로서의 여성인가, 아니면 당신을 섬길 종으로서의 여성인가?

이것이 두 가지 전형적인 이미지로서, 우리는 그 둘 중 하나를 선택해야 하는 교착 상태에 빠져 있다.

그러나 여기 잠언 31장은 제3의 길을 보여준다. 이 여인은 지적이고 창의적이며 유쾌할 뿐만 아니라, 책임적이고 친절하며 도덕적이다. 이 이미지를 보면 갑자기 자유를 느낀다. 당신이 여성이라면 불가능하다고 생각하던 모습을 취할 자유를 얻는다. 당신이 남성이라면 개인으로서 엄청난 가치와 존엄성을 지닌 여성과 관계를 맺을 수 있는 자유를 얻는다.

잠언 31장은 찬성하든 반대하든, 여성 해방에 대한 설교가 아니다. 사회에서 여성의 역할에 대한 논쟁이 아니다. 우리 모두가 누구인지에 대한 복음의 선언이다.

인생이 힘든 이유 중 하나는 사회가 우리를 역할로 나눈다는 것이다. 그런데 문제는 때로 그 역할이 맞지 않는다는 것이다. 기독교의 메시지가 복음이 되는 지점이 바로 여기다. 새로운 통찰을 주고, 정체성에 대한 새로운 인식을 주는 것이다. 우리 각자는 고유한 존재이고, 하나님이 창조하신 사람이다. 사랑 안에서 그리고 사랑을 위해 창조된 존재이다. 우리가 누구인지 말해 주는 것도, 우리가 저지른 잘못이나 죄, 혹은 다른 사람들이 우리에 대해 갖는 바람이나 환상이 아니라, 우리를 향한 하나님의 사랑이다. 우리는 우리를 향한 하나님의 창조적 말씀에 자유롭게 반응할 수 있다.

복음은 우리를 불편한 역할에 가두는 전형들을 깨부순다. 바울은 다음의 잘 알려진 문장으로 그것을 표현했다. "그리스도의 집안에는 유대인이나 이방인이나, 자유인이나 종이나, 남자나 여자나 차별이 없습니다"(갈 3:28). 그러고서 그는 이렇게 결론을 맺었다. "그리스도께서 우리를 해방시켜 자유로운 삶을 살게 해주셨습니다. 그러니 굳게 서십시오! 그 누구도 다시 여러분에게 종의 멍에를 씌우지 못하게 하십시오!"(갈 5:1)

### 묵상 실문

잠언 31장에 묘사된 여인의 모습은 당신이 생각하는 여성상과 일치하는가? 전형적인 이미지를 뛰어넘는다는 점에서 31장의 묘사 중 놀라운 부분은 무엇이며, 영감을 주는 부분은 무엇인가?

당신에게 영감을 준 '잠언 31장의 여인'이 당신의 인생에는 있는가? 그 여인에게 "마땅히 받아야 할" 모든 것을 주는 방법은 무엇인가?

### 기도

아버지,
높이 솟아오르도록
멋지게 여성을 디자인해 주셔서 감사합니다.
제 주변의 여성들이 그렇게 할 수 있도록
제가 그들 날개 밑의 바람이 되어, 그들이 더욱 높이 오르게 도와주십시오.
그들 각자를 소중히 여기면서,
그들이 마땅히 받아야 할 모든 것,
정당한 보수에서부터 마땅한 칭찬까지
모두 다 줄 수 있게 해주십시오.

**더 읽을 본문**

룻기 3:10-13 | 잠언 31장에서 여인을 묘사하는 데 쓰인 용어가 룻에 대해서도 쓰였다.

누가복음 1:26-38 | 훌륭한 여인이자 예수님의 어머니 마리아

# 잠언

솔로몬의 잠언

삶의 지침서

1 [1-6] 이것은 이스라엘의 왕이요 다윗의 아들인
솔로몬의 지혜로운 말이다.
어떻게 해야 바르게 잘살 수 있는지 가르치고
인생의 의미가 무엇이며 어디로 흘러가는지
알리려고 기록한 말이다.
이것은 옳고 정의롭고 공평한 것이 무엇인지
알리고
세상의 이치를 모르는 이들을 가르치고
젊은이들이 현실을 파악하게 해줄
삶의 지침서다.
경험 많은 이들도 얻을 것이 있고
노련한 이들도 한두 가지 배울 것이 있을 것
이다.
깊이 음미할 만한 새로운 지혜와
현인들의 슬기가 이 안에 있다.

하나님으로 시작하여라

[7] **하나님**으로 시작하여라. 지식의 첫걸음은
하나님께 엎드리는 것이다.
어리석은 자들만이 지혜와 지식을 업신여긴다.

[8-19] 친구여, 아버지의 말씀에 귀를 기울여라.
어머니의 무릎에서 배운 것을 잊지 마라.
부모의 훈계를 머리에 쓴 화관처럼
손가락에 낀 반지처럼 간직하여라.
친구여, 나쁜 무리가 꾀더라도
따라가지 마라.
그들은 말하리라. "나가서 소란을 일으키자.
누구든 닥치는 대로 두들겨 패고 가진 것을 빼
앗자.
그들을 빈털터리로 만들어
죽을 날만 기다리게 하자.
빼앗은 귀중품들을 차에 한가득 싣고
집으로 가져가게 될 거다.
같이 가자. 다시없는 기회가 될 거야!
물건은 모두 똑같이 나누게 될 거다!"
친구여, 그들을 두 번 돌아보지도 말고
한순간이라도 그들의 말을 귀담아듣지 마라.
그들은 비참한 최후를 향해 질주하고
손에 넣은 모든 것을 망치려고 내달린다.
사람들이 빤히 쳐다보는 곳에서

은행을 터는 사람이 없건만,
그들이 하는 짓이 꼭 그 꼴이다.
제 무덤을 파는 격이다.
손에 잡히는 대로 다 움켜쥘 때, 바로 이런 일이 벌어진다.
가진 것이 많아질수록, 점점 더 초라한 사람이 된다.

### 지혜의 외침

20-21 지혜가 거리로 나가 외친다.
시내 한복판에서 연설을 한다.
도로 한가운데 자리를 잡고
혼잡한 모퉁이에서 소리친다.

22-24 "얼간이들아! 언제까지 무지의 진창에서 뒹굴려느냐?
빈정대는 자들아! 언제까지 빈정거림만 늘어놓으려느냐?
천치들아! 언제까지 배움을 거부하려느냐?
돌아서라! 내가 너희 삶을 바로잡아 주겠다.
보아라! 내 영을 너희에게 쏟아부을 준비가 되었다.
내가 아는 것을 다 알려 줄 준비가 되었다.
너희는 내가 불렀는데도 귀를 막았고
손을 내밀었는데도 본체만체했다.

25-28 너희가 내 충고를 비웃고
내 훈계를 우습게 여기니
내가 어떻게 너희 말을 진지하게 들을 수 있겠느냐?
내가 너희에게 당한 대로 갚아 주어 너희 곤경을 농담거리로 삼으리라!
재난이 일어나
너희 삶이 산산조각나 버리면 어찌하려느냐?
재앙이 닥쳐
돌무더기에 잿더미만 남으면 어찌하려느냐?
그때 너희는 내가 필요하여 큰소리로 나를 부를 것이다.

**하루의 모든 것을 비추는 빛**(1:20-33)

잠언은 인생의 모든 것이 영원히 중요하다고 선언한다. 인간의 외로움은 하나님의 사랑만큼이나 중요하다. 가족의 삶도 믿음의 삶만큼이나 중요하다. 자녀들의 책임은 왕의 책임만큼이나 중요하다. 개미의 지혜를 듣는 것이 선조들의 지혜를 듣는 것만큼이나 중요하다. 삶의 모든 영역이 중요하고, 그 어떤 영역도 배제되지 않는다. 그래서 지혜가 그토록 중요하다. 인생의 미로를 헤쳐 나가기 위해 필요한 기술이기 때문이다.

잠언에서는 지혜가 여성으로 의인화되어 있다. 이 여성은 대학의 상아탑에 갇혀 있지 않고, 지식인 계층의 자랑거리도 아니며, 주일 강단에서 설교하는 것도 아니다. 그녀는 외친다. 어디서 외치는가? 우리가 운전하고 걸어 다니는 길거리에서 외친다. 우리가 사는 집에서 외친다. 우리가 장을 보러 가는 가게에서 외친다. 우리가 일하는 빌딩에서 외친다.

주님께서는 "내가 온 것은 양들로 참되고 영원한 생명을 얻게 하고, 그들이 꿈꾸던 것보다 더 나은 삶을 얻게 하려는 것이다"(요 10:10)라는 말씀으로 잠언의 핵심 주제를 밝히고 성취하셨다. 그러한 삶을 우리가 살도록 돕기 위해 주님은 밭에 뿌리는 씨에서부터 빵 굽는 것까지, 하루의 모든 일과에 빛을 비추셔서 풍성한 삶으로 끌어들이셨다. 지혜는 풍성한 삶을 살 수 있는 기술을 우리에게 준다. 그 지혜를 얻기 위해 우리가 할 일은 그저 구하는 것뿐이다.

그러나 나는 대답하지 않을 것이다.
너희가 아무리 애타게 나를 찾아도 나를 만나지 못할 것이다.

29-33 너희가 지식을 싫어하고
**하나님** 경외할 줄을 모르고
내 충고를 받아들이지 않고
가르침을 주겠다는 내 제안을 모두 무시하더니
네 스스로 무덤을 팠구나. 이제 거기 누워라.
네 뜻대로 하더니, 이제 만족하느냐?
이 얼간이, 천치들아, 무슨 일이 벌어졌는지 모르겠느냐?
내 말을 무시하는 것은 죽는 길이고, 자기도 취는 자살행위다.
먼저 내 말에 귀를 기울여라. 그리고 긴장을 풀어라.
그러고 나서 마음을 놓아도 좋다. 그때부터는 내가 너희를 지켜 줄 것이니."

### 지혜가 주는 유익

## 2

1-5 친구여, 내가 하는 말을 마음에 새겨라.
내 훈계를 받아들여 목숨 걸고 지켜라.
지혜의 세계에 귀를 쫑긋 세우고
분별 있게 살기로 결심하여라.
그렇다. 무엇보다 통찰력을 추구하고
그것을 얻기까지 결코 만족하지 않는다면,
금을 캐는 채굴업자와
보물찾기에 나선 탐험가처럼 그것을 찾는다면,
어느새 하나님을 경외하고
하나님을 아는 지식을 얻게 될 것이다.

6-8 **하나님**은 지혜를 값없이 주시고
지식과 명철을 숨기시지 않는 분이시기에 그렇다.
그분은 제대로 사는 이들에게 상식의 보고가 되시고
꾸밈없고 성실한 이들의 보호자가 되어 주신다.
정직하게 사는 모든 이들을 주시하시고
그분께 충성하고 헌신하는 자들을 특별히 보살피신다.

9-15 그러면 너는 참되고 공평한 것을 가려내고
모든 좋은 길을 찾아낼 수 있을 것이다!
지혜가 네 절친한 벗이 되고
지식은 유쾌한 동행자가 될 것이다.

**우리에게는 동기의 문제가 있다**(2:1-8)

잠언은 실용서다. 문제는 우리가 별로 흥미를 느끼지 못하는 일을 하는 방법을 가르쳐 준다는 것이다. 잠언이 하는 말을 이해하지 못하는 것이 문제가 아니다. 잠언이 하라는 대로 하고 싶지 않는 것이 문제다. 이 말은 우리에게 동기의 문제가 있다는 뜻이다.

이 문제를 다루는 방법 중 하나는, "하나님을 경외함"의 목표가 우리 삶의 다른 합법적인 목표들을 방해하는 게 아니라 완성하는 것으로 보는 것이다. 그 목표는 우리가 하는 다른 일들에 추진력을 준다. 어쩌면 이 잠언에서 지적하는 것은 우리가 가진 것보다 더 많은 것을 원한다는 사실, 그래서 늘 무언가 부족하다는 느낌에 시달린다는 사실이다. 그 때문에 잠언이 우리에게 없는 게 무엇인지 말해 준다. 무언가 부족하다는 느낌, 갈피를 잡을 수 없는 그 느낌에 이름을 붙여 준다. 우리에게 없는 것은 잠언에 의하면 "하나님을 경외함" 그리고 "하나님을 아는 지식"이다(잠 2:5).

건전한 상식이 앞서 나가 위험을 찾아내고
통찰력이 너를 빈틈없이 지켜 줄 것이다.
네가 잘못된 길로 접어들지 않도록,
길을 잃어
어디가 어딘지 모르는 자들의
엉터리 길안내를 따르지 않게
지켜 줄 것이다.
저들은 놀이하듯 악을 저지르고
못된 짓을 기념해 잔치를 연다.
그들이 다니는 길은 죄다 막다른 골목,
여기저기 둘러봐야 출구 없는 미로일 뿐이다.

16-19 지혜로운 벗들이,
번드르르한 말로 유혹하는 여자에게서 너를 구해 줄 것이다.
그 여자는 여러 해 전에 결혼한 남편에 대한 신의를 저버리고
하나님 앞에서 맺은 혼인서약을 까마득히 잊은 자다.
그런 생활의 결말은 뻔하다.
걸음을 뗄 때마다 지옥에 가까워질 뿐이다.
그 여자와 어울리는 사람은 돌이키지 못하고
참된 삶으로 이어지는 길에 발을 들여놓지 못한다.

20-22 그러니 선한 이들과 어울리고
신뢰할 만한 길을 걸어라.
올곧게 행하는 사람, 정직한 이들은
이 땅에 자리 잡고 오래오래 살겠지만,
부도덕한 자들, 부정직한 자들은
목숨을 잃고 영원히 사라질 것이다.

### 다 아는 체하지 마라

3 1-2 친구여, 내 모든 가르침을 잊지 말고
내 계명을 마음에 새겨라.
그러면 네가 오래오래 살고
부족함 없이 잘살게 될 것이다.

3-4 사랑과 성실을 굳게 붙잡고,
그것을 네 목에 걸어라. 그 머리글자를 마음에 새겨라.
그러면 하나님과 사람에게서
잘산다는 평판을 얻게 될 것이다.

5-12 온 마음으로 **하나님**을 신뢰하고
무슨 일이든 네 멋대로 이해하려 들지 마라.
무슨 일을 하든, 어디로 가든, **하나님**의 음성에 귀 기울여라.
그분께서 네 길을 바르게 인도하실 것이다.
다 아는 체하지 마라.
**하나님**께로 달려가라! 악을 피해 도망쳐라!
그러면 네 몸에 건강미가 넘칠 것이고
네 뼈 마디마디가 생명력으로 약동할 것이다!
네 모든 소유로 **하나님**께 영광을 돌리고
첫 열매와 가장 좋은 것을 그분께 드려라.
그러면 네 창고가 가득 차고

**성숙으로 가는 길**(3:5-12)

인생은 우리 스스로 헤쳐 나가기에는 너무 복잡하다. 그래서 하나님은 그것을 단순하게 하시고 성숙으로 가는 길을 보여주신다. 하나님은 우리가 그 길에서 벗어나지 않게 해주신다. 가다 보면 그 길은 숨 막히게 아름다운 풍경을 지나간다. 그리고 하나님을 신뢰하는 사람은 거기서 땅을 일구기 시작한다.

통에 포도주가 넘쳐흐를 것이다.
친구여, **하나님**의 징계를 억울하게 여기지 말고
그분의 자애로운 꾸지람을 언짢게 여기지 마라.
하나님은 사랑하는 자녀를 꾸짖으신다.
자식이 잘되기를 바라는 아버지의 마음이다.

#### 지혜의 가치

13-18 지혜를 만나고
통찰력과 친구가 되는 사람은 복이 있다.
지혜는 은행에 저축한 돈보다 훨씬 값지고
지혜와 맺은 우정은 고액연봉보다 낫다.
지혜의 가치는 온갖 화려한 장신구보다 낫고
네가 바라는 그 어떤 것보다 귀하다.
지혜는 한 손으로 장수를 베풀고
다른 손으로 상을 준다.
지혜의 방식은 훌륭하고
지혜의 세상살이는 놀라우리만치 완전하다.
지혜는 그것을 붙잡는 이들에게 참으로 생명의 나무가 된다.
지혜를 단단히 붙들어라. 그러면 복을 받을 것이다.

19-20 **하나님**은 지혜로 땅을 만드셨고
통찰력을 발휘해 하늘을 들어 올리셨다.
지혜와 통찰력은 강과 샘을 언제 솟게 하고 밤하늘의 이슬을
언제 내리게 할지 적절한 때를 안다.

#### 외면하지 마라

21-26 친구여, 명료한 사고와 건전한 상식을 목숨 걸고 지켜
잠시라도 놓치지 마라.
그러면 네 영혼이 생기를 띨 것이다.
너는 건강과 매력을 유지할 것이다.
안전하게 다닐 것이며,
지치지 않고 발이 걸려 넘어지지도 않을 것이다.
오후에 염려 없이 낮잠을 자고
밤에도 단잠을 자게 될 것이다.
경고가 날아들고 놀랄 일이 생기고
세상 멸망이 임박했다는 예언이 있어도, 두려워할 필요가 없다.
**하나님**께서 네 곁에 함께하시며
너를 안전하게 지켜 주실 것이기 때문이다.

27-29 도움이 필요한 사람이 있거든 그를 외면하지 마라.
그에게는 네 손이 하나님의 손이다.
지갑에 돈이 있는데도
이웃에게 "다음에 오게" 하고 말하지 마라.
"내일 주겠네" 하고 말하지도 마라.
너를 믿고 마음 놓고 사는 이웃에게
해 끼칠 궁리를 하지 마라.

30-32 사사건건 시비조로
싸울 거리를 찾아다니지 마라.
힘으로 밀어붙이며 사는 사람이 되지 마라.
왜 불량배 노릇을 하려느냐?
너는 "왜 안되는데?" 하고 말하지만,
**하나님**은 심사가 뒤틀린 자들을 참지 못하신다.
그분은 올곧은 이들을 존중하신다.

33-35 **하나님**은 악한 자들의 집에는 저주를 내리시지만
의로운 이들의 집에는 복을 내려 주신다.
그분은 시건방진 회의론자들을 냉대하시고
형편이 어려운 사람을 곁에서 도우신다.
지혜롭게 살면 명예를 상으로 받고
어리석게 살면 수치를 상으로 받는다.

### 지혜와 명철을 구하여라

4 1-2 친구여, 아버지의 훈계를 잘 들어라.
자세를 바로 하고 주의해서 들어라.
그러면 살아갈 방도를 알게 될 것이다.
너희에게 유익한 교훈을
한 귀로 듣고 한 귀로 흘려버리지 마라.

3-9 내가 아버지 무릎에서 자라는 아이였을 때
어머니의 자랑거리이자 기쁨이었을 때,
아버지는 나를 앉혀 놓고 반복해서 말씀하셨다.
"이 가르침을 마음에 새기고 내 말대로 행하여라. 그리하면 네가 살 것이다!
모든 것을 팔아 지혜를 사거라. 명철을 찾아 나서라.
내 말을 한 마디도 잊지 말고, 거기서 한 치도 벗어나지 마라.
지혜를 외면하지 마라. 그것이 네 목숨을 지켜 줄 것이다.
지혜를 사랑하여라. 그것이 너를 돌봐 줄 것이다.
무엇보다 먼저 지혜를 얻어라!
명철을 무엇보다 귀하게 여기고 그것을 구하여라!
지혜를 껴안으라. 분명히 말하지만, 절대 후회하지 않을 것이다.
지혜를 절대 놓아 보내지 마라. 지혜 덕분에 네가 영광스럽게 살게 될 것이다.
지혜가 네 삶에 우아한 관을 씌우고
너의 하루하루를 아름답게 장식해 줄 것이다."

### 악한 길로 접어들지 마라

10-15 친구여, 내 훈계를 받아들여라.
그러면 네가 오래 살 것이다.
나는 지혜로 가는 길을 정확히 안내하고
올바른 길로 가는 지도를 그린다.
나는 네가 막다른 골목에 이르거나
길을 잘못 들어 시간을 허비하기를 바라지 않는다.
유익한 교훈을 놓치지 말고 꼭 붙들어라.
그대로 잘 행하여라. 네 목숨이 거기에 달렸다!
악한 길로 접어들지 말고
아예 발도 들여놓지 마라.
그 길에서 멀찍이 떨어져
비켜 가거라.

16-17 악인들은 문제를 일으키지 않으면
마음이 편치 않고,
남을 못살게 굴지 않으면
밤에 잠을 못 잔다.
사악함은 그들의 음식이고
폭력은 그들이 고르고 고른 약이다.

18-19 올곧게 사는 이들의 길은 환히 빛나서
그들이 오래 살수록 더 밝게 빛나지만,
못된 자들의 길은 점점 더 어두워져서
지나가다가 아무것도 보지 못해 바닥에 고꾸라진다.

### 내 메시지를 외워라

20-22 친구여, 내 말을 잘 듣고
내 목소리에 귀를 기울여라.
내 메시지를 항상 잘 보이는 곳에 두고
거기에 집중하여라! 힘써 외워라!
이 말을 깨닫는 사람은 참으로 제대로 살고
몸과 영혼이 건강해질 것이다.

23-27 두 눈을 부릅뜨고 네 마음을 지켜라.
마음은 생명의 근원이다.

한 입으로 두말하지 말고
경솔한 농담, 악의 없는 거짓말, 잡담을 피하여라.
똑바로 앞만 쳐다보고
온갖 엉뚱한 것들에는 눈길도 주지 마라.
조심조심 걸어라.
그러면 네 앞길이 평탄하게 펼쳐질 것이다.
오른쪽으로나 왼쪽으로나 한눈팔지 말고
악으로부터 멀리 떨어져라.

### 네 아내를 즐거워하여라

5 1-2 친구여, 내 지혜에 주목하고
내 생각을 명심해서 들어라.
그러면 네가 건전한 판단력을 얻고
곤경에 빠지지 않게 될 것이다.

3-6 유혹하는 여자의 입술은 너무나 달콤하고
그 나긋나긋한 말은 너무나 감미롭다.
그러나 머지않아 그 여자는 네 입속의 자갈이 될 것이다.
네 창자를 아프게 하고, 네 심장에 상처를 입힐 것이다.
그 여자는 환락의 꽃길을 따라 춤추며 죽음으로 내려가고
지옥으로 가는 그 길을 너와 함께할 것이다.
그 여자는 참된 삶을 전혀 알지 못하니
자기가 누구인지, 어디로 가는지도 모른다.

7-14 그러니 친구여, 내 말을 잘 듣고
가벼이 여기지 마라.
그런 여자를 멀리하고
그 근처에 얼씬도 하지 마라.
네 멋진 인생을 허비하지 마라.
냉혹한 자들 사이에서 귀중한 인생을 낭비하지 마라.
어찌 낯선 자들에게 속아 넘어가려 하느냐?
네 인생에 관심도 없는 자들에게 이용당하려 하느냐?
너는 후회 가득한 인생을 마감하며
죄와 뼈만 남긴 채
이렇게 말하고 싶지 않을 것이다.
"아, 어쩌자고 내가 그분들의 말을 따르지 않았던가?
어쩌자고 절제된 삶을 거절했던가?
어쩌자고 스승의 가르침을 귀담아듣지 않고
가볍게 여겼던가?

**지혜는 우리를 현명하게 해준다**(5:1-2)

성경에서 어리석음의 반대는 지혜다. **지혜**는 삶의 기술을 의미한다. 바른 답을 아는 것이라기보다는 제대로 반응하는 것을 의미한다. 지혜를 얻은 사람은 세상이 돌아가는 방식을 이해한다. 인내와 사랑, 들음과 은혜, 경배와 아름다움을 안다. 그는 하나님의 형상으로 만들어졌고, 따라서 존경하고 친밀하게 지내야 하며, 특히 아무것도 얻을 게 없는 이들과 그렇게 해야 한다는 것을 안다. 지구가 놀랍도록 정교한 선물임을 알고, 그것을 누릴 뿐만 아니라 잘 돌보기도 해야 한다는 것을 안다. 그리고 하나님은 늘 중심에 임재해 계시고 결코 사라지지 않는 실재이시며 모든 것을 감싸는 사랑이시라는 것을 안다.

이 지혜는 우리를 현명하게 해주고 문제에 휩싸이지 않게 해줄 것이며, 그 예는 잠언 5장 나머지 부분에 설명되어 있다.

내 인생이 망가지고 말았구나!
내놓을 만한 복된 것이 하나도 없구나!"

15-16 이런 격언을 아느냐? "네 빗물통의 물을 마시고
네 샘에서 솟아난 우물물을 길어 올려라."
맞는 말이다. 그렇지 않으면 어느 날 집에 돌아와
빈 물통과 오염된 우물을 보게 될 것이다.

17-20 네 샘물은 너 혼자만의 것이니,
낯선 자들과 나누지 마라.
맑은 물이 흐르는 네 샘을 복되게 하여라!
젊은 시절에 너와 결혼한 아내를 즐거워하여라!
천사처럼 사랑스럽고 장미처럼 아리따운 여인이니
언제까지고 아내의 육체에서 기쁨을 얻어라.
아내의 사랑을 결코 당연하게 여기지 마라!
어찌하여 아내와의 깊은 친밀함을 버리고
난잡하고 낯선 창녀에게서 싸구려 쾌락을 얻으려 하느냐?

21-23 명심하여라. **하나님**은 네가 하는 일을 하나도 놓치지 않으시고
네 모든 발걸음을 아신다.
죄를 지으면 그 그림자가 너를 덮칠 것이고
너는 어둠 속에서 고꾸라질 것이다.
무절제하게 살면 죽음을 상으로 받고,
어리석은 결정을 내리면 막다른 길에 빠져 옴짝달싹 못하게 될 것이다.

6 1-5 친구여, 네가 이웃의 보증을 서거나
낯선 자와의 거래에 꼼짝없이 말려들었다면,
겉옷이라도 벗어 주겠다고 충동적으로 약속했다가
이제 바깥 추운 데서 와들와들 떠는 신세가 되었다면,
친구여, 한시도 허비하지 말고 궁지에서 벗어나라.
너는 그 사람의 손아귀에 사로잡혔다!
침통한 얼굴로 찾아가 절박한 사정을 호소하여라.
허비할 시간이 없으니
지체하지 마라.
사슴이 사냥꾼의 손에서 벗어나듯 달아나라.
새가 덫을 놓는 자의 손에서 벗어나듯 날아가라!

### 개미에게서 배워라

6-11 게으르고 어리석은 자여, 개미를 보아라.
개미를 자세히 지켜보고 한 수 배워라.
아무도 할 일을 일러 주지 않지만,
개미는 여름내 먹이를 마련하고
추수철에 양식을 비축한다.
너는 언제까지 하는 일 없이 빈둥거리려느냐?
언제 잠자리에서 일어나려느냐?
"여기서도 자고, 저기서도 자자. 여기서도 하루 쉬고, 저기서도 하루 쉬자.
편히 앉아 느긋하게 쉬자"하면 무슨 일이 닥치는지 아느냐?
바랄 것은 단 하나, 찢어지게 가난한 생활뿐이다.
가난이 네 영원한 식객이 된다!

12-15 쓰레기 같은 인간과 악당들은
한 입으로 두말한다.

서로 눈짓을 교환하며 발을 질질 끌면서
지킬 마음도 없는 거짓 약속을 일삼는다.
그들의 사악한 마음은 끊임없이 고약한 일을 꾸미고
언제나 말썽을 일으킨다.
머지않아 그들에게 재앙이 닥치면
완전히 파멸하고 망해서 회복되지 못하리라.

#### 하나님이 미워하시는 일곱 가지

16-19 여기 **하나님**이 미워하시는 여섯 가지가 있고,
그분이 몹시 싫어하시는 한 가지가 더 있다.

거만한 눈
거짓말하는 혀
죄 없는 사람을 살해하는 손
흉계를 꾸미는 마음
악한 길로 급히 달려가는 발
거짓 증언하는 증인의 입
집안에서 분쟁을 일으키는 자.

---

**II** 당신은 얼마나 자주 하나님이 싫어하시는 일들에 탐닉하는가? 이러한 태도를 보일 때 용서를 구하며 하나님을 영화롭게 하는 행동을 할 수 있도록 해달라고 기도하라.

---

#### 부도덕에 대한 경고

20-23 착한 친구여, 아버지의 유익한 훈계를 따르고
어머니의 가르침에서 벗어나지 마라.
그것을 머리에서 발끝까지 휘감고
스카프처럼 목에 둘러라.
네가 어디로 가든지 그것이 너를 안내하고
어디서 자든지 너를 지켜 주며,
잠에서 깨면 다음에 할 일을 알려 줄 것이다.
건전한 훈계는 횃불이고
유익한 가르침은 빛이다.
도덕적 훈계는 생명의 길이다.

24-35 그것이 네가 방탕한 여인들에게 빠지지 않고
유혹하는 여자의 호리는 말에 넘어가지 않게 지켜 줄 것이다.
그런 여자의 아름다움을 탐내지 말고
욕정 어린 눈길에 홀리지 마라.
빵 한 덩이로 매춘부와 한 시간을 보낼 수 있지만
방탕한 여자는 너를 산 채로 삼킬 수 있다.
무릎 위에서 불을 지피는데
바지가 타지 않을 도리가 있느냐?
활활 타는 숯불 위를 맨발로 걷는데
물집이 생기지 않을 재간이 있겠느냐?
이웃의 아내와 잠자리를 같이하는 사람의 처지가 이와 같다.
그는 대가를 치르게 될 것이다. 어떤 핑계도 통하지 않을 것이다.
배고픔은
도둑질의 구실이 될 수 없다.
훔치다 걸리면 전 재산이 들더라도
훔친 것을 갚아야 한다.
간통은 정신 나간 짓이다.
영혼을 파괴하고 자기를 망가뜨리는 짓이다.
코피가 나고 눈은 멍들고
체면이 땅에 떨어진 네 모습을 생각해 보아라.
배신당한 남편은 질투에 사로잡혀 분노를 터뜨릴 것이다.

**우리의 부모를 매개로 전달되는 지혜**(6:20-35)

날마다 우리는 우리의 주의를 끄는 다양한 소리들을 듣는다. 그중에서 어떤 소리에 귀 기울여야 할까? 지혜의 소리일까, 아니면 세상의 소리일까? 하나님의 백성은 지혜를 듣기로 선택하고, 지혜로 그들의 마음을 채워서, 그에 따라 하루하루의 결정을 내려야 한다. 그 지혜는 종종 우리의 부모를 매개로 전달된다(잠 6:20). 우리가 마치 스카프로 목을 두르듯 부모의 조언과 가르침으로 우리 자신을 두른다면, 유혹의 인생길을 안전하게 무사히 지나갈 수 있을 것이다.

복수하겠다고 날뛰면서 조금도 사정을 봐주지 않을 것이다.
무슨 말을 해도, 어떤 보상을 해도 소용이 없다.
뇌물도 설득도 통하지 않을 것이다.

### 유혹하는 여자에게서 벗어나라

7 1-5 친구여, 내 말을 따르고
내 신중한 가르침을 간직하여라.
내 말대로 행하면 잘살게 될 것이다.
내 가르침은 네 시력만큼 귀하니 잘 지켜라!
그것을 네 손바닥에 적고
심장의 두 심실에 새겨라.
누이를 대하듯 지혜에게 말을 걸고
동무를 대하듯 통찰력을 대하여라.
그것이 유혹하는 여자를 막아 주고
달콤한 말로 나긋나긋 호리는 여자에게서 벗어나게 할 것이다.

6-12 나는 우리 집 창가에서
덧문 사이로 내다보았다.
무심한 군중 사이로
정신 나간 젊은이 하나가 보였다.
그는 그 여자가 사는 거리 모퉁이에 이르더니
그 집으로 가는 길로 접어들었다.
저녁이 깊어 땅거미가 내리고
어둠이 짙어져 밤이 되었다.
바로 그때, 한 여자가 그에게 다가왔다.
그 여자는 유혹하는 옷차림을 하고서 그를 기다리고 있었다.
뻔뻔하고 자신만만한 그 여자는
차분하게 집에 붙어 있지 못하고 늘 돌아다녔다.
거리를 다니고 시장을 다니고
시내의 골목이란 골목을 모두 누볐다.

13-20 그 여자는 그를 부둥켜안고 입 맞추더니
대담하게 그의 팔을 붙잡고 말했다.
"잔치에 필요한 물건을 다 마련해 놓았어요.
오늘 나는 제물을 바쳤고 서원한 것을 모두 이행했어요.
그래서 당신 얼굴이라도 볼 수 있을까 싶어
나왔는데, 여기 계셨군요!
내 침대에는 새로 산 깔끔한 요와
외국에서 들여온 화려한 이불을 깔아 놓았어요.
향수를 뿌려 놓아
좋은 향기가 가득해요.
자, 어서 가서 밤새 사랑을 나누어요.
황홀한 밤이 될 거예요!
남편은 집에 없어요. 출장을 갔거든요.
한 달 뒤에나 돌아올 거예요."

21-23 젊은이는 그 여자의 달콤한 말에 홀려 버렸다.
어느새 여자 꽁무니를 뒤쫓는데,

**말에는 힘이 있다**(7:1-27)

지혜의 목소리와 유혹하는 여자의 목소리가 다 길 가는 젊은이를 부른다. 하지만 유혹하는 여자의 손에서 받아먹으며 즐기는 잔치와 같아 보였던 것이 결과적으로는 더 큰 굶주림으로, 어쩌면 죽음으로 이끄는 길이 되고 만다. 말에는 힘이 있다. 말이 우리를 자유케 하고 말이 우리를 사로잡는다. 말을 통해 우리는 영원한 생명으로 이끌림을 받고, 말을 통해 우리는 "지옥으로 가는 길 중간에 사는"(잠 7:27) 거짓 친밀함의 유혹을 받는다.

그 모습이 도살장으로 끌려가는 송아지 같았다.
숨어 있던 사냥꾼의 유인에 걸려들어 화살을 맞은 수사슴이요,
하늘과 작별인사도 못한 채
무작정 그물로 날아드는 새 같았다.

24-27 친구여, 내 말을 명심하고
단단히 새겨들어라.
그런 여자와 놀아나지 마라.
그 집 근처에는 얼씬도 마라.
그 여자에게 홀려 희생된 사람이 셀 수 없이 많다.
그 여자는 가엾은 남자들을 수없이 죽였다.
그 여자는 지옥으로 가는 길 중간에 살면서,
네 몫의 수의와 관을 마련한다.

### 지혜가 큰소리로 외친다

**8** 1-11 지혜가 부르는 소리가 들리느냐?
통찰력의 외침이 들리느냐?
가장 번화한 교차로
중심가에 자리 잡고 서 있구나.
교통량이 가장 많은
도시의 광장에서 외치는구나!
"거리에 나온 너희에게,
너희 모두에게 말한다!
잘 들어라, 미련한 자들아. 건전한 상식을 배워라!
어리석은 자들아, 처신을 똑바로 하여라!
제대로 사는 법, 최상의 모습으로 사는 법을 일러 줄 테니
한 마디도 놓치지 마라.
내 입은 진실만 씹고 맛보고 즐긴다.
악의 맛은 참을 수가 없다!
내 입에는 참되고 바른 말만 있다.
왜곡되거나 비뚤어진 말은 한 마디도 없다.
마음을 열고 들으면 내 말이 참되다는 것을 알게 될 것이다.
진실을 받아들일 준비가 된 사람은 단번에 알아볼 것이다.
돈보다 나의 생생한 훈계를 택하고
벌이가 좋은 직업보다 하나님을 아는 지식을 택하여라.
지혜는 온갖 화려한 장신구보다 낫고
너희가 바라는 그 어떤 것보다 귀하다.

12-21 나는 지혜다. 분별이 나의 옆집에 살고
지식과 신중함이 같은 동네에 산다.
**하나님**을 경외하는 것은 악을 미워하는 것이다.
나는 악이 드러나는 여러 방식, 곧 교만과 오만과 거짓된 말을
지독히 싫어한다.
유익한 조언과 건전한 상식은 나의 주특기.
나는 통찰력인 동시에 그것을 실천할 수 있는 힘이다.
내 도움으로 지도자들이 다스리고

입법자들이 공정한 법을 제정한다.
내 도움으로 통치자들이 통치하고
적법한 권한을 행사한다.
나는 나를 사랑하는 자들을 사랑하며
나를 찾는 이를 만나 준다.
부와 영광이 나와 함께하고
명예와 명성이 나와 동행한다.
내가 주는 이득은 고액연봉보다 더 값지다.
내게서 얻을 수 있는 수익은 상상을 초월한다.
너희는 의의 길에서 나를 만날 수 있다. 내가 다니는 길이다.
나는 정의의 대로 한복판에서
나를 사랑하는 이들에게 생명을 나누어 준다.
두 팔에 한가득 생명을 안겨 준다!

22-31 **하나님**은 모든 일에 앞서
주권적으로 나를 만드셨다. 나는 하나님의 첫 작품, 근본 작품이다.
나는 오래전,
땅이 시작되기도 전에 생겨났다.
바다가 생겨나기 전, 샘과 강과 호수가 생겨나기 전에
세상에 등장했다.
산들이 조각되고 언덕들이 모양을 갖추기 전에
나는 이미 태어나 존재하고 있었다.
**하나님**께서 지평선을 활짝 펼치시고
토양과 날씨의 세세한 부분까지 챙기시며,
하늘을 든든히 제자리에 두시기 오래전에
내가 거기 있었다.
그분이 바다 둘레에 경계를 정하시고
광대한 하늘을 조성하시며
바다의 샘들을 만드셨을 때,
그분이 바다에 경계선을 그으시고
'진입금지' 푯말을 세우신 다음
땅의 기초를 놓으셨을 때,
나는 그분과 함께 있으면서 모든 것이 제자리를 잡게 했다.
나는 날마다 거기 있으면서 기쁨의 손뼉을 치고
그분과 함께 있는 것을 즐거워했다.
사물들, 생물들과 함께
인간 가족의 탄생을 기쁨으로 축하했다.

32-36 그러니 친구들이여, 잘 들어라.
내 길을 따르는 이들은 가장 복된 자들이다.

**지혜는 하나님의 영이 우리 안에서 일하시는 것이다**(8:22-36)

성령님은 우리가 하나님의 생명을 누리며 살도록 우리 안에서 일하시는 하나님이다. 잠언에서 이 성령님은 이름이 있는데, 바로 지혜다. 우리 안에서 그 일을 하시는 하나님을 의인화하면, 지혜를 단순한 정보나 지침 혹은 좋은 충고나 탁월한 아이디어로 취급하지 않게 된다. 지혜는 우리가 살아가는 실제 환경—상황, 동네, 가족—에서 우리 삶을 온전하게 만들기 위해 우리 안에서 일하시는 하나님의 영이다.

지혜는 온전함을 추구할 수 있게 해줄 뿐 아니라, 우리의 상한 마음도 다룬다. 자신의 마음이 상했다는 사실을 외면하면서 그런 일은 없다고 말해도 소용없다. 상한 마음에 빠져 아무것도 할 수 있는 게 없다고 한탄해 봐도 소용없다. 우리는 상한 마음을 직면해야 하고, 지혜는 우리와 함께 그것을 직면하기 위해 여기에 있다.

그러나 이 본문에서 지혜가 외치고 노래하는 가장 중요한 메시지는, 인생은 선하다는 것이다. 적당한 타협 따위에 만족하지 말라.

절제된 생활에 주목하고 지혜롭게 살아라.
네 소중한 인생을 허비하지 마라.
내 말을 듣는 이,
아침마다 깨어나 나를 맞이하는 이,
하루 일과를 시작하는 내게 정신을 바짝 차리고 반응하는 이는 복이 있다.
나를 만나는 이는 참 생명을 얻고
**하나님**의 기뻐하심을 얻는다.
그러나 나를 무시하는 자는 자기 영혼을 해친다.
나를 거절하면 죽음과 불장난을 하게 된다."

### 지혜가 잔치를 연다

9 1-6 지혜가 일곱 기둥을 깎아 세워
집을 짓고 가구를 들였다.
잔치 음식을 준비했다. 양고기를 굽고
포도주를 따르고 은식기와 꽃으로 식탁을 차렸다.
여종들은 물러가게 한 다음
직접 시내로 가 눈에 잘 띄는 곳에 서서
그의 목소리를 듣는 모든 사람을 초대한다.
"사는 게 혼란스럽냐? 뭐가 어떻게 돌아가는지 모르겠느냐?
나와 함께 가자. 함께 만찬을 들자!
갓 구운 빵, 구운 양고기, 고르고 고른 포도주로
근사한 식탁을 차려 놓았다.
무기력한 혼란을 떨치고 생명의 길,
의미 있는 삶의 길을 걸어가라."

---

**II** 하나님이 당신으로부터 숨거나 당신에게 좋은 것을 주지 않으신다고 느낄 때가 있는가? 지혜의 이 공개적인 초대는 하나님의 선하심에 대해 어떻게 생각하도록 당신을 격려하는가?

---

7-12 오만하게 빈정대는 자를 타이르면 뺨을 맞고
못된 행동을 지적하면 정강이를 걷어차일 것이다.
그러니 비웃는 자에게 시간을 낭비하지 마라.
수고의 대가로 욕만 먹게 될 것이다.
그러나 인생을 귀하게 여기는 사람을 꾸짖는 것은 다르다.
그들은 그 보답으로 너를 사랑할 것이다.
지혜로운 사람들에게만 훈계를 해라. 그들이 더 지혜로워질 것이다.
네가 아는 바를 선한 사람들에게 말해 주어라. 그들이 유익을 얻을 것이다.
삶의 진수는 **하나님**을 경외하는 것에서 시작된다.
인생에 대한 통찰력은 거룩하신 하나님을 아는 데서 나온다.
지혜를 통해 인생에 깊이가 더해지고
성숙한 나날이 펼쳐진다.
지혜롭게 살면 지혜가 네 삶에 스며들 것이다.
삶을 무시하면 삶 또한 너를 무시할 것이다.

### 매춘부도 큰소리로 외친다

13-18 이번에는 뻔뻔하고 머리가 텅 빈 경박한 여자,
매춘부가 등장하는구나.
그 여자는 시내 중심가에 있는
자기 집 문 앞에 앉아
제 길 가는 사람들에게
큰소리로 외친다.
"사는 게 혼란스러운가요? 뭐가 어떻게 돌아가는지 모르겠어요?

**초대와 유혹 사이에서 선택하기**(9:1-18)

날마다 우리는 새로운 상황을 만나고, 그때마다 하나님의 뜻을 헤아리며 결정을 내려야 한다. 그러기 위해서 저울질도 해야 하고, 선택도 해야 하고, 새로운 습관도 들여야 하고, 기술도 배워야 한다.

9장에 나오는 두 여인은 우리에게 초대장을 건넨다.

똑같이 초대하는 말이지만 그 뒤에 이어지는 제안은 서로 다르다. 지혜의 초대는 만찬, 잔치로의 초대다. 그 분위기는 자유롭고 흥겹다.

그와 반대로 매춘부의 초대는 초대라기보다는 유혹이다. 그녀가 제안하는 것은 거짓에 감싸여 있다. 거기에는 어두운 구석과 숨겨진 쾌락과 음침한 즐거움이 있다.

지혜의 손님은 생기가 있고 흥겨워한다. 매춘부의 손님은 수척하고 유령 같다.

더 이상의 극명한 대조는 없다. 그러니 선택도 더 분명할 것이다.

나와 함께 달아나요. 좋은 시간 보내게 해줄 게요!
아무도 모를 거예요. 최고의 시간을 안겨 줄 게요."
그러나 사람들은 모른다. 그 여자의 벽장에 해골이 가득한 것을.
그 여자를 찾아간 자들이 모두 지옥에 떨어졌다는 것을.

**솔로몬의 잠언**

**정직한 삶은 영원히 남는다**

**10** 1 지혜로운 아들은 아버지를 흐뭇하게 하지만
어리석은 아들은 어머니를 슬프게 한다.

2 부정하게 모은 재산은 쓸모가 없지만
정직한 삶은 영원히 남는다.

3 하나님은 정직한 사람을 굶기지 않으시고
악인의 탐욕을 물리치신다.

4 게으르면 가난해지고
부지런하면 부유해진다.

5 해가 떠 있을 때 건초를 말리는 것은 영리한 일이지만
추수철에 낚시하러 가는 것은 어리석은 일이다.

6 선하고 정직하게 사는 자는 복을 부르지만
악인의 입은 독설이 가득한 어두운 동굴이다.

7 선하고 정직하게 살면 칭찬을 받고 기억되지만
사악하게 살면 썩은 내만 남는다.

**진실의 화살촉**(10:1)

여기서부터 잠언은 주제별로가 아니라 무작위로 구성되어 있다. 각각의 잠언은 진실의 화살촉으로 마음의 표적을 겨냥한다. 그 날카로운 끝으로 결정을 내리고, 운명을 정하는 마음을 관통한다. 각각의 경우에 선택지는 분명하다. 지혜 아니면 어리석음, 선함 아니면 악함, 생명 아니면 죽음이다. 그 선택은 우리의 몫이다. 그리고 결과 또한 마찬가지다.

[8] 마음이 지혜로운 이는 명령을 따르지만
머리가 텅 빈 자는 어려움을 겪는다.

[9] 정직하면 당당하고 근심 없이 살지만
구린 짓은 언젠가 드러나기 마련이다.

[10] 시선을 피하는 것은 문제가 생길 조짐이다.
마음을 열고 얼굴을 마주 보아야 평화가 찾아
온다.

[11] 선한 사람의 입은 생명을 주는 깊은 우물이
지만
악한 사람의 입은 독설이 가득한 어두운 동굴
이다.

[12] 미움은 싸움을 일으키지만
사랑은 다툼을 덮어 준다.

[13] 통찰력 있는 사람의 입술에는 지혜가 있지만
시야가 좁은 사람은 따귀를 맞아야 정신을 차
린다.

[14] 지혜로운 사람이 쌓은 지식은 참된 보물이
지만
다 아는 체하는 사람의 말은 쓰레기일 뿐이다.

### 절제된 삶은 생명에 이르는 길이다

[15] 부자의 재산은 그의 견고한 성이지만
궁핍한 자의 가난은 그를 망하게 한다.

[16] 선한 사람은 활기 넘치는 삶을 보상으로 받
지만
악한 사람에게 남는 것은 죄뿐이다.

[17] 절제된 삶은 생명에 이르는 길이고
책망을 무시하면 영원히 길을 잃게 된다.

[18] 거짓말쟁이들은 미움을 쌓고
미련한 자들은 대놓고 험담을 퍼뜨린다.

[19] 말이 많을수록 진실은 적어진다.
지혜로운 사람은 말을 가려서 한다.

[20] 선한 사람의 말은 기다려서 들어 볼 만하지만
악한 사람의 지껄임은 아무 쓸모가 없다.

[21] 선한 사람의 말은 많은 이들에게 진수성찬
이 되지만
말만 많은 사람은 허전한 마음을 주체하지 못
하고 죽는다.

### 하나님을 경외하면 오래 산다

[22] 사람은 **하나님**의 복으로 부자가 되지만
사람이 하는 일은 하나님께 보탬이 될 수 없다.

[23] 머리가 빈 사람은 못된 짓이 재미있다고 생
각하지만
생각이 있는 사람은 지혜를 소중히 여긴다.

[24] 악한 사람의 악몽은 현실이 되고
선한 사람은 바라는 것을 얻는다.

[25] 폭풍이 지나가면 악한 사람에게는 남는 것
이 없지만
선한 사람은 반석 같은 기초 위에 굳건히 서서
꿈쩍도 하지 않는다.

[26] 게으른 직원은 고용주에게 골칫거리니

이에 식초 같고, 눈에 연기 같다.

27 **하나님**을 경외하면 오래 살지만
악하게 살면 얼마 살지 못한다.

28 선한 사람의 희망은 이루어지지만
악한 사람의 야망은 무너진다.

29 **하나님**은 올바로 사는 이에게 든든한 버팀목이 되시지만
비열한 행위는 두고 보지 않으신다.

30 선한 사람은 오래 살고 흔들리지 않지만
악한 사람은 오늘 살아 있어도 내일이면 사라지고 없다.

31 선한 사람의 입은 지혜가 솟아나는 맑은 샘이지만
악한 사람의 더러운 입은 고인 늪이다.

32 선한 사람의 말은 공기를 맑게 하지만
악한 사람의 말은 공기를 오염시킨다.

11 1 **하나님**은 시장에서 속이는 짓을 미워하시고
공정한 거래를 좋아하신다.

2 거만한 사람은 꼴사납게 고꾸라지지만
겸손한 사람은 굳건히 선다.

3 정직하고 청렴한 사람은 길을 잃지 않지만
사기꾼은 속임수를 쓰다가 망한다.

4 죽을 상황 앞에서는 두툼한 지폐다발도 아무 소용 없지만
원칙을 지키고 살면 최악의 상황이라도 감당할 수 있다.

5 바르게 살면 앞길이 평탄하지만
악하게 살면 인생이 고단하다.

6 훌륭한 인격은 최고의 보험이지만
사기꾼은 자기의 악한 탐욕에 걸려 넘어진다.

7 악인이 죽으면 그것으로 끝이다.
희망도 사라지고 더 이상 아무것도 없다.

8 착한 사람은 큰 어려움에서 건짐을 받지만
나쁜 사람은 그리로 곧장 달려간다.

9 하나님을 저버린 사람은 함부로 혀를 놀려 이웃을 해치지만
하나님을 경외하는 사람은 상식을 발휘해 자신을 보호한다.

10 착한 사람이 잘되면 온 마을이 환호하고
나쁜 사람이 잘못되면 온 마을이 축하한다.

11 바르게 사는 사람이 축복하는 도시는 번성하지만
악담은 그곳을 금세 유령도시로 만든다.

12 냉혹한 사람은 비열한 비방을 일삼지만
분별력 있는 사람은 신중하게 입을 다문다.

13 험담하며 돌아다니는 사람에게는 비밀을 털어놓을 수 없지만

진실한 사람은 비밀을 누설하지 않는다.

14 제대로 이끌어 주지 않으면 사람들이 길을 잃지만
지혜로운 충고를 따를수록 성공할 확률은 높아진다.

15 모르는 사람들과 거래하면 속기 마련이지만
냉철함을 잃지 않으면 경솔한 거래를 피한다.

16 너그럽고 품위 있는 여자는 존경을 받지만
거칠고 난폭한 남자가 얻는 것은 약탈품뿐이다.

17 남을 친절히 대하면 자기도 잘되지만
남을 모질게 대하면 자기도 다친다.

18 악행의 대가는 부도수표지만
선행에는 확실한 보상이 따른다.

19 하나님께 충성하는 공동체와 한편이 되어 살든지
사악한 망상을 좇다가 죽든지, 하나를 택하여라.

20 **하나님**은 사기꾼들을 참지 못하시지만
진실한 이들은 너무나 좋아하신다.

21 악인들은 벌을 면치 못하고
하나님께 충성하는 사람들은 승리를 거둔다.

22 머리가 빈 여자의 아름다운 얼굴은
돼지코에 금고리 격이다.

23 선한 사람의 소원은 가장 좋은 방식으로 이루어지지만
악한 사람의 야망은 분노와 좌절로 끝난다.

24 관대한 사람의 세상은 점점 넓어지지만
인색한 사람의 세상은 갈수록 좁아진다.

25 남을 축복하는 이는 자기도 풍성히 복을 받고
남을 돕는 이는 자기도 도움을 받는다.

26 남에게 불공정한 거래를 강요하는 자에게 저주를!
공정하고 정직하게 거래하는 모든 이에게 축복을!

27 선을 추구하는 이는 기쁨을 얻지만
악을 배우는 자는 불행해진다.

28 재산에 목매는 삶은 죽은 나뭇등걸과 같고
하나님 닮은 삶은 무성한 나무와 같다.

29 자기 가족을 착취하거나 학대하는 자의 손에 남는 것은 한 줌 바람뿐.
상식의 소리를 들어 보아라. 그런 삶이 얼마나 어리석은지.

**인생 건축을 위한 하나님의 청사진**(11:29)

잠언 11:29은 가족 관계를 겨냥한 경고다. 누군가가 자신의 가족을 힘들게 한다면, 그 결과는 태풍이 집을 강타해서 그 기초를 날려 버리는 것과 같다. 가족은 인생 건축을 위한 하나님의 청사진이다. 따라서 그것을 경멸스럽게 대한다면 무너져 내릴 수밖에 없고, 남는 것은 "한 줌 바람뿐"일 것이다.

30 착한 삶은 열매 맺는 나무이지만
난폭한 삶은 영혼을 파괴한다.

31 착한 사람도 간신히 관문을 통과한다면
나쁜 사람에게는 무엇이 기다리겠느냐!

### 배움을 사랑하면

12 1 배움을 사랑하면 그에 따라오는
훈계도 사랑할 것이다.
책망을 거부하는 것은 어리석은 일이다!

2 선한 사람은 **하나님**의 기뻐하심을 누리고
흉계를 꾸미는 자들과 어울리지 않는다.

3 늪에는 단단히 발 디딜 데가 없지만
하나님께 뿌리내리면 굳건히 선다.

4 마음이 따뜻한 아내는 남편을 기운 나게 하
지만
마음이 차가운 여자는 뼛속의 암과 같다.

5 원칙에 충실한 이들의 생각은 정의에 보탬
이 되지만
타락한 자들의 음모는 결국 와해된다.

6 사악한 자들의 말은 사람을 죽이지만
올바른 이들의 말은 사람을 살린다.

7 악한 사람들은 뿔뿔이 흩어져 흔적도 없게
되지만
선한 사람들은 함께 뭉친다.

8 이치에 닿게 말하는 사람은 존경을 받지만
멍청이들은 멸시를 받는다.

9 평범하게 생계를 꾸리며 사는 것이
대단한 인물 행세를 하다가 굶어 죽는 것보다
낫다.

10 착한 사람들은 기르는 짐승을 잘 돌보지만
나쁜 사람들은 "잘 대해 준다"며 집짐승을 발
로 차고 학대한다.

11 일터에 계속 남아 있으면 양식이 끊어지지
않지만
어리석은 자는 일시적 기분과 몽상을 좇는다.

12 악인들이 세운 것은 끝내 폐허가 되지만
의인들의 뿌리는 많은 생명의 열매를 맺는다.

### 지혜로운 사람은 충고를 받아들인다

13 나쁜 사람들은 험담으로 곤경에 처하지만
착한 사람들은 대화를 나눔으로 곤경에서 벗
어난다.

14 말을 잘하면 만족을 얻고
일을 잘하면 보상이 따른다.

15 미련한 사람은 고집을 부리며 제멋대로 행
동하지만
지혜로운 사람은 충고를 받아들인다.

16 어리석은 사람은 참을 줄 모르고 금세 울화
통을 터뜨리지만
신중한 사람은 모욕을 당해도 가만히 떨쳐 버
린다.

17 선한 사람은 진실한 증언으로 의혹을 일소
하지만

거짓말쟁이는 속임수로 연막을 친다.

18 무분별한 말은 난도질로 상처를 주지만
지혜로운 사람의 말은 상처를 아물게 한다.

19 진실은 길이 남고
거짓은 오늘 있다가도 내일이면 사라진다.

20 흉계를 꾸미는 자는 흉계 때문에 비뚤어지고
평화를 도모하는 이는 그로 인해 기쁨을 얻는다.

21 선한 사람은 해를 입지 않지만
악한 사람에게는 재앙이 끊이지 않는다.

22 하나님은 거짓말쟁이를 용납하지 않으시고
자기 말을 지키는 이는 사랑하신다.

23 신중한 사람들은 지식을 과시하지 않지만
말 많은 바보들은 제 어리석음을 광고하고 다닌다.

24 부지런한 이들은 일을 하며 자유를 만끽하지만
게으른 자들은 일의 압박을 받는다.

25 걱정은 우리를 짓누르지만
격려의 말은 기운을 돋우어 준다.

26 선한 사람은 불행을 당해도 일어서지만
악하게 살면 재앙을 자초한다.

27 게으른 사람은 되는 일이 없지만
일찍 일어나는 사람은 일을 끝낸다.

28 선한 사람은 생명으로 직행하지만
죄의 길을 따라가는 사람은 지옥으로 직행한다.

### 지혜로운 이와 동행하여라

13 1 똑똑한 아이는 부모의 말에 귀 기울이지만
어리석은 아이는 제멋대로 한다.

2 선한 사람은 유익한 대화를 좋아하지만
불량배들은 평생 우격다짐으로 밀어붙이고 살아간다.

3 신중한 말은 신중한 생활에 도움이 되지만
경솔한 말은 모든 것을 망가뜨릴 수 있다.

---

**II** 당신은 말하기 전에 얼마나 신중하게 생각을 하는가? "유익한 대화를 좋아하기"(잠 13:2) 위해 오늘 당신이 할 수 있는 일은 무엇인가?

---

4 게으른 사람은 바라는 것이 많아도 이루는 것은 없고
역동적인 사람은 목표를 이룬다.

5 착한 사람은 거짓말을 싫어하지만
나쁜 사람은 아무 소리나 토해 낸다.

6 하나님께 충성하면 가는 길이 순조롭지만
죄는 악인을 궁지에 빠뜨린다.

7 허식과 허세의 삶은 공허하지만
소박하고 담백한 삶은 충만하다.

8 부자는 재산 때문에 고소를 당할 수 있지만
가난한 사람은 그럴 염려가 없다.

9 선한 사람의 삶은 불이 환히 켜진 거리지만
악한 사람의 삶은 어두운 뒷골목이다.

10 무엇이든 아는 체하는 거만한 사람은 불화를 일으키지만
지혜로운 사람은 친구의 충고에 귀를 기울인다.

11 쉽게 얻은 것은 쉽게 잃지만
꾸준히 근면하게 살면 좋은 결실을 맺는다.

12 실망스러운 일이 이어지면 상심하게 되지만
갑자기 좋은 기회가 찾아와 인생이 역전될 수도 있다.

13 하나님 말씀을 무시하면 고통을 겪게 되고
하나님의 계명을 귀히 여기면 부유하게 될 것이다.

14 지혜로운 이의 가르침이 생명의 샘이니
죽음에 오염된 우물물은 더 이상 마시지 마라.

15 바르게 생각하면 품위 있게 살게 되지만
거짓말쟁이의 인생길은 험난하다.

16 양식 있는 사람은 건전한 판단을 내리지만
바보들은 방방곡곡에 어리석음을 뿌리고 다닌다.

17 무책임한 보도는 상황을 혼란스럽게 만들지만
믿을 만한 기자는 치유를 가져다주는 존재다.

18 훈계를 거절하면 거리에 나앉는 신세가 되고
책망을 받아들이면 존경받으며 살게 될 것이다.

19 마음의 길을 따라가는 영혼은 잘되지만
악에 몰두하는 미련한 자는 영혼이 어떻게 되든 상관하지 않는다.

20 지혜로운 이와 동행하면 지혜롭게 되고
미련한 자와 어울리면 인생을 망친다.

21 죄인은 재앙에 걸려 넘어지지만
하나님의 충성스러운 이들은 행복하게 산다.

22 선한 삶은 자손 대대로 이어지지만
부정하게 얻은 재산은 결국 선한 이들의 몫이 된다.

**영적 여정을 위한 여행 동료**(13:20)

나의 첫 영적 지도자는 자신이 영적 지도자인지 몰랐다. 그는 그런 용어를 들어 본 적도 없었다. 나 또한 마찬가지였다. 그러나 그 용어를 모른다고 해서 우리가 하는 그 일을 그만두지는 않았다. 우리는 이름이 없는 어떤 일을 하고 있었다. 여름 한철 동안 우리는 화요일과 목요일 저녁에 교회 지하의 기도실에서 만나 대화하고 기도하며, 살면서 겪는 하루하루의 굴곡을 함께 걸어갔다. 그때부터 나는 영적 여정을 위해서는 이와 같은 여행 동료가 필요하다는 것을, 그리고 그런 동료가 없으면 그 여정이 얼마나 위험한지를 배웠다. 인생은 사방으로 뻗어 있는 산맥처럼 어디서 무슨 일을 당할지 모른다. 길은 확실하지 않고 어떤 지형은 위험하기도 하다. 아무것도 모르는 초보자가 아니고서야 그런 데를 혼자 갈 생각을 하는 사람은 없을 것이다.

23 가난한 사람은 은행에 농장을 빼앗기고
고약한 변호사에게 입던 옷까지 털린다.

24 아이를 꾸짖지 않는 것은 사랑하지 않는 것
이니
사랑하거든 자녀를 훈육하여라.

25 선을 바라면 큰 만족이 찾아오지만
악인의 배는 채워질 줄 모른다.

### 지혜가 주는 유익

14 1 지혜는 아름다운 집을 세우지만
미련함이 와서 그 집을 철저히 무
너뜨린다.

2 정직한 삶은 **하나님**께 영광이 되고
타락한 삶은 **하나님**을 모욕한다.

3 경솔한 말은 비웃음을 사고
지혜로운 말은 존경을 부른다.

4 소가 없으면 소출도 없으니
힘센 황소가 쟁기를 끌어야 풍성한 수확이
있다.

5 진실한 증인은 거짓말을 하지 않지만
거짓 증인은 거짓말로 먹고산다.

6 빈정거리는 자들은 여기저기 샅샅이 뒤져도
지혜를 찾지 못하지만
마음이 열린 이들은 문 앞에서 지혜를 발견
한다.

7 미련한 자들의 무리에서 빨리 빠져나와라.
공연히 시간을 허비하고 입만 아프다.

8 지혜로운 이는 지혜 덕분에 인생이 순조롭
지만
미련한 자는 미련함 때문에 궁지에 빠진다.

9 어리석은 자는 옳고 그름을 따지는 것을 우
습게 여기지만
도덕적인 삶이야말로 은혜를 입은 삶이다.

10 어려움을 당한 친구들을 못 본 체하는 자는
그들의 좋은 일을 축하하는 자리에서 따돌림
을 당할 것이다.

11 악한 짓을 일삼는 삶은 허물어져 가는 오두
막이지만
거룩한 삶은 하늘로 우뚝 솟은 대성당을 쌓아
올린다.

12-13 괜찮아 보이는 생활방식이라도
다시 들여다보면 지옥으로 직행하는 길이다.
잘 지내는 것처럼 보여도
그들의 모든 웃음은 결국 비탄으로 바뀐다.

14 비열한 자는 비열함을 돌려받고
은혜를 베푸는 자는 은혜를 돌려받는다.

15 어수룩한 사람은 듣는 말을 다 믿지만
신중한 사람은 무슨 말이든 면밀히 살피고 따
져 본다.

16 지혜로운 사람은 행동을 조심하고 악을 피
하지만
어리석은 사람은 고집불통에 무모하기까지

**우리가 뿌린 관계의 열매를 거두다**(14:15-18)

지혜로운 사람의 특징 중 하나는 인생을 침착하게 살아간다는 것이다. 그러한 삶의 방식은 보람 있는 인간관계로 이어진다. 그러나 충동적인 사람의 길은 망하는 인간관계로 이어진다. 우리는 심는 대로 거두기 때문이다. 그래서 "냉담한 자들은 나중에 냉대를 받고"(잠 14:17), 성미 급한 사람들은 숙취처럼 후회에 시달린다.

하다.

17 성미 급한 자들은 나중에 후회할 일을 하고
냉담한 자들은 나중에 냉대를 받는다.

18 어리석은 몽상가는 망상의 세계에서 살고
지혜로운 현실주의자는 발을 땅에 붙이고 산다.

19 결국에는 악이 선에게 공물을 바치고
악인이 하나님의 충성스러운 이들을 떠받들 것이다.

20 불운한 패자는 모두가 피하지만
승자는 모두가 좋아한다.

21 어려움에 처한 이웃을 모른 체하는 것은 범죄행위다.
가난한 사람들을 돕는 것은 실로 복된 일이다!

22 음모를 꾸미는 사람은 실패하고
사려 깊은 사람은 사랑과 신뢰를 얻는 것이 당연하지 않느냐?

23 수고한 다음에야 이득이 생기는 법,
말만 해서는 식탁에 올릴 음식이 생기지 않는다.

24 지혜로운 이는 지혜를 쌓지만
어리석은 자는 날이 갈수록 미련해진다.

25 진실한 증인은 여러 사람을 구하지만
거짓말을 퍼뜨리는 자는 여러 사람을 해친다.

26 **하나님**을 경외하면 자신감이 쌓이고
자녀들도 안전한 세상에서 살게 된다.

27 **하나님**을 경외함은 생수의 샘이며
독이 든 우물물을 마시는 일을 막아 준다.

28 훌륭한 지도자에게는 충성스럽게 따르는 이들이 있지만
따르는 이 없이는 지도력도 부질없다.

29 좀처럼 성을 내지 않는 사람은 지혜가 깊어지지만
성미가 급한 사람은 어리석음이 쌓인다.

30 정신이 건강하면 몸도 튼튼하지만
감정을 주체하지 못하면 뼈가 썩는다.

31 힘없는 이를 착취하는 것은 너를 만드신 분을 모욕하는 일이고
가난한 이를 친절히 대하는 것은 하나님을 공경하는 일이다.

32 나쁜 사람은 제 악함 때문에 버림을 받지만

착한 사람은 선행으로 인해 안심하고 살 만한 곳을 얻는다.

33 지혜는 슬기로운 마음에 머물지만
어리석은 자에게는 인사도 받지 못한다.

34 하나님을 찾으면 나라가 강해지지만
하나님을 피하면 백성이 약해진다.

35 부지런히 일하면 열렬한 칭찬을 받지만
하는 둥 마는 둥 일하면 호된 질책을 받는다.

### 하나님은 단 하나도 놓치지 않으신다

15 1 부드러운 대답은 화를 가라앉히지만
가시 돋친 혀는 분노의 불을 지핀다.

2 지혜로운 이에게서는 지식이 샘물처럼 흘러나오지만
어리석은 자는 당찮은 소리가 줄줄 새는 수도꼭지와 같다.

3 **하나님**은 단 하나도 놓치시는 법이 없어
선인과 악인을 똑같이 살피신다.

4 친절한 말은 상처를 낫게 하고 회복을 돕지만
잔인한 말은 마음을 난도질하고 상하게 한다.

5 도덕에 무지한 자는 어른의 말을 듣지 않지만
건전한 판단력을 갖춘 사람은 책망을 기꺼이 받아들인다.

6 하나님께 충성하는 삶은 번성하지만
헛되이 보내는 인생은 이내 파산한다.

7 통찰력 있는 말은 지식을 전파하지만
어리석은 자는 속 빈 깡통이다.

8 **하나님**은 허울뿐인 종교행위를 참지 못하시지만
진실한 기도는 기뻐하신다.

9 **하나님**은 인생을 헛되이 보내는 자를 싫어하시고
결승선을 향해 힘껏 달려가는 이들을 사랑하신다.

10 하나님의 길을 떠나는 자들은 곤경에 처하고
하나님의 법규를 싫어하는 자들은 막다른 길에 이른다.

11 지옥도 속속들이 살피시는 **하나님**께서
사람의 마음을 읽지 못하시겠느냐?

12 똑똑한 체하는 사람은 남의 말 듣기를 싫어하고
지혜로운 사람들과 어울리지 않는다.

13 마음이 즐거우면 미소가 피어나지만
마음이 슬프면 하루를 버티기도 힘들다.

14 현명한 사람은 늘 더 많은 진리를 이해하고 싶어 하지만
미련한 사람은 일시적인 유행과 욕망에 만족한다.

15 마음이 괴로우면 삶이 괴롭지만
마음이 즐거우면 하루 종일 노래가 떠나지 않는다.

16 **하나님**을 경외하며 소박하게 사는 것이
골칫거리 가득한 부자로 사는 것보다 낫다.

17 사랑하며 빵조각을 나눠 먹는 것이
미워하며 최상급 소갈비를 뜯는 것보다 낫다.

18 불같은 성미는 싸움을 일으키지만
차분하고 침착한 성품은 싸움을 막아 준다.

19 게으른 사람의 길은 가시덤불로 뒤덮이지만
부지런한 사람의 길은 평탄하다.

20 똑똑한 아이는 부모의 자랑이지만
게으른 학생은 부모의 망신거리다.

21 머리가 빈 사람은 인생을 장난으로 여기지만
지각 있는 사람은 인생의 의미를 알고 잘 살아
간다.

22 유익한 충고를 거부하면 계획이 실패할 것
이고
유익한 조언을 받아들이면 계획이 성공할 것
이다.

23 마음에 맞는 대화는 참으로 즐겁다!
제때 나온 알맞은 말은 더없이 아름답다!

24 바른 생각을 하는 이의 인생은 하늘로 가는
오르막길이다.
지옥으로 가는 내리막길과는 정반대 방향이다.

25 **하나님**은 오만한 자의 허세를 깨뜨리시고
설 자리가 없는 이들과 함께하신다.

26 **하나님**은 악한 계략을 참지 못하시지만
품위 있고 아름다운 말은 돋보이게 하신다.

27 탐욕스럽게 움켜쥐는 사람은 공동체를 파
괴하지만
착취하지 않는 사람은 자기도 살고 남도 살
린다.

28 하나님께 충성하는 이들은 기도하고 답변
을 내놓지만
악인의 입은 욕설을 쏟아내는 하수구다.

29 **하나님**은 악인을 멀리하시지만
하나님께 충성하는 자들의 기도에 귀 기울이
신다.

30 마음이 즐거우면 눈이 반짝이고
좋은 소식을 들으면 몸에 힘이 넘친다.

31 잘살고 싶으면 유익한 훈계를 귀담아들어라.
지혜로운 이들에게 귀빈 대접을 받을 것이다.

**바쁜 사람은 게으른 사람이다**(15:19-20)

게으른 사람은 누구나 보면 안다. 하지만 분명하게 드러나지 않는 종류의 게으름이 있다. 내가 보기에는 바쁜 사람도 게으른 사람이다. 바쁘다는 것은 어려운 일 대신에 쉬운 일을 하는 것이다. 하나님의 행동에 집중하고 그 안으로 들어가는 대신에 자신의 행동으로 시간을 채우는 것이다. 바쁜 사람은 자신이 본래 해야 하는 일을 하지 않기 때문에 게으른 사람이다(눅 10:38-42을 보라).

32 제멋대로, 제 뜻대로 행하는 삶은 보잘것없지만
하나님의 뜻에 순종하는 삶은 드넓게 펼쳐진다.

33 **하나님**을 경외함은 삶의 진수를 가르치는 학교이니
먼저 겸손을 배우고 나중에 영광을 경험하게 된다.

### 성패는 하나님께 달렸다

16 1 사람이 정교한 계획을 세우지만
그 성패는 **하나님**께 달렸다.

2 사람은 겉모습만으로 만족하지만
**하나님**은 진실로 선한 것을 찾으신다.

3 **하나님**을 네 일의 책임자로 모셔라.
그러면 계획한 일이 이루어질 것이다.

4 **하나님**은 모든 것을 나름의 자리와 목적에 맞게 만드셨으니
악인은 바로 심판을 위해 지으셨다.

5 **하나님**은 오만과 허세를 참지 못하시니
건방진 자들이 제 분수를 알게 하실 것이다.

6 사랑과 진실은 죄를 몰아내고
**하나님**을 경외함은 악을 멀리하게 해준다.

7 **하나님**께서 네 삶을 인정해 주시면
원수들도 너와 악수하게 될 것이다.

8 바르게 살며 가난한 것이
부정하게 살며 부유한 것보다 훨씬 낫다.

9 우리는 원하는 삶의 길을 계획하지만
그 계획대로 살 수 있게 하시는 분은 오직 **하나님**뿐이다.

10 훌륭한 지도자는 사람들의 마음을 움직이며
그릇된 방향으로 이끌거나 착취하지 않는다.

11 **하나님**은 일터에서의 정직함을 중요하게 여기시니
네 일이 바로 **하나님**의 일이다.

12 훌륭한 지도자는 모든 악행을 싫어한다.
건강한 지도력은 도덕적 토대에서 나온다.

13 훌륭한 지도자는 정직한 말을 권장하고
진실을 말하는 조언자를 아낀다.

14 난폭한 지도자는 사람들을 상하게 하니
그를 가까이하지 않는 것이 현명하다.

15 온화한 지도자는 사람들에게 활기를 주니
그와 같은 사람은 봄비 같고 봄볕 같다.

**우리가 찾아야 하는 지도자**(16:10-15)

잠언 16:10-15은 훌륭한 지도자의 자질에 대한 내용이다. 그리고 이 모든 자질은 그리스도의 삶에서 나타난다. 내가 그리스도인 지도자를 찾는다면, 이러한 면들을 살펴볼 것이다. 자신의 삶의 모든 영역이 주 예수를 닮아 변화되기 위해서 그리스도와 평생의 관계를 일구는 일에 헌신한 사람을 원할 것이다. 변화를 가져오는 리더십은 먼저 지도자 자신이 변하는 것이다.

16 지혜가 돈보다 값지니 지혜를 얻어라.
소득을 얻는 것보다 통찰력을 얻는 것이 낫다.

17 바르게 사는 길은 악과 만나지 않으니
조심해서 걸어가면 목숨을 건진다.

18 교만하면 파멸하고
자만심이 클수록 호되게 추락한다.

19 부자와 유명인들 사이에서 기분 내며 사는 것보다
가난한 이들 사이에서 겸손하게 사는 것이 낫다.

20 인생을 진지하게 생각하면 손해를 보지 않고
**하나님**을 신뢰하면 일이 잘 풀린다.

21 지혜로운 사람은 통찰력으로 유명해지고
품위 있는 말은 평판을 높인다.

22 참된 지성은 맑은 샘이다.
미련한 자는 진땀을 흘리며 생고생을 한다.

23 지혜로운 이들은 사리에 밝아서
말을 할 때마다 명성이 높아진다.

24 부드러운 말은 꿀송이 같아서
영혼에 달고 몸도 금세 활력을 얻는다.

25 문제가 없어 보이는 일이라도 다시 들여다 보아라.
지옥으로 인도하는 길일 수도 있다.

26 식욕은 사람이 열심히 일하게 만들고
허기는 고된 일도 마다하지 않게 한다.

27 비열한 사람들은 비열한 험담을 퍼뜨리니
그들의 말은 쓰라리고 아프다.

28 말썽꾼들이 싸움을 일으키고
헐뜯는 말이 친구 사이를 갈라놓는다.

29 냉혹한 출세주의자는 친구를 배반하고
필요하면 친할머니라도 배신한다.

30 교활한 눈빛은 악한 의도를 드러내고
앙다문 입은 말썽을 일으킬 신호다.

31 백발은 하나님께 충성한 인생이 받는
상이요 훈장이다.

32 온화함이 완력보다 낫고
자제력이 정치권력보다 낫다.

33 의견도 내고 투표도 하여라.
그러나 결정은 **하나님**께서 하신다.

하나님은 우리 삶에서 귀한 것을 가려내신다

17 1 빵과 물로 만족하고 평화롭게 사는 것이
잔칫상을 차려 놓고 다투는 것보다 낫다.

2 지혜로운 종은 주인의 버릇없는 아이를 맡고
가문의 일원으로 존중을 받는다.

3 도가니가 은을, 선광용 냄비가 사금을 가려내듯
**하나님**은 우리 삶에서 귀한 것을 가려내신다.

4 악인들은 악의적인 대화를 즐기고

거짓말쟁이는 추잡한 험담에 귀를 기울인다.

5 가난한 사람을 조롱하는 것은 그를 창조하
신 분을 모욕하는 일이고
남의 불행을 고소해하는 것은 처벌받아야 할
죄다.

6 노인은 손주 덕에 고개를 들고
자식은 부모로 인해 자랑스럽게 된다.

7 사람들은 어리석은 자의 입에서 달변을 기
대하지 않고
지도자의 입에서 거짓말을 기대하지도 않는다.

8 선물은 귀한 보석과도 같아서
어느 방향에서 보아도 아름다움이 빛을 발한다.

9 불쾌한 일을 눈감아 주면 우정이 돈독해지지만
모욕에 집착하면 친구를 잃는다.

10 미련한 사람의 머리를 쥐어박는 것보다
분별 있는 사람을 조용히 꾸짖는 것이 더 효과
가 있다.

11 말썽거리만 찾아다니는 범죄자들은
머지않아 궁지에 몰리게 될 것이다!

12 어리석은 일에 골몰하는 미련한 사람을 만
나느니
새끼 잃은 암곰을 만나는 것이 낫다.

13 선을 악으로 갚는 자들은
그 악을 되돌려 받게 될 것이다.

14 다툼의 시작은 댐에 물이 새는 것과 같으니
싸움이 일어나기 전에 그만두어라.

15 나쁜 사람을 두둔하는 것과 착한 사람을 헐
뜯는 것 모두
하나님께서 몹시 싫어하시는 일이다.

16 어찌된 일인가? 미련한 자들이 지혜를 사
러 다니는구나!
지혜를 보아도 알아보지 못할 텐데!

17 친구는 비가 오나 눈이 오나 서로를 한결같
이 아끼고
가족은 어떤 어려움이 닥쳐도 똘똘 뭉친다.

18 공짜로 무엇을 얻으려 하거나
갚지도 못할 거액의 청구서를 늘리는 것은 어
리석은 일이다.

19 죄를 사랑하면 곤경과 결혼하고
담을 쌓아 올리면 도둑이 찾아온다.

20 동기가 악하면 끝이 좋을 수 없고
겉 다르고 속 다른 말은 큰 곤경을 부른다.

21 미련한 자식을 둔 부모는 불행하고
멍청이의 부모는 낙이 없다.

22 활달한 기질은 건강에 좋지만
우울한 생각은 사람을 녹초로 만든다.

23 악인은 몰래 뇌물을 받고
정의를 경멸한다.

24 통찰력 있는 이는 제 앞뜰에서 지혜를 얻고
미련한 자는 지혜가 곁에 있는데도 사방팔방
기웃거린다.

25 어리석고 못돼 먹은 자식은 아버지의 큰 근
심이고
어머니의 쓰라린 고통이다.

26 선행을 처벌하거나
선량한 시민에게 죄를 뒤집어씌우는 일은 옳
지 않다.

27 많이 아는 자는 말수가 적고
슬기로운 이는 침묵을 지킨다.

28 바보라도 침묵하면 지혜롭게 보인다.
입만 다물고 있어도 똑똑해 보인다.

### 말은 사람을 죽이기도 하고 살리기도 한다

18 1 자신만 챙기는 이기주의자들은
공공의 유익에 침을 뱉는다.

2 미련한 자는 사려 깊은 대화에 관심이 없고
입에서 나오는 대로 마구 지껄인다.

3 악에는 수치가 뒤따르고
생명을 멸시하는 일에는 치욕이 뒤따른다.

4 많은 말은 범람하는 강물처럼 세차게 흘러
가지만
깊은 지혜는 용천수처럼 위로 솟구친다.

5 범죄자를 너그럽게 봐주는 일이나
무고한 사람을 벌하는 일은 옳지 않다.

6 미련한 자의 말은 싸움을 일으키니
그 입에 재갈을 물리는 것이 은혜를 베푸는 일
이다

7 미련한 자는 허풍을 떨다 망하고
자기가 뱉은 말이 자기 영혼을 짓누른다.

8 험담에 귀 기울이는 것은 싸구려 사탕을 먹
는 것과 같다.
그런 쓰레기를 정녕 뱃속에 넣고 싶으냐?

9 부주의한 습관과 엉성한 일처리는
파괴행위만큼이나 나쁘다.

10 **하나님**의 이름은 대피소이니
선한 사람이 그리로 달려가면 안전하다.

**우리가 하나님의 성품에 대해 믿는 것**(18:10)

우리가 서로를 대하는 방식은 우리가 하나님의 성품을 어떻게 생각하는지 보여준다. 하나님이 우리를 사랑하시고 돕기를 원하신다고 믿는가? 그러면 우리도 다른 사람을 사랑하고 그들을 돕기 원할 것이다. 하나님이 우리에게 화를 내고 우리의 잘못을 들추려 한다고 믿는가? 그러면 우리도 다른 사람에게 화를 내고 그들의 잘못을 들추려 할 것이다.

하나님의 "이름"(잠 18:10)은 하나님의 성품이다. 하나님의 성품은 안전한 대피소와 같다. 우리가 하나님의 성품을 정말 제대로 이해할 때, 우리 자신 그리고 우리의 관계도 그 대피소에 있게 될 것이다.

11 부자들은 재산이 자기를 지켜 준다고 생각하고서
그 뒤에 숨으면 안전할 줄 안다.

12 교만하면 추락하지만
겸손하면 명예가 뒤따른다.

13 다 듣기도 전에 대답하는 것은
어리석고 무례한 일이다.

14 정신이 건강해야 역경을 이겨 내는데,
정신이 꺾이면 무슨 일을 할 수 있겠는가?

15 지혜로운 이들은 늘 배우고
신선한 통찰에 귀를 기울인다.

16 선물은 사람의 관심을 끌어
높은 사람의 주목을 얻게 한다.

17 법정에 선 증인의 말이 옳은 듯해도
반대신문이 시작되면 사정이 달라진다!

18 결정하기 어려운 사안을 만나면
제비라도 뽑아야 한다.

19 부탁을 들어주면 영원한 친구를 얻게 된다.
그 결속을 끊을 만한 것은 없다.

20 과일이 배를 채워 주듯 말은 마음을 만족케 하고
좋은 말은 풍성한 수확 같은 만족을 준다.

21 말은 사람을 죽이기도 하고 살리기도 하니,
독으로 쓸지 열매로 삼을지 선택하여라.

22 좋은 배우자를 찾은 자는 복된 삶을 찾은 자요
**하나님**의 은혜를 입은 자다!

23 가난한 이는 간곡한 말로 청하고
부유한 자는 호통치며 대답한다.

24 친구는 있다가도 없고 없다가도 있지만
진실한 벗은 가족처럼 곁을 지킨다.

훈계를 귀담아듣지 않으면

19 1 가난해도 정직하게 사는 것이
믿어 주는 사람 없는 부자가 되는
것보다 낫다.

2 지식 없는 열심은 무가치하고
서두르면 무리가 따른다.

3 자기가 어리석어 제 삶을 망쳐 놓고는
어째서 **하나님**을 탓하는가?

4 부유한 사람에게는 파리가 꿀에 꼬이듯 친구가 모이지만
가난한 사람은 역병처럼 기피대상이 된다.

5 위증은 처벌을 면치 못한다.
거짓말쟁이를 그냥 놓아 보내겠느냐?

6 너그럽게 베푸는 이 주위에는 사람이 많고
자선가에게는 모두가 친구다.

7 주머니 사정이 나빠지면 가족도 피하고
절친한 친구도 외면한다.
네가 오는 것을 보고 눈길을 돌린다.
눈이 멀어짐은 마음이 멀어졌다는 뜻이다.

8 지혜로운 마음을 키우면 자신을 사랑하게 되고
냉철한 사고를 유지하면 훌륭한 삶을 얻을 것이다.

9 거짓말을 하는 자는 붙잡히고
헛소문을 퍼뜨리는 자는 파멸한다.

10 미련한 자가 호강하며 사는 것도 마땅하지 않은데
하물며 종업원이 사장에게 명령하는 것이랴?

11 똑똑한 사람은 입을 다물 줄 알고
통이 커서 용서하고 잊는다.

12 성질 나쁜 지도자는 미친개와 같고
인품 좋은 지도자는 상쾌한 아침이슬 같다.

13 어리석은 자식은 부모의 피를 말리고
바가지 긁는 배우자는 물이 새는 수도꼭지와 같다.

14 집과 토지는 부모에게서 물려받지만
마음이 맞는 배우자는 **하나님**께서 주신다.

15 빈둥거리는 자의 삶은 무너지고
게으름뱅이는 배를 곯는다.

16 계명을 지켜 목숨을 부지하여라.
경솔함은 사람을 죽인다.

17 가난한 이에게 자비를 베푸는 것은 **하나님**께 꾸어 드리는 일이니
**하나님**께서 넘치도록 갚아 주신다.

18 기회가 있을 때 자녀를 훈계하여라.
제멋대로 하게 내버려 두는 것은 그들을 망하게 하는 일이다.

19 성난 사람은 제 스스로 뒷감당을 하게 하여라.
괜히 끼어들었다가는 상황만 악화시킨다.

20 유익한 훈계에 귀를 기울이고 질책을 받아들여라.
그것이 지혜롭게 잘사는 길이다.

21 사람들은 계속 머리를 짜내 계획하고 선택하지만
오직 **하나님**의 뜻만이 이루어질 것이다.

22 돈을 벌고 싶은 마음은 인지상정이지만
거짓말쟁이가 되는 것보다는 가난뱅이로 사는 것이 낫다.

23 **하나님**을 경외하는 것은 생명 그 자체이며,
온전하고 평온한 삶이다.
이런 사람에게는 뜻밖의 불미스러운 사태가 닥치지 않는다.

24 어떤 자들은 포크로 파이를 찍고도
너무나 게을러 입으로 가져갈 생각을 안 한다.

25 거만한 자에게 벌을 주어 본보기로 삼아라.
혹시 아느냐? 누군가 교훈을 얻게 될지.

26 부모에게 폭언을 퍼붓는 자식은
집안의 수치다.

27 아이야, 훈계를 무시하고 네 멋대로 탈선하면

어찌할 수 없는 상황에 처하게 될 것이다.

28 원칙 없는 증인은 정의를 훼손하고
악인의 입은 악의를 토해 낸다.

29 불경한 자는 고생을 해야 경외심을 배우고
미련한 자는 따귀를 맞아야 주의를 집중한다.

# 20

1 포도주를 마시면 비열해지고, 맥
주를 마시면 싸움질을 한다.
술에 취해 비틀대는 모습은 그다지 유쾌한 광
경이 아니다.

2 성미 급한 지도자는 미친개와 같아서
그를 거스르면 불같이 화를 낸다.

3 훌륭한 인품을 지닌 사람은 싸움을 피하지만
바보는 틈만 나면 싸움을 건다.

4 봄에 씨를 뿌리지 않는 게으른 농부는
가을에 수확할 것이 없다.

5 무엇이 옳은지 아는 것은 마음속 깊은 물과
같고
지혜로운 사람은 내면에서 그 샘물을 길어 올
린다.

6 충실하고 다정한 사람이 많다는데,
대체 어디를 가야 그런 사람을 찾을 수 있을까?

7 하나님께 충성하여 정직하게 살면
후손의 삶이 훨씬 수월해진다.

8-9 자기 일을 잘 알고 성심껏 행하는 지도자는
허울뿐인 천박한 자와
늘 부지런하고 정직하여
신뢰할 만한 사람이 누구인지 날카롭게 살핀다.

10 가격표 바꿔치기와 비용 부풀리기,
이것은 모두 **하나님**이 미워하시는 짓이다.

11 젊은이의 동기가 정직한지는
그 행위로 드러난다.

12 듣는 귀와 보는 눈은
우리가 **하나님**께 받은 기본 장비다!

13 잠을 너무 좋아하면 가난하게 살지만
깨어 있으면 먹을거리가 생긴다.

14 물건을 살 때는 트집을 잡고 선심 쓰는 체하
지만
산 다음에는 좋은 물건 싸게 샀다고 자랑한다.

15 아름다운 지식의 잔을 드는 것이
금과 보석으로 치장하는 것보다 낫다.

16 낯선 자에게 꾸어 줄 때는 반드시 담보물을
잡아라.
떠돌이의 물품을 담보로 잡을 때는 경계를 늦
추지 마라.

17 훔친 빵은 달지만
그 입에는 조만간 자갈이 가득 찰 것이다.

18 조언을 듣고 계획을 세우고
최대한 도움을 받아 실행에 옮겨라.

**우리의 부모를 저주할 때**(20:20)

말이라는 선물을 확실히 잘못 사용하는 사례는 우리 가정에서 자주 일어난다. 그리고 그 결과는 심각하다. 우리가 부모를 저주하면 그 저주를 받는 것은 우리 자신이기 때문이다. 그들의 빛을 끄려고 하면, 우리 자신의 빛을 끄게 된다. 우리를 이끌어 줄 그들의 삶이라는 빛의 혜택 없이 어둠 속을 헤매게 될 뿐이다.

19 험담꾼은 비밀을 지키지 않으니
입이 가벼운 사람 앞에서 속내를 털어놓지 마라.

20 부모를 저주하는 자식은
빛이 사라진 어둠 속에서 살게 된다.

**사람의 발걸음은 하나님께 달렸다**

21 처음에 크게 성공한다고 해서
끝까지 잘된다는 보장은 없다.

22 "가만두지 않겠다!"고 말하지 마라.
하나님을 기다려라. 그분이 갚아 주실 것이다.

23 **하나님**은 시장에서 속이는 일을 미워하시고
조작된 저울에 격노하신다.

24 사람의 발걸음은 **하나님**께 달렸으니
우리가 어디로 갈지 어찌 알겠느냐?

25 충동적인 서원은 덫과 같아서
나중에 가면 벗어나기를 바라게 된다.

26 지혜로운 지도자는 찬찬히 살핀 뒤
반역자들과 멍청이들을 말끔히 쓸어버린다.

27 **하나님**은 사람의 주인이시니
사람의 겉과 속을 다 들여다보고 살피신다.

28 사랑과 진실은 훌륭한 지도자의 덕목이고
정직과 자비는 튼튼한 지도력의 바탕이다.

29 젊음은 힘으로 칭찬받지만
노년은 백발로 영예를 얻는다.

30 체벌을 하려면 제대로 해야 악이 없어진다.
처벌은 사람의 깊은 곳까지 파고들기 때문이다.

**하나님은 우리의 동기를 살피신다**

21 1 훌륭한 지도력은 **하나님**이 조절하시는 수로와 같다.
그분의 목적에 따라 물길을 돌리신다.

2 우리는 겉만 살펴서 자신의 행동을 정당화하지만
**하나님**은 그 안의 동기를 살피신다.

3 하나님 앞에서 깨끗하게 살고 이웃에게 정의롭게 행하는 것,
**하나님**은 이 두 가지를 종교의식보다 훨씬 중요하게 보신다.

4 오만과 교만은 악인의 두드러진 특징이며
명백한 죄악이다.

5 주도면밀하게 계획하면 결국 앞서 나가지만
서두르고 조급하면 멀찍이 뒤처진다.

**하나님보다 더 서두르다**(21:5)

성급하다는 것은 하나님보다 더 서두른다는 뜻이다. 우리의 성급함 때문에 우리가 가야할 길을 계획하면서 하나님이 도와주시기를 기다리지 않는다. 우리 스스로 일을 처리하면 하나님이 우리 안에서 그리고 우리를 통해 하시고자 하는 일을 무시하게 되고, 그 결과 앞으로 나아가는 대신에 뒤로 처지게 된다.

6 거짓과 속임수로 정상에 오른 자는
부질없는 높은 자리 하나 얻고 죽음으로 내몰린다!

7 악인은 가진 것으로 남을 도울 줄 모르니
약탈한 재산에 깔려 생매장을 당한다.

8 동기가 불순하면 인생이 꼬이고
동기가 순수하면 곧은 길이 펼쳐진다.

최선을 다하고 최악의 상황에 대비하여라

9 대저택에서 바가지 긁는 배우자와 함께 사는 것보다
다 쓰러져 가는 오두막에서 홀로 사는 것이 낫다.

10 악인은 늘 범죄를 생각하고
친구와 이웃의 아픔을 헤아리지 못한다.

11 어리석은 자는 갖은 고생을 통해 배우고
지혜로운 이는 훈계를 경청하며 배운다.

12 하나님께 충성하는 사람은 악인을 꿰뚫어 보고
그들의 악한 계획을 무너뜨린다.

13 가난한 사람의 부르짖음에 귀를 막으면
네가 부르짖을 때 아무도 듣지 않고 대답하지도 않을 것이다.

14 조용히 건넨 선물은 화난 사람을 진정시키고
진심어린 선물은 거센 분노를 가라앉힌다.

15 정의가 승리할 때 착한 사람들은 기뻐하지만
악을 도모하는 사람들은 두려워 떤다.

16 곧고 좁은 길에서 떠난 사람은
죽은 자들과 함께 머물게 될 것이다.

17 스릴을 맛보는 데 중독되었는가? 얼마나 공허한 인생인지!
쾌락을 좇아 살면 만족을 모르게 된다.

18 나쁜 사람이 착한 사람을 해치려고 꾸민 음모는
결국 부메랑이 되어 음모를 꾸민 자를 쓰러뜨린다.

19 화 잘 내고 성질 급한 배우자와 사느니
광야에서 천막 치고 혼자 사는 것이 낫다.

20 지혜로운 사람은 집에 보물을 두고 안전하게 지키지만
어리석은 사람은 뒤뜰에 벼룩시장을 열고 보물을 다 팔아 버린다.

21 의와 자비를 추구하는 사람은
생명 자체, 영광스러운 생명을 얻는다!

22 무장 군인들이 지키는 도성에 현인 하나가 들어가자
그들이 믿었던 방어시설이 허물어졌다!

23 말을 조심하고 입을 다물라.
많은 재난을 면하게 될 것이다.

24 경솔한 자, 건방진 자, 불경한 자,
모두 자제할 줄 모르는 성급한 사람들이다.

25 게으른 사람은 집에만 가만히 있다가
끝내 굶어 죽는다.

26 죄인들은 못 가진 것을 갖기를 원하지만
하나님께 신실한 사람은 가진 것을 내어 준다.

27 악인의 종교의식은 추악하다.
성공을 위해 그것을 이용하면 더 추해진다.

28 거짓말하는 증인은 신뢰를 받지 못하지만
진실을 말하는 사람은 존경을 받는다.

29 부도덕한 사람들은 툭하면 허세를 부리지만
정직한 사람들은 발걸음이 당당하다.

30 제아무리 영리하고 기발한 구상으로 온갖 꾀를 내어도
**하나님**을 이기지는 못한다.

31 최선을 다하고 최악의 상황에 대비하여라.
그리고 승리를 안겨 주실 **하나님**을 신뢰하여라.

# 22

1 좋은 평판이 벼락부자가 되는 것보다 낫고
넓은 도량이 은행에 쌓인 돈보다 낫다.

2 부유한 사람과 가난한 사람은 동등한 존재다.
**하나님**께서 그들 모두를 지으셨다!

3 신중한 자는 문제를 미리 알고 피하지만
어리석은 자는 되는 대로 살다가 호되게 당한다.

4 온유하고 **하나님**을 경외하는 사람은
재산과 영예와 만족스러운 삶을 보상으로 받는다.

5 마음이 비뚤어진 자는 곳곳이 파인 진창투성이 위험한 도로를 다닌다.
그 길로는 얼씬도 하지 않는 것이 좋다.

6 자녀에게 올바른 길을 알려 주어라.
나이가 들어서도 길을 잃지 않을 것이다.

7 가난한 사람은 부유한 자의 지배를 받으니
돈을 꾸어 그들의 종이 되지 마라.

8 죄를 뿌리는 자는 잡초를 거둬들이고
분노에 차서 식식대며 위협해도 얻는 것이 없다.

9 너그럽게 베푸는 손은 복을 받을 것이니
가난한 이에게 빵을 나누어 주기 때문이다.

10 말썽꾼을 쫓아내야 사태가 진정되고
다툼과 불평에서 벗어날 수 있다.

**사람들에게 바른 방향을 지시하기(22:6)**

모든 그리스도인이 해결해야 할 중요한 문제는, '사람들이 성숙해지도록 돕는 가장 좋은 방법은 무엇인가?'이다.

지도를 그려 준다거나, 통계 수치를 제시한다거나, 예시를 든다거나 하는 식으로 그리스도인이 바르게 사는 길을 알려 줄 수 있다고 생각하는 이들은 결국 실망하게 될 것이다. 그리스도인의 성장 과정은 바른 교육의 문제가 아니라 개인적으로 모범을 보여주는 문제다. 이 말은 당신이 그리스도 안에서 믿음의 행위를 할 때마다 사람들이 그리스도를 볼 수 있게 된다는 뜻이다. 당신이 누군가를 용서할 때마다, 그리스도께서 이끄시는 길을 사람들에게 보여주게 된다.

롤모델은 안내 매뉴얼보다 더 좋은 선생이다. 그리고 보는 것이 읽는 것보다 더 나은 학생을 만든다.

11 **하나님**은 마음이 깨끗하고 말씨가 좋은 사람을 사랑하신다.
훌륭한 지도자 또한 그와의 사귐을 기뻐한다.

12 **하나님**은 지식을 열렬히 지키시지만
속임수에는 전혀 관여하지 않으신다.

13 게으름뱅이는 이렇게 말한다. "바깥에 사자가 있다!
지금 나가면 산 채로 먹힐 것이다!"

14 창녀의 입은 바닥 모를 구덩이다.
**하나님**과 사이가 틀어지면 그 구덩이에 떨어지게 된다.

15 젊은이는 어리석은 일과 일시적 유행에 빠지기 쉽다.
강인한 훈련을 통해서만 거기서 벗어날 수 있다.

16 가난한 사람을 착취하거나 부자에게 아양을 떠는 자는
결국 그로 인해 가난해질 뿐이다.

**현인들의 서른 가지 교훈**

17-21 내 지혜를 귀담아듣고
내가 가르치는 교훈을 마음에 새겨라.
그 내용을 달게 여겨 깊이 간직하면,
네 입으로도 그것을 거침없이 말하게 될 것이다.
**하나님**을 신뢰하는 것을 네 기초로 삼게 하고자
바로 여기 그 내용을 펼쳐 보인다.
내가 검증된 삶의 지침,
훌륭한 원칙 서른 가지를 알려 주겠다.
내 말을 믿어라. 이 유효한 진리들이
너를 보낸 사람들에게
대답할 수 있게 해줄 것이다.

1

22-23 가난을 이유로 가난한 이들을 짓밟지 말고
지위를 이용해 약자를 억압하지 마라.
**하나님**께서 그들을 지키러 오시리니,
네가 빼앗은 목숨을 네게서 빼앗아, 그들에게
돌려주실 것이다.

2

24-25 화내는 사람들과 어울리지 말고

성미 급한 자들과 함께 다니지 마라.
고약한 성미는 전염성이 강하니
영향을 받지 않도록 조심하여라.

3

26-27 무지개 끝에서 금단지 찾는 요행수를 바라지 말고
행운을 잡겠다고 집을 담보로 잡히지 마라.
빚을 청산해야 할 때가 오면
몸에 걸친 옷 하나 간신히 건질 것이다.

4

28 오래전 선조들이 세워 놓은
토지 경계표를 몰래 옮기지 마라.

5

29 일을 잘하는 사람들을 눈여겨보아라.
노련한 일꾼들은 찾는 사람이 많고 칭찬을 받는다.
그들은 누구에게도 밀리지 않는다.

6

23 1-3 유력 인사와 바깥에서 저녁식사를 하게 되거든
예의 바르게 처신하여라.
게걸스럽게 먹거나
음식을 입에 넣은 채 말하지 마라.
과식하지 말고
식욕을 다스려라.

7

4-5 부자가 되겠다고 자신을 혹사하지 마라.
자제하여라!
돈은 눈 깜짝할 사이에 사라지고,
재산은 날개를 퍼덕여
저 멀리 황야로 달아나 버린다.

8

6-8 구두쇠에게 식사 대접을 받지 말고
특별한 대접을 기대하지도 마라.
그는 자기에게는 물론 너에게도 인색할 테니,
말로는 "먹게! 마시게!" 하여도 마음은 그렇지 않다.
그 인색한 접대에 그의 가식을 깨닫고 나면
네 속이 뒤집어질 것이다.

9

9 미련한 자들에게 조리 있게 말하려고 애쓰지 마라.
그들은 네 말을 놀림감으로 삼을 뿐이다.

10

10-11 토지 경계표를 몰래 옮기지 말고
고아들을 속여 재산을 빼앗지 마라.
그들에게는 강력한 구원자가 계셔서
그들을 도와주실 것이기 때문이다.

**충분하다는 신호를 알아차려야 한다**(23:4-5)

인간은 인생이라는 잔치에서 물리도록 이것저것 먹는 경향이 있다. 그러나 지혜는 현명한 판단과 절제를 가르친다. "가볍게 여행하라"고 가르친다. 만족하기 위해 반드시 과식해야 하는 것은 아니다. 우리는 충분하다는 신호를 알아차려야 한다. 이것은 접시에 음식을 덜 때만이 아니라 자산 관리를 할 때도 들을 만한 충고다.

11

12 엄정한 교훈을 받아들이고
검증된 지식에 귀를 기울여라.

12

13-14 아이를 꾸짖기를 두려워 마라.
매질한다고 죽지 않는다.
매를 제대로 대면 죽음보다도 못한 상태에서
아이를 구해 낼 수 있다.

13

15-16 아이야, 네가 지혜로워지면
부모인 내가 얼마나 기쁘겠느냐.
네 입에서 흘러나오는 아름다운 진리 가락에 맞춰
내가 노래하고 춤을 출 것이다.

14

17-18 하나님께 반역하는 경솔한 자들을 조금도 부러워 말고
**하나님**을 경외하는 일에 전심을 다하여라.
그 일에 네 미래가 있다.
하나님을 경외하면 네 삶 가득 가치 있는 것들로 채워질 것이다.

15

19-21 아이야, 잘 듣고 지혜를 얻어라.
인생의 방향을 잘 잡아라.
술을 많이 마셔 취하는 일이 없게 하고
음식을 많이 먹어 뚱뚱해지는 일이 없게 하여라.
술꾼과 대식가는 빈민굴로 떨어지고
인사불성이 되어 누더기를 걸치게 된다.

16

22-25 너를 길러 준 아버지의 말씀을 경청하고
어머니가 나이 들어도 무시하지 마라.
진리를 사되 사랑이나 돈과 바꾸지 마라.
지혜와 교육과 통찰력을 사라.
부모는 자식이 잘되면 기뻐하고
지혜로운 자녀가 자랑스러운 부모가 된다.
그러니 아버지를 행복하게 해드리고
어머니를 뿌듯하게 해드려라!

17

26 아이야, 각별히 유의해서 들어라.
제발 내가 가르치는 대로 하여라.

27-28 창녀는 바닥 모를 구덩이다.
문란한 여자에게 끌려가면 심각한 곤경에 빠져 꼼짝달싹 못할 수 있다.
그런 여자는 네 전 재산을 노리고 너를 받아들이니,
도둑 떼보다 더 악랄하다.

18

29-35 늘 우울해하는 자가 누구냐?
청승맞게 구는 자가 누구냐?
까닭 없이 폭행을 당하는 자가 누구냐?
눈이 흐릿하고 핏발이 선 자가 누구냐?
술병을 쥐고 밤을 보내는 자들,
음주가 본업인 자들이다.
술을 생각할 때는 상표나
향이나 깊은 맛이 아니라
마신 후에 남는 숙취, 곧 극심한 두통과
느글거리는 뱃속을 생각하여라.
사물이 둘로 보이고

혀가 꼬부라지고
비틀거리며 속이 메슥거리는 것이 정말 좋으냐?
"놈들이 때렸지만 하나도 안 아팠지.
날 쳤지만, 아무 느낌도 없었어.
술이 깨고 나면
또 한 잔 들이켜야지!" 하고 말하게 될 것이다.

19

24

1-2 나쁜 사람을 부러워 말고
그 근처에는 얼씬도 하지 마라.
그는 소란을 일으킬 생각만 하고
말썽을 일으킬 이야기만 한다.

20

3-4 지혜가 있어야 집을 짓고
명철이 있어야 집을 튼튼한 기초 위에 세운다.
지식이 있어야 고급가구와 멋진 휘장으로
방을 꾸밀 수 있다.

21

5-6 지혜로운 것이 힘센 것보다 낫고
지성이 언제나 완력보다 낫다.
전쟁의 핵심은 전략이니
승리하려면 유익한 조언이 많이 필요하다.

II 당신은 목표를 달성하기 위해 자기 능력이나 의지력에 얼마나 의존하는가? 다른 사람의 지혜를 포함하여 지혜에는 얼마나 의존하는가?

22

7 어리석은 자는 지혜로운 대화를 전혀 이해하지 못하고
진지한 토론 자리에서 어찌할 바를 모른다.

23

8-9 악행만 꾸미는 자는
조만간 깡패두목이라는 평판을 얻는다.
미련한 자는 죄를 꾀하고
빈정거리는 자는 아름다운 것까지 모독한다.

24

10 위기에 처했다고 낙담한다면
처음부터 별 볼 일 없는 사람이었다는 뜻이다.

25

11-12 죽어 가는 이들을 구하여라.
주저 말고 뛰어들어 도우라.
"이봐, 내가 상관할 일이 아니네" 하고 말하면
그것으로 책임을 면할 줄 아느냐?
너를 면밀히 지켜보시는 분이 계시다.
그분께는 섣부른 변명이 통하지 않는다.

**돕기를 망설이지 말라**(24:11-12)

우리 스스로를 위해 지혜로워지는 것만으로는 충분하지 않다. 우리가 가는 인생 길에는 도움의 손길이나 격려가 필요한 사람들이 있다. 지혜의 길은 이러한 사람들에게 관심을 가져야 한다는 긴박감을 고양시킨다. 우리는 "죽어가는 이들을 구하고" "주저 말고 뛰어들어 도우라"(잠 24:11) 고 부름받았다. 그렇게 하려면 주변 사람들의 필요와 우리 자신을 분리시키는 자기 보존의 벽을 허물어야 한다. 그렇게 하는 가장 좋은 방법은, 그리스도를 바라보고 그분이 어떻게 하셨는지를 이해하는 것이다(빌 2:1-8을 보라).

26

13-14 아이야, 꿀은 네 몸에 좋은 것이니 먹어라.
네 입에서 녹는 단것도 먹어라.
지식과 지혜도
네 영혼에 그와 같이 좋으니 섭취하여라.
그것을 얻으면 네 미래가 보장되고
네 희망이 견고한 반석 위에 놓이리라.

27

15-16 선한 사람의 삶을 방해하지 말고
그를 이기려 들지 마라.
아무리 쓰러뜨려도
하나님께 충성하는 사람은 오래 넘어져 있지 않고
다시 일어나며,
악한 사람은 넘어져 영영 일어나지 못하기 때문이다.

28

17-18 네 원수가 넘어질 때 웃지 말고
그가 쓰러질 때 기뻐하지 마라.
**하나님**께서 크게 불쾌하게 여겨
그의 곤경을 불쌍히 보실 것이다.

29

19-20 자랑꾼들 때문에 괴로워하지 말고
악인들처럼 성공하기를 바라지 마라.
그들에게는 미래가 없으며
막다른 길로 내달리고 있다.

30

21-22 아이야, **하나님**을 경외하고 지도자들을 존경하여라.
저항하거나 반항하지 마라.
반항하는 자의 인생은 느닷없이 뒤죽박죽이 될 수 있고
그런 일이 언제 어떻게 벌어질지 아무도 모른다.

### 현인들의 또 다른 교훈

23 불의에 동의하는 것은
잘못된 일, 대단히 잘못된 일이다.

24-25 악인의 죄를 덮어 주는 자는
역사책에서 냉정한 평가를 받지만,
악인의 죄를 폭로하는 이는
감사의 인사와 보상을 받는다.

26 정직한 답변은
따스한 포옹 같다.

27 먼저 밭에 씨를 뿌리고
그 다음에 곡간을 지어라.

28-29 이웃의 등 뒤에서 그 사람 이야기를 하지 마라.
부디 비방과 험담을 그쳐라.
"네가 내게 한 대로 갚아 주마.
네놈이 한 일에 대가를 치르게 해주마!" 하고 말하지 마라.

30-34 어느 날 늙은 게으름뱅이의 밭과
어느 얼간이의 포도밭을 지나치며 보니,
잡초는 웃자랐고
엉겅퀴가 무성하며 울타리는 모조리 부서져 있었다.
나는 그 모습을 오랫동안 쳐다보면서, 내가

본 것에 대해 생각했다.
밭이 내게 설교를 하고 있었고 나는 귀를 기울였다.
"여기서도 자고, 저기서도 자자. 여기서도 하루 쉬고, 저기서도 하루 쉬자.
편히 앉아 느긋하게 쉬자 하면 무슨 일이 닥치는지 아느냐?
바랄 것은 단 하나, 찢어지게 가난한 생활뿐이다.
가난이 네 영원한 식객이 되고 말 것이다!"

### 추가된 솔로몬의 잠언

25
1 이것도 솔로몬의 잠언으로,
유다 왕 히스기야의 율법학자들이 수집한 것이다.

2 하나님은 일을 숨기는 것을 기뻐하시지만
과학자들은 일을 밝혀내는 것을 기뻐한다.

3 훌륭한 지도자의 이해력은
수평선과 대양처럼 넓고도 깊다.

4-5 은에서 불순물을 제거해야
은세공사가 품질 좋은 잔을 만들 수 있다.
악인을 지도부에서 제거해야
지도부의 권위가 신뢰를 얻고 하나님께 영광이 된다.

6-7 무리해서 세간의 주목을 끌지 말고
우격다짐으로 높은 자리에 올라가지 마라.
높은 자리에서 강등되는 모욕을 당하느니
낮은 자리에서 높은 자리로 승진하는 것이 낫다.

8 성급히 결론짓지 마라. 네가 방금 본 것에는
반드시 무슨 곡절이 있을 것이다.

9-10 말다툼을 하다 홧김에
남의 비밀을 들추어내지 마라.
말은 돌고 돌기 마련인지라
아무도 너를 믿지 않게 될 것이다.

11-12 제때 나온 알맞은 말은
맞춤 제작한 보석 같고,
지혜로운 친구의 때맞춘 책망은
네 손가락에 낀 금반지 같다.

13 말한 대로 행하는 믿음직한 친구는
찌는 듯한 더위에 마시는 냉수처럼 상쾌하기 그지없다!

14 말만 거창하게 하고 아무것도 내놓지 않는 사람은
뭉게뭉게 피어오를 뿐 비를 내리지 않는 구름과 같다.

15 끈기 있는 설득은 무관심을 깨뜨리고
부드러운 말은 견고한 요새를 무너뜨린다.

16-17 사탕 한 상자를 받더라도 한 번에 다 먹지 마라.
초콜릿을 너무 많이 먹으면 탈이 나는 법이다.
친구가 생기거든 너무 자주 찾아가서 밉보이지 마라.
시도 때도 없이 찾아가면 친구가 네게 진저리를 칠 것이다.

18 법정이나 거리에서 이웃에게 불리한
거짓말을 하는 사람은 요주의 인물이다.

19 곤경에 처했을 때 배신자를 믿는 것은
치주염이 있는 상태로 이를 악무는 것과 같다.

20 마음이 무거운 자 앞에서 밝은 노래를 부르는 것은
상처에 소금을 뿌리는 것과 같다.

21-22 네 원수가 굶주리고 있는 것을 보면 가서 점심을 사 주고
그가 목말라하면 음료수를 가져다주어라.
그는 네 관대함에 깜짝 놀랄 테고
**하나님**께서 너를 돌봐 주실 것이다.

23 북풍이 험악한 날씨를 몰고 오듯
헐뜯는 혀는 험악한 얼굴을 부른다.

24 대저택에서 바가지 긁는 배우자와 함께 사는 것보다
다 쓰러져 가는 오두막에서 홀로 사는 것이 낫다.

25 오랫동안 연락이 끊어졌던 친구가 보내온 편지는
지치고 목마를 때 마시는 냉수와 같다.

26 나쁜 사람에게 굴복하는 착한 사람은
흐려진 샘과 같고, 오염된 우물과 같다.

27 단것을 배부르게 먹는 것은 지혜롭지 못하고
영예를 지나치게 쌓는 것은 본인에게 좋지 않다.

28 자제력이 없는 사람은
문과 창이 다 떨어져 나간 집과 같다.

### 미련한 자는 어리석은 짓을 되풀이한다

## 26

1 미련한 자를 존경하는 것은
여름철에 눈을, 수확기에 비를 달라고 비는 것과 같다.

2 까닭 없는 저주는 겁낼 것 없으니
참새가 날아가는 것, 제비가 날아드는 것에 불과하다.

3 경주마에게는 채찍이, 요트에는 키 손잡이가,
미련한 자의 등에는 매가 필요하다!

4 미련한 자의 어리석은 말에 응대하지 마라.
너도 똑같은 사람으로 보일 따름이다.

5 미련한 자에게는 간결한 말로 대꾸해 주어라.
그래야 그가 자만하지 않는다.

**원수의 마음을 바꾸려면**(25:21-22)

원수를 사랑하면 그들이 친구로 바뀔 것이라고 생각해서는 안된다. 기억하라. 예수님이 사랑하신 원수는 그분을 미워한 자들이었고, 예수님이 기도하신 원수는 그분을 박해한 자들이었으며, 예수님이 용서하신 원수는 그분을 십자가에 못 박은 자들이었다.

그래도 원수의 마음을 바꾸려면 이 방법뿐이다. 그를 향해 무기를 휘두르는 대신 내려놓아야 한다. 창을 겨냥하는 대신 함께 식사를 하자고 해야 한다. 한주먹 날리는 대신 마실 것을 주어야 한다. 못마땅해하는 대신 관대해야 한다. 무례함 대신 선함으로 다가가야 한다.

6 미련한 자를 시켜 소식을 전하면
낭패를 당한다.

7 미련한 자가 읊어 대는 잠언은
불어 터진 면발처럼 축 늘어진다.

8 미련한 자를 명예로운 자리에 앉히는 것은
대리석 기둥에 흙벽돌을 올리는 것과 같다.

9 얼간이에게 잠언을 읊으라고 청하는 것은
주정뱅이의 손에 외과용 수술 칼을 들려 주는
것과 같다.

10 미련한 자나 주정뱅이를 고용하면
제 발등을 찍게 된다.

11 개가 토한 것을 도로 먹듯
미련한 자는 어리석은 짓을 되풀이한다.

12 자기가 똑똑한 줄 아는 사람이 보이느냐?
그런 사람보다는 차라리 미련한 자에게 희망
이 있다.

13 게으름뱅이는 "바깥은 위험해!
거리에 호랑이가 어슬렁거려!"라고 말하고
이불을 뒤집어쓴다.

14 게으름뱅이는 문짝이 돌쩌귀를 따라 돌듯
잠자리에 누워 뒹굴기만 한다.

15 의욕이 없는 게으름뱅이는 포크로 파이를
찍고도
너무나 게을러 입 속에 넣지 않는다.

16 몽상가는 자기가 최고인 줄 안다.
자기가 대학의 교수진보다 더 똑똑하다고 생
각한다.

17 나와 상관없는 싸움에 참견하는 것은
미친개의 두 귀를 움켜잡는 일과 같다.

18-19 남을 의도적으로 속이고도 아무렇지도
않은 듯
"일부러 그런 거 아니야. 장난 삼아 그런 거
지" 하고 말하는 사람은,
연기 나는 모닥불을 내버려 두고 떠나는
부주의한 야영자보다도 못하다.

20 장작이 떨어지면 불이 꺼지고
험담이 그치면 싸움도 잦아든다.

21 논쟁에서 다투기 좋아하는 사람은
불에 끼얹은 등유와 같다.

22 험담을 귀담아듣는 것은 싸구려 사탕을 먹
는 일과 같다.

**어리석음에 대한 경고**(26:1-12)

잠언은 처음부터 끝까지 지혜로운 사람과 어리석은 사람의 길을 대조한다. 잠언 26장에는 어리석음과 그 결과에 대한 경구들이 집중적으로 모여 있다. 성경에서 우리가 가장 집중하는 경고는 악함과 관련된 것이지만, 잠언은 어리석음도 충분히 악함만큼 파괴적일 수 있다고 지적한다. 때로는 더 파괴적이기도 하다.

그런 쓰레기를 뱃속에 넣고 싶으냐?

23 악한 마음에서 나오는 듣기 좋은 말은
갈라진 질그릇 위에 바른 유약과 같다.

24-26 네 원수가 절친한 벗처럼 너와 악수하고
인사를 하지만
속으로는 너를 해칠 음모를 꾸민다.
그가 듣기 좋은 말을 하더라도 믿지 마라.
그는 네 것을 빼앗을 기회만 노리고 있다.
그가 제아무리 교묘하게 악의를 감추어도
결국 공공연히 드러나게 될 것이다.

27 악의는 역효과만 내고
앙심은 부메랑이 되어 돌아온다.

28 거짓말쟁이는 상대를 미워하고
아첨꾼은 신뢰를 파괴한다.

### 너는 내일 일을 모른다

27 1 내일 할 일을 성급하게 알리지
마라.
내일 무슨 일이 있을지 전혀 모르지 않느냐.

2 남이 너를 칭찬하게는 하여도
네 입으로 너를 칭찬하지는 마라.

3 미련한 자를 참고 견디는 일에 비하면,
통나무를 어깨에 진 채
바위를 들어 올리는 것쯤은
아무것도 아니다.

4 분노가 사람을 폭발하게 하고 격분이 우리
를 삼킨다지만
질투 앞에서 살아남을 자가 누구인가?

5 표현하지 않는 칭찬보다는
말로 하는 책망이 낫다.

6 사랑하는 사람에게 받은 상처는 그만한 가
치가 있지만
원수의 입맞춤은 사람을 다치게 한다.

7 배부르게 먹은 뒤에는 후식을 거절하지만
굶주리면 말 한 마리라도 먹어 치울 수 있다.

8 정착하지 않고 여기저기 떠돌아다니는 사람은
둥지 없이 떠도는 새와 같다.

9 로션과 향수가 감각에 기쁨을 주듯
끈끈한 우정은 영혼을 상쾌하게 한다.

10 네 친구나 부모의 친구를 저버리고
힘들 때 친척 집으로 달려가지 마라.
가까운 친구가
먼 친척보다 낫다.

11 아이야, 지혜를 깨우쳐 나를 행복하게 해
다오.
그러면 앞으로 무슨 일이 닥치더라도 나는 동
요하지 않을 것이다.

12 신중한 자는 문제를 미리 알고 피하지만
어리석은 자는 되는 대로 행하다가 호되게 당
한다.

13 낯선 자에게 꾸어 줄 때는 반드시 담보물을
잡아라.

떠돌이의 물품을 담보로 잡을 때는 경계를 늦추지 마라.

14 이른 아침에 친구를 깨우며
"정신 차리고 일어나!" 하고 소리치면
축복이 아니라 듣기 싫은
저주로 들릴 것이다.

15-16 바가지 긁는 배우자는
똑똑똑 물이 새는 수도꼭지와 같다.
잠글 수도 없고
거기서 벗어날 수도 없다.

### 얼굴은 마음을 비춘다

17 철이 철을 날카롭게 하듯
친구가 친구를 날카롭게 한다.

18 과수원을 돌보면 열매를 얻고
고용주를 존중하면 네가 존중을 받는다.

19 물이 얼굴을 비추듯
얼굴은 마음을 비춘다.

20 지옥의 식욕은 채워지지 않고
탐욕은 그칠 줄 모른다.

21 은금의 순도는
불에 넣어 보면 알 수 있고,
사람의 순수함은
조금만 이름이 나면 알 수 있다.

22 미련한 자는 아무리 찧어도
그 미련함이 벗겨지지 않는다.

23-27 양을 세세히 살피고
가축 떼를 정성껏 보살펴라.
(그것들을 당연하게 여기지 마라.
알다시피 재산은 늘 있는 것이 아니다.)
곡식이 무르익으면
수확물을 창고에 들여라.
양털로 스웨터를 짜고
염소를 내다 팔아 수입을 얻어라.
우유와 고기가 가득하니
너의 집 식구가 겨울을 날 수 있을 것이다.

### 하나님의 법을 사랑하면

28 1 악인은 쫓는 사람이 없어도
가책을 느끼고 불안해 달아날 준비를 하지만,
정직한 사람은 느긋하고 당당하며 사자처럼 담대하다.

2 나라가 혼란에 빠지면
다들 나라를 안정시킬 계획을 내놓지만,

**고립되어서는 성장이 더디다**(27:17)

우리는 스스로를 어떻게 벼리는가?

사람들과의 관계 속에서 그렇게 한다. 한 사람이 다른 사람을 만나면 서로 생각과 느낌, 아이디어, 가치를 교환하게 된다. 고립되어서는 성장이 더디다. 사람들로부터 고립되면 우리는 둔해진다. 생각과 감정이 무뎌지고 우리의 믿음, 소망, 사랑도 그렇게 된다. 그것을 고치는 방법은, 비록 열도 나고 불꽃도 튀겠지만, 다른 사람들과 계속해서 부대끼는 것이다.

상황을 바로잡으려면
진정한 이해력을 갖춘 지도자가 있어야 한다.

3 가난한 이를 압제하는 악인은
우박을 동반해 수확물을 쓰러뜨리는 폭풍과 같다.

4 하나님의 법을 저버리면 악행을 얼마든지 받아들이게 되지만
하나님의 법을 사랑하면 그 법을 지키고자 필사적으로 싸운다.

5 악인은 정의를 이해하지 못하지만
**하나님**을 찾는 사람은 정의를 속속들이 안다.

6 가난해도 곧은 길을 걷는 것이
부유하면서 굽은 길을 걷는 것보다 낫다.

7 하나님의 법을 실천하면 지혜롭다는 평판을 얻고
제멋대로 된 무리와 어울리면 가문의 수치가 된다.

8 속임수와 강탈로
원하는 만큼 부자가 된다 해도,
결국에는 가난한 이들의 친구가 와서
그 모두를 그들에게 되돌려 줄 것이다.

9 하나님은 그분의 말씀을 듣지 않는 자의 기도를 싫어하신다.

10 선한 사람을 그릇된 길로 이끄는 자는
끝이 좋지 못하나,
선을 행하면 보상을 받을 것이다.

11 부자는 자기가 모든 것을 안다고 생각하지만
가난한 사람들은 그 속을 꿰뚫어 본다.

12 착한 사람이 승진하면 모든 면에서 좋지만
나쁜 사람이 책임자가 되거든 조심하여라!

13 죄는 눈가림으로 넘어갈 수 없다.
죄를 인정하고 버려야 불쌍히 여김을 받는다.

14 인정 많은 사람은 복을 받고 살지만
몰인정한 사람은 고달프게 산다.

15 사자가 으르렁대고 곰이 달려든다.
가난한 사람들 위에 군림하는 악인이 이와 같다.

16 통찰력 없는 지도자들 사이에는 권력 남용이 넘쳐나지만
부패를 미워하는 사람의 미래는 밝다.

17 살인자는 죄책감에 시달리다
죽을 운명이다. 그를 도울 길이 없다.

18 바른 길을 걸으며 제대로 살면 구원을 받지만
바른 길에서 벗어난 삶은 결국 죽음에 이른다.

19 과수원을 일구면 먹을 것이 넉넉해지지만
놀고 즐기면 빈 접시만 남는다.

20 마음을 다해 꾸준히 일하면 성과를 올리지만
속히 부자가 되려고 하다가는 사기를 치게 된다.

21 한쪽만 편드는 것은 언제나 나쁜 일이다.
별것 아닌 것처럼 보이는 방식으로 큰 해를 끼칠 수 있다.

22 부자가 되는 데만 눈이 팔린 구두쇠는
자기가 결국 무일푼이 될 줄을 모른다.

23 알랑대며 아첨하는 사람보다 진지하게 꾸짖는 사람이
나중에 고맙다는 말을 듣는다.

24 아버지와 어머니의 것을 훔치고도
"그게 뭐 어때서?"라고 말하는 자는
해적만도 못하다.

25 욕심 많은 사람은 하는 일마다 말썽이지만
**하나님**을 신뢰하면 행복이 찾아온다.

26 모든 것을 안다고 생각하는 자는 정말로 미련하다.
남에게 지혜를 배우는 사람이 끝까지 살아남는다.

27 가난한 사람에게 너그럽게 베풀면 굶주리지 않지만
그들의 어려움을 못 본 체하면 저주의 세례가 쏟아질 것이다.

28 부패한 자들이 세력을 잡으면 선한 사람들은 지하로 숨지만
악인들이 쫓겨나면 안심하고 다시 나올 수 있다.

29

1 훈계를 싫어하고
갈수록 고집을 부리는 자들에게는
인생이 무너지고 파멸하는 날이 닥칠 것이다.
하지만 그때는 이미 늦어 그들을 도울 길이 없다.

2 선한 사람이 다스리면 모두가 기뻐하지만
통치자가 악하면 모두가 신음한다.

3 지혜를 사랑하면 부모를 기쁘게 하지만
창녀와 눈이 맞아 달아나면 부모의 신뢰를 저버리게 된다.

4 건전한 판단력을 갖춘 지도자는 안정을 제공하지만
착취하는 지도자가 지나간 자리에는 폐허만 남는다.

5 아첨하는 이웃은 못된 일을 꾀한다.
아마도 너를 이용할 계략을 꾸미고 있을 것이다.

6 악한 사람은 자신이 파 놓은 함정에 빠지고
선한 사람은 다른 길로 달아나 위험에서 벗어난 것을 기뻐한다.

7 인정 많은 사람은 가난한 사람의 처지를 알지만
몰인정한 사람은 전혀 모른다.

8 빈정거리는 자들은 도시를 온통 들쑤셔 놓지만
현인들은 모든 이들의 마음을 달랜다.

9 미련한 자와 꼬인 문제를 해결하려는 현인은

그 수고로 인해 조롱과 비아냥거림을 듣는다.

10 살인자는 정직한 사람을 미워하지만
양심적인 사람은 정직한 사람을 격려한다.

11 미련한 자는 제멋대로 지껄이지만
현인은 곰곰이 생각한다.

12 사장이 악의적인 험담에 귀를 기울이면
모든 직원이 악해진다.

13 가난한 사람과 그를 학대하는 자 사이에도
공통점은 있다.
둘 다 앞을 볼 수 있다는 것. 그들의 시력은 하
**나님**의 선물이다!

14 목소리를 내지 못하는 가난한 이들을 공평
하게 대할 때
지도력이 권위를 얻고 존경을 받는다.

15 현명한 훈계는 지혜를 주지만
버릇없이 자란 사춘기 청년은 부모를 난처하
게 만든다.

16 타락한 자들이 권력을 잡으면 범죄가 활개
를 치지만
결국에는 의인이 그들의 몰락을 지켜보게 된다.

17 자녀들을 훈계하여라. 그들과 같이 사는 것
이 기쁜 일이 될 것이기 때문이다.
훈계로 자녀를 키운 것을 흐뭇하게 여기게 될
것이다.

18 하나님이 행하시는 일을 보지 못하는 백성은
서로 뒤엉켜 고꾸라지고 말지만,
하나님의 계시에 주목하는 백성은
큰 복을 받는다.

19 일꾼들이 규칙을 지키게 하려면 말만으로
는 안된다.
그들은 한 귀로 듣고 한 귀로 흘려버리기 때문
이다.

20 생각 없이 말하는 자들을 보라.
바보라도 그들보다는 사정이 나을 것이다.

21 사람들이 너를 하찮게 여기도록 하면
나중에는 아예 없는 사람 취급할 것이다.

22 화를 잘 내는 자는 갖가지 불화를 일으키고
무절제한 자는 말썽을 일으킨다.

23 교만하면 꼴사납게 고꾸라지고
겸손하면 존경을 받는다.

24 무법자와 친구가 되는 것은
자기 자신과 원수가 되는 일이다.
법정에서 피해자들의 호소에 귀를 막는 겁쟁

**하나님의 특별한 사랑을 보여줄 기회**(29:14)

우리보다 적게 가진 사람을 내려다보기 쉽지만, 성경은 결코 그렇게 하지 않는다. 성경은 언제나 가난한 사람을 긍휼하게 바라보며, 내려다보지 않는다. 가난한 사람은 언제나 하나님의 특별한 사랑의 대상이며, 우리에게는 언제나 그 사랑을 보여줄 기회가 된다.

이가 된다면
그들이 울부짖으며 토해 내는 저주가
네게도 쏟아질 것이다.

25 사람의 평가를 두려워하면 옴짝달싹 못하게 되지만
**하나님**을 신뢰하면 그 길에서 벗어날 수 있다.

26 다들 지도자의 도움을 받으려 하지만
우리에게 정의를 베푸실 분은 **하나님**뿐이다.

27 선한 사람은 계획적인 악행을 참지 못하지만
악한 사람은 빼어난 선행을 견디지 못한다.

### 야게의 아들 아굴의 어록

30 1-2 회의론자가 선언했다. "하나님은 없어!
없다고! 내가 원하는 것이면 난 무엇이든 할 수 있어!
나는 사람보다는 짐승에 가깝지.
인간의 지성 따위와는 거리가 멀어.

3-4 나는 '지혜'에 낙제점을 받았다.
거룩한 신이 있다는 증거가 보이지 않는다.
누가 그의 모습을 본 적 있는가?
누군가 하늘로 올라가 세상을 장악하던가?
그가 바람을 제어하던가?
땅에 내릴 비를 양동이에 모으던가?
땅 끝까지 소유권 표시를 하던가?
그의 이름을 말해 다오. 그 아들들의 이름을 알려 다오.
자, 어서 말해 다오!"

5-6 믿는 자가 대답했다. "하나님의 약속은 모두 참되고
당신께로 달려가 도움을 구하는 모든 이들을 지켜 주신다.
그러니 그분의 생각을 어림짐작하지 마라.
그분이 너를 꾸짖으시고 네 거짓말을 드러내실 것이다."

7-9 그런 다음 그는 이렇게 기도했다. "하나님, 제가 죽기 전에
두 가지를 간구하오니, 물리치지 마십시오.
제 입술에서 거짓말을 쫓아내시고
제 앞에서 거짓말쟁이들을 쫓아내 주십시오.
더도 덜도 말고
생활에 필요한 만큼의 양식을 주십시오.

**믿음, 겸손, 의존**(30:1-9)

잠언 30:1-9은 회의에 빠진 사람과 믿는 사람 사이의 대화를 기록하고 있다. 회의론자에게서 우리는 교만을 엿볼 수 있다. "하나님은 없어!"라고 그는 강력하게 선언한다. 그리고 그 교만은 주제넘은 태도로 이어진다. "내가 원하는 것이면 난 무엇이든 할 수 있어!"(1절). 교만은 자기 이익과 자신의 이기적인 본능을 충족시키는 것들 외에는 전부 마음을 닫아 버린다.

반면에, 믿는 자에게서는 겸손을 엿볼 수 있다. 그리고 그 겸손은 주제넘은 태도가 아니라 기도로 이어진다. 게다가 그 기도마저 겸손하다. 그는 단 두 가지, 곧 진실하게 말하는 것과 하나님께 의존하며 사는 것을 구한다.

하나님 없는 사람의 인생은 회의주의, 교만, 주제넘은 태도로 이어지지만, 하나님을 의식하면 믿음, 겸손, 의존으로 이어진다.

제가 너무 배부르면, 제 힘으로 그렇게 된 줄 알고서
'하나님? 누가 그분이 필요하대?' 하고 말할 것입니다.
또한 제가 가난하면, 도둑질을 하여
하나님의 이름을 욕되게 할까 두렵습니다."

10 직장 동료들을 뒤에서
헐뜯지 마라.
그들은 네가 음흉한 사람이라고 비난할 테고
그 말은 사실이 될 것이다!

11 아버지를 저주하지 말고
어머니를 축복하기를 게을리하지 마라.

12 몇 주 동안 목욕을 안 했다면
자기 모습이 봐줄 만할 것이라고 생각하지 마라.

13 잘난 체하지 말고
남보다 낫다고 생각하지 마라.

14 무자비하고 잔인한 늑대처럼
탐욕을 부리지 마라.
그들은 가난한 이들에게 달려들어 마음껏 뜯어먹고
빈곤한 이들을 갈가리 찢어서 내버린다.

15-16 거머리에게 쌍둥이 딸이 있으니
그 이름은 "줘"와 "더 줘"이다.

**배부른 줄 모르는 것 네 가지**

세상에는 만족을 모르는 것이 셋,
아니, "충분합니다. 감사합니다!" 하고 말하는 법이 없는 것이 넷 있다.

지옥
아기 못 낳는 태
바싹 마른 땅
산불.

17 아버지를 멸시하고
어머니를 업신여기는 눈은,
야생 독수리가 뽑아내고
새끼 독수리가 먹어 버린다.

**이상한 것 네 가지**

18-19 놀라운 것이 셋,
아니, 내가 이해할 수 없는 것이 넷 있다.

독수리가 하늘 높이 나는 법
뱀이 바위 위를 기어 다니는 법
배가 바다를 항해하는 법
사춘기 청소년이 멋대로 구는 이유.

20 매춘부가 일하는 방식도 이해할 수 없기는 마찬가지다.
손님과 잠자리를 같이하고 나서
목욕을 하고는
이렇게 묻는다. "다음 차례는 누구?"

**참을 수 없는 것 네 가지**

21-23 세상이 도저히 감당할 수 없는 것이 셋,
세상의 기초를 뒤흔드는 것이 넷 있다.

수위가 사장이 되는 것

미련한 자가 부자가 되는 것
창녀가 '올해의 여성'으로 뽑히는 것
애인이 정숙한 아내의 자리를 대신하는 것.

### 작으면서도 경이로운 것 네 가지

24-28 작으면서도
너무나 지혜로운 생물이 넷 있다.

연약하지만
겨울을 나기 위해 먹이를 모아들이는 개미
힘은 없지만
바위에 든든한 집을 마련하는 다람쥐
우두머리 없는 곤충이지만
군대처럼 들판을 쑥대밭으로 만드는 메뚜기
붙잡기 쉽지만
경비대의 삼엄한 경계를 뚫고 왕궁을 몰래 드나드는 도마뱀.

### 고귀한 것 네 가지

29-31 위엄 있고 고귀한 것이 셋,
행동거지가 인상 깊은 것이 넷 있다.

어떤 것 앞에서도 물러서지 않는 백수의 왕 사자
당당하고 의젓하게 걷는 수탉
숫염소
위풍당당한 행렬 속에 있는 국가원수.

32-33 네가 모욕하는 말과 무례한 몸짓으로
남의 이목을 끄는 어리석은 짓을 했다면,
누군가가 네 코피를 터뜨려도 놀라지 마라.
우유를 저으면 버터가 되듯
화를 부추기면 주먹다짐을 하게 된다.

### 르무엘 왕의 어록

31 1 르무엘 왕의 어록
곧 그의 어머니가 그에게 남긴 훌
륭한 교훈이다.

2-3 "내 아들아, 무엇을 생각하느냐!
내가 낳은 아이야! 내가 하나님께 바친 아들아!
재산을 노리는 여자들,
지도자를 파멸시키는 문란한 여자들에게 네 힘을 쏟지 마라.

4-7 지도자에게는 포도주를 마시고 맥주를 들이키며
바보짓을 할 여유가 없다.
그랬다가는 곤드레만드레 취해 옳고 그름을 분간하지 못하게 되어,
지도자를 믿고 의지하는 백성이 다치게 된다.
포도주와 맥주는 산송장이나 다름없는
말기 환자의 고통을 가라앉히고
통증을 완화시키는
진정제로만 써라.

8-9 자기 사정을 알릴 힘이 없는 사람들,
어렵고 힘든 이들의 권리를 대변하여라.
정의를 대변하여라!
가난한 이들과 궁핍한 이들을 대변하여라!"

### 훌륭한 아내에게 바치는 찬가

10-31 훌륭한 아내는 찾기 어려울 뿐더러
다이아몬드보다 더 가치가 있다.
남편은 아내를 전폭적으로 신뢰하고
그 신뢰에 대해 후회할 일은 생기지 않는다.
아내는 남편에게 악의를 품지 않고
평생 그를 너그럽게 대한다.

최상품 털실과 무명실을 찾아
시장을 누비고,
뜨개질과 바느질을 좋아한다.
아내의 모습은 먼 지역으로 항해하여
이국적이고 진기한 상품들을 가져오는 무역선을 연상시킨다.
동트기 전에 일어나 가족을 위해
아침식사를 준비하고, 하루 일과를 계획한다.
밭을 잘 골라 구입한 뒤
아껴 둔 돈으로 정원을 일군다.
아침부터 일할 채비를 하고
소매를 걷어붙이고 열심히 움직인다.
자기 일의 가치를 알기에
서둘러 하루 일과를 마치는 법이 없다.
집안에 필요한 여러 일들을 능숙하게 해내고
게으름을 피우지 않는다.
어려운 사람을 보면 재빨리 돕고
가엾은 이를 모르는 체하지 않는다.
가족의 겨울옷을 미리 수선해 놓아
눈이 와도 걱정이 없다.
자신의 옷은
화려한 아마포와 비단으로 손수 지어 입는다.
남편은 시의 원로들과 함께 심의하며
크게 존경을 받는다.
아내는 겉옷을 만들어 팔고
손수 짠 스웨터를 옷가게에 가져간다.
아내의 옷은 질이 좋고 우아하다.
또한 아내는 언제나 미소를 머금고 내일을 맞이한다.
말할 때는 귀담아들을 말만 하고
늘 친절한 어조를 유지한다.
집안 사람 모두를 늘 살펴
각자 부지런히 자기 일을 해내도록 돕는다.
자녀들이 어머니를 존경하고 축복하니
남편도 합세하여 이렇게 칭송한다.
"훌륭한 일을 한 여인들이 많지만
당신은 그 누구보다 뛰어나구려!"
매력이 사람을 현혹하고 아름다움은 금세 사라지지만,
**하나님**을 경외하며 사는 여인은
칭송과 칭찬을 받는다.
마땅히 받아야 할 찬사를 아내에게 돌려라!
아내의 인생을 칭찬으로 꾸며 주어라!

# 전도서 | 머리말

동물들은 생긴 대로 살면서도 만족해하는 것 같다. 그러나 인간들은 다르다. 지금 모습보다 나아지거나 달라질 방법을 끊임없이 모색한다. 신나는 일 없나 시골 구석구석을 다니기도 하고, 의미를 찾아 영혼을 살피기도 하며, 쾌락을 얻으려고 세상을 떠돌기도 한다. 이것도 해보고 저것도 해본다. 그런데 우리가 흔히 시도해 보는 것들은 정해져 있다. 돈, 섹스, 권력, 모험, 지식 등이다.

그 모두가 처음에는 하나같이 대단해 보인다! 그러나 지나고 보면 다 별것 없다. 우리는 더한층 노력하고 애써 보지만, 그럴수록 건지는 것은 오히려 적어질 뿐이다. 어떤 이들은 일찌감치 포기하고 단조로운 삶에 만족하며 살아간다. 또 어떤 이들은 아예 배울 생각도 없는 듯 평생 이 일 저 일을 전전하며 차츰 인간다움을 상실한 채, 죽을 무렵이 되어서는 인간이라 말하기 어려울 정도의 존재가 되어 버린다.

전도서는 이런 허무함의 경험을 증언하는, 어쩌면 세상에서 가장 유명한 책이 아닐까 싶다. 이 책의 신랄한 재치와 더없는 솔직함은 우리의 시선을 사로잡고 주목을 끈다. 사람들은 이 책의 이러한 특성에 주목한다. 정말 그럴 수밖에 없다! 종교인, 비종교인, 신자, 비신자 할 것 없이 다들 주목한다. 그들 중에는 성경에 이와 같은 내용이 들어 있음을 알고 놀라는 사람도 적지 않다.

그러나 전도서가 성경에 들어 있는 이유, 반드시 들어 있어야 하는 이유는 인생에서 자신의 힘으로 뭔가를 이루어 보려는 사람들의 갖가지 헛된 시도를 멈추게 하려는 데 있다. 그래야 우리가 하나님께 온전히 관심을 기울이고, 하나님이 누구신지, 그분이 우리를 어떤 값진 존재로 만들려고 하시는지에 집중할 수 있기 때문이다. 전도서는 하나님에 대해 그다지 많이 말하지 않는다. 전도자는 그 일을 성경의 나머지 65권에 맡긴다. 그리고 우리 스스로는 우리 삶의 의미를 찾고 그것을 완성할 능력이 전혀 없다는 사실을 드러낸다.

[**탐구자**가 말한다.] 연기다. 한낱 연기다!
모든 것이 연기일 뿐 아무것도 아니다.
한평생 일했건만,
한평생 뼈 빠지게 일했건만 무슨 성과가 있는가?
한 세대가 가고 다음 세대가 와도
변하는 것은 없다. 예부터 있던 지구는
여느 때와 다를 바 없이 돌아간다.
해는 떴다가 지고
다시 떴다가 지기를 되풀이한다.
바람은 남쪽으로 불다가 북쪽으로 불고
돌고 돌며 다시 돈다.
이리 불고 저리 불며 늘 변덕스럽다.
모든 강이 바다로 흘러들지만
바다는 가득 차지 않는다.
강물은 옛날부터 흐르던 곳으로 흐르고

처음으로 돌아와 모든 것을 다시 시작한다.
모든 것이 따분하다. 극도로 따분하다.
아무도 그 의미를 찾지 못한다.
눈에도 따분하고
귀에도 따분하다.
이미 있던 것이 다시 있을 것이고
이미 벌어진 일이 다시 벌어질 것이다.
이 세상에 새로운 것은 없다.
해마다 다시 보아도 전에 있던 것이 있을 뿐이다.
누군가 "이봐, 이거 새로운 거야" 하고 법석을 떨어도
흥분하지 마라. 전부터 듣던 이야기일 뿐이다.
아무도 어제 있었던 일을 기억하지 않는다.
그렇다면 내일 벌어질 일은 어떨까?
내일 일도 아무도 기억하지 않을 테니
기억되기를 바라지 마라(전 1:2-11).

우리는 자신의 방법과 뜻에 따라 인간답게 살아 보려고 아등바등 애쓴다. 그러하기에 전도서를 반드시 읽어야 한다. 전도서는 생활방식을 바꾸어 삶의 해답을 찾아보려는 생각을 깨끗이 쓸어버리고, 예수 그리스도 안에서 자신을 계시하신 하나님을 맞이하도록 준비하게 한다. 전도서는 세례 요한과 같다. 식사가 아니라 목욕에 해당하고, 영양공급이 아니라 청결이자 회개이며 씻음이다. 전도서는 망상과 감상, 우상숭배적인 생각과 감정의 찌꺼기들을 말끔히 벗겨 낸다. 또한 우리 힘으로 우리 식대로 살 수 있을 것이라는 온갖 오만과 무지한 태도를 까발리고 버리게 만든다.

지혜로운 이의 말은 우리에게 제대로 살라고 촉구한다.
그 말은 잘 박힌 못처럼 인생을 붙들어 준다.
그것은 한분 목자이신 하나님의 말씀이기도 하다.

친구여, 이 밖의 것에 대해서는 너무 무리해서 연구하지 마라. 책을 출판하는 일은 끝이 없고, 공부만 하다 보면 지쳐서 공부밖에 못하는 사람이 된다. 나는 할 말을 다했고 결론은 이것이다.

하나님을 경외하여라.
그분이 명하시는 대로 행하여라.

이것이 전부다. 결국 하나님은 우리가 하는 모든 일을 환히 드러내시고, 감추어진 의도에 따라 그것의 선함과 악함을 판단하실 것이다(전 12:11-14).

전도서는 마음에 드는 목표를 세우고 그것을 열심히 추구하면 멋진 삶을 열매로 거둘 수 있을 것이라는 순진한 낙관주의에 도전장을 내민다. 우리 주위를 맴돌면서 화려하게 유혹하는 온갖 제안들, 모든 것을 약속하지만 결코 그 약속을 지키지 않는 제안들이 저자의 냉철한 회의주의와 참신한 반박 앞에서 그 실체를 분명하게 드러낸다. 그렇게 정리가 되고 나면 비로소 우리는 참된 실재이신 하나님을 맞을 준비가 된다.

["에클레시아스테스"(Ecclesiastes)는 흔히 "설교자"나 "선생"으로 번역되는 그리스어다. 그러나 이 책의 저자는 역사를 통해 드러난 인간의 근본을 자신의 경험에 비추어 제시하는 글쓰기 방식을 사용하고 있기에, 나는 이 단어를 "탐구자"(the Quester)로 번역했다(「개역개정판」 성경은 "전도자"로 번역했다).]

# 전도서

모든 것이 헛되다

1 [1] 다윗의 아들이자 예루살렘 **탐구자**의
말이다.

2-11 [**탐구자**가 말한다.] 연기다. 한낱 연기다!
모든 것이 연기일 뿐 아무것도 아니다.
한평생 일했건만,
한평생 뼈 빠지게 일했건만 무슨 성과가 있는가?
한 세대가 가고 다음 세대가 와도
변하는 것은 없다. 예부터 있던 지구는
여느 때와 다를 바 없이 돌아간다.
해는 떴다가 지고
다시 떴다가 지기를 되풀이한다.
바람은 남쪽으로 불다가 북쪽으로 불고
돌고 돌며 다시 돈다.
이리 불고 저리 불며 늘 변덕스럽다.
모든 강이 바다로 흘러들지만
바다는 가득 차지 않는다.
강물은 옛날부터 흐르던 곳으로 흐르고
처음으로 돌아와 모든 것을 다시 시작한다.
모든 것이 따분하다. 극도로 따분하다.

**읽도록 지정된 글**(1:1-12:14)

전도서는 하나님의 풍성함과 복을 기념하는 초막절에 읽게 되어 있는 글이었다. 초막절은 추수철 잔치의 흥겨움(풍성함)과, 광야에서 기적적으로 보존된 역사적 기억(복)을 결합하는 절기로, 풍요와 즐거움의 시간이었다. 창조의 자연적 선함(곡식 추수) 그리고 섭리의 초자연적 선함(기적의 빵, 만나)은 하나님이 자기 백성에게 주시는 풍성한 삶을 상징했다.

전도서가 초막절과 연관되어 있다는 사실은 중요하다. 성경 두루마리에서 가장 부정적인 글이 가장 긍정적인 절기에 읽어야 하는 글이었다. 초막절과 전도서의 결합은 하나님의 백성을 향한 메시지였다. 그들이 복 주시는 하나님과 연결되어 있으면, 복을 통해 하나님이 허락하시는 것들은 **하나님의 긍정**이라는 특징을 유지하게 된다. 그러나 복 주시는 하나님과 하나님이 주시는 복이 분리되면, 그 순간 하나님의 백성은 큰 위험을 당할 수도 있다.

아무도 그 의미를 찾지 못한다.
눈에도 따분하고
귀에도 따분하다.
이미 있던 것이 다시 있을 것이고
이미 벌어진 일이 다시 벌어질 것이다.
이 세상에 새로운 것은 없다.
해마다 다시 보아도 전에 있던 것이 있을 뿐이다.
누군가 "이봐, 이거 새로운 거야" 하고 법석을 떨어도
흥분하지 마라. 전부터 듣던 이야기일 뿐이다.
아무도 어제 있었던 일을 기억하지 않는다.
그렇다면 내일 벌어질 일은 어떨까?
내일 일도 아무도 기억하지 않을 테니
기억되기를 바라지 마라.

### 지혜도 헛되다

12-14 내 이름을 '**탐구자**'라고 해두자. 나는 예루살렘에서 이스라엘을 다스리는 왕이었다. 나는 모든 일을 신중하게 살피고, 이 땅에서 벌어지는 온갖 일을 샅샅이 조사했다. 그러나 분명히 말하지만, 쓸 만한 내용은 많지 않았다. 하나님은 세상을 그렇게 만만하게 만들어 놓지 않으셨다. 내가 모든 것을 살펴보니, 다 연기에 불과했다. 연기요, 허공에 침 뱉기였다.

15 인생은 펴지지 않는 타래송곳,
더할 수 없는 뺄셈이다.

16-17 나는 스스로에게 말했다. "나는 내 이전에 예루살렘에 살던 어느 누구보다도 아는 것이 많고 지혜롭다. 나는 지혜와 지식을 쌓았다." 그러나 결국 내가 내린 결론은 지혜와 지식이 부질없고 어리석은 일이라는 것, 허공에 침 뱉기에 불과하다는 것이다.

18 많이 배우면 걱정도 많고
많이 알수록 고통도 늘어난다.

### 즐거움도 한낱 연기다

2 1-3 나는 스스로에게 말했다. "한번 해보자. 실험 삼아 쾌락을 누리고 즐거운 시간을 보내자!" 그러나 거기에 남은 것은 아무것도 없었다. 한낱 연기뿐이었다.

재미 넘치는 삶을 어떻게 생각하느냐고? 미친 짓이다! 어리석은 짓이다!
행복 추구는 어떠냐고? 그것이 누구에게 필요하단 말인가?
나는 술 한 병과
동원할 수 있는 모든 지혜의 도움을 받아

**연기밖에 없다**(1:1-18)

탐구자가 자기 시대의 종교 상태를 목회적 관점에서 평가한 뒤의 결론은 **연기**라는 한 단어로 요약된다. 여기서 사용된 히브리어 단어는, 보이기는 하지만 잡히지는 않는 어떤 것을 뜻한다. 일시적이면서 의미는 없는 것이다. 문맥이 바뀌면서 이 단어의 의미도 다양해진다. 헛됨을 의미할 수도 있고, 허위, 환영, 사기를 의미할 수도 있다. 탐구자는 이 히브리어 단어를 전도서의 처음부터(1:1) 끝까지(12:8) 마흔 번 사용했다. 나머지 구약성경은 이 히브리어 단어를 단 서른세 번 사용했다. 전도서에서 이 단어는 강조의 형태로 자주 사용되는데, "헛되고 헛되다"라고 번역하는 경우도 있다. 여기 메시지 성경에서 나는 "연기다. 한낱 연기다"로 번역했다(1:2).

인생의 부조리를 꿰뚫어 보기 위해
내 수준에서 최선을 다했다.
나는 인간이 이 세상을 사는 동안 어떤 유용
한 일을
할 수 있는지 알고 싶었다.

4-8 나는 여러 큰일을 했다.
가옥을 여러 채 짓고
포도원을 일구고
정원과 공원을 설계하고
그 안에 온갖 과일나무를 심고
저수지를 만들어
나무들이 자라는 숲에 물을 댔다.
남녀 종들을 사들였고
그들이 자녀를 낳아 종의 수가 늘어났다.
나는 내 이전에 예루살렘에 살던
어느 누구보다도 많은 소 떼와 양 떼를 손에
넣었다.
은과 금
여러 나라의 왕들이 바친 보물을 모았고
노래를 즐기려고 가수들을 모았고
모든 즐거움 중에서도 가장 강렬한 즐거움
을 얻고자
관능적인 여자들을 곁에 많이 두었다.

9-10 오, 얼마나 번창했던가! 나는 예루살렘에
서 통치했던 그 어떤 선왕보다 압도적으로 우
위에 있었다. 더욱이, 나는 명석한 두뇌를 갖
고 있었다. 내가 원하는 것은 다 가졌고, 나 자
신에게 어떤 것도 금하지 않았다. 모든 충동
에 굴복했고 다 받아들였다. 내가 벌인 모든
일에서 그지없는 즐거움을 맛보았다. 그것은
고된 하루 일과 끝에 스스로에게 주는 보상이
었다!

11 그 다음, 나는 내가 이룬 모든 일, 모든 땀방
울과 노고를 찬찬히 들여다보았다. 그러나 연
기밖에 보이지 않았다. 연기요, 허공에 침 뱉
기였다. 그 모든 일에는 아무 의미도 없었다.
아무 의미도.
12-14 그 다음, 나는 똑똑한 것과 어리석은 것을
곰똘히 살폈다. 왕이 된 다음에 무슨 할 일이
있겠냐고? 왕 노릇은 힘들다. 할 수 있는 일을
할 뿐이지만, 빛이 어둠보다 낫듯 어리석은
것보다는 똑똑한 것이 낫다. 똑똑한 사람은
자기가 어디로 가는지 알고 어리석은 자는 어
둠 속을 더듬는다. 하지만 결국에는 둘 다 매
한가지다. 모두가 같은 운명을 맞이한다. 그
렇지 않은가.
15-16 내 운명이 미련한 자의 운명과 같다는 사
실을 깨달았을 때, 나는 이렇게 물을 수밖에
없었다. "그럼 뭐하러 애써 지혜로워지려는
거지?" 모두 연기에 불과하다. 똑똑한 자와
어리석은 자가 모두 시야에서 사라진다. 하루
이틀 지나면 둘 다 잊히고 만다. 그렇다. 똑똑
한 자든 어리석은 자든 모두 죽는다. 그것이
세상의 이치다.
17 나는 사는 것이 싫다. 내가 볼 때, 세상에서
하는 일은 하나같이 밑지는 장사다. 모두 연
기요, 허공에 침 뱉기다.

### 수고도 한낱 연기다

18-19 내가 이 세상에서 성취하고 쌓아 올린 모
든 것이 싫어졌다. 저세상에 갈 때 그것을 가
져갈 수 없고, 내 뒤에 올 사람에게 물려주어
야 한다. 내가 골똘하게 생각하고 수고하여
이 땅에서 이룬 결과물을, 자격이 있을지 없
을지 모르는 누군가가 차지할 것이다. 이 또
한 연기일 뿐이다.

**하나님의 자비로운 손**(2:24-26)

하나님은 우리의 존재와 우리가 하는 모든 일의 중심이시다. 하나님은 모든 것의 앞과 뒤, 위와 아래에 계신다. 우리 삶의 어느 한 부분이라도 하나님과 분리되면, 우리는 빈 가방을 들고 있는 사람과 같다. 하나님과 분리되어서 선할 수 있는 것은 아무것도 없다. 하나님이라는 맥락을 떠나면 실체는 사라진다. 하나님으로부터 의미가 파생되거나 아니면 아예 의미가 없거나 둘 중 하나다. 그 어떤 아이디어, 느낌, 진리, 즐거움도 스스로 존재할 수는 없다.

하나님의 백성이 하나님 없이 행복을 추구하고 온전함을 찾으며 사는 한, 탐구자의 사역은 반복될 수밖에 없다. 그는 맥락을 잃은 종교는 헛되고, 비어 있으며, 연기일 뿐이라고 주장하는 성경의 목소리다. 그는 독립적 존재는 즐거움도, 소유도, 경건도 누릴 수 없다고 주장한다. 이 목소리를 반영하면서 야고보는 이렇게 말한다. "모든 바람직하고 유익한 선물은 하늘로부터 옵니다. 빛의 아버지로부터 폭포처럼 하염없이 내려옵니다"(약 1:17). 모든 선한 것은 그 근원을 계속 추적해 가다 보면 하나님의 자비로운 손으로 귀결된다.

20-23 그래서 나는 하던 일을 그만두었고, 이 세상에서 바랄 수 있는 모든 것에 대한 기대를 접었다. 수고해서 얻은 모든 것을 손가락 하나 까딱하지 않은 누군가에게 넘겨줘야 한다면, 뼈 빠지게 일하는 것이 무슨 소용이란 말인가? 한낱 연기일 뿐이다. 처음부터 끝까지 밑지는 장사다. 힘들게 일하는 인생에서 얻는 것이 무엇이겠는가? 동틀 녘부터 해질 녘까지 고통과 슬픔이 이어진다. 하룻밤도 편히 쉬지 못한다. 모든 것이 한낱 연기일 뿐이다.
24-26 즐거운 시간을 보내며 최대한 잘 지내는 것, 이것이 바로 우리가 인생에서 할 수 있는 최선이다. 내가 볼 때, 그것이 하나님이 인생에 정해 주신 운명이다. 잘 먹든지 못 먹든지, 하나님께 달렸다. 하나님이 아끼시는 이들은 지혜와 지식과 기쁨을 얻지만, 죄인들은 힘들게 일하는 인생을 살다가 결국에는 하나님이 아끼시는 이들에게 모은 것을 모두 넘겨준다. 모두가 한낱 연기요, 허공에 침 뱉기일 뿐이다.

**모든 것에는 알맞은 때가 있다**

# 3

1 어떤 일이든 적절한 때가 있고, 세상 모든 것에 알맞은 때가 있다.

**하나님이 정리하시는 인생의 실재**(3:1-8)

전도서 3장을 시작하는 활기찬 본문은, 서로 반대되는 조합들—탄생과 죽음, 심는 것과 수확하는 것, 우는 것과 웃는 것—을 살펴보면서 그것을 대조시키기보다는 통합시킨다. 하나님은 우리의 시간이 아니라 하나님의 시간에 이러한 인생의 실재를 같이 붙여 놓으셨다. 하나님은 우리의 경험이 즐겁든 슬프든 그 안으로 침입해 자신의 존재로 채우시고, 그분의 은혜가 스며들게 하시며, 의미를 부여하신다. 우리는 슬픈 것보다는 즐거운 경험을 더 좋아하지만, 복음은 그것을 한데 묶어서 가져온다. 사실 하나님께는 큰 차이가 없음을 말해 준다. 탄생이든 죽음이든, 웃음이든 눈물이든, 당신이 속한 시간이 **하나님의** 시간이다. 하나님은 인생의 모든 경험 안에 존재하신다. 그리고 그분의 존재와 함께 평화도 온다.

2-8 태어날 때가 있고 죽을 때가 있다.
심을 때가 있고 수확할 때가 있다.
죽일 때가 있고 치료할 때가 있다.
파괴할 때가 있고 건설할 때가 있다.
울어야 할 때가 있고 웃어야 할 때가 있다.
탄식할 때가 있고 환호할 때가 있다.
사랑을 나눌 때가 있고 멀리할 때가 있다.
껴안을 때가 있고 떨어질 때가 있다.
찾을 때가 있고 포기할 때가 있다.
붙잡을 때가 있고 놓아 보낼 때가 있다.
찢을 때가 있고 꿰맬 때가 있다.
입을 다물 때가 있고 큰소리로 말할 때가
있다.
사랑할 때가 있고 미워할 때가 있다.
전쟁을 벌일 때가 있고 화친을 할 때가 있다.

9-13 하지만 누가 무슨 일을 한들 결국 달라질
게 있을까? 하나님이 우리에게 맡기신 일을
자세히 살펴보니, 대부분 바쁜 일로 수고하는
기색이 역력했다. 참으로 하나님은 모든 것을
제때에 그 자체로 아름답게 만드셨다. 하지만
그분은 우리를 무지 가운데 두셨고, 그래서
하나님이 무슨 일을 하시는지, 오시는지 가시
는지 알 수 없다. 나는 살아가면서 좋은 시간
을 보내고 여러 좋은 것들을 누리는 것보다 나
은 것이 없다는 결론을 내리게 되었다. 그렇
다. 먹고, 마시고, 자기 일에 최선을 다하여라.
그것이 하나님의 선물이다.
14 내가 내린 또 하나의 결론은, 하나님이 행하
시는 모든 일은 항상 그대로 이루어진다는 것
이다. 거기에 무엇을 보탤 수도, 뺄 수도 없다.
하나님이 그렇게 정하셨고 그것으로 끝이다.
이것은 질문을 그치고 거룩한 두려움으로 하
나님을 예배하라는 뜻이다.

15 전에 있던 것이 지금 있고
지금 있는 것이 장차 있을 것이다.
하나님이 하시는 일은 늘 이와 같다.

16-18 나는 세상에서 일어나는 일들도 자세히
살펴보았다. 그랬더니 재판하는 곳, 의로움이
있어야 할 자리가 심히 부패해 있었다! 나는
이렇게 생각했다. "하나님이 친히 의인과 악
인을 심판하실 것이다." 모든 일, 모든 행위에
는 합당한 때가 있다. 그 무엇도 그 때를 피해
갈 수 없다. 나는 또 인간에 관해 이렇게 생각
했다. "하나님은 우리를 시험하시고, 우리가
짐승에 불과함을 드러내신다."
19-22 인간과 짐승의 결국은 같다. 인간도 죽고,
짐승도 죽는다. 모두가 같은 공기를 호흡한
다. 그러니 인간이라고 해서 나을 것이 전혀
없다. 모든 것이 연기다. 우리 모두 결국 같은
장소에 이른다. 모두 먼지로부터 와서 먼지로
끝난다. 인간의 영이 하늘로 올라가는지, 짐

**답보다 훨씬 더 큰 것**(3:9-15)

마음은 영원과 닿아 있고, 하나님의 존재라는 신비를 알고자 쉬지를 못한다. 그렇게 만들어졌기 때문에 마음은 단순한 답만으로는 만족할 수 없다. 궁극적으로 우리가 원하는 것은 하나님의 답이 아니라 하나님의 인자하심이다. 우리가 찾는 것은 하나님의 교육이 아니라 하나님을 즐거워하는 것이다. 그래서 전도서 마지막 장은 다음과 같은 권고로 시작한다. "네 창조주께 영광을 돌리고 그분을 즐거워하여라"(12:1).

승의 영이 땅으로 내려가는지, 누구도 확실히 알지 못한다. 그래서 나는 우리가 하는 일을 즐겁게 감당하는 것이 최고라는 결론을 내렸다. 그것이 우리의 몫이다. 인생에 그 외의 다른 것이 있을까?

#### 폭력, 수고, 친구

4 1-3 또 나는 이 세상에서 이루어지는
온갖 잔인무도한 폭력을 보았다. 피해
자들이 눈물을 흘리는데 그들을 위로할 자가
없었다. 압제자들의 무지막지한 손아귀에서
그들을 구해 낼 자가 없었다. 지금 살아 있는
자들보다 이미 죽은 자들의 처지가 더 낫다는
생각이 들었다. 그러나 아직 세상에 태어나지
않아 이 땅에서 벌어지는 몹쓸 일을 본 적이
없는 사람이 가장 운이 좋다.
4 나는 온갖 노력과 야심이 시기심에서 나온다
는 것도 알게 되었다. 얼마나 허무한 일인가!
이 역시 연기요, 허공에 침 뱉기일 뿐이다.

5 어리석은 자는 편안히 앉아 느긋하게 쉬니
그의 게으름은 서서히 이루어지는 자살행위다.

6 가진 것이 한 줌밖에 없어도 편히 쉴 수 있는 사람이
두 손 가득 쥐고도 걱정에 찌들어 일하는 사람보다 낫다.
그렇게 일해도 결국에는 허공에 침 뱉는 것과 같기 때문이다.

7-8 나는 허무를 향해 가는 또 한 줄기의 연기
를 보았다. 자녀도 가족도 친구도 없이, 밤늦
도록 집요하게 일만 하는 외톨이다. 그는 더
많이 가지려는 탐욕에 사로잡혀 있을 뿐, 결
코 이렇게 묻지 않는다. "왜 나는 즐기지도 못
한 채 이렇게 열심히 일하는 걸까?" 그의 일은
연기다. 결국에는 아무것도 남지 않는다.

9-10 혼자 일하는 것보다 파트너가 있는 편이 낫다.
일도 나누고, 재산도 나누라.
한 사람이 쓰러지면 나머지 사람이 도울 수 있지만
도와줄 사람이 없으면 고달프기 짝이 없다!

11 둘이 한 침대에 누우면 따뜻하지만
혼자서는 밤새 떨어야 한다.

12 혼자서는 무방비 상태이지만
친구와 함께라면 그 어떤 것에도 맞설 수 있다.
친구를 하나 더 만들 수 있는가?
세 겹 줄은 쉽게 끊어지지 않는다.

---

II "그 어떤 것에도 맞설 수 있게"(전 4:12) 도와주는 친구들을 생각할 때 누가 떠오르는가? 그 친구들로 인해 하나님께 감사하라.

---

13-16 가난해도 지혜로운 젊은이가 나이가 많
으면서도 사리분별 못하는 어리석은 왕보다
낫다. 나는 이런 젊은이가 아무것도 없이 빈
털터리로 시작했다가 부자가 되는 것을 보았
다. 이 젊은이가 왕위를 잇자 모든 사람이 열
렬히 그의 다스림에 따랐다. 그러나 열기는

금세 가라앉았고 백성의 무리는 곧 흥미를
잃었다. 이것 또한 연기에 불과하지 않은가?
허공에 침 뱉기가 아닌가?

#### 하나님을 경외하여라

5 1 하나님의 집에 들어갈 때는 발걸음을
조심하여라.
그분께 배우겠다는 겸손한 마음을 품어라. 그
것이 생각 없이 제물을
바쳐서, 유익은커녕 해만 끼치는 것보다 훨씬
낫다.

2 함부로 입을 놀리거나 생각 없이 말하지
마라.
하나님이 듣고 싶어 하실 말을 어림짐작하
여 성급하게 늘어놓지 마라.
네가 아니라 하나님께 주도권이 있으니, 너
는 말을 적게 할수록 좋다.

3 과로하면 숙면을 취하지 못하고
말이 많으면 바보처럼 보인다.

4-5 무엇인가 하겠다고 하나님께 약속했으
면 즉시 행하여라.
하나님은 함부로 말하는 어리석은 사람을
좋아하지 않으신다. 서원을 했으면 지켜라.
서원을 하고도 지키지 않느니 애초에 서원
하지 않는 편이 훨씬 낫다.

6 입을 잘못 놀려 영락없는 죄인이 되는 일
이 없게 하여라.
나중에 가서 "죄송해요. 그런 뜻이 아니었
어요" 하고 말해 본들
그냥 넘어갈 수 없을 것이다.
어쩌자고 하나님의 진노를 사며 화를 자초
하는가?

7 그러나 온갖 망상과 환상과 공허한 말에
휘둘리지 않게 해줄
반석 같은 기초가 있다. 그것은 하나님을
경외하는 것이다!

#### 재물 또한 연기일 뿐이다

8-9 가난한 이들이 학대를 당하고 정의와 공의
가 유린되는 광경을 도처에서 보더라도 너무
안타까워하지 마라. 착취는 하급 관리들 사이
에 널리 퍼져 있고, 한도 끝도 없어서 어찌할
도리가 없다. 그러나 대지는 누구도 속이지 않

---

**종교 사업을 경계하라**(5:1-2)

기독교는 우리에게 말씀하시는 하나님, 우리를 사랑하고 인도하시겠다고, 긍휼히 대하고 훈련시키시겠다고, 용서하고 그분 아들의 형상으로 빚으시겠다고 약속하시는 하나님을 향해 자신을 열게 되는 종교다. 그러한 하나님을 예배하기 위해 모일 때 주의해야 할 것은, 들어야 할 때에 말을 하지 않는 것이다. 우리가 지켜야 할 도덕과 의논해야 할 안건들을 놓고 이야기를 나누느라 하나님의 음성이 그 소리에 파묻힐 수 있다. 종교 기관을 운영하느라 너무 바쁜 나머지, 하나님을 개인적으로 만날 시간도 에너지도 모두 바닥날 수 있다. 이 종교라고 하는 일을 말 그대로 일로 취급할 위험이 있다. 우리가 주도하고 우리 스스로 계획하고 해내는 일이 될 수 있다. 그래서 "하나님의 집에 들어갈 때는 발걸음을 조심하여라"(전 5:1)는 중요한 권고이며, 자기 교만에 걸려 넘어지는 것을 막아 준다.

는다. 악한 왕도 밭에서 나는 곡식을 먹는다.

10 돈을 사랑하는 자는 돈으로 만족하는 법
이 없고
재산을 사랑하는 자는 아무리 큰돈을 벌어
도 만족하지 못한다. 재물 또한 연기일 뿐
이다.

11 네가 부정이득을 얻을수록 그것을 노리
는 자도 많아진다.
환한 대낮에 가진 것을 털리는 일이 과연 재
미가 있겠는가?

12 저녁식사로 콩을 먹든 불고기를 먹든
열심히 정직하게 일하면 밤잠이 달콤하다.
그러나 부자는 배가 불러 불면증에 시달린다.

13-17 나는 이런 불운한 일도 보았다.
어떤 사람이 분에 넘치도록 재산을 쌓다가
한 번의 잘못된 거래로 전 재산을 날렸다.
자식이 있었지만 한 푼도 남겨 주지 못했다.
어머니의 태에서 맨몸으로 나왔는데,
올 때와 똑같이 맨몸으로 세상을 떠나게 되
었다.
맨몸으로 왔다가 맨몸으로 떠나다니, 참으
로 안타까운 일이다.
얻는 것이 결국 연기뿐이라면 열심히 일할
이유가 무엇인가?
어둠 속에서 보내는 비참한 세월을 위해 일
하는가?

18-20 세상이 돌아가는 모양을 살핀 후에, 나는
가장 잘사는 방법이 무엇인지 결론을 내렸다.
자기 몸 간수 잘하고, 즐거운 시간을 보내고,
하나님이 생명을 허락하시는 동안 자신이 맡은 일을 최대한 잘 감당하는 것이다. 그것이 전부다. 그것이 사람이 받을 몫이다. 물론 우리는 하나님이 주시는 바, 자신의 본분과 그것을 누릴 능력을 최대한 활용하여 주어진 상황을 받아들이고 즐거운 마음으로 일해야 한다. 이것이 하나님의 선물이다! 하나님은 바로 지금, 우리에게 기쁨을 나누어 주신다. 우리가 얼마나 오래 살지 걱정하는 것은 부질없는 일이다.

6
1-2 나는 이 세상에서 벌어지는 일을 오
랫동안 열심히 살펴보았다. 분명히 말
하지만, 상황이 좋지 않다. 사람들도 그것을
느낀다. 하나님은 돈과 재물과 명예 등 어떤
사람들이 바라고 꿈꾸는 모든 것을 그들에게
쏟아부어 주시고는, 정작 그것을 누리지 못하
게 하신다. 엉뚱한 사람이 와서 그 모든 것을
즐긴다. 재물을 얻는 것 역시 연기 같은 일이
다. 우리에게 남는 것이 없다.
3-5 자녀를 수십 명 낳고 오래오래 살다가 성대
한 장례식으로 마지막을 장식한 부부가 있다.
그러나 그들이 살아 있는 동안 인생을 즐기지
못했다면, 차라리 사산아의 처지가 더 낫다고
할 수 있다. 그 아이는 제대로 모습을 갖추기
도 전에 어둠 속으로 사라졌고, 이름도 얻지
못했다. 아무것도 보지 못했고 알지도 못했지
만, 그 아이가 살아 있는 어떤 사람보다 형편
이 낫다.
6 사람이 천 년을 산들, 아니 이천 년을 산다
한들, 삶의 즐거움도 누리지 못한다면 무슨
의미가 있겠는가? 마침내는 다들 같은 곳으
로 가지 않는가?

**공식이 아니라 믿음으로 살다**(6:1-12)

전도서의 탐구자는 하나님 편에 서면 우리의 모든 문제를 해결할 수 있는 지혜가 따라오고, 우리의 모든 기도가 응답되는 특별한 사랑을 받을 것이라고 생각하는 순진한 낙관주의에 도전한다. 우리는 하나님이 어떤 분이시며, 무엇을 행하시는지에 대해 비성경적인 기대를 가질 때가 많다. 하나님이 원하시는 인생이 아니라 **우리가** 원하는 인생대로 살게 해주시기를 바라는 것이다. 탐구자는 베스트셀러 소설의 공식에 맞춰 쓴 것 같은 종교를 폭로하여 독자들이 공식을 따라서가 아니라 믿음으로 살도록 해준다.

7 우리는 식욕을 채우고자 일하지만,
우리 영혼은 그동안 굶주림에 허덕인다.

8-9 그러면 지혜로운 이가 어리석은 자보다 나
은 것이 무엇이고, 근근이 살아가는 가난뱅이
보다 나은 것이 무엇인가? 무엇이든 당장 손
에 닿는 것을 붙들어라. 시간이 가면 더 좋은
것이 나올 것이라 생각하지 마라. 그 모두가
연기요, 허공에 침 뱉기일 뿐이다.

10 무슨 일이든 생길 일이 생기는 것이다. 그
일의 운명은 정해져 있다.
운명에 따질 수는 없다.

11-12 말이 많아질수록 공중에 연기만 늘어난
다. 그렇게 해서 누군가의 형편이 조금이라도
나아졌는가? 연기와 그림자처럼 초라하게 사
는 우리에게 무엇이 최선인지 누가 알겠는가?
우리 생애의 다음 장을 누가 알려 주겠는가?

지혜로운 이와 어리석은 자

7 1 좋은 평판이 두둑한 은행계좌보다
낫고
태어난 날보다 죽는 날이 더 의미심장하다.

2 잔치보다 장례식에서 더 많은 것을 배운다.
결국에는 우리도 장례식으로 인생을 마무
리할 테니,
그곳에 가면 무엇인가 발견하게 될 것이다.

3 우는 것이 웃는 것보다 낫다.
얼굴은 얼룩져도 마음은 깨끗이 씻어 준다.

4 지혜로운 이는 아픔과 슬픔에 몰두하지만
어리석은 자는 즐거움과 놀이로 인생을 낭
비한다.

5 어리석은 자들의 노래와 춤보다
지혜로운 이의 책망에서 얻는 것이 더 많다.

6 어리석은 자들의 키득거림은 가마솥 밑에
서 타는 잔가지 소리 같고,
흩어져 없어질 연기 같다.

7 잔인한 학대는 지혜로운 사람의 총기를
앗아 가고
아무리 용감한 사람이라도 무너뜨린다.

8 시작보다 끝이 낫다.
돋보이는 것보다 끈질긴 것이 낫다.

9 성급하게 화를 내지 마라.
분노는 부메랑이 되어 돌아온다. 머리에 난
혹으로 어리석은 자를 알아볼 수 있다.

10 "좋은 시절 어디 갔나?" 하고 자꾸만 묻지
마라.
지혜로운 사람은 그런 질문을 하지 않는다.

11-12 지혜도 좋지만 돈까지 있으면 더 좋다.
특히 살아 있는 동안에 둘 다 얻으면 더 좋다.
지혜와 부, 이 둘은 이중 보호장치와 같다!
게다가 지혜를 얻는 자는 활력까지 덤으로
얻는다.

13 하나님께서 행하시는 일을 잘 들여다보
아라.
창조주가 구부려 놓으시고 비뚤비뚤하게
해놓으신 것을
누가 곧게 펼 수 있겠는가?

14 좋은 날에는 즐겁게 보내고
나쁜 날에는 양심을 살펴보아라.
하나님은 두 날을 다 마련해 놓으셨으니,
어떤 것도 당연하게 여기지 않게 하시려는
것이다.

15-17 짧고 헛된 인생을 살면서 나는 다 보았다.
착한 사람이 착한 일을 하다가 쓰러지기도 하
고, 나쁜 사람이 그지없이 악한 일을 하면서 오
래 살기도 한다. 그러니 착하게 살려고 너무 무
리하지 말고, 너무 지혜롭게 되지도 마라. 그
래 봤자 아무것도 얻지 못한다. 그러나 못되게
살아서 일부러 위험한 길을 택하지는 마라. 쓸
데없이 명을 재촉할 까닭이 무엇인가?
18 이것도 잡고 저것도 놓치지 않는 것이 제일
이다. 하나님을 경외하는 사람은 현실의 한
부분만 붙들지 않고, 모든 면을 책임감 있게
아우른다.

19 지혜는 지혜로운 한 사람에게
성을 지키는 열 명의 힘센 자보다 더 큰 힘
을 준다.

20 이 세상에는 완전히 선한 사람,
완벽하게 순수하고 죄 없는 사람이 하나도
없다.

21-22 남의 대화를 엿듣지 마라.
너에 대한 듣고 싶지 않은 험담이라도 나오
면 어쩌려는가?
너도 몇 번 그래 본 적 있지 않은가? 면전
에서 못 할 말을
당사자가 없는 자리에서는 하지 않았는가?

23-25 나는 지혜를 구하고자 모든 것을 시험해
보았다. 지혜롭게 되고자 했지만, 지혜는 내
가 닿기에는 너무 멀었고 내가 헤아리기에는
너무 깊었다! 지혜를 온전히 찾아낸 사람이
있을까? 나는 온 힘을 다해 집중하여 지혜, 곧
인생의 의미를 연구하고 살피고 구했다. 악과
우둔함, 어리석음과 광기가 무엇인지도 알고
싶었다.
26-29 그리하여 한 가지를 발견했다. 남자를 유
혹해 마음대로 할 계략을 꾸미는 여자는 감당
못할 존재라는 사실이다. 운 좋은 사람은 그
런 여자를 피하지만, 우둔한 자는 붙잡히고
만다. 이것은 경험으로 알게 된 것이요, 인생
의 의미를 탐구하다 알게 된 바를 종합한 내용
이다. 그러나 내가 찾던 지혜는 발견하지 못
했다. 지혜롭다고 할 만한 사람은 천 명 중에
서 한 명도 찾아내지 못했다. 하지만 답답함
속에서 나는 한 줄기 깨달음을 얻었다. 하나
님은 사람을 참되고 올바르게 만드셨지만, 우

리가 상황을 엉망진창으로 만들었다는 사실
이다.

8
1 지혜롭게 되어
인생의 의미를 해석할 줄 아는 것만큼
좋은 일은 없다.
지혜는 사람의 눈을 빛나게 해주고
말과 행실을 부드럽게 해준다.

**누구도 바람을 제어할 수 없다**

2-7 엄숙히 복종을 맹세했으니 너는 왕의 명령 대로 행하여라. 네가 받은 명령에 대해 미리 염려하여 넘겨짚지 말고, 맡겨진 임무가 싫어하는 것이라는 이유로 발을 빼지 마라. 너는 네가 아니라 왕의 뜻을 섬기고 있다. 왕이 결정권을 갖고 있다. 누구도 감히 왕에게 "뭐하시는 겁니까?" 하고 말할 수 없다. 명령을 수행해서 손해 볼 일이 없고, 지혜로운 사람은 신속하고 정확하게 명령을 수행한다. 모든 일에는 알맞은 때와 알맞은 방법이 있는데, 불행히도 우리는 대부분 그것을 놓치고 만다. 무슨 일이 생길지, 언제 그런 일이 일어날지 아무도 모른다. 누가 우리에게 그것을 말해 주겠는가?

8 누구도 바람을 제어하거나 상자에 가둘
수 없다.
누구도 죽을 날을 정할 수 없다.
누구도 당장에 전투를 중단시킬 수 없다.
누구도 악을 통해 구원받을 수 없다.

9 이것은 내가 이 세상에서 벌어지는 모든 일을 이해하려고 노력하던 중에 목격한 것이다. 이것이 바로 서로에게 상처를 입힐 힘을 갖고 있는 세상이 돌아가는 방식이다.

**착한 사람과 나쁜 사람**

10 나는 악인들이 예를 갖추어 거룩한 땅에 묻히는 것을 보았다. 사람들은 장례식을 마치고 성내로 돌아와서 온갖 미사여구를 동원해 그들을 칭송했다. 악인들이 악행을 저지른 바로 그 현장에서! 이것 또한 연기다. 참으로 그렇다.
11 악행을 벌하는 판결이 나오기까지 참으로 오랜 시간이 걸리기 때문에, 일반 대중은 살인죄를 짓고도 벌을 면할 수 있다고 생각한다.
12-13 사람이 백 번이나 죄를 짓고 그때마다 처벌을 피해 빠져나간다 해서, 그의 삶이 훌륭하다고 말할 수 없다. 훌륭한 삶은 하나님을 경외하여 그분 앞에서 경건하게 사는 사람의 몫이다. 악인은 "훌륭한" 삶을 경험하지 못한다고 나는 굳게 믿는다. 그가 아무리 많은 날을 살아도, 그 삶은 그림자처럼 맥없고 칙칙할 뿐이다. 그는 하나님을 경외하지 않기 때

**잘난 체하는 성공 격언(8:1)**

전도서의 행간을 읽어 보면, 당대의 현인들은 살면서 얻은 약간의 통찰과 피상적인 지혜로 사람들에게 성공과 행복의 길을 제시했다는 것을 알 수 있다. 그들은 인생을 근본적으로 바꾸는 하나님의 말씀에 적응되어 있는 예언자들과 더 이상 소통하지 않았다. 그들은 고통받는 사람들과 함께 살면서 그들의 고통을 나누는 제사장들과도 교류하지 않았다. 그들은 사실상 호사가로서, 등을 툭툭 치면서 잘난 체하는 웃음을 지으며 자신의 성공 격언을 전달하는 사람들일 뿐이었다.

문이다.

14 늘 벌어지지만 이치에 맞지 않는 일이 있다. 착한 사람이 벌을 받고, 나쁜 사람이 상을 받는 것이다. 분명히 말하지만, 이것은 이치에 맞지 않는 일이다. 한낱 연기에 불과하다.

15 그래서 나는 적극적으로 나서서 최대한 즐거운 시간을 갖는 것에 대찬성이다. 사람들이 이 세상에서 기대할 수 있는 유일한 선은, 잘 먹고 잘 마시고 즐거운 시간을 갖는 것이다. 이것이 하나님이 지상에서 허락하신 짧은 세월 동안 우리가 벌이는 생존투쟁에 대한 보상이다.

16-17 이 세상에서 벌어지는 모든 일을 살펴 지혜를 얻기로 마음먹었을 때, 내가 깨달은 것이 또 있다. 눈 한 번 깜빡이지 않고 밤낮으로 눈을 부릅뜨고 지켜보아도, 하나님이 이 세상에서 행하시는 일의 의미를 알아낼 수 없다는 사실이다. 아무리 열심히 찾아도 이해할 수 없을 것이다. 제아무리 똑똑한 사람이라도 제대로 파악할 수 없을 것이다.

### 모든 일은 하나님의 손안에 있다

9 1-3 나는 이 모든 것을 눈여겨보고 하나하나 숙고했다. 그리고 선한 사람과 지혜로운 사람, 그들이 하는 모든 일이 하나님의 손안에 있다는 것을 알게 되었다. 그러나 그들은 자신들이 사랑을 받고 있는지 미움을 받고 있는지 모른다.

있을 수 없는 일이 일어나고 있다. 의인과 악인, 착한 사람과 악한 사람, 괜찮은 사람과 비열한 사람, 예배를 드리는 자와 드리지 않는 자, 맹세하는 자와 맹세하지 않는 자 모두가 같은 운명이다. 이렇게 모두가 한 운명으로 도매금으로 처리된다니, 터무니없는 일이요 답답한 세상사 중에서도 최악이다. 많은 사람들이 악에 집착하는 것을 이상하게 볼 이유가 무엇인가? 사람들이 여기저기서 미쳐 날뛰는 것을 이상하게 여길 까닭이 무엇인가? 삶은 죽음으로 이어진다. 그것이 전부다.

4-6 그래도 산 사람에게는 희망이 있다. 흔히 하는 말로, 살아 있는 개가 죽은 사자보다 낫다. 산 자는 하다못해 자기가 죽을 거라는 사실이라도 안다. 그러나 죽은 자는 아무것도 모

**답의 세속화**(8:16-17)

하나님의 길은 신비로워 속을 알 수 없는 깊은 우물과 같다. 우리가 아무리 영리해도 알아낼 수가 없다(전 8:17). 그렇다고 해서 우리가 어둠 속에 있는 것은 아니다. 성경을 믿는 종교에는 답이 **있다**. 역사적으로 점검하고 철학적으로 실험할 수 있는 내용이 **있다**. 그리고 우리가 하나님에 대해 내릴 수 있는 결론이 **있다**. 기독교 신앙은 하나님의 성품과 하나님의 뜻이 무엇인지 비춰 주는 계시를 다룬다. 예수 그리스도의 계시에 가까이 갈수록, 그 우물의 깊이를 헤아리도록 우리를 돕는 빛은 더 밝다. 하나님에 대한 지식 중 일부는 사람들이 묻는 질문에 대한 답의 형식으로 만들어질 수도 있다.

따라서 전도서가 거부하는 것은 답 자체가 아니다. 답을 전면 거부하면 어두운 방에서 향을 피우고 마법의 주문을 외우는 종교만 남게 된다. 전도서의 탐구자가 공격하는 것은 답의 **세속화**인데, 곧 하나님께로부터 비롯되는 지식을 그 근원과 분리해 우리 마음대로 쓰는 것이다.

그러한 답에서 나오는 연기는 달콤한 향내를 피울지 몰라도, 연기인 것에는 변함이 없다.

르고 아무것도 얻지 못한다. 그들은 아무도 기억하지 않는 논외의 대상이다. 그들의 사랑, 미움, 심지어 꿈마저 사라진 지 오래다. 이 세상에서 그들의 흔적은 전혀 남아 있지 않다.

7-10 생명을 붙잡아라! 신나게 빵을 먹고
힘차게 포도주를 마셔라.
그렇다. 네가 기뻐할 때 하나님도 기뻐하신다!
아침마다 축제옷을 입어라.
깃발과 스카프를 아끼지 마라.
네 위태로운 인생에서
사랑하는 배우자와 함께하는 하루하루를 즐겨라.
하루하루가 하나님의 선물이다. 그것이 생존이라는 노고의
대가로 받는 전부다.
하루하루를 최대한 잘 사용하여라!
무슨 일이 닥치든지 꽉 붙잡고 감당하여라.
성심성의껏!
지금이 네가 그 일을 감당할 수 있는 마지막 기회, 유일한 기회일 수도 있다.
너는 죽은 자들이 있는 곳으로 날마다 가고 있으며
그곳에는 할 일도, 생각할 거리도 없기 때문이다.

11 나는 다시 한번 주위를 돌아보았고 이 세상
의 모습을 깨달았다.

빠르다고 경주에서 늘 이기는 것도 아니고
힘세다고 싸움에서 이기는 것도 아니다.
지혜롭다고 만족을 얻는 것도 아니고
똑똑하다고 부자가 되는 것도 아니며
학식이 높다고 품위가 있는 것도 아니다.
그리고, 조만간 우리 모두에게 불행이 닥친다.

12 누구도 불행을 내다볼 수 없다.
물고기가 무자비한 그물에 걸리고 새가 올무에 걸리듯,
사람도 갑작스럽고 몹쓸 사고에
꼼짝없이 걸려든다.

**지혜가 완력보다 낫다**

13-15 지혜가 이 세상에서 어떤 대접을 받는지
지켜보던 어느 날, 정신을 바짝 차리고 주목
하게 된 한 사건이 있었다. 사람이 얼마 살지
않는 조그만 성읍에 힘센 왕이 쳐들어왔다.
그는 성을 둘러 참호를 파고 공격 태세를 갖
추었다. 그러나 작은 성읍에는 가난하지만 지
혜로운 사람이 있었고, 그가 지혜를 발휘하여

**인생을 놓치지 말고 즐겨라**(9:4-10)

전도서는 때로 냉소적이고 비관적이라는 평을 듣는다. 하지만 그런 평가는 적절하지 않다. 활기찬 즐거움에 대한 이야기도 많기 때문이다. 생명을 붙잡고 즐기라는 말은 전도서에서 반복해서 등장하는 주제다(2:24; 3:12-13; 8:15; 9:7-10; 11:7). 예루살렘 탈무드에는 이런 말이 있다. "인간은 누구나 자신이 인생에서 보았으나 즐기지 않았던 모든 좋은 것에 대해 하나님 앞에서 설명해야 한다." 전도서의 방향과 통하는 격언이다. 또한 모든 믿는 자의 삶의 방향이기도 한 격언이다.

그 성읍을 구해 냈다. 그런데 사람들은 이내
그를 잊어버렸다. (따지고 보면 그는 가난한 사람에
불과했다.)
16 가난하지만 지혜로웠던 그 사람이 무시를
당하고 곧 잊히기는 했지만, 그래도 나는 여
전히 지혜가 완력보다 낫다고 믿는다.

17 지혜로운 이의 조용한 말이
어리석은 자들의 왕이 내지르는 호통보다
실속 있다.

18 지혜가 핵탄두보다 낫지만
성질머리 못된 한 사람이 좋은 땅을 망칠 수
있다.

## 10

1 향수에 죽은 파리가 있으면 그
안에서 악취가 나듯,
작은 어리석음 때문에 많은 지혜가 썩어 버
린다.

2 지혜로운 생각은 올바른 생활로 나타나고
어리석은 생각은 잘못된 생활로 나타난다.

3 바보는 길을 걸을 때도 방향감각이 없어서,
그 걷는 모습만으로도 "여기 또 바보가 간
다!"는 사실을 드러낸다.

4 통치자가 네게 화를 내더라도 당황하지
마라.
침착한 대처는 격렬한 분노를 가라앉힌다.

5-7 내가 세상에서 통치자를 탓해야 할
몹쓸 일을 보았다.
미숙한 자에게 고위직이 주어지고
성숙한 이는 하위직을 맡은 것이다.
능력이 입증되지도 않은 신출내기가 갑자
기 출세해 위세를 떨치고
경험이 풍부한 노련가는 해임된 것이다.

8 조심하여라. 네가 놓은 덫에 네가 걸릴 수
있다.
주의하여라. 네 공범자가 너를 배반할 수
있다.

---

누군가를 곤란하게 만들려고 하다 역효과가 난 적이 있는가? 사람들을 대할 때 의롭게 행동할 수 있게 도와 달라고 하나님께 구하라.

---

9 안전이 제일이다. 석재를 떠내는 사람은
석재를 떠내다 다칠 수 있다.
정신을 바짝 차려라. 나무를 베는 사람은
나무를 베다 다치기 십상이다.

10 잊지 마라. 도끼날이 무딜수록 일은 더 고
되다.
머리를 써라. 머리를 많이 쓰면 쓸수록 힘
쓸 일이 적어진다.

11 주술을 걸기도 전에 뱀에게 물린다면
뱀 주술사를 부르러 보내는 일이 무슨 소용
있겠는가?

12-13 지혜로운 이의 말은 호감을 산다.
어리석은 자는 말로 신세를 망친다.
그는 허튼소리로 시작해
광기와 해악으로 마무리한다.

14 어리석은 자는 말이 너무 많아
제가 무슨 말을 하는지도 모르고 지껄인다.

15 어리석은 자는 무난한 하루 일에도 녹초가 되어
성읍으로 돌아가는 길도 찾지 못한다.

16-17 어린 풋내기가 왕인 나라,
대신들이 밤새 잔치판을 벌이는 나라는 불행하다.
원숙한 이가 왕인 나라,
대신들이 점잖게 처신하고
술에 취해 어리석은 짓을 하지 않는 나라는 행복하다.

18 무능한 남자의 오두막은 허물어지고
게으른 여자의 집은 지붕에 비가 샌다.

19 빵이 있는 곳에 웃음이 있고
포도주는 인생에 생기를 더한다.
그러나 세상을 굴러가게 하는 것은 돈이다.

20 작은 목소리라도 네 지도자를 헐뜯지 마라.
아무도 없는 자기 집에서라도 윗사람을 욕하지 마라.
함부로 뱉은 말은 누군가 엿듣고 퍼뜨리기 마련이다.
네 험담의 부스러기를 작은 새들이 사방팔방 전한다.

## 11

1 너그럽게 베풀어라. 자선활동에 투자하여라.
자선은 크게 남는 장사다.

2 재산을 쌓아 두지 말고 주위에 나누어 주어라.
남에게 고마운 사람이 되어라. 오늘 밤이 마지막 시간이 될 수도 있다.

3-4 구름에 물기가 가득 차면 비가 내린다.
바람이 불어 나무가 쓰러지면, 나무는 그 자리에 그대로 있다.
거기 앉아서 바람만 살피지 마라. 네 할 일을 하여라.
구름만 빤히 쳐다보지 마라. 네 인생을 살아라.

5 임신한 여인의 뱃속에서 벌어지는

**하나님의 손에서 기적을 끌어내려 애쓰다(11:5)**

성경의 메시지는 이것이다. "우리는 자연법칙이 지배하는 기계적 세상에 사는 것이 아니며, 우연이 지배하는 무작위의 세상에 사는 것도 아니다. 우리는 하나님이 다스리시는 세상에 산다."

사람들이 불가능하다고 생각하는 일을 하나님은 그분 안에서 그리고 그분을 위해 하실 것이다. 문제는 사람들이 하나님의 손에서 기적을 끌어낼 수 있는 최적의 지점을 찾으려 한다는 것이다. 그런 사람들에게 종교는 일종의 초자연적 기술이 되고, 하나님께로부터 원하는 것을 얻어 낼 수 있는 마법의 공식이 된다. 그런 종교를 가르치는 자는 바르게 기도하는 방법을 배우거나 충분한 믿음만 있으면 기적은 일어날 것이라고 말한다.

전도서의 탐구자는 기적에 대한 갈구가 일어나던 문화에서 살았다. 그러한 모습을 보고 그는 경고했다. "임신한 여인의 뱃속에서 벌어지는 생명의 신비를 이해할 수 없듯, 하나님이 행하시는 모든 일 안에서 벌어지는 신비 역시 이해할 수 없다"(전 11:5).

생명의 신비를 이해할 수 없듯,
하나님이 행하시는 모든 일 안에서 벌어지는
신비 역시 이해할 수 없다.

6 아침에 일하러 나가면
저녁까지 시계도 보지 말고 네 일에 전념하여라.
네 일이 결국 어떻게 풀릴지는
미리 알 도리가 없다.

7-8 오, 한낮의 빛은 얼마나 달콤한가!
햇살을 받으며 사는 것, 얼마나 멋진 일인가!
아무리 오래 산다 해도, 하루를 당연하게 여기지 마라.
빛으로 가득한 매시간을 즐거워하되,
앞으로 어두운 날이 많이 있을 것과
장래의 일들이 대부분 연기에 불과함을 기억하여라.

### 네 젊음을 잘 선용하여라

9 젊은이여, 네 젊음을 잘 선용하여라.
네 젊은 힘을 즐거워하여라.
네 마음이 원하는 대로 따라가 보아라.
좋아 보이는 것이 있거든 그것도 추구해 보아라.
그러나 네가 알아야 할 것이 있다. 모든 일이 다 괜찮은 것은 아니며,
네가 추구한 모든 일을 하나님 앞에서 남김없이 해명해야 한다는 사실이다.

10 한곳에 매이지 말고 자유롭게 생각하며 살아라.
젊음은 영원하지 않다.
연기처럼 금세 사라져 버린다.

## 12

1-2 네가 아직 젊을 때,
네 창조주께 영광을 돌리고 그분을 즐거워하여라.
세월의 무게에 못 이겨 기력이 쇠하기 전,
눈이 침침해져 세상이 부옇게 보이기 전,
겨울철에 난롯가를 떠나지 못하게 되기 전에.

3-5 늙으면 몸이 말을 듣지 않는다.
힘줄은 늘어지고, 쥐는 힘은 약해지며, 관절은 뻿뻿해진다.
세상에는 땅거미가 깔린다.
마음대로 드나들 수 없게 된다. 세상이 멈추어 선다.
가족들의 소리는 희미해진다.
새소리에 잠이 깨고
산을 오르는 것은 옛일이 되며

**믿음의 행세를 하는 사기꾼을 추방하다**(1:1-12:14)

신약성경의 어떤 판본들은 끝에 시편을 붙이기도 한다. 그것은 가장 적절한 결론이다. 시편은 찬양과 간구, 믿음과 의심의 매 단계마다 은혜의 경험을 우리 삶에 통합시킨다.

시편이 신약성경의 적절한 결론이듯, 전도서는 신약성경의 적절한 서문이다. 사람들은 너무도 많은 잘못된 기대를 가지고 복음을 대하고, 너무도 많은 어리석은 감상과 어린아이 같은 요구를 가져와서 복음의 진짜 메시지를 제대로 듣지 못한다. 전도서의 탐구자는 그런 것을 모두 없앤다. 차곡차곡 쌓인 종교 쓰레기를 내다 버리고 믿음의 행세를 하고 다녔던 사기꾼을 추방한다.

하나님 없는 인생은 연기일 뿐이라는 훈계는 신약성경에 들어맞는 서문이다. 이 훈계가 종교의 연기를 걷어 내고 우리에 대한 진실만이 아니라 하나님에 대한 진실도 드러내기 때문이다. 그렇게 우리는 하나님을 경외할 준비가 되고, 이어서 하나님께 순종할 마음이 생긴다.

내리막길을 걷는 일마저 겁이 난다.
머리털은 사과 꽃처럼 희어져,
성냥개비처럼 부러질 듯 힘없는 몸을 장식할 뿐이다.
그렇다. 너는 영원한 안식으로 가는 길에 거의 이르렀고,
친구들은 네 장례 계획을 세운다.

6-7 근사했던 삶이 조만간 마무리된다.
값지고 아름다운 인생이 끝난다.
몸은 그 출처였던 땅으로 되돌아가고,
영은 그것을 불어넣으신 하나님께 되돌아간다.

8 모두가 연기다. 연기일 뿐이다.
**탐구자**는 모든 것이 연기라고 말한다.

**결론**

9-10 **탐구자**는 지혜로웠고 다른 사람들에게 지식을 가르쳤다. 그는 많은 잠언을 따져 보고 검토하고 정리했다. 탐구자는 옳은 말을 찾아 알기 쉬운 진리로 기록하려고 최선을 다했다.

11 지혜로운 이의 말은 우리에게 제대로 살라고 촉구한다.
그 말은 잘 박힌 못처럼 인생을 붙들어 준다.
그것은 한분 목자이신 하나님의 말씀이기도 하다.

12-13 친구여, 이 밖의 것에 대해서는 너무 무리해서 연구하지 마라. 책을 출판하는 일은 끝이 없고, 공부만 하다 보면 지쳐서 공부밖에 못하는 사람이 된다. 나는 할 말을 다했고 결론은 이것이다.

하나님을 경외하여라.
그분이 명하시는 대로 행하여라.

14 이것이 전부다. 결국 하나님은 우리가 하는 모든 일을 환히 드러내시고, 감추어진 의도에 따라 그것의 선함과 악함을 판단하실 것이다.

아가를 조금만 읽어 보면 두 가지가 눈에 들어온다. 절묘한 사랑 노래와 노골적인 성애 표현이다. 다시 말해, 아가는 부부애와 성관계를 연결시키고 있다. 이것은 대단히 중요하고 성경적인 연결 관계다. 어떤 이들은 사랑을 이야기할 때 성관계를 배제하려 하고, 그렇게 하면 사랑이 더 거룩해진다고 생각한다. 반면 성관계를 생각할 때 사랑을 전혀 고려하지 않는 자들도 있다. 세상은 사랑 없는 성관계가 판을 치는 곳이다. 그런 세상을 향해 아가서는 결혼과 헌신적 사랑이 온전한 통일체를 이룬다는 기독교의 가르침을 선포한다.

아가는 남자와 여자가 육체적, 감정적, 영적으로 사랑하며 살아가도록 창조되었음을 설득력 있게 증언한다. 성경은 처음부터 "사람이 혼자 있는 것이 좋지 않다"고 기록하고 있다. 아가는 서로 다른 두 인격체가 이루는 사랑의 연합을 노래함으로써 창세기의 그 대목을 상세히 설명한다. 서로 다른 모습 속에서도 하나가 되는 모습이 그려진다.

> [여자] 나의 사랑하는 연인은 건강미가 넘치지.
> 혈색이 좋고 빛이 난단다!
> 그이는 수많은 사람 중에 으뜸,
> 그와 같은 이는 하나도 없단다!……
> 그이의 모든 것이 속속들이 나를
> 기쁘게 하고 짜릿하게 하지!(아 5:10, 16)

> [남자] 이 같은 여인은 세상에 없네.
> 전에도 없었고, 앞으로도 없으리.
> 비할 바 없이 아름다운 여인,
> 나의 비둘기는 완벽 그 자체라네.
> (아 6:8-9)

창세기를 통해 우리는 결혼이 기쁨과 삶을 서로 나누기 위해 만들어진 제도임을 배운다. 아가를 읽으면 우리 모두가 추구해야 할 목표와 이상이 무엇인지 알게 된다. 우리는 정말 사랑할 줄 모르는 사람들이지만, 아가가 노래하는 황홀감과 충족감을 보면서, 우리가 창조된 목적이자 하나님이 우리에게 주기 원하시는 것이 사랑하고 사랑받는 일임을 알게 된다.

> 사랑은 위험과 죽음에도 굴하지 않는 것,
> 그 열정은 지옥의 공포를 비웃는답니다.
> 사랑의 불은 어떤 것에도 꺼지지 않아, 제 앞에 있는 모든 것을 쓸어버린답니다.
> 홍수도 사랑을 익사시키지 못하고
> 억수 같은 비도 사랑을 꺼뜨리지 못합니다.
> 사랑은 팔 수도 살 수도 없는 것,
> 시장에서 구할 수도 없는 것(아 8:6-7).

그리스도인들은 아가를 부부 간의 친밀감, 자기 백성을 향한 하나님의 깊은 사랑, 신랑 되신 그리스도의 교회를 향한 사랑, 주님을 향한 그리스도인의 사랑 등 여러 차원으로 읽는다. 온 세상에 있는 하나님의 모든 사랑과, 하나님을 사랑하고 그분의 사랑을 받는 이들의 모든 반응이 아가라는 프리즘 안에 한데 모였다가 각기 고유한 색깔로 다시 나누어진다.

# 온전하고 조화로운 관계의 즐거움

### 아가서에 대한 묵상글

이스라엘이 가장 많이 묵상한 구원의 경험은 출애굽 역사였다. 출애굽은 이스라엘 민족이 하나님을 구원자로, 그들 자신을 구원받은 백성으로 경험한 가장 위대한 사건이었다.

출애굽은 유대인의 삶의 중심이었고 유월절에 그것을 기념했다. 해마다 반복되는 유월절 만찬은 출애굽의 기억을 생생하게 유지해 주었다. 유월절 식사 의례를 지키면서 히브리 사람들이 이집트의 노예살이에서 건짐받아 하나님의 백성으로 새로운 인생을 시작하게 된 사건은, 가정에서, 이야기나 노래나 상징에서 재현되었다.

그러나 이처럼 기념일을 반복하는 일에는 위험도 따랐다. 그 위험은 바로 구원이 의례로 굳어지고 제도화된다는 것이었다. 처음에는 그토록 창의적 힘으로 가득했던 구원이 여러 해 동안 반복되면서 그저 껍데기만 남게 될 위험에 처했다. 그런 일이 계속된다면 민족 전체가 내용 없는 의례만 경험하고, 구원은 모른 채 제도만 알게 될 수도 있었다.

그런 일이 일어나지 않도록 타고난 목회적 상상력을 가진 누군가가 유월절에 아가서를 읽게 했다. 유월절 기념의 핵심은 의례에 따라 식사를 하는 것이었다. 그 식사는 아가서를 읽는 것으로 끝이 났다. 물론 원래의 만찬에서는 아가서를 읽지 않았다. 유월절은 아가서가 기록되기 훨씬 전부터 지켜지고 있었다. 그러나 어느 시점에서부터 아가서를 읽는 것으로 유월절 식사를 마치도록 규정이 바뀌었다.

아가서는 성경에서 가장 친밀한 책이다. 고대와 현대를 막론하고 그 어떤 노래도 누군가와 온전하고 조화로운 관계를 누리는 것의 즐거움을 이처럼 매력적으로 전달하지 못한다.

하나님과 온전하고 조화로운 관계에 있는 것, 사랑이 넘쳐나는 것, 기쁨을 주체하지 못하는 것, 평화가 호사로울 정도로 가득한 것.

그것이 바로 구원의 핵심이다.

### 묵상 질문

그리스도와 자신의 관계를 신랑과 신부의 관계로 생각하지 않았을 수 있지만, 성경은 그렇게 말하고 있다. 그처럼 사랑을 받는 기분은 어떨 것 같은가? 그 강렬함, 친밀함, 충절에 대해 생각해 보라.

그러한 사랑에 당신은 어떻게 반응하는가? 그 사랑은 당신이 예수님을 생각하는 방식, 자기 자신을 보는 방식, 사람들을 보는 방식을 어떻게 바꾸는가? 지금 여기서의 삶을 보는 방식은 어떠하며, 그 너머의 생을 보는 방식은 어떠한가?

**기도**

예수님,
제가 주님의 이름을 얼마나 사랑하는지요!
그 이름의 음절이 숲의 개울물처럼 아름답게 울립니다.
저를 사랑하시고, 기꺼이 저와 함께해 주셔서 감사합니다.
주님, 새로운 모험의 자리로,
새로운 친밀함의 자리로,
새로운 섬김의 자리로
저를 함께 데려가 주시기를 얼마나 바라는지요!
주님과 저의 관계를 망칠 수 있는 작은 여우로부터 저를 보호해 주십시오.
특히 안주하고 감사하지 못하는 여우로부터 보호해 주십시오.
주님은 제게 참으로 많은 것을 주셨고, 아낌없이 주셨습니다.
선물 하나하나 잊지 않고,
감사하게 도와주십시오.
주님의 사랑으로 저를 다 태워 주십시오.
주님 안에서 타오르는 사랑의 불길이
제 안에도 타오르게 해주십시오.
제가 반응하지 않았던 때를 돌아보며 용서를 구합니다.
그것은 주님께 큰 상처가 되었겠지요.
제가 주님과 더욱 사랑에 빠질 수 있도록
주님의 사랑을 더 온전히 맛보게 해주십시오.
예수님, 주님의 포도주를 새롭게 맛보게 해주십시오.

**더 읽을 본문**

로마서 8:31-39 | 그 어떤 것도 우리와 하나님의 사랑 사이에 끼어들지 못한다.
에베소서 5:22-33 | 우리는 그리스도의 신부다.

# 아가

# 1

[1] 노래 중의 노래, 솔로몬의 노래다!

여자

2-3 입 맞춰 주세요. 당신의 입술로 내 입술 덮
어 주세요!
그래요, 당신의 사랑은 포도주보다 달콤하고
당신이 바른 향유보다 더 향기로워요.
당신의 이름을 부를 때면 초원의 냇물 흘러가
는 소리가 들려와요.
그러니 다들 당신의 이름 말하기를 좋아할 수
밖에요!

4 나를 데려가 주세요! 우리 함께 도망쳐요!
나의 왕, 나의 연인이여, 우리끼리 몰래 떠나요!
우리 축하하고 노래하며
멋진 사랑의 음악을 연주해요.
그래요! 당신의 사랑은 최상품 포도주보다 달
콤하니까요.
다들 당신을 사랑해요. 당연한 일이지요! 아
무렴요!

5-6 오, 예루살렘 아가씨들아,
나 비록 가뭇하지만 우아하단다.
게달 사막의 천막처럼 까맣게 탔지만

**언약의 이야기**(1:1-8:14)

우리가 아가서를 접하는 배경은 아가서가 해석되는 배경이기도 한데, 그 배경이란 바로 언약의 이야기, 곧 사랑하는 존재와 사랑받는 존재의 관계다. 그 관계에서 사랑하는 쪽은 하나님이시고 사랑받는 쪽은 우리다. 이 이야기에 나오는 에로틱한 묘사는 신학적 맥락에서 읽어야 한다. 고대 사람들은 아가서를 묵상글로 읽었는데, 그 이유는 그들이 성적인 묘사를 부끄러워해서기 아니라 성을 성례적으로 이해했기 때문이다. 즉 인간의 사랑은 하나님의 사랑에서 유래하는 것이라고 이해했다.

히브리어에서 번역된 첫 장의 두 번째 절을 여는 말 "입 맞춰 주세요"는, 친밀감을 호소하는 직접적이고 열정적인 표현이다. 우리 인생이 의미 있기 위해서는, 하나님 그리고 다른 사람들과 연결되어야 한다. 친밀감은 온전함을 위해 반드시 필요하다.

솔로몬 성전의 휘장처럼 더없이 부드럽단다.
내가 가무잡잡하다고 깔보지 마라.
따가운 햇볕에 그을렸을 뿐이니.
내 오라버니들이 나를 조롱하며 밭에서 일하게 했단다.
땅의 작물을 가꾸느라
내 얼굴을 가꿀 시간이 없었지.

7 임이여, 너무나 사랑하오니
어디에서 일하시는지 알려 주세요.
어디에서 양 떼를 돌보시는지
한낮에는 어디에서 양 떼를 쉬게 하시는지 알려 주세요.
어찌하여 나는 임의 부드러운 보살핌을 받지 못하고
홀로 남아 있어야 하나요?

**남자**

8 여인들 가운데 가장 사랑스러운 그대,
나를 찾지 못해도 괜찮아요. 그대의 양 떼 곁에 머물러요.
그대의 양 떼를 데리고 아름다운 목장으로 가서
이웃 양치기들과 함께 있어요.

9-11 그대를 보노라면
잘 손질되어 매끈한 바로의 암말이 떠올라요.
늘어뜨린 귀걸이는 그대의 우아한 볼 선과 어우러지고
보석 목걸이를 건 그대의 목선은 아름답게 빛나지요.
나 그대에게 금과 은으로 장신구를 만들어 주려 해요.
그대의 아름다움이 더 돋보이고 두드러질 거예요.

**여자**

12-14 나의 왕, 나의 연인께서 내 곁에 누우실 때
나의 향기가 방 안을 가득 채웠네.
내 젖가슴 사이에서 쉬던 그이의 머리,
내 연인의 머리는 감미로운 몰약 주머니였네.
내 연인은 엔게디 들판에서 날 위해 꺾어 만든
야생화 꽃다발이라네.

**남자**

15 오, 나의 사랑! 그대는 정녕 아리땁군요!
그대의 두 눈은 비둘기같이 아름다워요!

**여자**

16-17 사랑하는 나의 연인, 너무나 잘생기신 분!
우리가 함께 누울 잠자리는 숲 속에 있어요.
지붕은 우거진 백향목 가지,
우리를 둘러싼 벽은 향기롭고 푸르른 잣나무.

2 1 나는 샤론 평원에서 꺾은 한 송이 들꽃,
골짜기 연못에서 따낸 한 송이 연꽃.

**하나님의 말씀의 깨끗한 거울**(1:15)

아가서에서 배운 단어의 도움을 받아 우리는, 자신의 감정이라는 더러운 렌즈나 다른 사람의 비판이라는 얼룩진 창이 아닌 하나님 말씀의 깨끗한 거울을 통해 우리 자신을 보게 된다. 하나님이나 또는 하나님의 사랑을 대변하는 누군가가 우리를 사랑스럽게 부르는 것을 경험하기 전에는, 우리가 얼마나 멋져 보일 수 있는지, 얼마나 즐거워할 수 있는지, 얼마나 강할 수 있는지 알지 못한다.

**남자**

2 마을 아가씨들 사이에 있는 그대는
수초 가득한 늪에 핀 한 송이 연꽃이지요.

**여자**

3-4 살구나무가 숲속에서 돋보이듯이,
나의 연인은 마을 젊은이들 사이에서 단연 빼어납니다.
내가 원하는 것은 그이의 그늘에 앉아
그이의 달콤한 사랑을 맛보고 음미하는 것뿐.
그이는 나를 집으로 데려가 잔칫상을 베풉니다.
그러나 그이의 눈이 포식한 것은 바로 나.

5-6 오! 기운을 차리게 먹을 것을 주세요. 어서!
살구, 건포도, 무엇이든 좋아요. 사랑에 겨워 정신이 혼미해져요!
그이의 왼손, 내 머리를 받치고
그이의 오른팔, 내 허리를 휘감네!

7 오, 예루살렘 아가씨들아, 노루를 두고
그래, 들사슴을 두고 그대들에게 경고한다.
때가 무르익기 전, 준비되기 전에는
사랑에 불을 지르지 마라. 사랑이 달아오르게 하지 마라.

8-10 보셔요! 들어 보셔요! 내 연인이어요!
그이가 오는 모습이 보이나요?
산을 뛰어오르고
언덕을 뛰어넘잖아요.
내 연인은 노루처럼 우아하고
젊은 수사슴처럼 늠름하답니다.
보셔요, 그이가 문 앞에 서서 까치발을 하고 있어요.
귀를 세우고 눈을 크게 뜬 것이 당장이라도 들어올 기세!
내 연인이 도착하여
나에게 말을 거네요!

**남자**

10-14 나의 사랑하는 이여, 일어나요.
어여쁘고 아리따운 나의 연인이여, 이리 나와요!
주위를 둘러봐요. 겨울이 갔어요.
겨울비도 그쳤어요!
여기저기 봄꽃이 만발하고
온 세상이 합창대가 되어 노래하고 있어요!
봄 휘파람새가 고운 화음으로
숲을 가득 채워요.
화사한 자줏빛을 뽐내며 향기를 내뿜는 라일락,
만발한 꽃이 향기로운 체리나무를 봐요.
오, 사랑하는 이여, 일어나요.
어여쁘고 아리따운 나의 연인이여, 이리 나와요!
수줍음 많고 얌전한 나의 비둘기여,
숨어 있지 말고 밖으로 나와요!
얼굴 좀 보여줘요.
목소리 좀 들려줘요.
그대 목소리는 내 마음을 진정시키고
그대 얼굴은 내 마음을 황홀케 해요.

**여자**

15 그러시다면 여우 떼를,

**부활의 봄**(2:10-14)
그리스도의 사랑은 우리의 열정에 부활의 봄을 가져다준다. 겨울날의 의심은 사라지고, 기도의 열정이 새롭게 태어나고 성장한다. 그리고 사랑이 가장 향기롭게 피어난다.

먹이를 찾아 헤매는 저 여우 떼를 막아 주셔요.
녀석들은 꽃이 만발한 정원에 난입하려고
호시탐탐 노린답니다.

16-17 나의 그이는 나의 것, 나는 그이의 것.
그이는 밤마다 우리의 정원을 거닐며
꽃들을 보고 즐거워한답니다.
새벽이 빛을 내뿜고 밤이 물러갈 때까지.

사랑하는 연인이여, 내게 오셔요.
노루처럼 오셔요.
기쁨의 산 위,
야생 수사슴처럼 어서 뛰어오셔요!

3 1-4 잠자리에서 마음 졸이고 밤새 잠 못 이루며
나의 연인을 그리워했네.
그이를 간절히 원했건만, 그이가 없어 가슴 아팠네.
그래서 일어나 성 안을 헤매며
거리와 뒷골목을 샅샅이 뒤졌네.
나의 연인을 더없이 간절히 원했네!
하지만 그이를 찾아내지 못했네.
어두운 성을 순찰하던 야경꾼들이
나를 보았네.
"사랑하는 사람을 놓쳐 버렸어요. 혹시 못 보셨나요?" 나는 물었네.
그들을 지나치자마자 그이를 만났네,
놓쳐 버렸던 내 연인을.
나 그이를 얼싸안았네. 꼭 껴안았네.
그이와 함께 집으로 돌아가,
화롯가에 자리 잡을 때까지 얼싸안은 팔을 풀지 않았네.

5 오, 예루살렘 아가씨들아, 노루를 두고
그래, 들사슴을 두고 그대들에게 경고한다.
때가 무르익기 전, 준비되기 전에는

**성경에서 가장 인기 있는 책**(2:16-17)

아가서의 가장 놀라운 특징은 에로티시즘이다. 아가서는 낭만적 사랑의 노래를 모아 놓은 책으로, 그 사랑의 언어는 성에 대해 매우 노골적이다. 그러나 오늘날 아가서를 해석하는 일부 사람들에게 가장 놀라운 특징이 에로티시즘이라면, 아가서 해석의 역사에서 가장 놀라운 특징은 경건함이다.

우리가 추적할 수 있는 가장 오랜 증거에 따르면, 유대인과 그리스도인 모두 아가서를 경건한 삶, 곧 묵상과 기도의 삶에 대한 묘사로 읽었다. 랍비 아키바는 이렇게 말했다. "이스라엘에 아가서가 주어진 날만큼 이 세상에 가치 있는 날이 없다. 모든 글이 거룩하지만, 아가서는 지극히 거룩하다."

교회가 하나님과의 일상적 친밀함을 이해하고 다져 가기 위해서 아가서에 나오는 낭만적 사랑의 언어를 사용한 관습은 전혀 이상하지 않다. 아가서가 그 친밀함을 매우 정교하고 정확하게 묘사하기 때문에, 기독교와 유대교의 역사에서 아가서는 성경 가운데 가장 인기 있는 책이 되었다.

**자신이 찾던 존재를 찾다**(3:1-5)

"영혼의 어두운 밤"에 대해 말한 성인들을 우리는 잘 안다. 하나님을 찾으려는 그들의 노력은 끝이 없고 헛되 보였지만, 자신이 찾던 존재를 찾았을 때 느끼는 희열은 그 헛됨의 시간을 뚫고 들어온다. 사랑에 빠진 사람은 이 갈망과 좌절을 분명하게 이해한다.

사랑에 불을 지르지 마라. 사랑이 달아오르게
하지 마라.

6-10 먼지구름 일으키며,
달콤한 냄새와
알싸한 향기를 공중 가득 풍기며
사막에서 다가오는 저것은 무엇인가?
보아라! 솔로몬의 가마로구나.
이스라엘의 가장 뛰어난 용사들 중에서 뽑힌
예순 명이 메고 호위하는구나.
모두 빈틈없이 무장한 용사들,
전투를 위해 훈련된 전사들,
만반의 준비를 갖추었구나.
가마는 전에 솔로몬 왕의 지시로 만든 것.
나뭇결 고운 레바논 백향목으로 지은 것.
뼈대는 은으로 세우고 지붕은 금으로 덮었네.
자줏빛 천으로 등받이를 싸고
무두질한 가죽으로 내부를 둘렀네.

11 예루살렘 아가씨들아, 와서 보아라.
오, 시온 아가씨들아, 놓치지 마라!
혼례식에 맞추어 예복을 입고 화관을 쓰신 분,
기쁨에 겨워 가슴이 터질 것 같은
나의 왕, 나의 연인을!

남자

4

1-5 나의 사랑, 너무나 아리따워요.
아름다운 그대, 머리카락에 가려진 두
눈이 비둘기 같아요.
그대의 머리카락,
멀리서 햇빛 받으며 언덕 아래로 내리닫는 염
소 떼처럼
찰랑거리며 반짝여요.
아낌없는 환한 미소,
그대의 마음을 보여주네요. 힘 있고 정갈한
미소예요.
진홍색 보석 같은 그대의 입술,
우아하고 매혹적인 그대의 입매.
너울에 가린 부드러운 두 볼은 광채를 발하고,
눈길을 사로잡는 부드럽고 유연한 목선,
다들 쳐다보고 감탄하며 흠모하지요!
그대의 두 젖가슴은 한 쌍의 새끼사슴 같고
처음 핀 봄꽃 사이에서 풀을 뜯는 쌍둥이 노루
같아요.

6-7 그대의 몸, 그 멋지고 우아한 곡선,
부드럽고도 특별한 윤곽이
나를 부르니, 내가 가네.
새벽이 빛을 내뿜고 밤이 물러갈 때까지, 그
대 곁에 머무르네.
머리부터 발끝까지 아름다운 그대, 내 사랑.
그 아름다움, 무엇과도 비교할 수 없고, 흠 하
나 없네.

8-15 나의 신부여, 나와 함께 레바논에서 나갑
시다.
레바논을 떠납시다.
그대의 산속 은신처를 버리고

**사랑은 모든 것을 바꾼다**(4:1-7)

사랑에 빠질 때 우리는 오직 한 사람만을 흠모하면서 고귀해지는 느낌을 경험한다. 사랑은 모든 것, 곧 우리 자신에 대한 생각, 다른 사람에 대한 태도, 우리의 가치와 목표를 바꾼다. 그래서 하나님의 사랑을 받으면 인생에 궁극적인 **의미**가 생기고, 영원한 **가치**가 생긴다.

그대가 칩거하는 광야,
그대가 사자와 어울려 사는 곳,
표범이 지켜 주는 곳을 떠납시다.
사랑하는 이여, 그대가 내 마음을 사로잡았어요.
그대가 나를 보는 순간, 난 사랑에 빠졌어요.
그대의 눈길 한 번에 속절없이 사랑에 빠졌어요!
사랑하는 이여, 그대의 사랑이 얼마나 아름다운지요!
그대의 사랑은 희귀한 고급 포도주보다 달콤하고,
그대의 향기는 고르고 고른 향료보다 특별해요.
내 사랑, 그대와의 입맞춤은 꿀처럼 달고,
그대 입에서 흘러나오는 한 마디 한 마디는 최고의 진미랍니다.
그대의 옷에서 들판의 싱그러움과
고산 지대의 신선한 내음이 풍겨요.
나의 연인, 나의 벗이여, 그대는 비밀의 정원,
나에게만 열려 있는 맑은 샘.
나의 연인, 그대는 낙원,
즙 많은 과일이 주렁주렁 열린 과수원.
잘 익은 살구와 복숭아
오렌지와 배
개암나무와 육계나무
향이 나는 온갖 나무들,
박하와 라벤더
향기로운 온갖 허브가 그대 안에 있어요.
그대는 정원의 샘,
레바논 산맥에서 흘러내린 샘물이
퐁퐁 솟구쳐요.

여자

16 북풍아, 일어라.
남풍아, 움직여라!
나의 정원으로 불어와
향기를 퍼뜨려 다오.

오, 나의 연인이 그이의 정원으로 드시게 하여라!
잘 익어 맛깔스러운 과일을 따 드시게 하여라.

남자

5 1 나의 사랑하는 벗, 최고의 연인이여!
나는 내 정원으로 가서
달콤한 향기를 들이마셨어요.

**하나님의 성령으로 발동이 걸리다**(4:16)

하나님의 성령께서 발동을 걸기 전에는 아무것도 할 수 없다(성경에서 바람과 성령은 같은 단어다). 하나님이 흔들어 깨우시기 전까지 사랑은 잠들어 있다. 하나님이 깨워서 순종하게 하시기 전까지 미덕은 잠들어 있다. 하나님이 먼저 움직이셔야 우리 안에서 그러한 반응이 깨어난다.

---

**신비로 들어가는 열쇠인 친밀함**(5:1)

서로 고유하게 창조된 두 사람이 하나가 되는 것은 동물의 짝짓기처럼 본능적인 일이 아니다. 성은 단지 출산의 도구만이 아니다. 성은 서로에 대한 앎의 한 양상이기도 하다(성경에서 앎은 성관계를 일컫는다. 창세기 4:1에서 나는 히브리어 단어 '알다'를 '잠자리를 같이하다'로 번역했다). 무엇을 알게 된다는 말은 그 이전에는 알지 못한 것이 있었다는 뜻이고, 그 알지 못했던 것은 곧 영적일 뿐만 아니라 육체적인 신비의 영역이다. 친밀함은 그 정원 문을 열고 들어가 신비로움을 탐험하고 즐기게 해주는 열쇠다.

과일과 꿀을 먹고
과즙과 포도주를 마셨어요.

벗들아, 나와 함께 즐기자!
잔을 들어 건배하자. "삶을 위하여! 사랑을 위하여!"

여자

2 나는 깊이 잠들었지만, 꿈속에서는 완전히 깨어 있었어요.
쉿, 들어 보셔요! 나의 연인이 문 두드리며 부르는 소리를!

남자

"들어가게 해줘요, 나의 반려자, 가장 아끼는 벗이여!
나의 비둘기, 완벽한 연인이여!
밤안개와 이슬에 흠뻑 젖어
오한이 드는군요."

여자

3 "나는 잠옷을 입고 있는데, 옷을 다시 차려입으란 건가요?
몸을 씻고 잠자리에 들었는데, 다시 흙을 묻히란 건가요?"

4-7 그러나 나의 연인은 도무지 물러서지 않았네.
그이가 문을 두드리면 두드릴수록, 나는 더욱 흥분되었네.
나의 연인에게 문을 열어 주고
그이를 다정히 맞이하려 잠자리에서 일어났네.
그이를 간절히 바라고 기대하며
문고리를 돌렸네.
그러나 문을 열고 보니, 그이는 가고 없었네.
내 사랑하는 임이 기다리다 지쳐 떠났네.
내 마음이 무너졌네. 오, 내 가슴이 찢어졌네!

**친밀함은 비효율적이다**(5:2-8)

아가서 5장에서는 사랑하는 이가 연인을 찾아다니지만, 그녀의 반응은 느리다. 그녀는 연인을 원하지만 일어나면 옷도 입어야 하고 발에 먼지도 묻기 때문에 머뭇거린다. 마침내 문으로 간 그녀는 연인이 가버렸다는 것을 알게 된다. 당황한 그녀는 그를 찾아 나서고, 길거리를 뛰어다니며 그 이름을 부른다. 그러자 야경꾼이 그녀를 보고 때려 상처를 입힌다. 아마도 조용한 밤에 소란을 피웠기 때문일 것이다. 그리고 몸을 녹이기 위해 집으로 돌아가도록 그녀의 겉옷을 빼앗아 버린다.

이 세상은 무자비하다. 하나님과도 사람과도, 친밀함을 추구하려는 사람을 지지해 주지 않는다. 친밀함은 거추장스러운 것이며 비효율적이다. 폼이 나지 않는다. 하나님과의 사랑을 의례적인 예배 시간으로 축소시키고, 사람과의 사랑을 성관계로 축소시킬 수 있다면, 그 과정들은 단순해지면서 세상은 효율적으로 돌아갈 수 있을 것이다. 그러나 사랑을 탐욕으로, 믿음을 의례로 축소시키지 않으려고 그 이상을 찾아 길거리를 뛰어다니면 소란스러울 것은 분명하다. 정신 차리고 집으로 혹은 교회로 돌아가라는 말을 들을 것이다.

친밀함은 결코 쉽게 얻지 못한다. 고통스럽고, 그리움에 괴롭고, 상처받는다. 하지만 이러한 대가보다 얻게 되는 보상이 훨씬 더 크다. 다른 사람과 관계를 맺거나 우리를 사랑하시는 하나님과 관계를 맺을 때에야 비로소 우리가 창조된 본래의 온전한 인간성이 발휘되기 때문이다. 또한 우리는 사랑을 받으면서 사랑을 배운다. 온전히, 신실하게, 그리고 영원히(요 15:12, 요일 4:11, 19).

달려 나가 그이를 찾았지만,
그이의 모습 어디서도 보이지 않았네.
어둠 속에 대고 불러 보아도 대답이 없었네.
성을 순찰하던 야경꾼들이
나를 보았네.
그들은 나를 때려 상처를 입히고
내 옷을 벗겨 갔네,
성 안을 지켜야 할 그들이 강도짓을 했네.

8 예루살렘 아가씨들아, 간절히 부탁한다.
나의 연인을 만나거든 전해 다오.
내가 그이를 원한다고,
그이를 너무 사랑하여 크게 상심했다고.

합창

9 아름다운 아가씨야, 그대의 연인이 뭐가 그리 대단하냐?
그 사람 무엇이 그리 특별하기에 우리의 도움을 구하느냐?

여자

10-16 나의 사랑하는 연인은 건강미가 넘치지.
혈색이 좋고 빛이 난단다!
그이는 수많은 사람 중에 으뜸,
그와 같은 이는 하나도 없단다!
나의 소중한 그이는 티 없이 순수하고,
어깨에 흘러내린 고수머리는 까마귀처럼 검고 윤이 난단다.
그이의 두 눈은 비둘기같이 부드럽고 반짝이지.
가득 찬 우물처럼 깊어서 그윽한 뜻이 담겨 있지.
그이의 얼굴은 강인한 인상을 주고, 수염은 현인의 기운 풍기며
따뜻한 목소리는 나를 안심시킨단다.
불끈 솟아오른 멋진 근육은
근사하고 아름답지.
그이의 몸은 조각가의 작품,
상아처럼 단단하고 매끈하단다.
백향목처럼 훤칠하고
태산같이 듬직하여 흔들림이 없고,
나무와 돌처럼 자연의 내음 가득하단다.
그이의 말은 말로 하는 키스, 그이의 키스는 키스로 하는 말.
그이의 모든 것이 속속들이 나를
기쁘게 하고 짜릿하게 하지!

예루살렘 아가씨들아,
이 사람이 바로 나의 연인, 나의 임이란다.

합창

6 1 아리따운 여인아,
그대의 임은 어디로 갔느냐?
도대체 그는 어디에 있느냐?
우리가 그를 찾는 일을 도와줄까?

여자

2-3 신경 쓰지 마라. 나의 연인은 이미 자기 정원으로 가서
꽃을 구경하고 있으니.
손으로 쓰다듬으며 그 색깔과 모양 음미하고 있단다.
나는 내 연인의 것, 내 연인은 나의 것.
그이는 달콤한 향내 나는 꽃을 애무하고 있단다.

남자

4-7 나의 사랑하는 벗, 나의 연인이여,
그대는 기쁨의 도시 디르사처럼 아름답고

**갈망하고 찾아다닌 끝의 만족감**(6:1-3)

성령의 삶은 추구하는 삶이다. 계속해서 갈망하고 찾아다닌다. 그러나 그 갈망은 정처 없지 않고 막연하지도 않다. 거기에는 방향과 목적하는 바가 있다. 하나님이 우리 안에 만들어 놓은 욕구의 끝에는 그분께서 우리에게 약속하신 만족이 있다.

내가 사랑하는 이가 지금 나와 함께 있지 않고, 그래서 그를 느끼거나 경험하지 못한다 해도, 그 부재는 나의 유익을 위한 것이고 즐거운 재결합이 기다리고 있음을 안다.

사역할 때 이 추구의 어려움과 고통을 인정해야 하고, 그것을 공유해야 한다. 갈망의 고통을 없애려 해서는 안되고, 완화시키려 해서도 안된다. 친밀한 관계에서 채워지지 않을 때의 아픔은 자연스러운 일이라는 것을 깨달으면서, 이와 같이 찾아다니고 갈망하는 마음을 인정하고 존중해야 한다.

꿈의 도시 예루살렘처럼 사랑스러워요.
그 매혹적인 모습이 황홀해요.
얼마나 아리따운지, 내가 어찌할 바를 모르겠어요.
이런 아름다움은 처음이에요! 감당할 수 없어요.
그대의 머리카락,
멀리서 햇빛 받으며 언덕 아래로 내리닫는 염소 떼처럼
찰랑거리며 반짝여요.
아낌없는 환한 미소,
그대의 마음을 보여주네요. 힘 있고 정갈한 미소예요.
너울에 가린 부드러운 두 볼,
광채를 발하네요.

8-9 이 같은 여인은 세상에 없네.
전에도 없었고, 앞으로도 없으리.
비할 바 없이 아름다운 여인,
나의 비둘기는 완벽 그 자체라네.
그녀가 태어나던 날,
어머니가 기뻐하며 요람에 누이던 그날만큼,
순수하고 순결하다네.
지나던 사람들이 그녀를 보면
한결같이 환호하며 감탄한다네.
모든 아버지와 어머니, 이웃과 친구들이
그녀를 축복하고 칭송한다네.

10 "이 같은 여인을 본 적 있는가?
새벽처럼 신선하고, 달처럼 어여쁘며, 해처럼 빛나는 여인,
은하수 흐르는 밤하늘처럼 매혹적인 여인을."

11-12 어느 날 나는 과수원을 거닐었네.
봄이 왔나 보려고,
꽃망울이 터지는지 보려고.
때가 무르익었기를 기대하며 거닐었네.
그런데 당신 생각에
나도 모르게 그만 마음을 빼앗겼네!

13 춤을 춰요, 사랑하는 술람미 아가씨, 천사 같은 공주여!
춤을 춰요, 그대의 우아한 모습 보며 우리 눈이 호사하도록!
모두 술람미 아가씨의 춤을 보고 싶어 해요.
사랑과 평화의 춤, 승리의 춤을.

7 1-9 신발을 신은 그대의 두 발, 맵시 있
고 우아하네.
그대의 움직임, 여왕과도 같고
나긋하고 우아한 손발,
예술가의 작품 같네.
그대의 몸은
포도주 가득한 성배.
부드러운 황갈색 피부는
산들바람 닿은 밀밭.
그대의 두 젖가슴은 한 쌍의 새끼사슴,
쌍둥이 노루.
그대의 목은 둥글고 날씬하게 깎아 낸 상아.
그대의 두 눈은 신비를 머금은 빛의 우물.
오, 비할 데 없는 여인이여!
그대가 나타나면 그 모습 바라보고
모두 눈을 떼지 못한다네.
나, 그대를 보면 떠오르네.
높은 산맥을 볼 때처럼 정상에 오르고 싶은
욕구,
그 꿈틀대는 갈망이.
이제 다른 여인은 눈에 들어오지 않네!
사랑하는 연인, 친밀한 반려자여,
그대의 아름다움 안팎으로 완벽해요.
그대는 야자나무처럼 크고 유연하며,
그 풍만한 젖가슴은 달콤한 야자송이 같아요.
나는 말한답니다. "저 야자나무에 오르리라!
저 야자송이를 애무하리라!"
그래요! 나에게 그대의 두 젖가슴은
달콤한 과일송이.
그대의 숨결은 신선한 박하처럼 맑고 시원하고,
그대의 혀와 입술은 최고급 포도주 같아요.

여자

9-12 그래요, 당신의 것도 그러하답니다. 내 연
인의 입맞춤,
그이의 입술에서 나의 입술로 흘러듭니다.
나는 내 연인의 것.
나는 그이가 원하는 전부. 나는 그이의 온 세상!
사랑하는 연인이여, 오셔요.
우리 함께 시골길을 걸어요.
길가 여관에서 묵고
일찍 일어나 새소리를 들어요.
흐드러지게 핀 들꽃,
흰 꽃 피는 검은 딸기 덤불,

**하나님이 시작하신 일의 끝**(6:11-7:13)

꿈꾸는 여인에게 과수원의 꽃망울은 사랑의 결실에 대한 약속이듯, 조용히 기도하고 홀로 묵상하는 중에 우리는 하나님이 시작하신 일의 끝을 깨닫는다. 그 끝은 바로 친밀함을 제대로 경험하게 될 낙원의 봄이다(고전 13:12).

춤으로 몸의 기쁨이 깨어난다. 히브리 사람들에게 춤은 예배의 한 형식이었다. 춤의 의식은 몸을 영혼에 맡겨서, 몸을 창조하고 구원하시는 하나님을 향한 흠모와 기쁨과 열정을 표현한다.

춤을 참조한 이 본문은 몸에 대한 모든 은유와 직유를 동원하여 흠모의 이미지를 구현한다(아 7:1-9). 남자의 묘사는 여자의 발에서부터 머리로 이동하면서 몸의 각 부분에 에로틱하게 머문다. 여자는 사랑하는 이의 몸에 자기 존재의 중심을 두고 몸의 각 부분을 다른 것과 연결시킨다(9-12절). 사랑하는 사람도 기도하는 사람도(시 26편을 보라) 친밀함을 표현하기 위해 몸의 이미지를 사용한다.

경외, 존경, 욕망, 그리고 감사가 언어를 그 한계까지 밀어붙인다. 마침내 상대의 아름다움은 형용 가능한 한계를 넘어선다.

층층이 꽃 피어
늘어선 과일나무들을 찾아보아요.
거기서 나를 당신에게 드리겠어요.
내 사랑을 당신의 사랑 앞에 바치겠어요!

13 사랑의 열매가 향기로 우리를 감싸고
다산의 기운이 우리를 에워쌉니다.
오로지 내 사랑, 당신만을 위하여 간직하고 아껴 둔
햇과일과 절인 과일을 드셔요.

8

1-2 당신이 내 어머니의 젖을 함께 빨던
나의 쌍둥이 오라버니였다면,
거리에서 뛰놀며
남들이 보는 앞에서 입 맞추어도
별나게 생각하는 사람 없으련만.
내 어머니가 나를 기르시던 집으로
임의 손을 잡고 데려가련만.
임은 나의 포도주를 마시고
내 볼에 입 맞추겠지.

3-4 상상해 보아라! 그이의 왼손이 내 머리를 받치고
그이의 오른팔이 내 허리를 껴안는 모습을!
오, 예루살렘 아가씨들아, 그대들에게 경고한다.
때가 무르익기 전, 준비되기 전에는
사랑에 불을 지르지 마라. 사랑이 달아오르게 하지 마라.

**합창**

5 연인과 팔짱을 끼고
들판에서 올라오는 저 여인은 누구인가?

**남자**

나는 살구나무 아래에서 그대를 보고,
그대를 깨워 사랑을 나누었지요.
그 나무 아래에서 그대의 어머니가 진통을 시작했고
바로 그 나무 아래에서 그대를 낳았지요.

**여자**

6-8 내 목걸이를 당신 목에 걸고,
내 가락지를 당신 손가락에 끼워 주셔요.
사랑은 위험과 죽음에도 굴하지 않는 것,
그 열정은 지옥의 공포를 비웃는답니다.
사랑의 불은 어떤 것에도 꺼지지 않아,
제 앞에 있는 모든 것을 쓸어버린답니다.
홍수도 사랑을 익사시키지 못하고
억수 같은 비도 사랑을 꺼뜨리지 못합니다.
사랑은 팔 수도 살 수도 없는 것,
시장에서 구할 수도 없는 것.
내 오라버니들이 나를 걱정하여 이렇게 말하곤 했답니다.

8-9 "우리의 어린 누이는 젖가슴이 없다네.
사내들이 구혼이라도 하는 날이면,
우리의 어린 누이를 어찌해야 하나?
그 애는 처녀고 연약하니
우리가 지켜 주어야지.

**하나님의 사랑이 우리 속을 태울 것이다**(8:6-8)

무관심도 의심도 죄책도 하나님의 사랑의 불을 끌 수 없다. 그 불은 영혼의 가장 후미진 곳에서 연기를 내며 서서히 타다가 마침내는 기쁨에 찬 흠모로 확 타오를 것이다.

저들이 그 애를 성벽으로 여기면, 그 위에 철조망을 쳐야지.
저들이 그 애를 문으로 여기면, 우리가 방어벽을 쳐야지."

10 사랑하는 오라버니들, 나는 성벽으로 둘러싸인 처녀이지만
내 젖가슴은 풍만하답니다.
내 연인이 나를 보면
이내 만족할 거예요.

남자

11-12 솔로몬 왕은 기름지고 비옥한 땅에 있는 넓은 포도원을 갖고 있다네.
왕은 일꾼들을 고용해 땅을 일구게 하고
사람들은 많은 돈을 내고 거기서 포도를 기른다네.
하지만 나의 포도원은 오롯이 나의 소유,
나 혼자만의 것이라네.
왕이시여, 왕의 거대한 포도원을 차지하십시오!
왕의 욕심 많은 손님들과 함께 얼마든지 차지하십시오!

13 오, 정원의 아가씨여,
나의 벗들이 나와 함께 귀 기울이고 있어요.
그대의 목소리를 나에게 들려주어요!

여자

14 사랑하는 연인이여, 나에게 달려오셔요.
노루처럼 오셔요.
향내 그윽한 이 산으로
야생 수사슴처럼 뛰어오셔요.

# 참고 자료

『메시지 묵상성경』에 나오는 대부분의 자료는 유진 피터슨의 출간 및 미출간 저서의 글을 선별하고 편집한 것입니다. 그중 설교는 따로 명시하지 않은 한 유진 피터슨이 29년간 목사로서 섬긴 메릴랜드 주 벨 에어의 '그리스도 우리 왕 장로교회'에서 한 설교로, 미출간 자료이며 날짜가 없는 것도 있습니다. 자료의 편집은 주로 의미를 명확하게 하기 위해 이루어졌으며, 유진 피터슨의 허락하에 사용되었습니다.

『메시지 묵상성경』 소개 ……………………………………………………………………

*Compiled from The Wisdom of Each Other: A Conversation Between Spiritual Friends* (Grand Rapids: Zondervan, 1998), 19, 20, 21. (『사랑하는 친구에게』 IVP)

욥기 ……………………………………………………………………………………………

- **욥기 42장에 대한 묵상글** "꿰뚫고 들어오는 하나님의 은혜"—Unpublished devotional guide on Job, August 1988.
- **1:6-22** "더 치열하게 살아내는 신앙"—Unpublished devotional guide on Job, August 1988.
- **2:11-13** "친구가 되는 가장 좋은 방법"—Unpublished devotional guide on Job, August 1988.
- **3:1-26** "어둠을 더듬으며 나아가다"—Unpublished devotional guide on Job, August 1988.
- **4:1-5:27** "교만"—Unpublished devotional guide on Job, August 1988, and sermon on Job 42:5.
- **6:14-27** "설교 예화로 축소되다"—Unpublished devotional guide on Job, August 1988.
- **8:1-22** "처방전보다 기도가 더 도움이 된다"—Unpublished devotional guide on Job, August 1988.
- **9:25-35** "재판관의 자비에 맡기다"—Unpublished devotional guide on Job, August 1988.

- **11:1-12** "다른 사람의 고통은 거룩한 땅이다"—Unpublished devotional guide on Job, August 1988, and sermon on Job 42:5.
- **13:20-27** "하나님과 얼굴을 대면하다"—Unpublished devotional guide on Job, August 1988.
- **15:1-35** "동료 배심원단이 우리를 심판하는 것이 아니다"—Unpublished devotional guide on Job, August 1988.
- **18:1-21** "애가를 이해하지 못하다"—Unpublished devotional guide on Job, August 1988.
- **19:23-27** "장애물에 막혔으나 결연한"—Unpublished devotional guide on Job, August 1988.
- **21:1-34** "다른 사람들의 도덕적 의견들 속에서 살아남기"—Unpublished devotional guide on Job, August 1988.
- **22:1-30** "진부한 말을 쉽게 늘어놓지만 인내는 부족한 엘리바스"—Unpublished devotional guide on Job, August 1988.
- **23:1-17** "부당한 고통은 어떻게 견디는가"—Unpublished devotional guide on Job, August 1988.
- **26:1-14** "편협한 마음에서 나오는 지혜라는 것"—Unpublished devotional guide on Job, August 1988.
- **31:1-40** "하나님의 변호를 기다리다"—Unpublished devotional guide on Job, August 1988.
- **32:1-22** "나이가 들었다고 현명하다는 보장이 없다"—Unpublished devotional guide on Job, August 1988, and sermon on Job 42:5.
- **36:26-33** "하나님에 대해 너무 많이 말하다"—Unpublished devotional guide on Job, August 1988.
- **38:1-40:2** "하나님이 우리를 심문하신다"—Unpublished devotional guide on Job, August 1988.
- **40:3-41:34** "그토록 자비로운 신비를 마주했을 때"—Unpublished devotional guide on Job, August 1988.

## 시편

- **시편 120편에 대한 묵상글** "인생의 교차로에서 내리는 결정"—*A Long Obedience in the Same Direction: Discipleship in an Instant Society* (Downers Grove, IL: InterVarsity Press, 1980), 18-19. (『한 길 가는 순례자』 IVP)

- 1:1-150:6 "왕국의 언어"—*Where Your Treasure Is: Psalms That Summon You from Self to Community* (Grand Rapids: Eerdmans, 1993), 10-11. (『너희 보물이 있는 곳에』 포이에마)
- 1:1-2:12 "집중하고 흠모하며"—*Answering God: The Psalms as Tools for Prayer* (San Francisco: HarperSanFrancisco, 1989), 32. (『하나님께 응답하는 기도』 IVP)
- 3:1-8 "하나님의 도우심을 받을 마음의 준비를 하다"—*Psalms: Prayers of the Heart* (Downers Grove, IL: InterVarsity Press, 1987), 18. Used with permission of InterVarsity Press, PO Box 1400, Downers Grove, IL 60515. www.ivpress.com. (『시편』 IVP)
- 4:1-8 "하나님은 우리가 잘 때 일하신다"—*Answering God*, 62.
- 5:1-12 "우리 삶의 것들을 펼쳐 놓다"—*Answering God*, 66.
- 8:1-9 "기도는 방향을 잡는 행위다"—*Psalms: Prayers of the Heart*, 21.
- 13:1-6 "애가 중에 터져 나오는 찬양"—*Answering God*, 123-124.
- 18:1-50 "성경이 그리는 구원의 그림"—*Answering God*, 73.
- 22편 "하나님은 기꺼이 우리의 이웃이 되어 주신다"—Newly published.
- 22:1-31 "어둡고 메마른 느낌"—*Christ Plays in Ten Thousand Places: A Conversation in Spiritual Theology* (Grand Rapids: Eerdmans, 2005),154. (『현실, 하나님의 세계』 IVP)
- 23:1-6 "목자의 천막에 안전하게 거하다"—Sermon on Psalm 23, September 11, 1983.
- 27:4 "한결같은 마음"—Sermon on Psalm 27, August 27, 1978.
- 29:1-11 "우리 바로 앞에 있는 삶과 연결되다"—*As Kingfishers Catch Fire: A Conversation on the Ways of God Formed by the Words of God* (Colorado Springs: Waterbrook, 2017), 78–84. (『물총새에 불이 붙듯』 복 있는 사람)
- 30:1-12 "하나님이 우리의 삶을 책임지실 때"—Sermon on Psalm 30, March 21, 1982.
- 34:1-22 "하나님의 도우심을 받을 수 있는 유일한 자격"—Sermon on Psalm 34:1-3, June 29, 1975.
- 42:1-11 "하나님의 능력을 발견하다"—Sermon on Psalm 42:1.
- 46:1-11 "구원의 살아 있는 중심"—*Where Your Treasure Is*, 71, 74-75, 77, 80.
- 51:1-19 "선한 것이 악해지다"—*Psalms: Prayers of the Heart*, 25.
- 66:1-20 "예배는 마치 물과 같다"—Sermon on Psalm 66, June—August 1980.
- 73:1-28 "기쁨이 사그라질 때 무엇을 해야 하는가?"—Sermon on Psalm 73, March 7, 1982.
- 77:1-20 "연민과 자기 연민, 그리고 기도"—*Where Your Treasure Is*, 99-101, 108.
- 82:1-8 "재판관들이 한 일을 재판하다"—*Where Your Treasure Is*, 135.
- 90:1-17 "좋은 죽음을 준비하기"—*Psalms: Prayers of the Heart*, 43.
- 93:1-5 "오직 하나님만이 주권자이시다"—*Where Your Treasure Is*, 55.
- 103:1-2 "사방에서 움트는 복"—*Answering God*, 115-116.
- 110:1-7 "말씀하시는 하나님"—*Where Your Treasure Is*, 37, 41.

- 114:1-8 "거룩한 놀이"—*Where Your Treasure Is*, 159-160.
- 119:1-176 "하나님의 말씀은 우리 현실의 정곡을 찌른다"—*Answering God*, 26; Eat This Book, 2, 4.
- 121:1-8 "인격적인 하나님을 가리키다"—*A Long Obedience*, 25-26, 28.
- 122:1-9 "하나님의 선하신 성벽 안에서"—*A Long Obedience*, 49, 55-56.
- 123:1-4 "종 됨의 자세"—*A Long Obedience*, 61, 66.
- 124:1-8 "우리의 갈등 가운데 계시는 하나님"—*A Long Obedience*, 78-79.
- 125:1-5 "안전한 토대"—*A Long Obedience*, 78-79.
- 126:1-6 "하나님은 눈물을 멈추게 하는 법을 아신다"—*A Long Obedience*, 100-101.
- 127:1-5 "일하시는 하나님"—*A Long Obedience*, 105, 107, 109-110, 112.
- 129:1-8 "복의 밭에 있는 고통의 고랑"—*A Long Obedience*, 132-133.
- 130:1-8 "하나님이 우리를 대하시는 방법이 복의 길이다"—*A Long Obedience*, 145.
- 131:1-3 "자발적인 신뢰 관계"—*A Long Obedience*, 154-155.
- 133:1-3 "믿음의 공동체 이미지"—*A Long Obedience*, 176-177, 180-182.
- 134:1-3 "와서 함께하자"—*A Long Obedience*, 192-193.
- 137:1-9 "원수를 다루는 방법"—*Answering God*, 101-103.
- 139:1-24 "하나님이 안 계신 곳은 없다"—Sermon on Psalm 139:7-8, June-August 1975.
- 146:1-150:6 "할렐루야 시편"—Sermon on Psalm 146:1-2, November 24, 1963.
- 150:1-6 "모든 기도는 찬양으로 끝난다"—*Answering God*, 121, 127.

## 잠언

- 잠언 8장에 대한 묵상글 "위대한 장인이 아름답게 빚으시는 것"—Sermon on Proverbs 8:22-31, June 1, 1980.
- 잠언 31장에 대한 묵상글 "정체성에 대한 새로운 인식"—Sermon on Proverbs 31:10-11, November 19, 1972.
- 1:20-33 "하루의 모든 것을 비추는 빛"—Sermon on Proverbs 1:20, June 29, 1966.
- 2:1-8 "우리에게는 동기의 문제가 있다"—Omega Seminar III, Bible Study 2, "The Fear of God," August 1973.
- 3:5-12 "성숙으로 가는 길"—Unpublished devotional guide on Proverbs.
- 5:1-2 "지혜는 우리를 현명하게 해준다"—*Where Your Treasure Is*, 125.
- 6:20-35 "우리의 부모를 매개로 전달되는 지혜"—Unpublished devotional guide on Proverbs.
- 7:1-27 "말에는 힘이 있다"—Unpublished devotional guide on Proverbs.

- **8:22-36** "지혜는 하나님의 영이 우리 안에서 일하시는 것이다"—*As Kingfishers Catch Fire*, 185-200.
- **9:1-18** "초대와 유혹 사이에서 선택하기"—Sermon on Proverbs 9:5-6, June-August 1976.
- **10:1** "진실의 화살촉"—Unpublished devotional guide on Proverbs.
- **11:29** "인생 건축을 위한 하나님의 청사진"—Sermon on Proverbs 11:29, July 10, 1966.
- **13:20** "영적 여정을 위한 여행 동료"—Under the Unpredictable Plant, 183.
- **14:15-18** "우리가 뿌린 관계의 열매를 거두다"—Unpublished devotional guide on Proverbs.
- **15:19-20** "바쁜 사람은 게으른 사람이다"—*Subversive Spirituality* (Grand Rapids: Eerdmans, 1997), 237. (『거룩한 그루터기』 포이에마)
- **16:10-15** "우리가 찾아야 하는 지도자"—*Subversive Spirituality*, 255.
- **18:10** "우리가 하나님의 성품에 대해 믿는 것"—Unpublished devotional guide on Proverbs.
- **20:20** "우리의 부모를 저주할 때"—Unpublished devotional guide on Proverbs.
- **21:5** "하나님보다 더 서두르다"—Unpublished devotional guide on Proverbs.
- **22:6** "사람들에게 바른 방향을 지시하기"—Sermon on Proverbs 22:6, September 12, 1971.
- **23:4-5** "충분하다는 신호를 알아차려야 한다"—Unpublished devotional guide on Proverbs.
- **24:11-12** "돕기를 망설이지 말라"—Unpublished devotional guide on Proverbs.
- **25:21-22** "원수의 마음을 바꾸려면"—*Answering God*, 102-103.
- **26:1-12** "어리석음에 대한 경고"—Unpublished devotional guide on Proverbs.
- **27:17** "고립되어서는 성장이 더디다"—Sermon on Proverbs 27:17, July 3, 1966.
- **29:14** "하나님의 특별한 사랑을 보여줄 기회"—Unpublished devotional guide on Proverbs.
- **30:1-9** "믿음, 겸손, 의존"—Unpublished devotional guide on Proverbs.

### 전도서

- **1:1-12:14** "읽도록 지정된 글"—*Five Smooth Stones for Pastoral Work* (Grand Rapids: Eerdmans, 1992), 162. (『목회의 기초』 포이에마)
- **1:1-18** "연기밖에 없다"—*Five Smooth Stones*, 153.
- **2:24-26** "하나님의 자비로운 손"—*Five Smooth Stones*, 165.

- **3:1-8** "하나님이 정리하시는 인생의 실재"—Sermon on Ecclesiastes 3:1-6, December 29, 1974.
- **3:9-15** "답보다 훨씬 더 큰 것"—*Five Smooth Stones*, 174.
- **5:1-2** "종교 사업을 경계하라"—Sermon on Ecclesiastes 5:2.
- **6:1-12** "공식이 아니라 믿음으로 살다"—*Five Smooth Stones*, 164.
- **8:1** "잘난 체하는 성공 격언"—*Five Smooth Stones*, 173.
- **8:16-17** "답의 세속화"—*Five Smooth Stones*, 171.
- **9:4-10** "인생을 놓치지 말고 즐겨라"—*Five Smooth Stones*, 159.
- **11:5** "하나님의 손에서 기적을 끌어내려 애쓰다"—*Five Smooth Stones*, 175-177.
- **1:1-12:14** "믿음의 행세를 하는 사기꾼을 추방하다"—*Five Smooth Stones*, 188-189.

## 아가

- 아가서에 대한 묵상글 "온전하고 조화로운 관계의 즐거움"—*Five Smooth Stones*, 28-30.
- **1:1-8:14** "언약의 이야기"—*Five Smooth Stones*, 42, 46.
- **1:15** "하나님의 말씀의 깨끗한 거울"—*Five Smooth Stones*, 64-65.
- **2:10-14** "부활의 봄"—*Five Smooth Stones*, 68.
- **2:16-17** "성경에서 가장 인기 있는 책"—*Five Smooth Stones*, 37, 39-40.
- **3:1-5** "자신이 찾던 존재를 찾다"—*Five Smooth Stones*, 49.
- **4:1-7** "사랑은 모든 것을 바꾼다"—*Five Smooth Stones*, 60.
- **4:16** "하나님의 성령으로 발동이 걸리다"—*Five Smooth Stones*, 69.
- **5:1** "신비로 들어가는 열쇠인 친밀함"—*Five Smooth Stones*, 50.
- **5:2-8** "친밀함은 비효율적이다"—*Five Smooth Stones*, 53-54.
- **6:1-3** "갈망하고 찾아다닌 끝의 만족감"—*Five Smooth Stones*, 50-51.
- **6:11-7:13** "하나님이 시작하신 일의 끝"—*Five Smooth Stones*, 58-59, 70.
- **8:6-8** "하나님의 사랑이 우리 속을 태울 것이다"—*Five Smooth Stones*, 67.

## 말씀묵상 1년

성경을 읽는 단순한 행위를 넘어 성경을 묵상하는 행위가 있는데, 이것은 우리가 읽은 내용에서 한 발 물러서서 그 의미를 묵상하는 것입니다. 성경 이야기의 의미를 묵상할 뿐 아니라, 하나님이 창조하신 이 세상을 살아가는 우리에게 그 이야기가 가지는 의미도 묵상합니다. 『메시지 묵상 성경』 곳곳에는 1년 52주에 맞추어 52개의 '묵상글'이 있는데, 본문의 말씀과 의미를 넘어 여러분의 삶이 변화될 수 있도록 안내해 줄 것입니다. 특정 성경 본문을 읽고, 여러분의 삶을 돌아보며, 깨달은 바대로 살게 도와 달라고 하나님께 기도하며 마무리하도록 구성했습니다. 혹시 하나님이 거기서 좀 더 나아가도록 인도하신다고 느낄 경우를 대비해 관련 본문들('더 읽을 본문')도 마련했습니다. 아래에 묵상글의 목록과 함께 페이지를 표시했는데, 그중 대부분은 유진 피터슨의 저서에서 가져온 것입니다('참고 자료'에서 보다 자세한 정보를 얻을 수 있습니다). 이 묵상글을 순서대로 읽으면 성경을 처음부터 끝까지 훑게 되고, 하나님이 여러분에게 주신 삶에 대한 완전히 새로운 통찰을 얻을 수 있을 것입니다.

## 『메시지 묵상성경』 통독표

『메시지 묵상성경』 통독표는 성경을 읽는 데 도움이 되도록 특별하게 구성되었습니다.

- 날마다 성경의 서로 다른 네 부분을 읽음으로써 네 관점의 다양성을 살필 뿐 아니라 성경의 통일성도 이해하게 될 것입니다.
- 1년 중 아무 때나 시작할 수 있습니다.
- 이 『메시지 묵상성경』 통독표를 제대로 따르지 못할 때 생기는 좌절감을 방지하기 위해 한 달에 25일 동안 주어진 본문을 읽도록 정해 놓았습니다. 매달 며칠간의 '휴일'이 있으니 일요일에는 아예 아무것도 읽지 않거나, 아니면 지난 한 주간 놓친 본문을 모두 읽는 날로 정해 두어도 좋을 것입니다.
- 25일 동안 정해진 본문을 모두 읽었다면, 나머지 날들은 여러분에게 도전이 되었거나 특별히 흥미 있었던 본문을 연구하는 데 사용해도 좋을 것입니다.
- 1년에 성경 전체를 읽는 것이 부담이 된다면, 여러분의 필요에 맞게 계획을 수정하면 됩니다. 예를 들어, 올해에는 복음서와 시가서를 읽고, 또 다른 두 분류는 다음 해에 읽을 수 있습니다.

앞으로 1년간 성경을 읽을 때, 여러분이 읽는 그날의 본문을 통해서 하나님이 직접 말씀해 주시기를 매일 기도하십시오. 기대하는 마음을 가지고 하나님의 말씀에 계속해서 자신을 열어 놓으십시오. 그러면 우리에게 주어진 이 증거의 모든 부분을 보다 잘 이해하게 되고, 그 말씀이 여러분 삶의 태도와 행동에 영향을 미칠 것입니다.

## 1월

| | 신약성경 | | 구약성경 | |
|---|---|---|---|---|
| | 마태복음 | 사도행전 | 시편 | 창세기 |
| 01 | 1:1-17 | 1:1-11 | 1 | 1-2 |
| 02 | 1:18-25 | 1:12-26 | 2 | 3-4 |
| 03 | 2:1-12 | 2:1-21 | 3 | 5-8 |
| 04 | 2:13-23 | 2:22-47 | 4 | 9-11 |
| 05 | 3:1-12 | 3 | 5 | 12-14 |
| 06 | 3:13-17 | 4:1-22 | 6 | 15-17 |
| 07 | 4:1-11 | 4:23-37 | 7 | 18-20 |
| 08 | 4:12-17 | 5:1-16 | 8 | 21-23 |
| 09 | 4:18-25 | 5:17-42 | 9 | 24 |
| 10 | 5:1-12 | 6 | 10 | 25-26 |
| 11 | 5:13-20 | 7:1-41 | 11 | 27-28 |
| 12 | 5:21-32 | 7:42-60 | 12 | 29-30 |
| 13 | 5:33-48 | 8:1-25 | 13 | 31 |
| 14 | 6:1-15 | 8:26-40 | 14 | 32-33 |
| 15 | 6:16-24 | 9:1-16 | 15 | 34-35 |
| 16 | 6:25-34 | 9:17-43 | 16 | 36 |
| 17 | 7:1-14 | 10:1-16 | 17 | 37-38 |
| 18 | 7:15-29 | 10:17-48 | 18:1-24 | 39-40 |
| 19 | 8:1-13 | 11:1-18 | 18:25-50 | 41 |
| 20 | 8:14-22 | 11:19-30 | 19 | 42-43 |
| 21 | 8:23-34 | 12 | 20 | 44-45 |
| 22 | 9:1-13 | 13:1-25 | 21 | 46-47 |
| 23 | 9:14-26 | 13:26-52 | 22:1-11 | 48 |
| 24 | 9:27-38 | 14 | 22:12-31 | 49 |
| 25 | 10:1-20 | 15:1-21 | 23 | 50 |

## 2월

| | 신약성경 | | 구약성경 | |
|---|---|---|---|---|
| | 마태복음 | 사도행전 | 시편 | 출애굽기 |
| 01 | 10:21-42 | 15:22-41 | 24 | 1-3 |
| 02 | 11:1-19 | 16:1-15 | 25 | 4-6 |
| 03 | 11:20-30 | 16:16-40 | 26 | 7-9 |
| 04 | 12:1-21 | 17:1-15 | 27 | 10-12 |
| 05 | 12:22-37 | 17:16-34 | 28 | 13-15 |
| 06 | 12:38-50 | 18:1-17 | 29 | 16-18 |
| 07 | 13:1-23 | 18:18-28 | 30 | 19-20 |
| 08 | 13:24-43 | 19:1-22 | 31 | 21-23 |
| 09 | 13:44-58 | 19:23-41 | 32 | 24-26 |
| 10 | 14:1-21 | 20:1-12 | 33 | 27-29 |
| 11 | 14:22-36 | 20:13-38 | 34 | 30-31 |
| 12 | 15:1-20 | 21:1-26 | 35 | 32-33 |
| 13 | 15:21-39 | 21:27-40 | 36 | 34 |
| 14 | 16:1-12 | 22 | 37:1-22 | 35-37 |
| 15 | 16:13-28 | 23:1-11 | 37:23-40 | 38-40 |
| | | | | 레위기 |
| 16 | 17:1-13 | 23:12-35 | 38 | 1-4 |
| 17 | 17:14-27 | 24 | 39 | 5-7 |
| 18 | 18:1-14 | 25:1-12 | 40 | 8-10 |
| 19 | 18:15-35 | 25:13-27 | 41 | 11-13 |
| 20 | 19:1-15 | 26:1-18 | 42 | 14-15 |
| 21 | 19:16-30 | 26:19-32 | 43 | 16-17 |
| 22 | 20:1-16 | 27:1-26 | 44 | 18-20 |
| 23 | 20:17-34 | 27:27-44 | 45 | 21-23 |
| 24 | 21:1-11 | 28:1-16 | 46 | 24-25 |
| 25 | 21:12-22 | 28:17-31 | 47 | 26-27 |

## 3월

| | 신약성경 | | 구약성경 | |
|---|---|---|---|---|
| | 마태복음 | 로마서 | 시편 | 민수기 |
| 01 | 21:23-32 | 1:1-17 | 48 | 1-2 |
| 02 | 21:33-46 | 1:18-32 | 49 | 3-4 |
| 03 | 22:1-14 | 2 | 50 | 5-6 |
| 04 | 22:15-33 | 3 | 51 | 7-8 |
| 05 | 22:34-46 | 4 | 52 | 9-11 |
| 06 | 23:1-12 | 5:1-11 | 53 | 12-14 |
| 07 | 23:13-24 | 5:12-21 | 54 | 15-17 |
| 08 | 23:25-39 | 6:1-14 | 55 | 18-20 |
| 09 | 24:1-14 | 6:15-23 | 56 | 21-22 |
| 10 | 24:15-35 | 7:1-12 | 57 | 23-25 |
| 11 | 24:36-51 | 7:13-25 | 58 | 26-27 |
| 12 | 25:1-13 | 8:1-17 | 59 | 28-30 |
| 13 | 25:14-30 | 8:18-39 | 60 | 31-32 |
| 14 | 25:31-46 | 9:1-18 | 61 | 33-36 |
| | | | | 신명기 |
| 15 | 26:1-16 | 9:19-33 | 62 | 1-3 |
| 16 | 26:17-35 | 10 | 63 | 4-5 |
| 17 | 26:36-56 | 11:1-24 | 64 | 6-8 |
| 18 | 26:57-75 | 11:25-36 | 65 | 9-12 |
| 19 | 27:1-10 | 12:1-8 | 66 | 13-17 |
| 20 | 27:11-26 | 12:9-21 | 67 | 18-21 |
| 21 | 27:27-44 | 13 | 68 | 22-26 |
| 22 | 27:45-56 | 14 | 69:1-18 | 27-28 |
| 23 | 27:57-66 | 15:1-13 | 69:19-36 | 29-31 |
| 24 | 28:1-10 | 15:14-33 | 70 | 32 |
| 25 | 28:11-20 | 16 | 71 | 33-34 |

## 4월

| | 신약성경 | | 구약성경 | |
|---|---|---|---|---|
| | 마가복음 | 고린도전서 | 시편 | 여호수아 |
| 01 | 1:1-8 | 1:1-17 | 72 | 1-2 |
| 02 | 1:9-20 | 1:18-31 | 73 | 3-5 |
| 03 | 1:21-34 | 2 | 74 | 6-7 |
| 04 | 1:35-45 | 3 | 75 | 8-9 |
| 05 | 2:1-12 | 4 | 76 | 10-12 |
| 06 | 2:13-17 | 5 | 77 | 13-14 |
| 07 | 2:18-28 | 6:1-11 | 78:1-37 | 15-17 |
| 08 | 3:1-19 | 6:12-20 | 78:38-72 | 18-19 |
| 09 | 3:20-35 | 7:1-16 | 79 | 20-21 |
| 10 | 4:1-20 | 7:17-40 | 80 | 22-23 |
| 11 | 4:21-41 | 8 | 81 | 24 |
| | | | | 사사기 |
| 12 | 5:1-20 | 9:1-14 | 82 | 1-3 |
| 13 | 5:21-43 | 9:15-27 | 83 | 4-5 |
| 14 | 6:1-13 | 10:1-13 | 84 | 6-7 |
| 15 | 6:14-29 | 10:14-33 | 85 | 8 |
| 16 | 6:30-44 | 11:1-16 | 86 | 9 |
| 17 | 6:45-56 | 11:17-34 | 87 | 10-12 |
| 18 | 7:1-23 | 12:1-13 | 88 | 13-15 |
| 19 | 7:24-37 | 12:14-31 | 89:1-18 | 16 |
| 20 | 8:1-12 | 13 | 89:19-52 | 17-18 |
| 21 | 8:13-21 | 14:1-25 | 90 | 19 |
| 22 | 8:22-26 | 14:26-40 | 91 | 20-21 |
| | | | | 룻기 |
| 23 | 8:27-38 | 15:1-28 | 92 | 1 |
| 24 | 9:1-13 | 15:29-58 | 93 | 2-3 |
| 25 | 9:14-32 | 16 | 94 | 4 |

## 5월

| | 신약성경 | | 구약성경 | |
|---|---|---|---|---|
| | 마가복음 | 고린도후서 | 시편 | 사무엘상 |
| 01 | 9:33-50 | 1:1-11 | 95 | 1-2 |
| 02 | 10:1-16 | 1:12-24 | 96 | 3-5 |
| 03 | 10:17-34 | 2 | 97 | 6-8 |
| 04 | 10:35-52 | 3 | 98 | 9-10 |
| 05 | 11:1-11 | 4 | 99 | 11-13 |
| 06 | 11:12-26 | 5 | 100 | 14 |
| 07 | 11:27-33 | 6 | 101 | 15-16 |
| 08 | 12:1-12 | 7 | 102 | 17-18 |
| 09 | 12:13-27 | 8 | 103 | 19-20 |
| 10 | 12:28-34 | 9 | 104 | 21-23 |
| 11 | 12:35-44 | 10 | 105 | 24-25 |
| 12 | 13:1-13 | 11:1-15 | 106:1-22 | 26-28 |
| 13 | 13:14-31 | 11:16-33 | 106:23-48 | 29-31 |
| | | | | 사무엘하 |
| 14 | 13:32-37 | 12:1-10 | 107 | 1-2 |
| 15 | 14:1-11 | 12:11-21 | 108 | 3-4 |
| 16 | 14:12-31 | 13 | 109 | 5-7 |
| | | 갈라디아서 | | |
| 17 | 14:32-42 | 1 | 110 | 8-10 |
| 18 | 14:43-52 | 2 | 111 | 11-12 |
| 19 | 14:53-65 | 3:1-14 | 112 | 13 |
| 20 | 14:66-72 | 3:15-29 | 113 | 14-15 |
| 21 | 15:1-15 | 4:1-20 | 114 | 16-17 |
| 22 | 15:16-32 | 4:21-31 | 115 | 18-19 |
| 23 | 15:33-41 | 5:1-12 | 116 | 20-21 |
| 24 | 15:42-47 | 5:13-26 | 117 | 22 |
| 25 | 16 | 6 | 118 | 23-24 |

## 6월

| | 신약성경 | | 구약성경 | |
|---|---|---|---|---|
| | 누가복음 | 에베소서 | 시편 | 열왕기상 |
| 01 | 1:1-25 | 1:1-14 | 119:1-8 | 1 |
| 02 | 1:26-38 | 1:15-23 | 119:9-16 | 2-3 |
| 03 | 1:39-56 | 2:1-10 | 119:17-24 | 4-5 |
| 04 | 1:57-66 | 2:11-22 | 119:25-32 | 6-7 |
| 05 | 1:67-80 | 3:1-13 | 119:33-40 | 8 |
| 06 | 2:1-20 | 3:14-21 | 119:41-48 | 9-10 |
| 07 | 2:21-40 | 4:1-16 | 119:49-56 | 11 |
| 08 | 2:41-52 | 4:17-24 | 119:57-64 | 12 |
| 09 | 3:1-20 | 4:25-32 | 119:65-72 | 13-14 |
| 10 | 3:21-38 | 5:1-21 | 119:73-80 | 15-16 |
| 11 | 4:1-12 | 5:22-33 | 119:81-88 | 17-18 |
| 12 | 4:13-30 | 6:1-9 | 119:89-96 | 19-20 |
| 13 | 4:31-37 | 6:10-24 | 119:97-104 | 21-22 |
| | | 빌립보서 | | 열왕기하 |
| 14 | 4:38-44 | 1:1-11 | 119:105-112 | 1-3 |
| 15 | 5:1-11 | 1:12-21 | 119:113-120 | 4-5 |
| 16 | 5:12-16 | 1:22-30 | 119:121-128 | 6-7 |
| 17 | 5:17-26 | 2:1-11 | 119:129-136 | 8-9 |
| 18 | 5:27-32 | 2:12-18 | 119:137-144 | 10-11 |
| 19 | 5:33-39 | 2:19-30 | 119:145-152 | 12-13 |
| 20 | 6:1-16 | 3:1-9 | 119:153-160 | 14-15 |
| 21 | 6:17-26 | 3:10-14 | 119:161-168 | 16-17 |
| 22 | 6:27-36 | 3:15-21 | 119:169-176 | 18-19 |
| 23 | 6:37-42 | 4:1-7 | 120 | 20-21 |
| 24 | 6:43-49 | 4:8-14 | 121 | 22-23 |
| 25 | 7:1-10 | 4:15-23 | 122 | 24-25 |

## 7월

| | 신약성경 | | 구약성경 | |
|---|---|---|---|---|
| | 누가복음 | 골로새서 | 시편 | 역대상 |
| 01 | 7:11–17 | 1:1–14 | 123–124 | 1–2 |
| 02 | 7:18–35 | 1:15–29 | 125 | 3–4 |
| 03 | 7:36–50 | 2:1–7 | 126 | 5–6 |
| 04 | 8:1–15 | 2:8–15 | 127 | 7–9 |
| 05 | 8:16–25 | 2:16–23 | 128 | 10–11 |
| 06 | 8:26–39 | 3:1–14 | 129 | 12–14 |
| 07 | 8:40–56 | 3:15–25 | 130–131 | 15–16 |
| 08 | 9:1–17 | 4:1–9 | 132 | 17–19 |
| 09 | 9:18–27 | 4:10–18 | 133–134 | 20–22 |
| | | 데살로니가전서 | | |
| 10 | 9:28–36 | 1 | 135 | 23–25 |
| 11 | 9:37–50 | 2:1–8 | 136 | 26–28 |
| 12 | 9:51–62 | 2:9–20 | 137 | 29 |
| | | | | 역대하 |
| 13 | 10:1–16 | 3:1–5 | 138 | 1–2 |
| 14 | 10:17–24 | 3:6–13 | 139 | 3–5 |
| 15 | 10:25–37 | 4:1–10 | 140 | 6–7 |
| 16 | 10:38–42 | 4:11–18 | 141 | 8–9 |
| 17 | 11:1–13 | 5:1–11 | 142 | 10–12 |
| 18 | 11:14–28 | 5:12–28 | 143 | 13–16 |
| | | 데살로니가후서 | | |
| 19 | 11:29–36 | 1:1–4 | 144 | 17–19 |
| 20 | 11:37–54 | 1:5–12 | 145 | 20–21 |
| 21 | 12:1–12 | 2:1–12 | 146 | 22–24 |
| 22 | 12:13–21 | 2:13–17 | 147 | 25–27 |
| 23 | 12:22–34 | 3:1–5 | 148 | 28–29 |
| 24 | 12:35–48 | 3:6–13 | 149 | 30–33 |
| 25 | 12:49–59 | 3:14–18 | 150 | 34–36 |

## 8월

| | 신약성경 | | 구약성경 | |
|---|---|---|---|---|
| | 누가복음 | 디모데전서 | 잠언 | 에스라 |
| 01 | 13:1-9 | 1:1-11 | 1 | 1-2 |
| 02 | 13:10-21 | 1:12-20 | 2 | 3 |
| 03 | 13:22-35 | 2 | 3 | 4-5 |
| 04 | 14:1-14 | 3:1-7 | 4 | 6 |
| 05 | 14:15-24 | 3:8-16 | 5 | 7 |
| 06 | 14:25-35 | 4 | 6 | 8 |
| 07 | 15:1-10 | 5:1-16 | 7 | 9 |
| 08 | 15:11-32 | 5:17-25 | 8 | 10 |
| | | | | 느헤미야 |
| 09 | 16:1-9 | 6:1-10 | 9 | 1-2 |
| 10 | 16:10-18 | 6:11-21 | 10:1-16 | 3 |
| | | 디모데후서 | | |
| 11 | 16:19-31 | 1:1-7 | 10:17-32 | 4-5 |
| 12 | 17:1-10 | 1:8-18 | 11:1-15 | 6 |
| 13 | 17:11-19 | 2:1-13 | 11:16-31 | 7 |
| 14 | 17:20-37 | 2:14-26 | 12:1-14 | 8 |
| 15 | 18:1-8 | 3:1-9 | 12:15-28 | 9 |
| 16 | 18:9-17 | 3:10-17 | 13:1-12 | 10 |
| 17 | 18:18-30 | 4 | 13:13-25 | 11 |
| | | 디도서 | | |
| 18 | 18:31-43 | 1:1-9 | 14:1-18 | 12 |
| 19 | 19:1-10 | 1:10-16 | 14:19-35 | 13 |
| | | | | 에스더 |
| 20 | 19:11-27 | 2:1-10 | 15:1-17 | 1 |
| 21 | 19:28-38 | 2:11-15 | 15:18-33 | 2 |
| 22 | 19:39-48 | 3:1-11 | 16:1-16 | 3-4 |
| 23 | 20:1-8 | 3:12-15 | 16:17-33 | 5-6 |
| | | 빌레몬서 | | |
| 24 | 20:9-19 | 1:1-14 | 17:1-14 | 7-8 |
| 25 | 20:20-26 | 1:15-25 | 17:15-28 | 9-10 |

## 9월

| | 신약성경 | | 구약성경 | |
|---|---|---|---|---|
| | 누가복음 | 히브리서 | 잠언 | 이사야 |
| 01 | 20:27–40 | 1:1–9 | 18 | 1–2 |
| 02 | 20:41–47 | 1:10–14 | 19:1–14 | 3–5 |
| 03 | 21:1–19 | 2:1–9 | 19:15–29 | 6–8 |
| 04 | 21:20–28 | 2:10–18 | 20:1–15 | 9–10 |
| 05 | 21:29–38 | 3 | 20:16–30 | 11–13 |
| 06 | 22:1–13 | 4:1–11 | 21:1–16 | 14–16 |
| 07 | 22:14–23 | 4:12–16 | 21:17–31 | 17–20 |
| 08 | 22:24–30 | 5 | 22:1–16 | 21–23 |
| 09 | 22:31–38 | 6:1–12 | 22:17–29 | 24–26 |
| 10 | 22:39–46 | 6:13–20 | 23:1–18 | 27–28 |
| 11 | 22:47–53 | 7:1–10 | 23:19–35 | 29–30 |
| 12 | 22:54–62 | 7:11–28 | 24:1–22 | 31–33 |
| 13 | 22:63–71 | 8:1–5 | 24:23–34 | 34–36 |
| 14 | 23:1–12 | 8:6–13 | 25:1–14 | 37–39 |
| 15 | 23:13–25 | 9:1–10 | 25:15–28 | 40–41 |
| 16 | 23:26–31 | 9:11–28 | 26:1–16 | 42–43 |
| 17 | 23:32–37 | 10:1–18 | 26:17–28 | 44–45 |
| 18 | 23:38–43 | 10:19–39 | 27:1–14 | 46–48 |
| 19 | 23:44–49 | 11:1–16 | 27:15–27 | 49–50 |
| 20 | 23:50–56 | 11:17–31 | 28:1–14 | 51–53 |
| 21 | 24:1–12 | 11:32–40 | 28:15–28 | 54–55 |
| 22 | 24:13–27 | 12:1–13 | 29:1–14 | 56–58 |
| 23 | 24:28–35 | 12:14–29 | 29:15–27 | 59–61 |
| 24 | 24:36–44 | 13:1–8 | 30 | 62–64 |
| 25 | 24:45–53 | 13:9–25 | 31 | 65–66 |

## 10월

| | 신약성경 | | 구약성경 | |
|---|---|---|---|---|
| | 요한복음 | 야고보서 | 전도서 | 예레미야 |
| 01 | 1:1-18 | 1:1-11 | 1 | 1-2 |
| 02 | 1:19-28 | 1:12-18 | 2:1-16 | 3-4 |
| 03 | 1:29-34 | 1:19-27 | 2:17-26 | 5-6 |
| 04 | 1:35-42 | 2:1-13 | 3:1-15 | 7-9 |
| 05 | 1:43-51 | 2:14-26 | 3:16-22 | 10-11 |
| 06 | 2:1-11 | 3:1-12 | 4 | 12-13 |
| 07 | 2:12-25 | 3:13-18 | 5 | 14-15 |
| 08 | 3:1-15 | 4:1-10 | 6 | 16-18 |
| 09 | 3:16-21 | 4:11-17 | 7:1-14 | 19-22 |
| 10 | 3:22-36 | 5:1-6 | 7:15-29 | 23-25 |
| 11 | 4:1-14 | 5:7-12 | 8 | 26-29 |
| 12 | 4:15-26 | 5:13-20 | 9 | 30-31 |
| | | 베드로전서 | | |
| 13 | 4:27-42 | 1:1-9 | 10 | 32-34 |
| 14 | 4:43-54 | 1:10-16 | 11 | 35-38 |
| 15 | 5:1-14 | 1:17-25 | 12 | 39-43 |
| | | | 아가 | |
| 16 | 5:15-29 | 2:1-8 | 1 | 44-46 |
| 17 | 5:30-47 | 2:9-17 | 2 | 47-48 |
| 18 | 6:1-15 | 2:18-25 | 3 | 49 |
| 19 | 6:16-24 | 3:1-7 | 4:1-7 | 50 |
| 20 | 6:25-40 | 3:8-12 | 4:8-16 | 51 |
| 21 | 6:41-59 | 3:13-22 | 5 | 52 |
| | | | | 예레미야 애가 |
| 22 | 6:60-71 | 4:1-11 | 6 | 1 |
| 23 | 7:1-13 | 4:12-19 | 7 | 2 |
| 24 | 7:14-24 | 5:1-7 | 8:1-5 | 3 |
| 25 | 7:25-36 | 5:8-14 | 8:6-14 | 4-5 |

## 11월

| | 신약성경 | | 구약성경 | |
|---|---|---|---|---|
| | 요한복음 | 베드로후서 | 욥기 | 에스겔 |
| 01 | 7:37–44 | 1:1–11 | 1 | 1–3 |
| 02 | 7:45–53 | 1:12–21 | 2 | 4–8 |
| 03 | 8:1–11 | 2:1–9 | 3 | 9–12 |
| 04 | 8:12–20 | 2:10–16 | 4 | 13–15 |
| 05 | 8:21–30 | 2:17–22 | 5 | 16 |
| 06 | 8:31–47 | 3:1–9 | 6 | 17–19 |
| 07 | 8:48–59 | 3:10–18 | 7 | 20–21 |
| | | 요한일서 | | |
| 08 | 9:1–12 | 1:1–4 | 8 | 22–23 |
| 09 | 9:13–25 | 1:5–10 | 9:1–20 | 24–26 |
| 10 | 9:26–41 | 2:1–11 | 9:21–35 | 27–28 |
| 11 | 10:1–10 | 2:12–17 | 10 | 29–30 |
| 12 | 10:11–21 | 2:18–23 | 11 | 31–32 |
| 13 | 10:22–42 | 2:24–29 | 12 | 33–34 |
| 14 | 11:1–16 | 3:1–10 | 13 | 35–37 |
| 15 | 11:17–37 | 3:11–17 | 14 | 38–39 |
| 16 | 11:38–44 | 3:18–24 | 15:1–16 | 40–41 |
| 17 | 11:45–57 | 4:1–6 | 15:17–35 | 42–44 |
| 18 | 12:1–11 | 4:7–21 | 16 | 45–47 |
| 19 | 12:12–19 | 5:1–12 | 17 | 48 |
| | | | | 다니엘 |
| 20 | 12:20–33 | 5:13–21 | 18 | 1–2 |
| | | 요한이서 | | |
| 21 | 12:34–50 | 1 | 19 | 3–4 |
| | | 요한삼서 | | |
| 22 | 13:1–9 | 1 | 20 | 5–6 |
| | | 유다서 | | |
| 23 | 13:10–17 | 1:1–7 | 21:1–21 | 7–8 |
| 24 | 13:18–30 | 1:8–16 | 21:22–34 | 9 |
| 25 | 13:31–38 | 1:17–25 | 22 | 10–12 |

## 12월

| | 신약성경 | | 구약성경 | |
|---|---|---|---|---|
| | 요한복음 | 요한계시록 | 욥기 | 호세아 |
| 01 | 14:1-14 | 1:1-8 | 23 | 1-3 |
| 02 | 14:15-21 | 1:9-20 | 24 | 4-6 |
| 03 | 14:22-31 | 2:1-17 | 25-26 | 7-8 |
| 04 | 15:1-8 | 2:18-29 | 27 | 9-12 |
| 05 | 15:9-17 | 3:1-13 | 28 | 13-14 |
| | | | | 요엘 |
| 06 | 15:18-27 | 3:14-22 | 29 | 1 |
| 07 | 16:1-11 | 4 | 30 | 2-3 |
| | | | | 아모스 |
| 08 | 16:12-24 | 5 | 31:1-23 | 1-2 |
| 09 | 16:25-33 | 6 | 31:24-40 | 3-4 |
| 10 | 17:1-5 | 7 | 32 | 5-6 |
| 11 | 17:6-19 | 8 | 33:1-11 | 7-9 |
| | | | | 오바댜 |
| 12 | 17:20-26 | 9 | 33:12-33 | 1 |
| | | | | 요나 |
| 13 | 18:1-18 | 10 | 34:1-20 | 1-4 |
| | | | | 미가 |
| 14 | 18:19-27 | 11 | 34:21-37 | 1-3 |
| 15 | 18:28-40 | 12 | 35 | 4-5 |
| 16 | 19:1-15 | 13 | 36:1-15 | 6-7 |
| | | | | 나훔 |
| 17 | 19:16-27 | 14 | 36:16-33 | 1-3 |
| | | | | 하박국 |
| 18 | 19:28-37 | 15 | 37 | 1-3 |
| | | | | 스바냐 |
| 19 | 19:38-42 | 16 | 38:1-21 | 1-2 |
| 20 | 20:1-10 | 17 | 38:22-41 | 3 |
| | | | | 학개 |
| 21 | 20:11-18 | 18 | 39 | 1-2 |
| | | | | 스가랴 |
| 22 | 20:19-23 | 19 | 40 | 1-5 |
| 23 | 20:24-31 | 20 | 41:1-11 | 6-9 |
| 24 | 21:1-14 | 21 | 41:12-34 | 10-14 |
| | | | | 말라기 |
| 25 | 21:15-25 | 22 | 42 | 1-4 |

# 주제 색인